电子政务
发展前沿

（2018）

主编◎周民　副主编◎刘建国　赵农　徐春学

E-GOVERNMENT
FRONTIERS（2018）

中国市场出版社
China Market Press
·北京·

图书在版编目（CIP）数据

电子政务发展前沿.2018／周民主编.—北京：
中国市场出版社，2018.11
ISBN 978-7-5092-1712-2

Ⅰ.①电… Ⅱ.①周… Ⅲ.①电子政务—发展—
中国—2018 Ⅳ.①D630.1-39

中国版本图书馆 CIP 数据核字（2018）第 198608 号

电子政务发展前沿（2018）

DIANZI ZHENGWU FAZHAN QIANYAN（2018）

主　　编：周　民
责任编辑：宋　涛（zhixuanjingpin@163.com）
出版发行：中国市场出版社
社　　址：北京市西城区月坛北小街 2 号院 3 号楼（100837）
电　　话：（010）68034118/68021338/68022950/68020336
经　　销：新华书店
印　　刷：河北鑫兆源印刷有限公司
规　　格：170mm×240mm　　16 开本
印　　张：26.25　　**字　　数：**440 千字
版　　次：2018 年 11 月第 1 版　　**印　　次：**2018 年 11 月第 1 次印刷
书　　号：ISBN 978-7-5092-1712-2
定　　价：88.00 元

《电子政务发展前沿（2018）》
编　委　会

主要编撰者简介

周　民　现任国家信息中心（国家电子政务外网管理中心）副主任、国家公共信用信息中心主任、高级工程师、国家大数据专家咨询委员会委员、国家电子政务专家委员会委员。近年来，主持国家电子政务外网、国家发展改革委信息安全专项、国家大数据专项、电子政务云集成与应用国家工程实验室、全国投资项目在线审批监管平台、全国信用信息共享平台、全国公共资源交易平台等国家级电子政务工程和项目建设。

刘建国　现任国家信息中心公共技术服务部（国家电子政务外网管理中心办公室）主任，高级工程师。参加第三次日元贷款项目国家经济信息系统的设计与实施，参加国家电子政务外网的项目建议书、可研报告、初步设计书的编写与项目的建设实施工作，参加国家发展改革委宏观经济先导工程、全国投资项目在线审批监管平台、全国公共资源交易服务平台、全国信用信息共享平台的建设工作。

赵　农　现任国家信息中心公共技术服务部副主任，高级工程师。近年来，参与了国家发展改革委“十一五”“十二五”“智慧发改”电子政务规划工作，参加了国家发展改革委电子政务系统建设，国家发展改革委政务服务大厅建设，全国投资项目在线审批监管平台建设等工作。

徐春学　现任国家信息中心公共技术服务部副主任，高级工程师，长期承担国家电子政务外网的建设运行管理等工作。近年来，致力于政务信息共享、“互联网+政务服务”领域研究，负责组织国家数据共享交换平台（外网）建设和技术保障工作。

当前，信息化发展正在进入以大数据为重要表征的新阶段，信息技术从助力经济社会发展的辅助工具向引领经济社会发展的核心引擎转变。以互联网、大数据、人工智能为代表的新一代信息技术在催生产业发展新路径、新业态和经济发展新模式的同时，也为政府的管理和服务水平提升提供了创新手段，全球治理体系正在发生深刻转变。

党中央、国务院高度重视信息化工作。党的十九大提出，要加快建设创新型国家，推进网络强国、数字中国和智慧社会建设。今年 4 月，习近平总书记在全国网络安全和信息化工作会议上强调，要加快推进电子政务，构建全流程一体化在线服务平台，更好解决企业和群众反映强烈的办事难、办事慢、办事繁的问题。李克强总理多次就加快国务院部门和地方政府信息系统互联互通，推动政务信息跨地区、跨层级、跨部门互认共享，加快构建以国家政务服务平台为枢纽的全国一体化在线政务服务平台做出重要指示和批示。

在此背景下，我国电子政务工作也面临新的转变，亟须紧密围绕“放管服”改革要求、企业公众办事创业需要和信息技术创新发展趋势，创新构建数字政府，促进政务服务的全流程一体化在线运行，实现政务服务“一网通办”；以信息技术创新优化政务服务流程，实现跨部门政务服务方式的协同化和便利化，让群众办事“只进一扇门”；以数据的整合共享，提高政府数据服务能力，实现政府服务的智慧化，让人民群众“最多跑一次”，让“数据多跑腿”，更大范围、更高水平地释放改革红利、数据红利和创新红利。

具体到实践层面，推进全国一体化在线政务服务平台建设正成为深化“放管服”改革、推进政府治理现代化的重要举措，是加快政府运行服务模式数字化转型的关键，需加强以下几方面工作。

一是坚持高质量发展。要提高平台的规范化建设水平，以全国一体化在线政务服务平台的“高质量”建设，倒逼部门内部信息系统和各部门信息系统的“高质量”整合和互联互通，实现政务管理与服务水平的大提升。

二是坚持创新发展。要以人民为中心、以实际需求为导向，以思维、理念、业务、技术等全方位创新为驱动，不断优化政务服务流程、创新政务服务方式。

三是坚持可持续发展。要着力构建数字政府新型基础设施，以统一的基础网络、共享交换、身份认证、电子印章、电子证照、数据共享、政务服务事项、标准规范等为地方部门平台提供公共支撑，不断推动平台规范化标准化建设和互联互通。

四是坚持安全发展。要加强全国一体化平台安全保障，高效应对业务峰值冲击、信息安全威胁等诸多风险挑战，提高平台运行稳定性，打造业务不中断、数据不泄露、服务不打烊的在线服务。

数字政府建设之路并非坦途，不仅需要各级工作者攻坚克难、埋头苦干，也需开阔视野、前瞻探索。长期以来，国家信息中心紧密追踪国际电子政务发展趋势和动向，精心打造“电子政务发展前沿”系列丛书，选编发达国家电子政务发展战略规划、政策法规、管理方法和最佳实践，逐步成为我国电子政务领域的品牌书刊之一。《电子政务发展前沿（2018）》紧扣时代主题，内容包括数字化转型、新技术发展和安全保障等，对于创新推进我国电子政务发展具有现实借鉴意义。相信本书能够给予我国广大电子政务工作者重要参考和借鉴，助力把握趋势、更新观念、改进工作，为我国数字政府建设注入新的活力和智慧。

中国科学院院士
发展中国家科学院院士
欧洲科学院外籍院士
IEEE 会士

第一部分　数字化进程篇——1

E-Government Frontiers(2018)

第一部分

数字化进程篇

欧盟促进数据生态系统的政策建议

责任编译：冀俊峰
编　　译：贾一苇
译　　审：苏大勇

国家电子政务外网管理中心主办

编者的话

大数据的迅猛发展使人类进入数据经济时代。大数据分析可以带来巨大的经济效益，但无序发展也会带来很多负面影响。为此，政府部门需要制定管理政策对大数据的开发利用进行合理监管。2016 年 4 月，欧盟通过了一项数据保护立法——通用数据保护条例（GDPR），对个人数据的收集和存储方式、公民隐私保护等诸多方面进行规范管理。另一方面，物联网、空间技术的发展还产生了海量的非个人数据，这些数据同样需要采取监管措施进行规范管理。

最近，欧盟智库政治战略中心（EPSC）针对大数据的监管发布了政策建议。首先，GDPR 的目标是在欧盟内建立统一的数据和隐私保护体制，接下来欧盟需要在统一市场消除影响个人数据流动的限制因素，这其中需要涉及大量非个人数据的公共监管。其次，明确数据所有权，促进数据开放和共享，最大限度地发挥出数据蕴含的价值。再次，通过数据服务层面增强竞争，实现价值向数据生产者和数据用户转移，实现价值在价值链的公平分配。这就需要统一规范数据格式标准，增强数据的可移植性和互操作性。最后，为保障市场良性竞争，还要通过规范大数据应用中的事故赔偿，保障数据产品的安全性。

这篇文章对我们有两方面的参考价值：一方面可借鉴欧盟在数据监管方面的具体做法，完善我国的大数据监管政策；另一方面，信息时代数据的流动是跨国界的，欧盟的数据监管涉及全球范围与欧盟公民相关的数据，我国很多商业公司的云服务业务也可能受到欧盟数据监管规范的影响。

责任编译：冀俊峰　　　　编　译：贾一苇

译　　审：苏大勇

欧盟促进数据生态系统的政策建议

前言

数据正在迅速地成为全球经济的命脉。在互联时代，通过利用数据提高绩效，提供更多以用户为中心的产品和服务，以及培育创新能力，不仅让数据使用者具有决定性的竞争优势，还使得数据成了一种关键的新型经济资产。

世界正处于技术前沿，面临不断取得突破的新技术，例如人工智能、区块链、智能机器人等，接受数据革命将使得发达经济体获得显著的收益。到 2020 年，仅仅是欧盟前 100 个制造商有限地使用大数据分析解决方案就可以使欧盟经济增速同比增长 1.9%。此外，不仅是制造业获益，在参与经济活动与决策过程中，数据分析将很快成为政府部门与企业不可或缺的一部分。

大数据将成为经济繁荣的重要支撑。通过变革商业模式，优化产品与决策过程，开发创新型产品与定制服务，数据革命将创造就业机会并且大大增强竞争力与公共服务提供能力，这些最终将为欧盟的企业和公民带来利益。放弃数据带来的这些机会，将会严重损害欧洲经济社会的可持续发展。

良好的数据治理是成功推出大数据策略的前提条件。欧洲必须确保监管框架满足公众的需求偏好，增加互信，减少不确定性。这就需要对复杂、高度关联的数据生态系统、主要参与者以及如何创造价值有很好的把握。

以欧盟通用数据保护条例为参照，非个人数据管理也需要公共干预。为了释放数据经济在商业领域的全部潜能，在单一市场以及与之相关的世界其他区域，需要对数据的自由流动给予优先考虑；促进数据开放，提高数据透明度；增加互操作性和可移植性，提高数据价值链的竞争性；实施明确的责任规则。

欧洲需要制定积极并且富有远见的数据战略。公共干预需要用来激励采用数据服务，降低数据驱动决策成本。数据战略中，目标和基准的设定要能够刺激在数字技术和大数据分析领域的投资，这些需要数字技能投资、组织保障与资金投入，对中小企业更是如此。在保障条件中，后者可能需要修改国家援助规则。

由于市场参与者与公众当局的迟疑或是没能够抓住新机遇，在欧洲以数据驱动的经济转型有些缓慢。建立数据驱动型经济，欧洲需要消除不确定性以及克服国家环境的碎片化。一方面，需要平衡数据保护与消费者权益保护间的关系；另一方面，需要平衡经济效益与创新实施的关系。

欧盟通用数据保护条例（*GDPR*，*General Data Protection Regulation*）对个人数据的使用和处理做出了规定，代表着数据友好型环境形成的第一个基础里程碑。条例的颁布实施，使得公众和企业相信他们的隐私偏好得到了保护，另外对经济效益和创新活动也起到了很好的保护作用。个人数据代表了一部分有价值的商业数据，对于非个人数据的使用，企业家需要欧盟确保数据使用领域的合法性，这样他们可以安全地释放数字经济的全部潜力，跟上越来越强大的竞争对手。

一、大数据是未来经济发展的基石

世界正在经历数据大爆炸时代，每天产生的信息量不仅是巨大的，并且在以指数级的速度增长（见图1）。

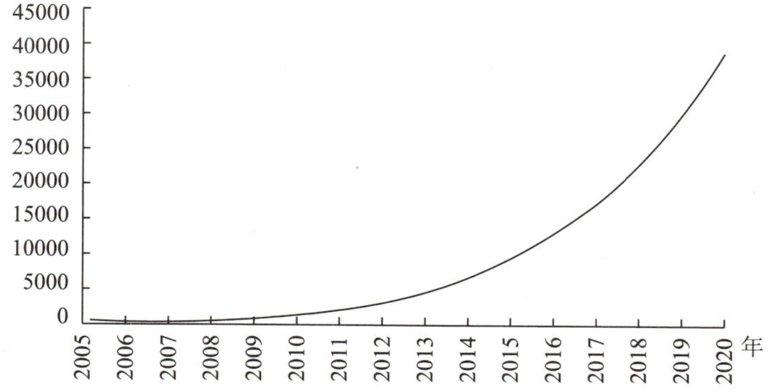

图1　全球数据爆发趋势与数据存储量（单位：百兆字节）

最初，数据通过固定电话、手机、笔记本电脑、平板电脑等设备传输。现今，数据越来越多地通过物联网的其他设备传输，包括互联汽车、电表和电子产品。考虑到全球61%的人口还未上网，今后对数字科技的需求将会持续增长。在2021年物联网中互联的设备数量，预计将从2015年的46亿个增长超过160亿个。

从传统的物理设备转向含有传感器、软件和数字用户界面的复杂互联系统，制造商无法再忽视这些变化创造的价值，而价值的本身不仅存在于产品中，还为用户提供了更多访问信息以及提升使用体检的机会。商业领域要抓住这个趋势，今后会有越来越多的消费者需要产品个性化定制，并且将各种设备互联。

在很大程度上，这种价值的转变使得公司能够对拥有越来越多的数据加以开发利用，进而提供更好更多的定制服务。但是，让大容量、高速率、多样化的大数据产生经济价值，不仅需要云计算、高级分析应用程序等方面的技术进步，更需要一种新的思维方式、新的技能集合和新的运作模式。

商业领域数据分析产生的深远影响促进了汽车行业的巨大转型，这一效果是显著的。90%的汽车公司高管认为，车载设备及其自动互联将打破现有的传统商业模式，其中80%认为，汽车互联和自动驾驶将会带来更大的挑战。

贸易数字表明，由于3D打印等技术的兴起，数据流正逐渐成为实物贸易的替代品。2008—2012年，全球跨境贸易中数据增长49%，货物或服务贸易上升了2.4%。

参考框1：大数据和空间技术的结合

随着制造和卫星发射成本的降低，数字革命意味着太空将成为全球和地方范围收集数据的有力工具。

基于在太空轨道中运行的可靠卫星，欧洲人的日常生活已经发生了很大变化。通过欧洲的伽利略卫星，欧洲公众可以利用卫星定位、导航和获取定时服务。伴随导航这一关键推动者的发展，如车辆互联、自动驾驶、无人机等，卫星空间未来的潜力是巨大的。

这些发展不仅为私营企业的发展提供了机会，还为解决新兴社会问题，以及完善政策制定提供了工具。例如，欧洲的地球观察系统哥白尼可以帮助我们了解地球的变化，如海平面上升、冰密集度或大气条件的变化。这些使得我们能够监控采掘业或电网等重要基础设施的状况，改善海上监视，防范非法捕鱼，更好地管理自然灾害，及早获得移民流动的预警等。

发挥好公共投资的效益，可以将空间活动与经济活动各部门连接起来，通过大数据分析，把这些活动的原始数据转换为产品和服务，来挖掘潜在的经济附加值。

（一）数据成为生产力、工作岗位和创新的新型驱动力

大数据产生的经济效益在许多研究中得到了强调。采用数据驱动做出决策的公司已经被证实，生产率可以提高5%~6%。

使用大数据分析，能够帮助公司开发新的产品和服务，重塑业务流程，更好地管理供应链，加强防欺诈检测，改善安全和风险管理，以及更清晰地洞察用户需求。

欧盟最新研究估计，到2020年在欧洲将创造出10万个与数据有关的工作岗位，而引进大数据的前100强欧盟制造商，可以节省4250亿欧元的开支，等同于GDP增长了2 060亿欧元或同比增长了1.9%。另一项研究发现，英国在2015—2020年期间，大数据分析解决方案有潜力再额外释放2 700亿欧元的经济效益，这相当于英国GDP年均增长率为2.0%（见图2）。

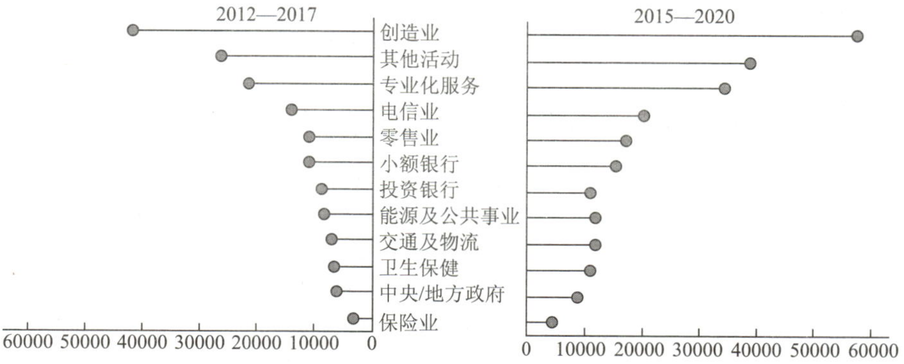

图2 大数据，大收益——大数据分析对英国行业的累积经济效益（单位：百万英镑）

数据来源：SAS和经济与商业研究中心。

因此，欧洲传统工业升级要充分发挥数字转型的优势，这将产生巨大的机会。

许多公司已经意识到实施数据驱动决策带来的好处，已经快速开始在大数据技术和服务方面进行投资。全球大数据市场，与此相关的硬件、软件和专业化服务（例如数据中心计算、网络、存储、信息管理或分析）将蓬勃发展，在 2019 年预测将达到 437 亿欧元的产值，10 倍于 2010 年的产值（见图 3）。

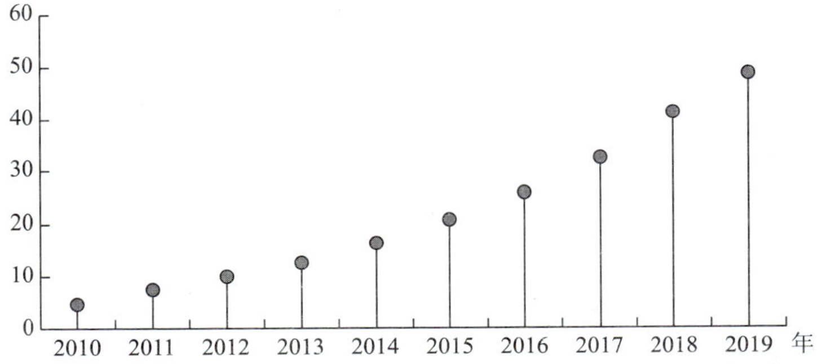

图 3　大数据市场增量——世界范围大数据技术与服务增长量预测（单位：十亿欧元）

数据来源：国际数据公司数字大学研究。

然而，政府部门还要认真考虑到大数据分析对经济可能带来的破坏性影响，或者说潜在的数据滥用。企业和社会转型一般都会产生副作用。比如，人工智能的产生是一种基于大数据分析技术的机器自学习过程。一方面，机器学习有可能打破现有的工作模式，当智能设备代替人力劳动力时，人工职位将被取代或被取消。这需要政府密切关注并进行公共政策干预，支持下岗人员再就业。另一方面，利用人工智能进行预测分析将引发严重的伦理问题，因为可能会产生歧视风险。例如，通过数据分析，可以预测求职者怀孕的可能性或者评估求职者未来的健康状况。此外，旨在使生活变得更容易的服务，可能会最终导致人类互动模式的重塑，比如使用“预测聊天软件”，基于用户分享内容的分析，将预先提供互动者的情感反应。伴随着数据变革产生的新风险，可能带来广泛的社会影响，这些问题不容忽视。

虽然欧盟通用数据保护条例（*GDPR*）建立了针对个人数据使用的监管框架，但许多机器产生了很多非个人数据，这些数据处理没有在 *GDPR*

的监管框架内。从经济的角度，以及考虑到可用数据的激增，这种情况应该提高关注和呼吁采取行动。

（二）欧洲在接受数字和数据革命方面滞后

正如第一次工业革命蒸汽动力的出现，大数据和物联网是新工业革命的一个核心，将改变经济发展前景，提高全球的生产力。

但是在欧洲，积极数字化的公司并不多。2015 年，只有 1/5 的欧洲公司显示出了高度或非常高的数字化能力，6%的 ICT 和相关专业化服务公司制定了数字使用战略。欧盟成员国中，数据专家占就业总人数比例不到 1%。与其他技术先进的国家例如美国类似，受到数据熟练劳动力缺乏的影响，欧洲的大数据基础设施落后。数字显示，经济合作与发展组织（OECD）成员国中超过 50%以上的数据中心部署在美国（见图 4）。

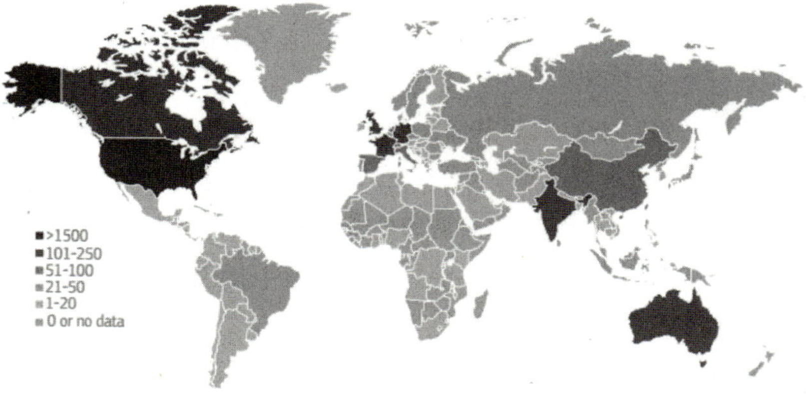

图 4　数据中心数量

数据来源：http：//www. datacentermap. com/。

这些是令人担忧的信号：面对不断增加的全球竞争，欧洲经济不能错过数据革命的机会，失去竞争优势。数据和数据分析的访问受限，欧洲公司将在全球市场上失去竞争力，中小企业和新兴公司将损失最惨重。麦肯锡研究预测，中国很可能成为“汽车数据革命”的温床，因为相比欧洲人或美国人，中国客户更加倾向信息的开放共享。

为了确保欧洲商业未来的繁荣发展，需要获取、处理、存储和分析大数据，并产生价值。

此外，在欧盟法律的新框架下，欧洲公共管理机构需要接受新的范式，抓住数字化带来的机遇，提高效率，降低成本，为公众和企业拓宽服务范围。通过与民间社团和公民协会密切合作，公共管理机构还需要构建本地数据生态系统，促进企业家精神和社会的革新。通过改变统计数据的生产、使用方式，增加关键数据的及时性和粒度，数据革命可以显著提升决策质量，推进政府机构间责制，拉近政府机构与公民间的距离。

二、第1步：理解数据生态系统创造的价值

一般而言，数据生态系统有四类角色（见图5）。

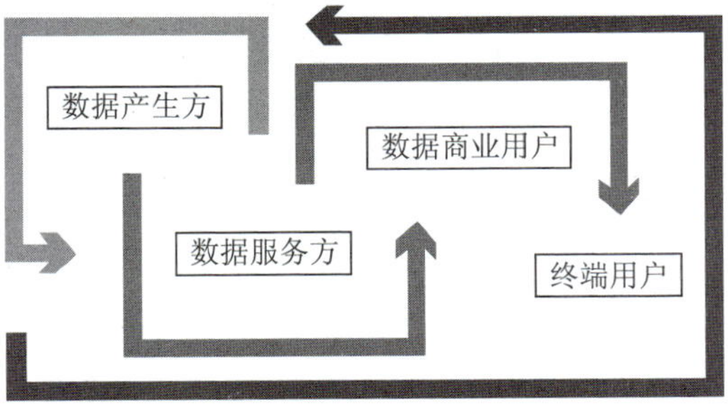

图5 数据生态系统的主要要素

（一）数据产生方

这些都是数据的主要来源：用户浏览网站，消费者使用信用卡支付，来自GPS的位置数据，智能冰箱可降低能耗的功能，或仅是在阿姆斯特丹的一个夏日的降雨。人类或非人类的任何动作传达的信息，都可以被收集和聚合，进行有意义的数据分析。

数据可以被动产生，主体创造数据时并没有意识到行为产生的数据正在被其他实体获取，例如驾驶员使用的导航地图应用。数据也可以主动产生，比如用户填写邮件地址来订阅社交网络提供的服务。除此之外，这两种方式的区别还在于数据产生方是否同意处理数据，以及数据收集的目的

（以及是否与进一步数据处理兼容，详见参考框 3）。

由于信息创建对数据服务很有价值，数据产生方可能会通过信息“货币化”受益，例如换取相关产品和服务的折扣。大多数时候，交易依然是隐含的。一个典型的例子是广告业务模式，允许消费者免费使用服务（例如搜索引擎或在线新闻服务），目的是获取信息来为目标群体投放广告。

另一方面，即便数据是被安全地存储，数据产生方也可能会面临风险，如隐私和安全漏洞。这些风险可以通过数据库加密和匿名方式来缓解。然而，越来越多的人担心数据“去匿名”的可能性，即通过与其他数据源的交叉引用，可以重新识别匿名数据源。最近，英国议会建议将数据去匿名化定为刑事犯罪。

GDPR 在一定程度上考虑了这些风险，个人可以生成数据，或者即便在匿名情况下确定数据来源的自然人。个人数据的控制者和处理者，有义务实施适当的技术和组织措施，应对风险保护数据安全，如应对匿名和加密带来的风险，保护不力将处以高额罚金。

（二）数据服务方

数据是现实社会运行的副产品，只有当信息被处理和分析时，才会产生实际价值（见图 6）。这包括收集、记录、组织、重构、存储、适应或更改、检索、咨询、使用，通过传播进行披露，或以其他方式使信息可用、信息组合，限制、删除或销毁信息。

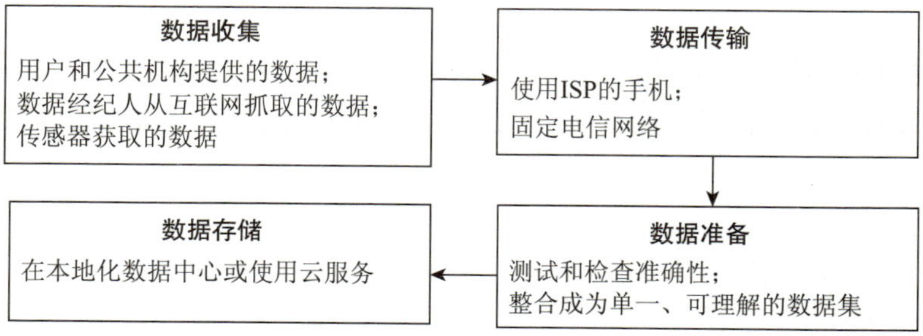

图 6　数据价值创造链

大数据分析：统计分析，可视化，其他报告和分析技术，包括称为“机器学习”的自动化分析建模。

在数据价值创造链的任何级别都会产生瓶颈，减少生成的价值，特别是当数据无法从各个服务间传输时，这不仅对数据服务供应商本身不利，还影响数据用户和下游消费者。当服务提供商竞争受到限制，互联网服务提供商可以限制数据流量，基础设施服务提供商通过使用专有技术锁定供应商，使得产品和服务很难在竞争者之间流通，这样无形中降低了消费者的选择。

事实上，在数据产业一些细分领域有很强的市场集中的倾向，特别是在网络外部性和规模经济特征显著的一些领域。简而言之，越多的数据用于分析，服务将变得更好更高效。正如沙皮罗和瓦里安所说："积极的反馈使得强者越来越强弱者越来越弱，导致极端结局。"例如，用户使用网页搜索引擎，收集到反馈越多越好，那么搜索引擎对用户搜索结果的反馈能力会越强，最终巩固加强搜索引擎公司的市场地位。

有些监管干预措施限制了数据的访问和流动，服务提供商要合规就得推高成本，这也会产生瓶颈。比如数据本地化，要求服务提供商在特定的地理区域处理数据，这样阻止了企业选择低成本区域进行数据处理。

（三）数据商业用户

一些公司和公共管理部门使用数据分析的结果来改善产品和服务性能，这其中有渐进式的改进，更多具有颠覆性的变化。整个过程包括增强内部监控、定制营销策略、削减加工成本、部署全新产品，甚至彻底改革业务模式。可以预料，当公司在数据分析方面获取更多的经验，以及看到潜在的商业价值，将会在渐进式与颠覆式变化的平衡中渐渐倾向后者。

然而，为了将大数据分析嵌入到他们的机构中，公司和公共管理部门需要克服一些障碍，比如缺乏对数据分析具有的功能性和潜在性价值的认识；抵制、害怕由大数据分析带来的潜在性组织结构变化；缺乏可用的技术手段，特别是在数据集成和大型数据集的管理、熟练的数据分析人员储备方面；缺少金融手段，用于支撑技术和人力资源的投资。这些对中小企业来说，是尤其需要面临的挑战。

监管框架在隐私、数据保护和安全方面规定得不明确也会阻碍大数据分析的发展。为此，欧盟针对个人数据处理推出了 *GDPR*。但是，为了刺激数据经济的发展，需要一个有助于获取非个人数据（例如机器产生的数据）的通用欧盟框架，适用于欧盟各成员国，以及为创新者提供便利。此外，监管者和政策制定者也必须积极地支持和激励数据友好的企业文化，例如确定实现的基准（例如：数字投资目标相当于3%的研究开发目标）和考虑税收减免（为刺激和投资，已在很多欧盟成员国使用）。

（四）终端用户

最后一组受到数据经济影响的是处于价值链下游的终端用户：消费者、商业用户，或者是与内部采用数据分析的公司或公共行政部门打交道的商业客户或公民。数据分析对此类角色最直接的影响包括潜在的价格下降，更好的优质服务或产品，以及只有通过数据分析才可能的新型产品。此外，终端用户还可能获得量身定制的服务或产品，提供更准确的营销策略。例如，实时交通地图可以让驾驶者选择最优路线，避免交通拥堵。这些应用程序都是基于大量的司机在驾驶时，共享交通信息而开发的。没有大数据分析，就不会有这些服务存在。

然而，这些优势也可能带来不利的一面：因为最终客户往往自身也产生数据，他们暴露于安全和隐私风险中。此外，他们的利益也更容易在现行的定价做法中受到侵害。通过数据分析，销售商可以获取更准确的买家资料，并据此制定最接近买方支付意愿的价格。虽然“价格歧视”并不一定意味着效率低下，从福利的角度来看，它通常意味着从买方向卖方的福利转移。“价格歧视”可能与个人数据处理无关，因而可能是发生在*GDPR*保护之外的领域。例如，基于更大的非个性化数据集的统计推断，医疗保险公司可以对某些发病率较高的地区收取更高的保费。

表1　数据价值链中的要素效用概要

角色	收益	风险/瓶颈
数据产生方	• 使用自己的数据作为商品	• 安全漏洞 • 侵犯隐私
数据服务方	• 创造利润	• 数据流中的瓶颈 • 监管框架的合规成本

续表

角色	收益	风险/瓶颈
数据商业用户	• 生产率提高 • 渐进式与颠覆式创新	• 投资成本与监管不确定性 • 抵制或无能力实行大数据分析
终端用户	• 价格更低，质量更高 • 定制优惠 • 新服务/货物	• 价格歧视 • 安全和隐私违规

重要的是要注意表1的分类仅用于分析目的。在现实中，很难观察到角色仅适用于其中一个类别。通常情况下，当数据生成方是最终用户或是公司时，类别会发生重叠，他们分析自己产生的数据，并可能运行自己的数据分析服务。

三、第2步：构建数据友善的监管框架

欧盟委员会已经认识到发展中的数据经济的重要性，并在其《数字统一市场（DSM）战略》中提出几个优先行动计划。*GDPR* 是这一战略包含的关键要素之一。发展数据经济不能单凭市场的力量，这是因为数据市场有以下两个主要弱点：

第一个弱点，数据时代具有的复杂性，缺乏透明度，还有在控制节点方面缺乏竞争，这就意味着可能由于侵犯隐私、安全漏洞或者其他有害行为，如去除匿名处理、价格歧视等，会给企业或公民带来伤害的风险。数据生产者和客户常常无法理解和预计他们（可能无意）提供的数据所带来潜在伤害的风险范围。即使意识到这些问题，他们也只能继续参与和使用，因为别无选择。

第二个弱点，仅仅凭借市场力量不太可能引导社会优化使用数据，这是由于他们不太可能充分利用数据潜在的溢出效应。实际上，数据的非竞用特征意味着数据可以被多人、多次重复使用，而并不会消耗其本身的价值。根据经济学理论，被收集的任何数据都可以被以全新的目的进行分析使用，并可以得出有益的新见解，获得可观的效益。例如，用于市场目的收集的数据，从理论上说可以再利用于医疗保健的改善，这

对于数据采集者来说不需要或者增加很少的成本（在欧盟，对于个人数据的使用需要获得用户的同意，并要符合 *GDPR* 明确规定的相关法律条款）。如果没有考虑潜在的溢出效应，数据分析结果将仅仅考虑公司的私有利益，而不会顾及社会利益。这样会引起数据分析的供给不足的风险，也就是说，与考虑社会优化效益相比，仅考虑私有利益的数据分析将会导致采集和处理的数据供应减少。

这一问题的解决需要公共部门的介入，但必须谨慎处理，并基于社会福祉最大化原则。监管者在创建有活力的数字经济社会以及保障高水平数据保护标准者两个方面面临困难选择。

与此同时，欧盟率先制定数据经济整体性治理标准将具有先行者的优势，这将保证这些标准能满足欧盟的需求和优先权。在这方面，*GDPR* 的制定使欧盟领先了重要的一步（见参考框 3）。

参考框 2：利用大数据提高医疗保健水平

利用大数据分析取得重大突破进展的一个领域可能是健康医疗，尽管在这一领域，个人数据很显然特别敏感。

大数据可用来对罕见疾病的发生进行预测，方法是通过医药和医疗器械检测相关的不利迹象，提供快速的健康诊断（比如通过可穿戴设备获取锻炼和身体状况信息），还可提供更加个性化的医疗方案，或提供更加有效的治疗方案。

例如，欧盟高级医药报告行动计划（ED-ADR）通过选定成员国3 000万名公民的匿名电子医疗设备记录进行自动处理分析，目的是检测一些不常用药物的效能和安全性。大数据的移动性使检测罕见特定人群的细微差别成为可能，要是采用通常的少量采样方法是不可能实现的。

位于匹兹堡的卡耐基梅隆大学的研究者使用机器学习算法研究心脏和呼吸暂停的预测，这可以使病人心脏和呼吸暂停事件发生前 4 个小时就可以发现。结果证明，预测的有效率达到 2/3，比不采用大数据的方法项目，准确度提高了 30%。

欧盟的人口分布特征是快速的人口老龄化。因此，个性化的医疗保障将来能够更加精准地医疗介入，使老年人能够更加健康长寿。这样不仅可以节省社会的开支，还不会减低医疗质量。

在制定非个人数据的友善法律框架方面的行动迟缓将会有别的国家制定全球化监管标准的风险，这样欧盟就会被迫采纳，会引起访问、互操作或责任等相关问题。2016 年 7 月，中国政府已经宣布将在网络安全、数据处理和在线活动等方面采取重大立法措施。特别是，一项重新修订中国民事法的议案提出要对数据财产权进行立法，这一议案正在讨论过程中。

现在的基本情况是如果欧盟不规划愿景，对非个人（大）数据制定标准和规则，其他国家将做这件事。

参考框 3：通用数据保护监管——欧盟数据经济的游戏改变者

欧盟《基本权利宪章》第 8 条提出对个人数据的权利进行保护，规定“数据处理必须基于特定目的，征得本人同意，还要满足法律规定的其他要求。每个人都有权访问采集到的个人相关数据，并有权对数据进行更正”。

将于2018 年5 月25 日生效的通用数据保护规范（*GDPR*）为保护上述权利制定了法律规则。从这一日期以后，各国的国家数据保护和数据运作（关于个人数据）方面的立法将失去法律效力，被更加协调一致的 *GDPR* 机制所替代。这被认为是欧盟解决数据隐私保护领域的严重碎片化问题的里程碑，很多人认为这一问题阻碍了这一领域出现规模化大公司。

GDPR 对个人数据的定义为：“与能识别或可识别的自然人（数据主体）相关的任何信息；可识别的自然人就是能够被直接或间接识别出信息的人，特别是一些识别标志，如姓名、身份码、位置数据、在线标志符，还有与自然人身体、心理、基因、精神、经济、文化、社会身份相关的某一个或多个特定因素。”［*GDPR* 条款 4（1）］

与此同时，*GDPR* 也认可了这些数据自由流动以及通过协调方式使用数据的重要性。因此，*GDPR* 允许数据的自由流动，但对数据处理以及对数据主体承担的保护权利进行了规定，如数据的修改权（第 16 条）或遗忘权（第 17 条）。

根据 *GDPR*，个人数据可以被“以特定的、明确的、合法的目的”进行搜集、处理，且“不能对数据进行与这些目的不相符的进一步处理”。目的是否相符需要通过一些指标进行判定（第6条），其中一个指标是“提供适当的安全保障措施，如加密、化名处理”。

这一新的数据框架在欧洲范围期待已久，如果欧盟各成员国采用一致的全新公共数据体制，这将会产生潜在的巨大效益。一个令人关注的趋势是成员国政府可能会对欧盟立法进行“镀金”（意为根据各国情况对欧盟法规增加附加条款），这就增加了不必要的复杂性和法律上的不确定性。应该尽最大努力避免这一情况发生，这是因为在数字时代，速度和规模是决定性影响因素。成员国对*GDPR*在国家层面“镀金”将会重新引起法规的碎片化，因而降低数据流动的效率，这将与*GDPR*制定的初衷背道而驰。只有一个真正一致的、敏捷的、用户友善的法律框架，才能担负欧盟数据经济游戏改变者的角色。

（一）解决数据流动的限制问题

*GDPR*制定了一个在欧盟内统一等级的数据和隐私保护体制，第二步就要在欧盟统一市场内解除影响个人数据流动的限制条件。但是大数据分析中有一部分是“物联网”数据，并非是个人数据，因此，这些数据不在*GDPR*保护范围之内。数据还会有本地化需求，其目的不是考虑隐私保护，而是要进行公共政策制定（比如税收政策）。

麦肯锡2015年的一份报告估计，欧洲有着世界上迄今为止最高的跨地区数据流动量（见图7）。但欧盟目前还没有充分发挥数据经济的潜力，很大程度上是由于部分成员国的“数字保护主义”，而权力部门对公司强加的数据本地化要求并非出于隐私保护或安全考虑，而仅仅简单地为了限制跨国竞争。这从表面上看是为了保护国内企业，但在实际中，这些行为却对传统产业（零售、制造、能源）造成伤害，因为这些产业从数字化和跨国数据流动方面获益最大。

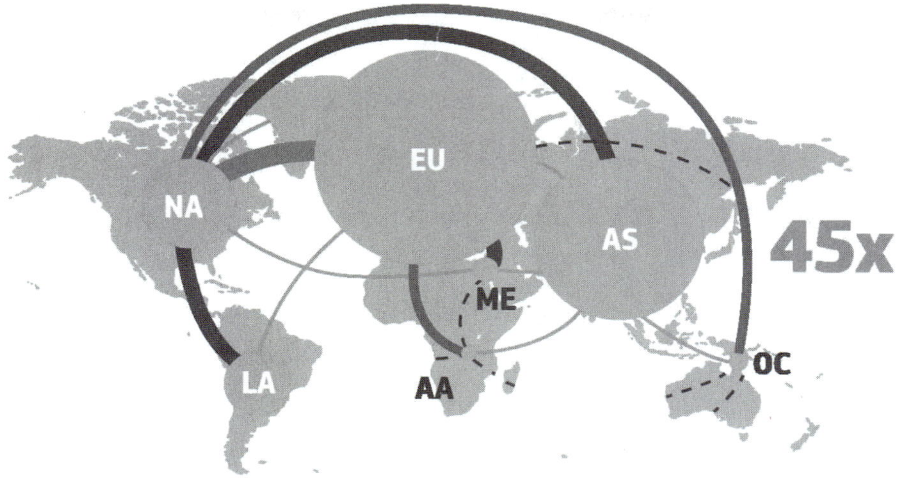

带宽（Gpbs）：

<50　50-100　100-500　500-1,000　1,000-5,000　5,000-20,000　>20,000

跨国使用带宽：
2005年：4.7Tbps
2014年：211.3Tbps

NA：美国和加拿大；LA：拉丁美洲；ME：中东；EU：欧盟；AS：澳大利亚；AS：亚洲；AA：非洲；OC：大洋洲。 ● 圆圈大小表示跨地区使用带宽

图 7　欧盟拥有最高的跨区域数据流动

数据来源：电信市场调研公司；麦肯锡全球研究所的分析。

欧盟委员会发起的一个公共咨询调查，发现 2/3 的受访者认为国家对数据流动进行限制或者要求数据本地化会影响他们的业务战略。强制公司将数据存储到数据采集的国家将会增加成本高达 120%，而成员国的数据处理成本的差别很大。利维坦安全小组（Leviathan Security Group）计算得出德国的数据处理成本是其邻国比利时成本的两倍。

在单一市场内消除地理障碍、创建第五种数据自由将是欧盟政策日程的首要任务。

（二）从数据所有权到开放数据

将机器产生的数据的财产权分配给数据的生产者（比如说汽车拥有者或者工业机器用户）将为用户控制他们的数据提供了一种可能的手段。这也可被视为一种促进贸易、创造数据市场的一种手段。这也可能是对数据价值链公平分配价值的需求的响应，当前只有数据链上的数据服务商和数据用户（对于汽车示例来说，就是汽车制造商）分享机器产生的数据所带来的利润，数据生产者尽管是必不可少的，但并不能从中获利。利润公平分布的逻辑将与实施欧盟统一数字市场战略的其他领域的方法是一致的，例如在版权改革时，提议中新的邻近出版权规定在作者和出版商之间进行公平利润分配。

但是，在数据领域确立数据所有权将会带来一系列风险。首先，由于价值分享会降低数据的处理效益，公司对数据分析的投资动力就会降低。其次，这还将面临一系列重要的实际操作挑战。数据价值对数据量依赖极大，需要一滴滴的水才能汇集成海洋，但单独一滴水的边际价值却几乎可以忽略。因为数据价值的最大部分产生于数据的汇聚，因此很难制定一个规则将利润“公平地”分配给每一个数据生产者。正如科罗尔指出的那样，“重要的问题不是谁拥有数据”，而是“谁拥有数据分析的手段”。更进一步说，数据经济发展越成熟，越多的价值将会产生在大数据价值链的“最后一公里”。最后，确立数据所有权将提高那些希望利用数据的个人和中小企业的实施成本，还有必需的交易成本也会削弱数据交易的驱动力。因此，我们需要看这些成本能否或怎样被通过一定方式降低，如通过制定标准化的合同条款。

在这种情况下，还有一种途径可以考虑，就是通过与*GDPR*框架类似的法律框架实现——任何有能力从中产生价值的实体都可以最大化地使用数据。比如“开放政府”行动计划就是政府管理部门对公众发布数据基于这一逻辑。我们可以考虑是否将开放数据机制扩展到私人领域，开放使用以不应损害首次对数据集进行处理的服务投资为限度。我们以电信公司采集的移动数据为例，匿名处理的数据可以被权力部门或研究人员开发疫病监控和预防的应用程序。某些非洲地区已经开始利用这一方法发现新的埃博拉疾病暴发，其依据就是从手机得到的人口迁移数据的分析结果。这有助于更好地干预救助，或应对紧急情况。公共干预能够促进数据共享，同时限制在一定范围内数据共享可保障为了公共利益所需要承担的责任。还需要设计使用条件，涵盖数据共享的边际成本（通常很小），以保障数据采集的投资动力。

（三）数据的可移植性和互操作性

在数据服务层面增强竞争可实现价值向数据生产者和数据用户转移，这一方法对于解决价值在价值链公平分配问题来说，将比确立数据所有权更好。例如，卫星导航设备制造商可能故意条件限制司机访问设备所获取的数据。然而，在设备领域增加竞争将会很自然地推动更大范围的数据访问，因为数据访问可以成为竞争的一项内容。

增强竞争的方式有设计监管框架促进平台的互操作性，如开放应用程序接口（APIs）。这些接口可以实现应用程序之间相互“交谈”，这样可以从外部使用程序的内部功能函数，而无须知道软件代码（例如，Yelp 正式得益于访问谷歌地图的 API，才得以展示周边餐馆）。同样，还可以通过可移植性来刺激竞争，也就是说，用户能够很容易将数据从一个服务迁移到另一服务中。这意味着数据处理中增加了透明性，并愿意采用通用数据标准。如对数据进行格式化处理，使不同服务都能容易读取，或者映射到他们自己平台上同样的数据集。这些原则都已经用于在 *GDPR* 实现对个人数据进行规范管理。

数据的可移植性和互操作性对于机器生成数据更加重要，而相关的规则制定也尤为迫切，这样才不至于降低数据创新投资的动力。当然，还要预见到数据迁移可能会危及业务模型的局限性问题，比如对于商业销售平台。买家基于销售平台的反馈机制对每一笔交易进行评价，这样卖家可以积累信誉。反馈信息的精准性是销售平台成功的关键因素。要是卖家能够将评价信息导出，并将其导入到另一竞争平台中，这就会极大地削弱这家平台积累的投资：新的竞争者也就不愿意开发新的或更好的反馈系统，要是他们知道这也会被竞争对手获益。

参考框 4：个人信息管理系统——一个有发展前景的数据可移植性解决方案？

个人信息管理系统（PIMS）包括用户服务器、运行用户所选择服务、存储和处理用户数据。今天很多情况下，用户向各种不同数据服务和平台提交信息，以此来运行相关的应用系统。如用户将数据上传到脸书（Facebook），而脸书根据这些信息提供社会化网络服务。用户还可能需要将同样信息传输到多家平台，这就会造成严重的碎片化信息管理，以致用户难于管控。

通过 PIMS，用户将拥有一个保存所有个人信息的个人数据管理平台。各种服务（比如脸书）将通过运行这一平台，使用户拥有跟踪、控制他们分享信息的能力，并且还适用于多家平台。因此，PIMS 有潜质成为增强数据透明性和可移植性，并且还能刺激服务的竞争。

法国在 2003 年实施了一次基于真实生活的 PIMS 实验，有 300 名用户参加，开发出了 15 款应用原型，交换了 500 万个个人数据集。

（四）公正的数据责任分担

责任分担规则在激发数据驱动商业发展方面起着重要作用，特别是对新兴的物联网市场。相互连接设备构成的系统趋向高度集成，被称为系统“血液”的数据体现出这种相互关联性。当出现损失时（比如由错误的数据使用、不当的编程或有问题的数据集引起的），责任的明确分担有助于保障市场的确定性，数据驱动的投资活动很难预计可能会引发什么样的风险。

正如贝托里尼指出的那样，应该将安全问题和损失赔偿问题分开处理。对于损失赔偿问题，规则制定应该遵循简单的经济学原理：责任应该由成本最低、诉讼最少的各方来分担，据此来进行赔偿，并保证产品的安全性。担责方都是价值链上的角色：用户、机器制造商或程序员。这也很容易预见和管理价值创造过程中失误引发的风险。对于无人驾驶汽车来说，常常出现的问题是由于功能失灵引起的潜在伤害责任是由制造商还是软件提供商承担。考虑到一个事实是，安全问题最好还是由生产厂家按照事先约定的详细技术标准来保证，安全信誉可以作为厂家保障安全设计的市场动力，因此，应该将生产厂家作为绝对责任的承担者。这也促使厂家能够参加保险方案，这样生产厂家能够预计和评估成本，同时也能确保用户在遇到损失时及时收到赔偿。

四、第3步：制定积极的公共政策支持数字化转型

正如上面概括的那样，采用数据技术和数据化决策支持会有很多来自组织内部以及外部的障碍。欧盟委员会、成员国家以及区域/地方政府在克服这些障碍中可以发挥积极作用。

2014年，欧盟委员会通报《奔向繁荣的数字驱动经济》，为支持和推动数据经济的发展提供了具体的行动方案。在提出的措施中，发展基于公私合作的“大数据”社区，以及“卓越网络”；支持必要的ICT基础设施的部署，包括云计算；提出行动计划促进公共管理中的数据开放和大数据分析。2014年的通报精神反映在欧盟委员会发布的《数字单一市场战略》4.1节——建设数据经济。

*GDPR*是实现这一目标的主要里程碑，但这还需要通过政策支持开启当前数据革命的全面开放。为了充分发挥潜力，欧盟需要制定令人信服的愿景，明确特别的商业定位和竞争优势。我们当然要占据数据价值链的高端，这要通过高度数据保护带来的数字化信任，同时还要确保一个完全可操作的、用户友善的、覆盖整个欧盟市场的环境。通过基于“隐私原则”运营，即将形成的统一数据市场将是世界上最大的数据市场，这种规模和特色是欧盟到目前为止所缺少的特性。

（一）通过创建实证基础理解数据现象

制定数据政策需要系统收集统计信息，由欧盟公司对数据进行分析使用，以更好地理解数据经济的演变。欧盟委员会应该增强欧盟现有的数据市场监管工具，把它嵌入欧盟统计局的统计软件Eurostat中，并且还要扩大应用范围，增加新的成熟指标。这还包括公司使用云服务的详细信息；数据官员是否出现；数据事故的数量和严重程度（如数据外泄事件）；通过机器到机器应用的大数据分析的使用；用于大数据分析方面的费用；用于数据分析的ICT基础设施的固定投资；劳动力市场活力统计（数据技能相关的空缺及在职员工数量），等等。还可能随时间的演变监控数据市场，并对公共支持政策的有效性进行全面评估。

（二）设定正确的目标

任何数据战略都应该包括中期和长期目标，这要考虑相关的数据市场的总价值（比如 2025 年应该达到 GDP 的 5%，相对于 2015 年的 1.87%），或公司群体中采纳的比率（如按照欧盟数据市场监控工具，进行高强度、战略性数据分析的公司的比率应该达到 30%，相对于 2015 年 ICT 和专业服务业公司这一比率为 6.3%）。并且，欧盟要制定明确的远大目标，激励相关公司在总体数字技术和特定数据分析领域进行投资，比如确保欧盟在 2020 年至少将 GDP 的 3%投资到研发将是欧盟的五个关键目标之一。正如经合组织（OECD）指出的那样，数据和研发（R&D）拥有一系列共同特征：都是无形资产，都是非竞争性物品，可惠及很多用户。但这些产品从趋势上说对社会并非最优化，这是因为私人的投资目标和社会的目标并非是一致的。因此，一个很自然的做法是将总体数据投资战略作为欧盟研发战略的一部分。

（三）促进思想观念的转变

很多公司，特别是中小型企业，都缺乏从数据革命中获得利益的意识，这是数据经济发展的主要障碍。这些公司只是不知道用大数据可能做什么。同样，为了采用数据分析，很多公司必须克服内部阻力，实现思想观念上的转变，例如，各个部门需要开放自己保存的部门内部数据（这要符合 *GDPR* 对个人数据规定的使用目的限制条款）。欧盟的公共权力机关以及各级地方相关部门要有相关的指导和教育计划（如部署专门的相关 Web 网站），在边远地区加强通信投资，让更多的人意识到这一问题。公共权力机关应该起带头作用，在行政业务中依据现有的法律和政策授权开放数据并应用大数据进行分析。除了那些已经完成的工作（比如“开放政府数据”），欧盟委员会自身也要采取具体措施，身体力行，重新改造内部组织机构，积累自身的数据分析能力。

一个可行的举措是设立欧盟“数据分析局”，强化高性能及计算能力，将其作为委员会理事会的技术手段，处理分析那些由于保密或成本原因不便交给外面服务公司处理的信息。还可以为理事会成员任命“首席数字官”（CDO）。CDO 负责设计、制定及实施数字化管理政策。他们还被委托在机构内部进行大数据分析任务，同时还联络、监督国家、地区、基层的数字化管理工作。

（四）开发适用的综合技能

应用大数据的另一重大问题是如何留住拥有数据技能的人才。应该调整国家的教育计划，增加数据科学家和具有数据技能的劳动力。从欧盟的视角看，消除供给短缺的方法是基于单一市场举行提升数据劳动力水平的举措，比如为数据技能人才颁发专门的欧盟通行证。给学生提供到欧洲好的教育和商业中心学习的机会：设立公共-私人共同基金机制，资助学生到欧洲顶级的 ICT 大学学习或者到数据中心实习获得经验。还要采取行动，在欧盟的大学里增加 ICT 和数据科学相关课程。欧盟地平线 2020 研究和创新计划可以用以推动欧盟研究机构和大学在数据科学领域取得重要进展。与此类似，最近成立的麻省理工（MIT）“数据、系统和社会”研究所认为，基金项目不仅要资助数据导向的技术和分析，还要资助如何更好地理解数据革命、基于系统的理论和模型、社会化处理方式这些要素之间的交互关系。

（五）财政支持和刺激

财政是另一问题，特别是对于中小企业在考虑数据基础设施和分析工具投资时，这些都需要高额固定投资。这一挑战可以通过公共管理部门采取合理的基金支持、税收刺激和补贴等方式来解决，当然，欧盟国家需要相应修订国家补贴政策。例如，在研究、开发和创新方面的投资被认为是增长的重要驱动力，因此要制定特殊的国家补贴机制（补贴比例最高可达 100%，具体比例根据总的转移量——是实验、产业还是基础研究，公司的规模）。认定规则基于默认缺省的原则，这主要是由于研发活动的固有特性，补贴的必要性主要是为了弥补市场可能失败。还应该为数据分析制定类似的特殊机制。依据公司的规模、产业类型、数据驱动决策开发的内部水平，就可能估算出国家财政支持所能产生效益的最低安全门槛，也就是通过培育数据创新带来普遍经济效益，同时限制对竞争带来的负面作用。

五、结论

数据革命已经开始，并且还在加速发展中。这将深刻地改变价值创造的方式，其核心是专注用户为中心的理念。与此同时，创新的本质也正在不断变化，数据作为成败的关键因素不仅体现在商业领域，也体现在以此为基础的各个经济领域。展望未来，欧盟需要将 GDPR 对个人数据的法律法规扩展到快速发展的非个人数据领域。最重要的是，需要一个综合性的政策蓝图，规划欧盟如何在全球数据经济发展大潮中取得更多效益，并在价值创造的高端发现特殊的商业定位。

英国数字化战略（上）

责任编译：舍日古楞

编　　译：梁　智

　　　　　闫桂勋

译　　审：贾一苇

国家电子政务外网管理中心主办

编者的话

2017年初，英国政府发布了《工业发展战略绿皮书》，旨在通过加强政府干预，提高生产力和振兴工业来提升民众生活水平，促进经济繁荣，使英国能够快速适应“脱欧”后的种种变化。其中，英国政府就对数字经济寄予厚望，紧随其后便于2017年3月发布了《英国数字化战略（2017）》（以下简称《战略》），提出建设一流的数字化基础设施、开展先进的技能培训和有效的监管，打造英国数字化竞争优势。《战略》提出：到2025年将数字经济对英国经济的贡献值从2015年的1 180亿英镑提高到2 000亿英镑。根据这一目标，制定了明确的实施路径，并将数字化战略作为英国建设全球性贸易大国计划的一部分，体现了英国发展数字经济的雄心壮志。

《战略》由七大子战略构成。一是数字连接战略。提出打造世界级的数字基础设施，将宽带和移动连接视为英国第四大公用事业，加快推进网络全覆盖、全光纤和5G建设，将宽带接入变成一项公民权利，使公众能获得更快的网络连接。二是数字技能和包容性战略。提出为将英国建设成为世界领先的数字经济体，要积极探索建立培育数字技能的新模式，提升公民数字技能和数字素养，从根本上解决数字化鸿沟问题。三是数字经济战略。为使英国成为数字化业务发展的绝佳之地，政府将大力投入资金及政策支持，通过多种方式支持数字创新和数字创业，制定适应技术发展的监管政策，并在全国范围内促进数字经济增长和发展。四是数字化转型战略。数字化带来的好处绝不仅仅局限于数字经济领域自身。无论何地，数字化转型都能够让各领域企业的生产效率得到提升。英国政府将通过多种形式帮助并支持每一个英国企业实现数字转型，提高生产效率。还将通过协调供给、干预目标等多种手段充分发挥好政府作用来支撑商业发展。五是网络空间安全战略。为使英国成为世界上在线生活和工作最安全的地方，英国除继续与国际伙伴保持合作，共同维护一个自由、开放且安全的互联网空间外，还要持续增强网络安全能力，投资和鼓励网络安全行业及人才培养，关注儿童网络安全，竭尽所能确保儿童与青少年免受网络风险的影响。六是数字政府战略。要维持英国政府在线服务公民的全球领先地位，积极深入推进政府数字转型，打造平台型政府，为公民和企业提供更好的政府在线服务体验。在公民数字化服务方面，通过正确的文化导向和工作场所建设，大幅提升公务人员的技术能力。在政府数字化产品方面，着力打造政府在线身份认证（GOV. UK Verify）、在线支付（GOV. UK Pay）和在线通知（GOV. UK Notify）三大平台。七是数据战略。多种举措释放英国经济的数据潜力，确保企业和政府可能以创新性、高效的方式使用数据，提高公众对数据使用的信心，在加强数据保护的前提下，大力推进政府数据开放共享。《战略》提出的计划、建议和规划，将为英国带来一个蓬勃发展的、包容的、外向型的数字经济，这一经济将为英国各个角落带来机会与便利，确保其为每个国民服务，切实巩固英国世界领先数字经济的地位。

近年来，数字经济已成为举国热议的话题之一。2016，G20杭州峰会通过《G20数字经济发展与合作倡议》；2017年“数字经济”首次被正式写入《政府工作报告》；党的十九大对推动四化同步，建设网络强国、数字中国、智慧社会等做出了新的部署。可以说，在新的时代下，尽快出台我国数字化战略、大力发展数字经济已经成为破解发展不平衡不充分矛盾的重要创新路径，我国发展数字经济将迎来难得的战略发展机遇期。他山之石，可以攻玉，希望英国数字战略可以为我国发展数字经济发挥一定的借鉴和参考作用。

本期主要分析行动纲要和前两大子战略相关内容。

责任编译：舍日古楞　　编　译：梁　智　闫桂勋

译　审：王晓冬

英国数字化战略[1]（上）

部长序言

作为负责科技事项的国务大臣，我有幸管理英国最重要的部门之一。我们的部门不仅能够推动英国经济发展，而且有潜力改变世界。在担任这个角色的前六个月里，我关注了英国从云计算到虚拟现实的最前沿的工作。

英国政府致力于让英国成为开创和发展数字业务、试用新技术或进行先进研究的最佳场所，让英国的数字产业处于世界的领先地位。这既需要有效的管理，也需要一流的数字基础设施和先进的技术基础。

数字化发展规划必须符合经济、社会和全国各领域发展利益。每个人和每个企业都应该有抓住数字技术的技能和信心，在生活、工作和学习中随时随地都能访问高质量的互联网。

今年一月，政府公布了《工业发展战略绿皮书》，阐明了如何利用英国的战略优势解决潜在劣势，建立为每个人服务的经济体系的目标。本《战略》将这个框架应用于全国的数字经济，克服增长和创新中的障碍，为未来创造更多高技能、高收入的工作，促进英国数据经济发展。《战略》将为英国企业提供一流的数字基础设施和先进技术，确保每个公民都能够访问和使用数字服务，消除数字鸿沟，便利人们的生活和工作，改善健康和提高福祉，增进人际联系。

发布《战略》只是一个开始，实现远大愿景将需要我们共同努力。政府要与科技界密切合作，共同推进数字化战略。我们正在建立一个新的论坛，推动双方关系蓬勃发展。我希望这将标志着政府和科技部门密切合作的新阶段的开始，期待双方并肩努力，使英国数字经济更加强大和公平。

凯伦布拉德利议员
文化、媒体和体育大臣

[1] https：//www. gov. uk/government/publications/uk-digital-strategy/uk-digital-strategy.

一、行动纲要

（一）英国工业发展战略规划

这份英国政府规划的目的是建设一个更强大、更公平的国家，服务每一位公民，而不只是少数特权者。这意味着要建设适合每个公民的经济结构，确保整个社会都能共享财富和机会；意味着要建设一个屹立于世界，并保持长期强盛的国家；意味着建设一个后代有机会比他们的父辈和祖父辈做得更好的国家。

今年 1 月，英国政府勾画出了“脱欧”后英国规划的一个关键部分——工业发展战略，促使政府加紧支持企业进行长期投资，基于英国的战略优势，解决英国的根本问题，并创造出孵化和扶植企业生长的条件。最终目标是通过提高生产力来促进国民生活水平的提高和经济的增长，并推动全国各行业发展。

随着将《工业发展战略绿皮书》中概述的原则应用到数字经济，英国的数字化战略有了进一步的发展。英国有一个引以为豪的数字创新历史：从最早的计算机时代到万维网的发展，英国一直是改变世界的发明摇篮。从被公认为第一个计算机程序员的阿达·洛芙莱斯到今天的人工智能先驱，英国一直处在发明的最前沿。今天，这段历史转化为世界领先的数字经济。英国在金融科技领域有很大的优势——更多的人在英国的金融科技领域工作，而不是在纽约、新加坡、中国香港或澳大利亚的科技领域。英国杰出的深度研究和创造性思维为国家提供了重要的竞争优势：英国拥有 3 所世界排名前十的大学，以及 12 所排名前 100 的大学。在七国集团国家中，英国拥有最具生产力的科研基础，在许多关键的全球研究质量评价中排名第一。在政府方面，英国引领世界改变政府的体系和服务，利用数字技术使它们更容易、更简单、更便宜。现在，英国准备退出欧盟，新的工业发展战略将建设适应变化、适应未来的经济。

（二）数字经济的数字化战略

英国的数字化战略由七部分构成，以下将略作阐述。

1. 建设世界一流的数字基础设施

政府需要创造条件和管理框架，加大基础设施投资，使产业蓬勃发展。其中，对数字基础设施的投资是关键：数字连接是现代生活不可或缺的一种工具。数字连接推动生产力的发展和创新，是数字国家的物理基础。

国家和社会必须实现完全充分的连接。英国将持续努力，到 2020 年完成 4G 和超高速宽带的覆盖，还将兑现“普遍服务义务”，让全国各地的个人、企业和公共场所都能获得负担得起的高速宽带连接。

英国对下一阶段的宽带和移动网络部署雄心勃勃，将投资超过 10 亿英镑，以加速下一代数字基础设施的开发和使用，包括全光纤和 5G。

英国还将确保消费者在数字连接方面获得最佳资费计划，确保承诺的带宽能够实际提供给大部分用户，并帮助消费者选择适合自己的服务。人们日常生活、工作和旅行的地方都需要数字连接服务，所以，英国将在火车等更多的公共场所上提供免费的 Wi-Fi 服务。

2. 为每个人提供所需的数字技能

如果要提高英国整体的繁荣，享受更高的实际工资，如果希望年轻人获得更多的机会，必须提高生产力。在数字驱动的经济中，这意味着要确保每个人都具备应有的数字技能。

英国需要确保每个人都能有机会学习到他们参与数字经济所需的技能，使企业能够利用数字创新所带来的生产力优势。为此，英国将为所有缺乏核心数字技能的成年人提供免费培训，并将计算机教育视为和识字一样重要。同时，由于很多行业的就业岗位和机会都将受到数字创新的冲击和影响，政府还要确保所有受影响的人们都能获得相应的帮助来适应这一变化。英国将建立一个新的数字技能合作伙伴关系，与热爱改变的合作伙伴共同努力，填补公众的数字技能差距。合作伙伴关系将帮助人们获得以数字技能为主的工作机会，将技术公司、地方企业、地方政府和其他组织联合在一起，发现数字职位的空缺，并帮助人们从事这类工作。

英国还需要一个强大的获取专业技能的渠道，加强专业技术人员培养，支撑整个经济生产力的提高。英国将在国民教育课程中加入编程的内容，从关键阶段开始，确保计算机科学专业的学生具备数字经济所需的最新实用技能。为了帮助更多、更广泛背景的年轻人考虑技术领域的职业，英国将支持国家公民服务（NCS）试点新的方法，包括 NCS 计划中的数字技能和职业生涯。

3. 使英国成为数字企业创业和发展的最佳场所

英国的工业发展战略明确和进一步加强了英国的优势。数字经济是其中至关重要的一部分：随着英国建设伟大的全球贸易国家的进程，英国将继续创新、构建和应用最先进的技术，提供令人难以想象的数字内容服务，确保其在全球数字经济领域的领先地位。英国拥有一些世界级的优质初创企业，以及一些最强大的产业集群，可以成为数字企业创业和发展的最佳场所。

为了实现这一目标，英国需要构建繁荣的生态系统和强大的技术产业。2014 年，英国有近 20 万数字企业，在全国提供了 140 万个工作岗位。2010—2014 年，增长最快的数字中心是南安普敦、西康沃尔和邓迪。英国科技城的“科技北方”项目正在帮助促进北部 7 个城市的技术生态系统的发展，这 7 个城市包括赫尔、利兹、利物浦、曼彻斯特、纽卡斯尔、谢菲尔德和桑德兰。与此同时，北方的 Powerhouse 科技企业创造了 99 亿英镑的增加值，曼彻斯特被确定为东南部以外的最大的科技集群。国内其他地区也有类似的项目正在进行，如 Tech East 和 Croydon Tech City。

英国已经拥有全球领先的人工智能、网络安全、金融科技、游戏、虚拟现实和政府科技等行业。具有数字和创造性的专业知识，也使得英国企业在包括设计和广告在内的许多其他领域处于领先地位。政府项目正在支持英国物联网（IoT）和自动车辆驾驶技术的发展。健康科技化和教育科技化转型（HealthTech 和 EdTech）都为英国提供了极具潜力的重要经济发展机会，为人们提供了一流的公共服务。

为了创造良好的经济增长条件，英国政府将与独立的监管机构合作，鼓励监管创新，为新技术的采用创造积极的环境，并提供法律和先进的运营支撑。在2016年秋季报告中，英国曾宣布，在2020—2021年度前，研发资金的投资额将增加47亿英镑，这是自1979年以来议会对公共技术研发投资的最大增加额。《工业发展战略绿皮书》就新的工业发展战略的优先挑战事项进行磋商，这将有助于英国发挥其在科学创新方面的优势，例如，在机器人、清洁能源和生物技术方面。南安普顿大学计算机科学专业教授Dame Wendy Hall和BenevolentTech的首席执行官Jerome Pesenti，将研究在英国如何为人工智能产业的发展创造有利的条件。

英国已经是世界金融中心，并拥有大量的投资资金。总体而言，英国科技企业的投资前景非常乐观。2015年，数字行业共得到15.7亿英镑的股权融资，是2011年的4倍多。英国希望这一状况能够持续下去，并宣布了一系列措施帮助企业获得所需要的融资。除此之外，在5个发展中国家建立英国的技术中心网络，它们将与现有的位于以色列的中心一起，提高英国在全球新兴数字经济体中的影响力。

4. 帮助每一个企业成为数字企业

英国的全球竞争力将越来越多地依赖于所有企业都使用先进的数字技术和数据来推动其创新能力和生产力的发展，而不仅仅是依靠数字行业自身的蓬勃发展。英国需要帮助所有企业与领先企业一样具备先进的生产力和竞争力：这意味着，采用数字技术将至关重要。为了确保企业具有获得技术的知识和方法，英国政府需要集中精力，在具有挑战的区域填补空白。除了技能和基础设施改进之外，英国在2016年秋季报告上宣布将投入1 300万英镑资金用于创建一个由私营企业主导的生产力委员会，该委员会将促进整个经济生产力的提高，包括适当地使用数字技术。与此同时，英国还将致力于帮助更多的英国企业增加出口，包括与多个专门服务政府客户的电子市场谈判，帮助企业获得优惠价格。

5. 营造全球最安全的数字生活和工作环境

安全可靠的网络空间是发展包容与繁荣的数字经济的基本要求，将增加人们融入数字世界的信心，给英国带来巨大的竞争优势。

为了保护英国的技术、数据和网络免受威胁，保护企业、公民和公共服务的安全，英国国家网络安全中心将建立单一联系人制度，特别针对属于英国“国家关键基础设施”的公司。英国还将采用一种主动网络防御的新方法，发挥英国政府通信总部（GCHQ）的技能、知识和技术专长，与国内的互联网服务提供商开展合作，为英国网络空间提供更高的保护水平。同时，为了确保英国拥有满足当前和未来需求的网络安全技能，英国将开展一个国家资助的课外项目，为最有才华的学生提供相关培训。

英国认识到，为儿童创建安全隐私的网络空间需要采取一些特定的行动。例如，为了防止儿童在线上接触有害的色情内容，英国将继续支持向所有宽带客户推出适合家庭使用的过滤器，并引入年龄验证控制。

6. 保持英国政府在线公民服务方面的世界领先地位

数字工具和技术为英国提供了更多的提高服务水平的机会。从个性化健康服务，到更安全的家庭老年人护理服务，再到定制化的教育学习服务，数字技术都将改善英国所依赖的重要公共服务。

英国已经建成世界领先的数字政府，政府的数字化还在进一步加强。2017 年 2 月 9 日发布的新的政府转型战略阐明，将为英国公民和企业提供更好、更一体化的在线政府服务。为此，英国将继续开发统一的跨部门平台的服务，包括努力使 GOV. UK 网站的验证注册用户数量在 2020 年达到 2 500 万，以及在 GOV. UK 支付平台和 GOV. UK 通知平台上采用新的服务等。

英国还将以“政府为平台”的理念为基础，确保在政府部门中更多地共用统一平台和组件。英国还将继续使用通用的技术，确保正确合理地消费硬件和软件商品，避免构建不必要的政府特有的东西。

英国还将继续在政府和公共部门挖掘数字化潜力，从根本上提高公共服务的效率，以更低的成本为公民提供更好的服务。例如，在教育方面，将解决没有适当的数字基础设施地区学校所面临的障碍，投资计算机科学教学网络，帮助教师和学校领导提高他们的技术知识和能力；在交通方面，将使英国的基础设施更智能、更方便，在 2016 年秋季报告中，英国宣布国家生产力投资基金将从 2018—2019 年度到 2020—2021 年度拨款 4.5 亿英镑，以试验铁路网络上的数字信号技术；在公共安全方面，警务人员可使用生物识别应用程序，匹配犯罪现场的指纹和 DNA。

7. 释放英国经济数据的力量，提高公众对其使用的信心

为了推动数字经济的可持续增长，政府将采取必要行动使英国成为世界领先的数据驱动经济体，为每个人提供机会，让人们相信他们的数据被合规使用。

数据是一种全球性商品。为了确保英国在全球数据革命中的领先地位，确保英国企业继续在全球范围内进行有效竞争和沟通，英国将在2018年5月之前实施通用数据保护法规（GDPR，General Data Protection Regulation），这将确保为消费者数据提供更高标准的保护。

（三）行动框架

数字经济迅速发展，英国也必须迅速行动。这份数字化战略阐明了当前工作的重点领域，以及当前将采取的主要行动。《战略》是一个框架，而不仅仅是一份单独的文件。《工业发展战略绿皮书》强调了强有力的企业领导对英国产业政策取得成功的重要性。因此，英国提出了一个“开放”的挑战，要求产业向政府提出建议，促进产业转型。这同样对英国的数字行业也是开放的，正如绿皮书中所说，期望听到政府和行业如何围绕新技术和新商业模式开展合作，以促进未来新行业的发展。

这份数字化战略是数字企业与政府之间正在进行的对话的第一个声明：“在制定工业和数字化战略时，英国政府将继续强化政企对话并加强对数字企业的支持。”为了促进这一点，文化、媒体和体育大臣将组织一个论坛，促进政府与技术领域的合作，以支持英国数字经济的增长。正如本战略中所述，英国政府和企业将在未来几年一起制订计划和建议，为英国带来一个蓬勃发展的、包容的、外向型的数字经济，为每个地区和每个领域创造出利益和机会。切实落实本战略的每项内容，将巩固英国世界领先的数字经济地位，并确保它为每个人服务。

这是一份面向整个英国的战略。数字革命不局限于一个地方或一个领域，它正在全面渗透到英国的每个角落，从康沃尔到高地，从威尔士到北爱尔兰。在格拉斯哥，市议会正在优化城市运行的方式，探索如何使用技术使街道更安全、更节能。在南威尔士，诸如 Method 4 和威尔士 ICE 等数

字企业的合作使这里成为技术创新的热点。正是这些多种多样的创意和创新中心将巩固英国的数字未来。英国政府将与各地方的管理部门合作，支持所有地方的数字化成功案例，并携手合作，确保全国各地都能感受数字化带来的好处。

现代工业发展战略

2017 年 1 月 23 日发布的《工业发展战略绿皮书》提出了工业发展战略的十大支柱，将在政府发展工业战略时发挥重要作用。

1. 推动科学研究和创新。政府必须推动数字经济发展和创新，将英国发达的科技基础应用到数字经济发展中。

2. 提升公民技能。政府需要建立一个新的技术体系来确保每个人都具备数字经济所需的基本技能，推动公民进步和企业发展。构建新的技术教育体系，让不上大学的人也能获得相应的技能。提高科学、技术、工程、数学等教育范畴（STEM）技能和计算能力，提高落后地区的技能水平。

3. 建设基础设施。政府需要推动数字、能源和交通基础设施建设，协调好中央政府和地方政府的基础设施投资关系。

4. 鼓励企业创新发展。政府为企业提供发展所需的财政支持，为企业长期投资创造条件。

5. 采购政策。政府的战略性采购可以推动创新，促进英国行业企业的发展。

6. 引进外资。政府的引进外资政策能够增加企业的竞争和丰富新的发展模式，有助于推动生产力发展。

7. 发展低价清洁能源。政府需要帮助企业降低成本，在保障经济效益的同时向低碳发展转型。

8. 行业政策。政府需要在保证原有行业企业发展的同时，促进新兴行业企业的发展。

9. 在全国范围促进经济增长。无论是投资重点基础设施项目、提高技能水平，还是支持当地的创新优势来推动经济发展，工业发展战略将利用地方特殊优势，为地方提供支持，构建经济发展框架。

10. 创建合适的制度框架。无论是地方教育机构、行业协会，还是金融机构，都可能需要补充或者完善相关制度。

“数字行业”和“数字经济”指的是什么？

本文中使用的数字行业的定义是经合组织采用联合国标准工业分类（SICs）制定，具有国际性的优势。“数字行业”可以通过其内部行业的产出和就业来衡量。

经合组织定义数字行业［信息、通信和技术（ICT）］活动如下：“企业的产品（商品和服务）通过传输和显示等多种数字手段，实现信息处理和通信的功能。”

很多人在非数字行业利用数字技术从事与数字行业相关的工作。例如电子商务。这就是数字经济的概念。

出于统计的目的，英国政府将数字经济定义为：“数字行业中的所有工作，以及所有在非数字行业部门从事数字行业相关职业的所有工作。”然而，数字经济还没有一个国际公认的定义。

二、数字连接战略——为英国建设世界一流的数字基础设施

到2020年，全球互联网流量预计达到2005年的95倍，而联网设备的数量将超过全球人口的7倍。在英国，宽带网络流量每两年翻一番，移动数据流量以每年25%~42%的速度增长。如图1所示。

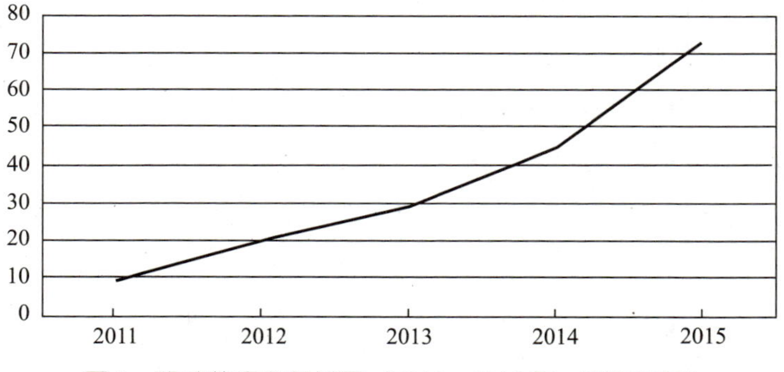

图1 移动数据业务总量（2011—2016年，千兆字节）

来源：英国通信管理局（ofcom）2016年度国家通信报告。

英国的数字基础设施必须能够支持网络流量的快速增长，满足人们现代生活的需要。每个人都能从宽带和移动设备连接的改善中获益。每个人无论何时何地都能够连接网络，享受数字服务带来的好处。改善网络连接还可以提高整个经济的创新力和生产力，会带来巨大的经济回报。独立研究表明，到 2024 年，网络宽带速度的提高将使英国经济产值增加 170 亿英镑。

政府将更全面地看待网络连接问题。一系列技术可以实现从固定线路宽带到移动、无线和卫星连接的下一代连接。但对大多数人来说，网络连接的质量比连接方式更加重要。政府将专注于消费者、家庭和企业在数字时代的需求，而不是只专注于技术。

高质量的数字连接对于英国的企业来说越来越重要。在英国工业联合会（CBI，Confederation of British Industry’s）的一项调查中，81%的企业认为更可靠的移动连接至关重要。可以说，现在比以往任何时候都更需要支持企业在全球范围内发展壮大，在线扩展新的客户和市场。

政府已经通过“连接凭证（Connection Voucher）”计划，帮助 42 000 多家企业建立网络连接。超过 80%的中小企业可以使用超高速宽带，下载速度达到至少 30 Mbps，相比一年前 68%的覆盖率有了大幅提高。然而，还是有许多工作需要完成。企业连接的发展滞后于住宅连接，而 8%的小型企业（主要在农村地区）的宽带速度还无法达到 10 Mbps 以上。

政府决心缩小企业网络连接与住宅连接的差距，提高企业连接的质量和可靠性，确保企业使用最先进的网络宽带技术，包括全光纤。2016 年 12 月，政府进行了全光纤推广的调研工作，并将在 2017 年春季公布调研结果和后续工作计划，以及对企业宽带评估的结果。

政府将配合通信管理局（Ofcom）开展工作，确保宽带市场的规范化。提高地方数字基础设施的透明度，使本地企业能够与通信行业合作，获得所需的网络连接。

为了协调开展这项工作，政府将建立一个由文化、媒体和体育部主导的企业连接论坛，汇集企业组织、地方当局和通信供应商，制定具体的问题解决方案，让企业能够实现快速、实惠、可靠的宽带访问。设立论坛是企业宽带评估的一项建议，其职权范围将在企业宽带评估结果报告中列出。

（一）有效监管

一个强有力的监管体系是促进数字基础设施建设投资的重点，它能加快数字基础设施建设，减少运营者的投资成本。监管的主要内容包括：

1. 制定相关法律条例

（1）《基础设施使用规范条例》——确保数字通信供应商在一定范围内有权使用同行业竞争者的基础设施；

（2）改革《移动通信规划法》——减少规划要求，允许大量新型的通信节点快速建造和部署；

（3）改革《电子通信法典》，出台《数字经济法》，鼓励地理位置分享，提高基础设施的使用效率。

2. 提升监管水平

政府将继续推进数字基础设施建设，研究有关规划和通行协议方案。监管框架将确保网络连接基础设施兼容 5G 技术体系。

宽带消费者市场监管水平的提高也有助于提高连接水平。英国广告标准局等监管者和产业界将会联手严防宽带连接业务推广中的虚假广告，确保消费者享受到的连接速度与服务提供商宣称的保持一致。

3. 与地方社区合作

地方社区最了解本地区的连接需求。因此，他们能够与通信提供商合作推动数字基础设施的建设。

政府将鼓励以地方主导的方式推动数字基础设施建设，支持居民与当地社区机构，包括学校和公共图书馆之间建立伙伴关系。政府提供包括 Go Superfast Checker 网站在内的一系列工具和建议，帮助社区确定网络连接需求，制定社区宽带解决方案。这种帮助还包括社区的宽带传输模式、传输技术、融资方案和案例研究等内容。

英国宽带传递（BDUK）还鼓励当地政府投资新型基础设施项目。通过多种不同的方式实现项目投资建设。

（二）给大众更好的网络连接

1. 宽带网络连接

英国已经向全国宽带服务投入 17 亿英镑的公共资金。目前，90%以上的室内环境可以接入超高速宽带，到 2017 年 12 月，覆盖率有望达到 95%。

由于宽带服务的商业化，仍有一些英国家庭无法负担超高速宽带网络的接入费用。为此，英国将在 2020 年前引入普遍服务义务宽带，使英国每个公民、企业、公共服务机构都能够接入高速互联网宽带（USO），在合理的成本下让普通家庭也能够充分享受互联网服务。目前，包含这项权利的《数字经济法案》正在英国议会审议。12 月，通信管理局（Ofcom）向政府提出了有助于提高宽带通用服务设计的技术建议。政府将在 2017 年年初对立法进行咨询之前，仔细考虑通信管理局（Ofcom）的调研结果。将定期审查 USO 的条款，以确保跟上消费者不断变化的需求。

2. 移动网络连接

2014 年 12 月，英国政府与工业制造行业签署了协议，规定了许可证义务，确保有超过 50 亿英镑的投资用于提升 4G 信号覆盖率。通信管理局（Ofcom）的《2016 年国家互联网报告》显示，英国 99%的室内环境现在已经有通话覆盖，96%具有 4G 数据覆盖。报告还指出，过去一年中 4G 的覆盖率已经从 48%大幅增加到 72%，并且还将进一步增长。如图 2 所示。

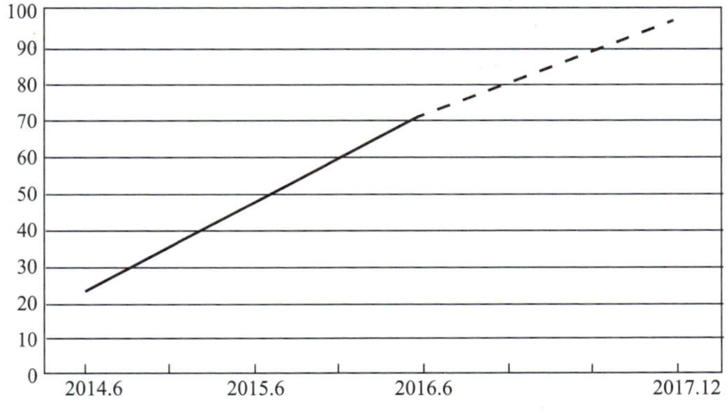

图 2 到 2017 年底，预计英国 98%的陆地将有 4G 数据覆盖

来源：政府概算。

正如最近国家基础设施委员会关于移动连接未来的报告中所述，无论人们在哪里居住、工作和旅行，基本谈话、文本和数据等户外移动服务都是至关重要的。所有四家移动网络运营商都有义务在今年年底前达到至少90%的陆地网络覆盖。通信管理局（Ofcom）依照《数字经济法案》有权对不符合要求的公司进行罚款。因此，到2017年底，预计98%的英国陆地将有4G覆盖，至少有98%的英国室内环境能够提供4G覆盖。

必须进一步向全英国的每个人提供更好的网络覆盖和连接质量。连接性的日常管理非常重要，而不仅仅是数据统计。政府将考虑未来无线电频谱竞标是否应包括增加覆盖面和可靠性的承诺。《数字经济法案》赋予通信管理局（Ofcom）共享覆盖范围和网络性能数据的权力，为消费者提供信息帮助他们选择最佳的网络，促进不同网络间的有效竞争，为消费者提供更好的连接服务。

3. 交通基础设施的网络连接

英国的火车乘客希望在旅途中也能获得优质的网络连接。英国已经开始在铁路线路上铺设免费无线网络，预计到2018年底，90%的乘坐英国交通部特许经营火车线路的乘客将会享受到免费无线网络。在新建铁路线上，列车运营方需要提供高速Wi-Fi连接，确保大多数乘客可以在火车上发送电子邮件、浏览网络和社交媒体，并使用Wi-Fi拨打电话。

英国高速公路通信覆盖率高，97%的地方实现了通话覆盖。但是需要进行进一步改进，不仅使人们在移动中或紧急情况下能拨打电话，而且能够通过新技术接收到交通信息，例如，自动驾驶和智能公路等。

紧急服务移动通信计划是此过程中的重要一步。通过尽可能开放基础设施，政府将扩大网络覆盖范围，包括改善道路上的网络覆盖。

（三）未来网络建设：全光纤和5G

政府倡导提供更快的网络服务，用高速网络带来的收益平衡基础设施建设投资的支出。政府正加快下一代数字化基础设施的部署——制定架构；鼓励开展实验和测试；帮助降低成本；引领建设工作的实施和明确建设目标。在2016年秋季的报告中，政府明确承诺将实现数字网络连接，从国家生产力投资基金拨款 7.4 亿英镑，支持市场推出下一代数字基础设施。

1. 提供超快的速度

目前，英国的网速可达到 100 Mbps，有线传输速度是 200 Mbps，试验证明超高速连接已经可以有效提升传输速度，同时通信技术的每一次迭代，也都将给消费者带来更快速的网络连接。

2. 全光纤

未来，高速度和高质量的通信连接应当是更深层次、更广覆盖的光纤网络。为此，英国政府将投资 4 亿英镑设立一个新的数字基建投资基金，旨在提高英国国内市场的全光纤替代速度。同时，英国政府还将同各地方政府合作建立促进全光纤网络建设的公共基金。

公用网络为加快光纤网络建设又提供了一个可能的途径。英国政府将探索如何开放“回程”基础设施这一关键部分，借此减少光纤建设的成本，提高偏远地区连接光纤的可能性。

3. 国家 5G 战略

5G 是下一代移动网络，目前还在不断开发完善中。5G 将提供快速、低延迟和更可靠的移动连接，能够满足日益增长的数据需求，提高生产力并促进经济发展。5G 能够给消费者和商业用户提供高质量的连接，支持物联网的发展，例如，促进汽车连接设备和数字健康应用连接设备的数量迅速增加。新的光纤基础设施将在 5G 部署方面发挥至关重要的作用，5G 可能需要广泛使用“回程技术（通常是光纤连接）”连接到具有核心网络的小型小区（基本上是微型基站）。

英国希望在 5G 的发展和推广中发挥主导作用。如果英国要走在 5G 革命的前列，那就需要政府、行业、学术界和地方来共同开发技术，部署网络。英国政府在 2017 年春季预算中公布了一份 5G 战略，详细阐述了对 5G 这一未来移动连接技术的愿景和进一步实施的步骤。

4. 5G 和光纤的测试平台

政府将为融合光纤和 5G 测试的协调计划提供资金，这作为 2016 年秋季报告中宣布的 7.40 亿英镑数字基础设施投资的一部分，将确保英国更好地利用 5G 和未来数字技术为消费者和企业提供服务。

5. 连接频谱资源

无线电频谱的有效利用有利于 5G 技术的创新和发展。英国政府已经自 2010 年开放 380 MHz 的公共频谱资源，并将在 2022 年前开放 10 GHz 以下的 750 MHz 公共频谱资源，旨在促进 5G 等高端通信技术发展。

英国政府还将继续推行 2014 年频谱策略中制定的措施，向政府部门收取频谱使用的市场费用，鼓励频谱共享，尽可能为 5G 等先进通信技术提供合适的频谱。

三、数字技能和包容性战略——为每个人提供所需的数字技能

英国要在数字经济上处于世界领先地位，需要每个人都充分具备数字技能。

虽然世界日益网络化，但仍有相当一部分人没有掌握数字技能。英国政府必须解决人们由于数字技能短缺而产生的一些问题。

尽管有些人已经具备了基础的数字技能，能够使用网络服务，但是仍缺乏在数字经济环境下工作和生活的知识和信心。经预测，20 年内 90%以上的工作都或多或少会需要一些数字技能，因此，确保英国人具备有效的数字技能应对这场科技革命至关重要。

随着数字经济的发展，对数字技术专家也将有更大的需求。目前，英国的专业技能水平远远高于欧盟的平均水平，但要想保持领先地位，必须精益求精。当英国离开欧盟之后，要继续发展本土人才，提高劳动力技能水平，发展所需的专门数字技能，保持英国数字行业世界领先。

英国政府也必须为社会各阶层的人提供互联网访问服务，充分利用数字革命带来的好处，推动社会发展。以下三种方法可以实现这一目标：

（1）解决数字技能短缺问题，让每个人都能获得所需的数字技能；

（2）提供个人和公司在全球数字化经济中所需的数字技能，让人们在工作中能够获得和提高技能；

（3）加强公共部门、私营部门和第三方机构之间的协作，为所有人提

供所需的技能培训。

（一）培养数字技能

目前，公共服务和商业贸易等领域都将“战场”转移到了网上，所以，英国公民需要掌握数字技能才能享受到金融、医疗和社会福利。

研究表明，有四个主要的障碍导致人们缺乏基本的数字能力：

（1）访问：缺乏连接互联网和上网的能力；

（2）技能：缺乏使用互联网和在线服务的能力；

（3）信任：害怕犯罪，缺乏信任或不知道怎么上网；

（4）动机：不理解为什么使用互联网是有意义的和有帮助的。

政府已经开始与工业和志愿部门合作，提高那些处于数字化以外的人的数字能力，包括那些具有一定技能但缺乏信心和知识以更充分利用数字化的人。例如：

（1）在 2014—2015 年，英国政府提供了 8 500 万英镑的 2 级数字技能培训；

（2）通过未来数字融合和数字参与计划，支出 950 万英镑用于支持近 80 万人获得基本数字技能；政府将在今年继续投入 250 万英镑，支持 15 万余人获得基本数字技能；

（3）通过英国艺术委员会在英国所有图书馆提供免费 Wi-Fi；

（4）创建数字培训和支持框架，为缺乏数字技能、信心的公民提供基础数字技能培训，协助他们使用在线政府服务。

政府将继续与合作伙伴加强合作，确保小型企业和慈善机构具备数字经济技能。地区和社会经济环境差异与人们是否具备基本的数字能力密切关联。例如，失业的成年人缺乏基本的数字技能，比全国平均水平高出 5%，比高收入者高出 24%。2016 年 8 月，布莱克本有 22% 的成年人没有使用过互联网，而萨里则为 7%。为此，英国政府采取了一些解决措施：

（1）探索新的方式激励相关部门解决数字排斥问题。英国政府将开展一项可行性研究，探讨采用如按劳付酬或社会效益债券等方式来解决数字排斥问题。

（2）提升图书馆在促进数字包容性方面的作用。英国政府将与国内的一些合作伙伴协作，使图书馆成为数字接入、数字培训和社区数字技术支持的场所。日前，好事基金已经帮助200万学习者掌握了网络技术的基础，并计划到2020年前再支持100万人了解该技术。

（3）成立数字包容委员会。推动私营部门和公益部门的高级负责人与政府合作，提升合作的协作性与主动性，更好地帮助英国公民利用互联网平台。

（4）通过英国国家医疗服务体系（NHS）提高数字包容性。政府已经为该项目投资了110万英镑，项目主要用于帮助容易被遗忘的人群（如流浪汉、残疾人、心理障碍患者和服刑者）掌握数字技术，这样他们就能通过上网掌握自己的健康状况。

在此期间，政府将定期评估目标和指标，了解不同人口群体之间数字能力的差异，确保所有团体能够克服数字化融合的障碍。

图书馆如何提供更好的数字访问和读写能力

图书馆在确保每个人都能充分利用数字经济方面发挥着重要作用。图书馆通过提供免费Wi-Fi、计算机和其他技术来提供可靠的网络服务。超过一半的英国居民拥有图书馆卡，35.8%的最贫困地区的人能够访问图书馆。

图书馆有14 000多名训练有素的工作人员，还可以在志愿者的支持下，为人们提供技能培训，帮助人们了解使用互联网和访问在线服务可以带来的好处，增强他们对数字世界的信心。

2014—2015年，共有192 000人通过图书馆网络学习了近50万次数字技能课程。公共图书馆还与慈善机构和私人合作伙伴（如哈利法克斯、英国电信和巴克莱）合作，提升人们的数字技能水平，同时还采取了一系列革新性举措。一些图书馆建立了创客空间和私人实验室，帮助人们学习新技能和进行项目合作。

（二）数字经济的数字技能

正如现代工业发展战略所阐明的，数字技能的缺乏不仅是人们发挥潜力的障碍，也是生产力发展的障碍。个人、企业、政府和其他组织必须采取措施，确保英国拥有数字技能。

1. 数字技能从教育抓起

2014 年，英国在世界上第一个授权对中小学儿童进行编程教学。这意味着儿童在学校将接触到工作时所需要的知识和技能。

为了提供良好的计算机教育，英国支持教师队伍的发展。政府组建了由超过 350 名专家组成的专家网络，为需要进一步发展计算专长的教师提供培训。政府还将继续鼓励计算机专业毕业生进行教学，为受训教师提供资金鼓励。

在学校正式课程之外，政府还采取了一些新的创新举措，为年轻人提供学习数字技能的机会：

（1）现在有超过 5 000 个代码俱乐部，通过志愿者和高质量的网络，为年轻人学习编程技术提供平台；

（2）树莓派基金（Raspberry Pi）会为学习者提供低成本、高性能的计算机；

（3）英国广播公司（BBC）与超过 25 个组织合作，为英国 7 年级或同等级的每个孩子提供微型计算机（一个口袋大小的可编码计算机），激发他们的兴趣和创造力。

2. 国民服务计划与树莓派基金合作

凯捷管理顾问公司最近的一项研究显示，尽管年轻人被称作“数字原住民”，但是他们对如何将数字技术运用到实际工作中仍不是特别清楚。

国民服务计划（NCS，National Citizen Service）旨在帮助 16~17 岁的青年建立数字技能，为将来就业及面临各种挑战做好准备。在 2016 年，国民服务计划覆盖 93 996 名年轻人，帮助年轻人参与数字经济。政府正致力于扩大国民服务计划，支持 NCS 和树莓派基金合作推出一项试点计划，测试将数字技能和职业发展纳入 NCS 计划中的新方法，包括编码实践、数字制作和数字创业等方法。

《工业发展战略绿皮书》提出建立一个适当的技术教育体系，使不去上大学的年轻人也能受益，同时，为那些在职的年轻人提供更好的选择。改革 15 条技能获取路线，包括以学院为基础和以就业为基础的学习，为就业规划一条明确的道路。所有路线中都包含相关的数字技能，这意味着就业的每个人都将具备所需的数字技能。政府将与学院、技术研究所和行业专业人士一起确定技术教育路线中包含哪些数字内容。

3. 终身学习

科学技术的迅猛发展也意味着数字技术的不断更新。技术的变革使得预测未来需要的数字技能变得困难。技能需求会快速变化。因此，终身学习提升已掌握的数字技能至关重要。英国政府将数字技能培训与成人读写和计算一起，作为公立免费成人教育的一部分。

4. 满足工作需求的数字技能

据估计，到 2022 年，英国将需要 120 万个具备新兴数字技能的劳动力岗位，以此来维持英国在全球数字经济的领先地位。当前，英国数字技能掌握者的数量远超欧盟平均标准，但仍有提升空间。例如，尽管对具有专业数字技能的工作人员的需求日益增长，但计算机科学毕业生在毕业 6 个月后失业率最高，达到 10%，其中部分原因是一些毕业生不具备雇主所需的技术或专业技能。为了解决这一问题和其他专业技能方面的挑战，英国政府正在采取措施进一步完善就业教育。

为此，英国政府将实施科技教育体制改革，其中包含数字专家培育路线图：雇主将与政府合作，共同制定数字标准及其评价体系，其中 13 项标准已被批准。

英国政府还推出了新的创新数字学徒学位制，包括一个学徒学位，由雇主组织设计，以确保学徒获得充分的职业能力。他们将提供行业所需的技能。学位学徒在他们所选择的岗位中工作时会获得工资。

国家数字技能学院（Ada）于 2016 年 9 月成立，得到政府 1 300 万英镑的投资和大伦敦政府 1 800 万英镑的投资。学院将在未来五年培训 5 000 名能够从事数字职业的学生，如软件和数据库开发人员、用户体验设计师和科技创业者。政府将资助 Ada 在 2017 年夏天之前建立一个在线学习平台，尝试运用创新技术、游戏化内容和点对点元素来提升编码技术。Ada 还与美国美林银行、德勤和 IBM 等私营机构合作。Google 正在与学院合作推出数字创新计划中的高级学徒计划，这将为想在科技公司工作的学生开放软件工程专业，并获得计算机科学的基础学位。

英国政府将投资 2 000 万英镑设立研究机构，提高数字技能培训的质量。这笔资金将通过 HEFCE 发布，邀请大学和企业联合成立独立研究机构，提高数字技能培训的质量。

此外，英国政府将在今后几个月继续开展如下工作：

（1）推进计算机科学学位认证和毕业生就业能力分析，增加学生的工作经验，发展他们的专业技能，建立学位课程认证体系；

（2）开发一种通用的数字技能语言，人们以通用的方式表达他们正在寻求的数字技能，并以一种学生和毕业生能够完全理解的方式提供数字职业信息；

（3）与数字技能工作组合作，为获取所需的数字技能提出建议。

5. 实现更多元化的数字劳动力结构

数据显示，虽然女性占了英国劳动力的近一半，但从事科技相关工作的仅占 17%，而选修计算机科学 A 级课程的女生只有 9.5%。英国在大力发展数字技能提升计划的同时，必须重视解决这种不平衡的问题。

为此，英国已经推动实施了一些项目（如 Cyberfirst Girls Competition、TechFuture Girls、Code First：Girls 等）来帮助女性进入科技领域工作。

同时，英国将进一步落实科技人才宪章。宪章在鼓励各机构加强科技劳动力多元化、激励各部门改革创新方面给出了一些关键措施和标准。此外，到 2020 年，英国国家数字技能学院将实现 50% 在校生为女性。除了女性，英国还会对残疾人和少数族裔以及贫穷地区的人提供专项支持。

6. 网络安全技能

英国虽然在网络安全上处于领先地位，但仍存在技能短缺的问题。英国正在制定网络安全技能战略，不论是产业界还是学术界，都旨在确保英国拥有足够高的技术水平使经济免受网络威胁。同时，该战略将从长远着想为英国开发一套自给自足的人才输送通道。

着手解决一些问题：

（1）针对 14~18 岁学生的课外网络学校计划，为感兴趣的学生提供专业的网络安全教育；

（2）为关键部门提供更高层次的学徒培训；

（3）技能再培训计划，帮助那些希望改变职业加入网络安全行业的人服务；

（4）认证大学学位，确保高质量的课程教育；

（5）确保教师的专业持续发展，保证教学质量；

（6）成立专业的网络安全机构，帮助制定专业标准。

（三）协同工作：更具协作性、协调性和针对性的数字技能项目

企业在推进数字技术发展、提升商业需求和繁荣数字经济方面也发挥着至关重要的作用。目前，很多知名企业已经开始实施一些项目应对数字技术带来的挑战。各个项目关注的重点不同，民众有时很难确定最适合自己的项目。为此，英国政府建立了数字技能合作伙伴关系（Digital Skills Partnership），将各大公司、地方政府、企业和公益慈善组织等联合起来，缩小数字技能的差距。

1. 企业主导的数字技能项目

微软最近推出了一项计划，培养 3 万名数字领域的公职人员。发起云技能倡议，到 2020 年前培训 50 万名高级云技术人才，向英国网民提供免费的在线数字培训课程。

Google 提供五个小时的免费数字技能培训。

亚马逊网（AWS）将软件开发和云计算项目加入 Start 计划。

劳埃德银行（Lloyds Bank）将数字技术人才输送到各社区开展培训，出具《企业数字指数》和《消费者数字指数》报告，追踪小企业和机构的数字化能力，以及英国公民的数字化和金融能力。

巴克莱银行实施数字雄鹰项目，帮助英国公民实现全事务数字化，包括数字银行。

思科实施网络大奖项目，为机构和个人提供 IT 技术支撑和职业规划。

O2 与 NSPCC 建立网络合作联盟，在 2020 年之前帮助 2 000 万人更好地参与科学进步；建立 GoThinkBig 平台，为年轻人提供数字技能、社会活动和工作实习机会。

苹果公司的实施“人人编程”计划，普及编程相关知识、鼓励新 APP 开发，将想法付诸实践。

2. 企业做出的项目承诺

为了支持数字技能合作，企业做出以下承诺：

（1）劳埃德银行承诺到 2020 年对包括互联网银行在内的 250 万个个人、中小企业和慈善机构进行数字技能培训。

（2）巴克莱银行已承诺将扩大数字雄鹰项目的规模。

（3）Google 承诺在英国沿海城市推出夏季数字技能培训项目。

（4）思科公司通过网络认证计划，为 16~18 岁的儿童提供免费在线互动课程进行网络安全培训，并提供相关认证。第一阶段为 1 000 名学生提供教学和认证。

（5）2016 年，IBM 在沃里克、曼彻斯特和伦敦举办了三所小学计算机暑期班，帮助教师们更有效地教授计算机课程。IBM 承诺在 2017 年再增设 3 个暑期班。

3. 案例：利兹确定当地技能需求

利兹拥有超过 15 000 个数字职位，是除英国伦敦以外最大的数字经济中心之一。随着各类数字公司以及组织的创建和高速发展，利兹也得到了高速发展的机会。

利兹市议会（Leeds City Council）召集了利兹数字委员会（Leeds Digital Board）、雇主企业、教育和培训供应商等各方共同促进数字行业发展，解决数字技能短缺问题。为了了解问题所在。利兹政府委托各个咨询分析公司（Bloom、Herd 等）对数字企业的项目、业务和职位等信息进行了调查分析。分析结果用来制订利兹数字技能行动计划。举办招聘会为空缺的数字职位输送相关人才，推广技能培训提高人们的技能水平。

英国数字化战略（下）

责任编译：舍日古楞

编　　译：梁　智

闫桂勋

译　　审：王晓冬

国家电子政务外网管理中心主办

编者的话

2017年初，英国政府发布了《工业发展战略绿皮书》，旨在通过加强政府干预，提高生产力和振兴工业来提升民众生活水平，促进经济繁荣，使英国能够快速适应“脱欧”后的种种变化。其中，英国政府就对数字经济寄予厚望，紧随其后便于2017年3月发布了《英国数字化战略（2017）》（以下简称《战略》），提出建设一流的数字化基础设施、开展先进的技能培训和有效的监管，打造英国数字化竞争优势。《战略》提出：到2025年将数字经济对英国经济的贡献值从2015年的1 180亿英镑提高到2 000亿英镑。根据这一目标，制定了明确的实施路径，并将数字化战略作为英国建设全球性贸易大国计划的一部分，体现了英国发展数字经济的雄心壮志。

《战略》由七大子战略构成。一是数字连接战略。提出打造世界级的数字基础设施，将宽带和移动连接视为英国第四大公用事业，加快推进网络全覆盖、全光纤和5G建设，将宽带接入变成一项公民权利，使公众能获得更快的网络连接。二是数字技能和包容性战略。提出为将英国建设成为世界领先的数字经济体，要积极探索建立培育数字技能的新模式，提升公民数字技能和数字素养，从根本上解决数字化鸿沟问题。三是数字经济战略。为使英国成为数字化业务发展的绝佳之地，政府将大力投入资金及政策支持，通过多种方式支持数字创新和数字创业，制定适应技术发展的监管政策，并在全国范围内促进数字经济增长和发展。四是数字化转型战略。数字化带来的好处绝不仅仅局限于数字经济领域自身。无论何地，数字化转型都能够让各领域企业的生产效率得到提升。英国政府将通过多种形式帮助并支持每一个英国企业实现数字转型，提高生产效率。还将通过协调供给、干预目标等多种手段充分发挥好政府作用来支撑商业发展。五是网络空间安全战略。为使英国成为世界上在线生活和工作最安全的地方，英国除继续与国际伙伴保持合作，共同维护一个自由、开放且安全的互联网空间外，还要持续增强网络安全能力，投资和鼓励网络安全行业及人才培养，关注儿童网络安全，竭尽所能确保儿童与青少年免受网络风险的影响。六是数字政府战略。要维持英国政府在线服务公民的全球领先地位，积极深入推进政府数字转型，打造平台型政府，为公民和企业提供更好的政府在线服务体验。在公民数字化服务方面，通过正确的文化导向和工作场所建设，大幅提升公务人员的技术能力。在政府数字化产品方面，着力打造政府在线身份认证（GOV. UK Verify）、在线支付（GOV. UK Pay）和在线通知（GOV. UK Notify）三大平台。七是数据战略。多种举措释放英国经济的数据潜力，确保企业和政府可能以创新性、高效的方式使用数据，提高公众对数据使用的信心，在加强数据保护的前提下，大力推进政府数据开放共享。《战略》提出的计划、建议和规划，将为英国带来一个蓬勃发展的、包容的、外向型的数字经济，这一经济将为英国各个角落带来机会与便利，确保其为每个国民服务，切实巩固英国世界领先数字经济的地位。

近年来，数字经济已成为举国热议的话题之一。2016 年 G20 杭州峰会通过《G20 数字经济发展与合作倡议》；2017 年“数字经济”首次被正式写入《政府工作报告》；党的十九大对推动四化同步，建设网络强国、数字中国、智慧社会等做出了新的部署。可以说，在新的时代下，尽快出台我国数字化战略、大力发展数字经济已经成为破解发展不平衡不充分矛盾的重要创新路径，我国发展数字经济将迎来难得的战略发展机遇期。他山之石，可以攻玉，希望英国数字战略可以为我国发展数字经济发挥一定的借鉴和参考作用。

本期主要分析后五大子战略相关内容。

责任编译：舍日古楞　　　　　编　　译：梁　智　闫桂勋

译　　审：王晓冬

英国数字化战略[1]（下）

四、 数字经济战略——使英国成为数字企业创业和发展的最佳场所

英国政府希望借助数字经济维持英国在创新领域的国际领先地位，在现有的基础上将英国打造成数字经济创始和发展的最佳地区。当前，英国已经在人工智能、网络安全、金融科技、虚拟现实和电子政务等诸多领域拥有全球领先的技术。同时，政府也在大力支持物联网和汽车工业的发展，医疗科技和教育科技给英国经济提供发展机遇的同时，也为英国人创造了世界一流的服务环境。

2015 年，数字经济对英国经济的贡献量是 1 180 亿英镑，占英国增加值的 7%，数字商品和服务的出口额超过 500 亿英镑。英国希望，到 2025 年数字经济的贡献量达到 2 000 亿英镑。为了实现这个目标，英国必须为数字经济的繁荣发展创造条件并确保数字经济的福利惠及全国。为此，尽管数字经济的发展主体是私营部门，但英国政府在支持数字创新和商业化发展、支持数字企业抓住增长机遇等方面仍发挥着重要作用。2010—2015 年，数字部门对英国经济的总增加值（Gross Value Added，GVA）的贡献增长了 21.7%，相比之下，英国的 GVA 增长了 17.4%，如图 3 所示。图 4 显示了数字企业的增长变化对比情况。

［1］ https：//www.gov.uk/government/publications/uk-digital-strategy/uk-digital-strategy.

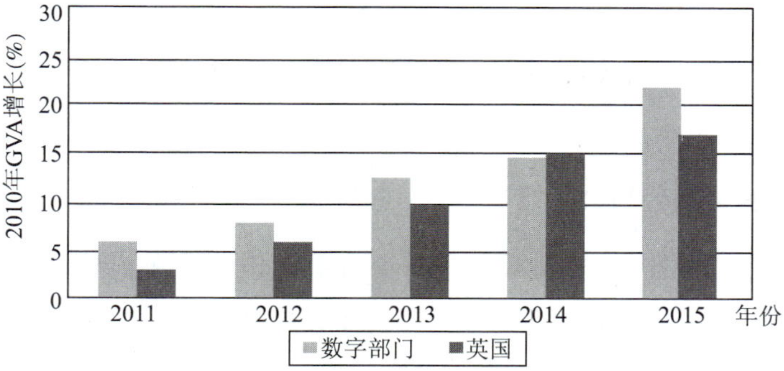

图 3　数字部门对英国经济的总增加值的贡献情况

来源：DCMS 部门经济预测。

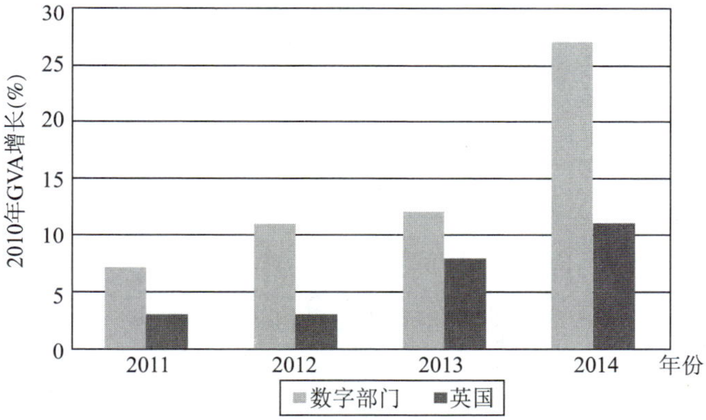

图 4　数字企业的增长变化对比情况

来源：DCMS 部门经济预测。

（一）支持创新

在《工业发展战略绿皮书》中，英国政府提出，要为具有国际竞争力的、全球领先的企业在英国发展创造环境。为此，英国将采取以下措施：

1. 有效的税收结构

（1）建立全球最具创新性和企业友好型的税务系统，通过一系列税收政策鼓励创新型企业发展；例如，专利盒税收政策对来自专利部分的收入收税，公司税下调 10%，以此刺激公司创新活动；

（2）通过种子企业投资机会（SEIS）和企业投资机会（EIS）削减投

资小企业和初创企业的投资赋税，帮助这些企业提升权益融资；

（3）英国政府正在评估税务环境，试图探讨是否能通过税收政策进一步鼓励投资与创新。

2. 强有力的劳动力供给

数字企业的发展需要确保相关技能人员的供给。除了对数字人才的培养之外，对全球人才的吸引也很重要。数据显示，在英国从事数字行业的140万人员中，有8万人来自其他欧盟国家。英国政府希望在英国“脱欧”后，这些人仍愿意留在英国工作，并且世界其他国家的数字技术人才也能被吸引来。英国政府将与移民事务咨询委员会探讨相关问题，并继续支持“Tech Nation Visa Scheme 计划”在吸引国外人才方面发挥作用。2015年英国数字职业就业情况如图5所示。

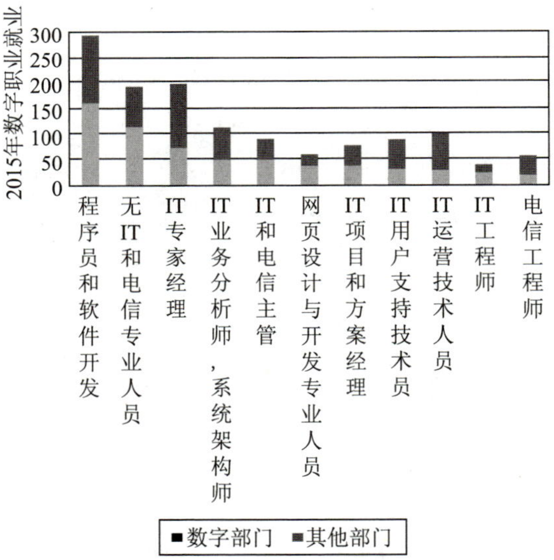

图5　2015年英国数字职业就业情况

来源：DCMS部门经济预测。

3. 适应科技变化的监管制度

一个创新友好型的监管环境对大学科研人员和数字企业都影响深远。颠覆性创新通常不能完全适应现有的监管体系。因此，监管要紧跟科技变化，才能确保制度的质量和敏捷性。英国政府将与独立监管者合作，确保现行的管理条例不会阻碍新的颠覆性的创新行为。

挑战者商业项目就旨在建立一个创新的商业环境，也为企业提醒政府监管者排除障碍提供渠道。自 2013 年项目成立以来，已经帮助了 400 家企业，并将作为政府“工业发展战略”的一部分。

此外，建立灵活的知识产权机制，确保知识产权条例与时俱进。英国政府将通过数字经济提案从法律上给设计师们提供一个新的宣布知识产权的方式。

最后，市场本身比政府更能识别出哪些企业需要提升竞争力，这就是为什么要采取《工业发展战略绿皮书》提到的“open door”战略，即通过部门协商对数字经济行业提质增效。

4. 金融科技：为所有消费者提供金融服务

2015 年金融科技（FinTech）产生的收入为 66 亿英镑，筹集了超过 5 亿英镑的投资。金融科技改变了消费者与金融服务提供者之间的互动方式，降低了获得金融服务的成本，扩大了服务范围。

政府和监管机构正采取行动支持英国金融科技行业：

（1）支持银行通过应用程序编程接口（API）提供开放式银行业务，在 2018 年第 1 季度提供对第三方的授权访问，第三方将能够实时访问消费者数据，方便个人理财；

（2）支持金融科技行业设计退休金数字展示界面，到 2019 年，个人可以更方便地查看自己的退休金情况；

（3）与 Tech City UK 合作，成立由金融技术部门、金融服务部门等组成的小组，为英国金融科技制定长期战略；

（4）任命区域金融技术特使，确保金融科技在英国的持续增长；

（5）成立专业金融科技信息服务中心；

（6）在国际金融科技大会上向投资者展示英国金融科技的最佳成果。

英格兰银行通过以下方式支持金融科技行业的发展：

（1）2016 年 1 月成立新的银行金融科技建设部门，批准成立 9 家银行；

（2）将中央银行的资金扩大到非银行支付服务提供商，使他们能够与银行公平竞争；

（3）研究数字货币对货币和金融稳定的影响，研究这些新技术是否有可能为中央银行提供资金；

（4）与金融科技公司合作，利用金融科技为中央银行服务。

5. 提升研发水平

英国在数字研发方面的年均投资额达 13 亿英镑，并且有世界一流的大学和实验室，这些都为英国创造全球领先的技术提供了保障。2015 年，英国企业在数字技术研发方面的开支超过了 32 亿英镑，占企业全部研发投入的 15%。同时，政府每年通过“创新英国”项目提供约 6 亿英镑的资金支持，为 Swiftkey 和 Magic Pony 这样的数字初创企业取得成功奠定了基础。此外，英国政府将为英国工程与自然科学研究理事会提供 1 730 万英镑的资金，以支持英国大学的机器人产业和人工智能产业发展。

6. 数字技术助推中心

数字技术助推中心（Digital Catapult Centre）是英国专为科技人员、企业创新人员和学术界人士提供的交流学习平台，便于他们将想法和技术迅速商业化并进行展示。该平台能够保障数字企业创新发展的速度、减少发展过程中的风险，加速新产品和服务进入市场的步伐。

这些关键的数字技术包括：

（1）数据驱动技术：区块链技术、智能合约和网络安全等；

（2）网络连接技术：物联网、低功耗广域物联网（LPWAN）和 5G 等；

（3）智能化技术：人工智能与机器学习等；

（4）虚拟现实技术：增强、虚拟、混合现实，以及触觉和相关的新型人机界面技术。

这些技术通过大型项目的实施被应用到数字化制造、数字健康与护理和创意产业中。政府宣布进一步增加 47 亿英镑的研发资金，确保英国在科学和创新方面的世界领先地位。

7. 工业战略挑战基金

政府建立工业战略挑战基金，利用英国在科学和创新方面的优势，引领数字行业发展。

工业战略挑战基金侧重于以下挑战：

（1）全球市场潜力巨大，将持续快速增长；

（2）英国有满足市场需求的研发实力和业务能力；

（3）具有显著的社会效益和经济效益；

（4）政府的支持会推动企业快速发展。

《工业发展战略绿皮书》支持发展的技术包括清洁能源、人工智能、空间技术、材料、量子、生物科学、现代医学、超级计算、网络技术等，后续可能支持创意产业等其他技术发展。

8. 支持大学创业

英国拥有许多顶尖学术和研究机构，能够培养数字领域人才。政府支持学生创业，英国政府将和高校以及企业合作，建立 200 多个企业社团和俱乐部，鼓励学生创业。

（二）支持数字业务

1. 创新理念商业化

政府在帮助初创数字企业将创新理念快速实现商业化，比如，帮助推动项目运行、指导项目发展和做好出口支持。

事实上，尽管英国在研发和创新方面一直保持世界领先地位，但在将这些研究成果进行商业化的过程中面临着相当的挑战。尽管英国创业公司的数量和美国大学一样多，但是注册专利的数量远少于这个数量。从医学影像技术到生物科技，英国都常有率先的发现，但是没有实现其商业价值。

为此，《工业发展战略绿皮书》提出了一系列措施来解决这个问题。英国政府专门研究了商业化路径，以加速创新成果的商业化转化，研究内容包括如何获取知识产权许可和确定创业公司的合理产权。

此外，英国能源及工业战略部首席企业咨询顾问还会主导一项政府对企业支持措施的评估，借此找出英国当前政策中的潜在问题。

2. 支持新型科技

在物网联和自动驾驶汽车领域，英国政府允许在任何地方进行上路测试，以吸引国际公司来英发展。此外，英国政府还提供了一亿英镑的专项基金支持自动驾驶技术的研发和路测；在物联网领域，英国政府投资 3 000 万英镑开展了为期 3 年的“物联网英国”项目；在人工智能领域，英国政府将发起一项评估，探讨政府和产业界如何为英国的人工智能发展创造条件；在 VR 和 AR 领域，英国政府通过“数字弹射器”项目进一步促进该领域的发展。

此外，《工业发展战略绿皮书》提出，英国将展开一项独立的评估，评估创意产业（如世界领先的音乐和电视游戏）如何利用新兴技术巩固其对未来经济的贡献。并且，英国将大力支持数字创业企业，这类企业是英国数字战略成功的核心。2014 年，英国有接近 20 万家数字企业，但 90%都不到 5 名员工。未来，为了实现英国数字经济发展目标，英国需要加强培养和不断壮大数字企业的规模。

3. 提高投资水平

总体来讲，英国对科技企业的投资是逐渐增长的。2015 年，数字领域的股权融资达 15.7 亿英镑，是 2011 年的四倍多。在推进本土数字企业发展的同时，英国还需要吸引世界各地的科技创新企业，这项工作将由英国国际贸易部和国家科技顾问以及驻各国的大使馆共同完成。英国不仅是企业国际化发展的最好地方，也是全球企业获取创新科技方案、产品和服务的最佳聚集地。

为了加强对新兴数字经济体的影响力，英国在 5 个发展中国家新设立了英国科技中心，与已建成的以色列英国科技中心共同形成英国数字经济全球网络。科技中心旨在推进英国企业与当地创新型初创企业合作，借力英国企业帮助当地数字经济实现全球化发展，提升英国数字企业的全球竞争力。此外，作为工业发展战略的一部分，英国财政部负责长期资本评估，探讨制约长期投资额增长的因素。英国商业银行增资 4 亿英镑的风险投资基金，如图 6 所示。

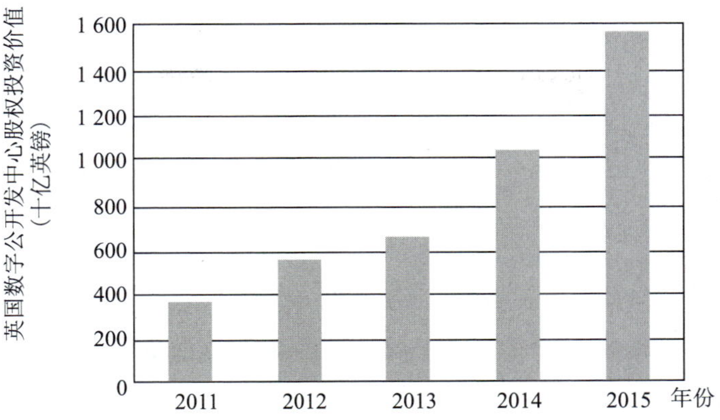

图6 英国数字公司股权投资变化情况

来源：英国商业银行分析。

（三）扩大政府采购

《工业发展战略绿皮书》提出，英国要通过政府采购在公共和私营产业链供应中驱动创新发展和价值提升。这为支持数字经济发展提供了巨大的机遇，尤其对初创企业和扩张企业来说，政府的一纸采购合同将拓宽其发展渠道，也是小企业信誉、收入和客户的保障。

英国政府将继续使用统一的政府采购平台——数字化市场平台，并且鼓励更多的地方政府和公共部门使用该平台，提高政府采购的效率，降低数字科技供应商提的进入门槛。截至目前，该平台已支持英国公共部门在数字企业和科技企业供应商提供 17 亿英镑。此外，英国计划到 2020 年中小企业通过该平台的采购额实现年均 10%的增长，达到 7.5 亿英镑。

（四）在英国全境促进数字经济增长

1. 支持和发展数字产业集群

伦敦和英国的东南部已经是欧洲领先的科技产业集群地，但是《工业发展战略绿皮书》为英国政府设定了更广泛的目标，在全国范围发展数字经济，重新平衡经济发展，创建更强大、更具适应力的城市和地区。

《科技英国 2016》指出，英国已经建成越来越多的科技产业集群，如爱丁堡的金融科技集群、贝尔法斯特在 APP 和软件发展方面实力超群、曼彻斯特的数字媒体产业集群等。

科技城市（Tech City）项目旨在加速英国北部七城科技生态系统的建设。同该项目一样促进局部地区发展的还有 Tech East、Croydon Tech City 等项目。政府也将和 Tech City 等项目合作，在英国全境推进科技生态系统建设。

科技城市项目

2010 年成立的英国科技城市项目，已从支持东伦敦的技术企业集群，发展到通过一系列不同的项目（如 FutureFifty、Upscale 和 Digital Business Academy）加速英国各地区数字行业的发展，英国科技城市项目将帮助英国政府在全国范围内发展高科技产业。

2. 鼓励以提升社会效益为目的的数字经济创新

数字科技和创新领域的发展正提升着公共服务水平和用户体验。运用数字科技产生的积极社会影响（即社会型科技）也已经渗透到很多领域。英国除了继续支持社会科技生态系统，还将通过社会孵化器基金支持健康科技等其他项目。例如，国家医疗服务体系（NHS）正借助科技创新为患者提供更好的服务。

五、数字转型战略——帮助每一个英国企业成为数字企业

企业数字化转型将提高生产效率。近期针对 1 000 家英国企业的调查发现，数字技能将企业收益平均提升了 4.4%，同时成本节省了 4.3%。

英国政府认为，要想在数字经济领域赢得全球竞争力，不仅要在数字部门有所建树，所有其他行业的相关企业也要能借助数据和数字科技推动创新和生产力发展。未来，从餐厅的网上预约到大型批发企业实现数字转型，英国计划通过数字化的工作方式全面提升企业效益。

（一）数字化挑战

各行业的企业对数字技术的需求各有不同，但以下四点是所有企业保持竞争力必须具备的：

（1）维持运行；

（2）线上经营；

（3）使用云技术；

（4）将后台功能数字化。

许多英国企业在采用这些数字技术方面落后于竞争对手，如图 7 所示。

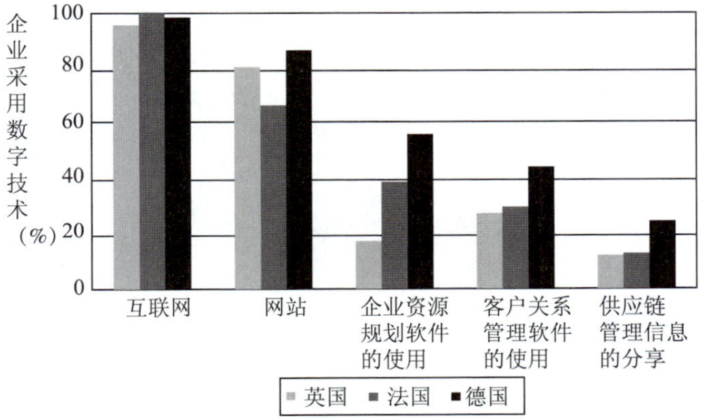

图 7　英国企业采用数字技术的对比情况

英国的生产力领导小组近期发布了一份报告，总结了制约企业数字化转型的几点要素：

（1）管理者缺乏对数字技术的了解，一方面不知道可运用哪些技术，另一方面不知道如何在企业内部部署这些技术；

（2）对数字转型的重视程度不够；

（3）技术之外的一些成本投入问题；

（4）购买新软件和设备的成本问题；

（5）职员缺乏相关的技能；

（6）网络连接问题。

2015 年中小企业自我评估调查结果反映，企业在采用数字技术方面面临的障碍，如图 8 所示。

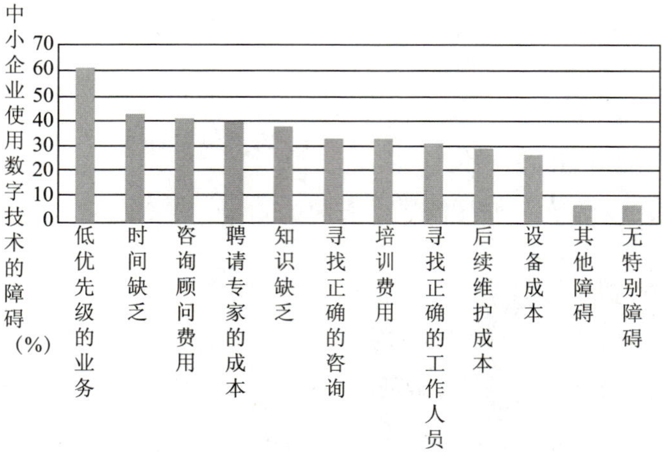

图8　英国中小企业使用数字技术的障碍分析

生产力委员会

在2016年的秋季政府报告中，英国政府确认投资1 300万英镑建立以私营部门为主导的生产力委员会。委员会将采取以下举措：

（1）推动企业成为生产力发展的中坚力量；

（2）引导企业共享有关发展经验，通过本土企业联盟（LEPs，Local Enterprise Partnerships）和发展中心（Growth Hubs）扩大影响；

（3）创建用户数据开放的“生产力中心（Productity hubs）”，展示技术在企业发展过程中产生的价值；

（4）为数据使用和分析立法，促进支持生产力的提升。

（二）数字化转型支持

1. 协调供给

英国已经有了一系列工具和培训计划帮助企业传递数字改革的相关信息，获得相应的技术支持。除此之外，数字技能合作伙伴和生产力委员会两大组织也会提供相应的支持。《工业发展战略绿皮书》也制定了相关方案，支持企业间评级和反馈平台建设。

2. 广泛的数字技术支持

已经有不同行业的企业提供一系列免费技术支持：

（1）Google 提供 5 个小时的免费数字技能培训；

（2）微软正在帮助年轻企业家获得数字和商业技能培训；

（3）英国科技城市项目建设免费在线平台，提供数字技能培训。

3. 定向干预

英国政府已经采取措施缩小不同产业间数字化进程的差距，同时，定向帮助一些企业。

西门子（英国）的 CEO 将主导一项工业数字化评估项目，该报告将探讨英国制造业如何通过数字技术和自动化提升生产力和竞争力。其中一个方面就是研究政策干预和支持机制在哪些领域促进了工业产业在技术和创新领域的投资，推进了自动化的工业进程。此外，为确保政府支持的有效性，英国将保证所有干预都基于高质量的数据和产业分析。

4. 建造业

过去 20 年，建造业一直是英国经济领域中生产力和研发投资效率最低的产业。自 2011 年以来，建造业开始践行政府倡议的数字化策略，截至 2016 年，建造业已经为政府的建造项目节省了 12 亿英镑。

2015 年，英国政府发起新阶段的数字建造战略 DDB（Digital Built Britain），引进成熟的数字数据工具，借助物联网、传感器和遥测技术对资产和服务进行判定，进一步支撑了智慧城市的政策实施。

最终，DDB 战略致力于在数据、建造、合同和施工等方面构建一条数据链，以增进社会建造成果，提升建造资产设计性能。

5. 零售业

从全球范围来讲，零售业都在逐渐转为线上交易，2015 年有 8 600 万人通过网络购买英国产品。尽管很多全球领先的线上零售商都来自英国，但仍有不少传统的英国零售企业没能充分利用数字技术，一旦网络渠道成为购物者的首选，这些商家就会将自己置于不利地位。为此，英国政府鼓励企业和当地企业联盟发起“数字大街倡议（Digital High Street intiative）”，帮助英国零售业具备数字化经营的能力。

6. 不断变化的劳动力结构

随着数字技术的运用，未来的工作方式、劳动力结构都会发生一定的变化，就业也面临着冲击。为此，英国政府对当前就业情况进行了评估，确保就业环境与现代商业发展形势保持一致。此外，为保证工人们不会失业，将对他们进行再培训和技能提升，并推出一系列激励措施鼓励工人参加与数字技能相关的培训。

7. 支持出口企业

采用数字技术可以帮助英国企业进入国外市场。政府日前发起了GREAT. gov. uk 项目，旨在建立一个新的数字贸易中心，为企业出口提供建议和支持，推动企业出口。此外，英国政府还在开发一个新的、更具灵活性的海关申报服务体系（CDS），预计到 2019 年全面改版。

8. 共同的身份认证

数字经济的一个关键组成部分就是可信的框架，用来共享和验证身份信息，该框架必须安全可靠，并且便于个人用户和企业用户使用。英国政府将与行业及利益相关者合作，使用开放式标准来验证信息，尤其是身份信息，借此为个人和企业创造一种安全高效的方式，推动政府与个人以及个人与个人之间的交易数字化。

六、 网络空间安全战略——为英国营造全球最安全的数字生活和工作环境

网络的发展毫无疑问已经成为经济社会发展的一大动力，但是随着人们对数字技术的日益依赖，数据被盗取、系统被破坏的风险也随之提高。为此，英国将与国际伙伴合作，共建一个自由、开放、安全的网络，一方面保障数据和网络的安全性，另一方面确保年轻人和儿童不受网络不良信息的侵蚀。

（一）网络安全

新版英国国家网络安全战略已于 2016 年 11 月发布，提出了到 2021 年前，英国要具备随时解决网络安全问题和应对各类网络威胁的能力，推进数字经济繁荣稳定地发展。

在 2015 年的《国防战略和安全评估》（*Strategic Defence and Security Review*，*SDSR*）中，英国政府拨款 19 亿英镑用于实施该 5 年战略计划。

1. 三大目标

英国政府将实现以下三大目标：

（1）防御：具备应对网络威胁的有效响应机制和处理办法；确保英国的网络、数据和系统得到足够的保障和调试；加强培养市民、企业和公共部门保护自身网络安全的知识和技能；

（2）抵御：为避免各类网络攻击，英国要具备检测、识别、研究和瓦解敌意行为的能力，追踪并调查相关侵入者，同时具备网络空间的进攻能力，在必要时采取相关措施；

（3）发展：英国要具备世界领先的科研能力，为英国建立一个创新并日益发展的网络安全产业打下坚实的基础。

2. 四大要素

政府实现这些战略目标的关键要素包括：

（1）手段及激励措施：支持创业企业，支持投资创新。英国将探索建立包括《通用数据保护条例》（*General Data Protection Regulation*）在内的监管手段，提高各经济部门的网络风险管理能力；

（2）加大情报及执法力度：英国情报署、国防部、警署和国家犯罪调查局将共同与国际组织合作，加大识别、预估和瓦解外国机构、网络罪犯和恐怖主义者实施的具有敌意的网络活动；

（3）技术的研发和部署：与网络安全业界合作，利用主动防御措施（ACD，Active Cyber Defence）加深对网络威胁的理解，加强英国私营及公共部门的网络系统安全，瓦解恶意活动，探索如何自动识别常规的网络恶意行为。

（4）全国安全网络中心（NCSC，National Cyber Security Centre）：NCSC是新成立的唯一的负责网络安全的中央机构，其职责是管理国家网络安全事件，在网络安全方面提供权威观点和专业知识，向政府部门、行政机构、监管部门和行业领域提供支持和建议。此外，NCSC还分析和检测网络威胁，提供网络安全知识，支持政府部门加大创新培育力度，支持网络安全产业发展，支持网络安全技能的提升。

3. 网络安全技能

英国将加强网络安全领域的人才培养，提供多样化的学习渠道，保障网络威胁来袭时英国的企业和个人具备足够的技术和能力应对相应问题。这些举措也为英国发展数字经济奠定基础。

（1）设立课外项目，发现具备天赋的学生并进行高强度培训和指导。该项目自2017年起试行，从二年级学生中遴选了600名参与首批培训。

（2）建立网络安全评估体系，针对关键领域定制培训项目。

（3）对处于职业生涯中期的技术人员实行再培训。

（4）与行业合作，将安全保障纳入新一代网联产品和服务的开发中。支持企业和个人。

4. 对企业和个人的网络安全支持

成立当地网络安全部门已成为英国保障未来安全的一项重要举措。英国企业将加强网络防御创新，培育英国在网络安全创新方面的优势，为日益繁荣的市场创造更多的工作机会和财富。政府宣布的一系列相关举措包括：

（1）在伦敦和切尔滕纳姆成立两个创新中心，帮助创业企业获取高质量的支持；

（2）赞助名为“HutZero”的初期加速器项目，向研发创新人员提供商业建议，帮助他们实现研究成果商业化；

（3）通过学界创业（Academic Start-up）项目支持英国大学的科研人员实现产品商业化；

（4）通过分享最佳实践，加强“新手训练”，帮助英国网络安全领域的创业企业更好地发展。

此外，英国将开展网络安全指导和条例建设，帮助企业加强自身抵御网络威胁的能力。鼓励企业不论大小，都能保护自己免受常见的网络袭击侵害。同时，英国也将提升公众的安全意识，开展网络安全认知活动，提高抵御网络犯罪的水平。

（二）儿童网络安全的防护措施

在确保机构和个人安全使用网络的同时，保护少年儿童免受网络极端或不适宜内容的影响，也是英国政府必须关注的问题。

英国是儿童网络安全保障的先行者，已经出台了有关滥用非法内容的法律保护条例，并为父母提供了控制儿童上网内容的工具。英国早在2008年就成立了英国儿童网络安全协会（UKCCIS，UK Council for Child Internet），推动政府和利益相关方一起努力，保证儿童和年轻人的网络安全。

未来，英国政府还将从以下几个方面加强儿童网络安全保护：

（1）要求具有色情内容的商业网站采取年龄认证措施。该举措将由一个完备的管理制度支撑。

（2）继续与行业合作，根除网络儿童色情。英国政府与网络观察基金会（Internet Watch Foundation）合作，向执法机关提供了近35 000个儿童不雅照的数字指纹，以协助相关部门从网络平台撤除此类照片。

（3）持续推进国际合作，终结儿童性虐待。包括启动WePROTECT项目、向UNICEF主持的“终结儿童暴力基金”（Fund to End Violence against Children）资助4 000万英镑等。

（4）持续打击网络激进言论和极端言论。英国自2010年起就成立了反对网络暴力办事处（Counter Terrorism Internet Referral Unit），已帮助移除25万件网络恐怖和极端内容。

（三）网络开放

英国政府将开展国际合作，共同建设一个自由、开放、安全的网络环境，支持经济繁荣发展，创造更好的社会福利。英国已与同盟国达成了一个共识，即“多方利益相关者模式”，是处理网络管理复杂性问题的最佳方案。英国不支持“网络应由政府控制”和“在网络空间建立国界意识”

的理念，英国将与联合国及其他国际组织一道，确保网络对全球技术创新和经济社会发展开放。

七、 数字政府战略——保持英国政府在线公民服务的世界领先地位

联合国认定英国为数字化政府建设的佼佼者，但仍然希望英国的在线政府服务更符合用户需求，能够提供更好、更一体化的用户体验。

基于联合国的评价，英国将进一步加强设计和开发现代数字化公共服务的能力，改革传统的政府型基础设施建设模式。为此，英国政府于 2017 年 2 月发布了《英国政府转型战略》（*Government Transformation Strategy*），提出继续加强跨政府平台建设的具体举措，包括到 2020 年实现 2 500 万名英国公民拥有 GOV. UK Verify 在线身份识别，同时可以使用支付和告知功能。

（一）政府的策略

自《2012 年政府数字战略》（2012 *Government Digital Strategy*）发布以来，英国在线上服务方面取得了显著进步。然而，要想建成“人们都会优先使用的线上服务”，英国还需做到：

（1）政府服务可通过多渠道实现（包括在线服务、电话服务和面对面服务）；

（2）用户的定义必须更广泛（例如，通过应用程序界面与政府进行交流的用户也应包含在内）；

（3）部门内部的服务工作也必须被包含在内。

政府目前需要处理下列数字优先事项：

（1）设计和交付端到端的连接服务；

（2）提供主要的转型方案；

（3）建立一个整体的政府转变方式，为更广泛的公共部门转变奠定基础。

政府部门将继续提升政府服务的用户体验，达到“数字化服务标准

（Digital Service Standard）”的要求。政府数字化服务将从三方面推进该项工作：

（1）加快转型速度、扩大规模，避免简单复制现有发展模式，尽快形成适应当地企业发展进程的数字化模式。

（2）以平台型政府理念为基础推进数字化建设，确保平台及各要素在政府部门间的最大化利用。继续推进共性技术发展，确保政府使用的是商用硬件或基于云计算的软件。

（3）推出一系列可重复利用的组件，以便更快、更低价、更容易地提供数字化服务。

图 9 显示了英国政府官方网站 GOV. UK 从 2012 年至今的用户访问变化情况。

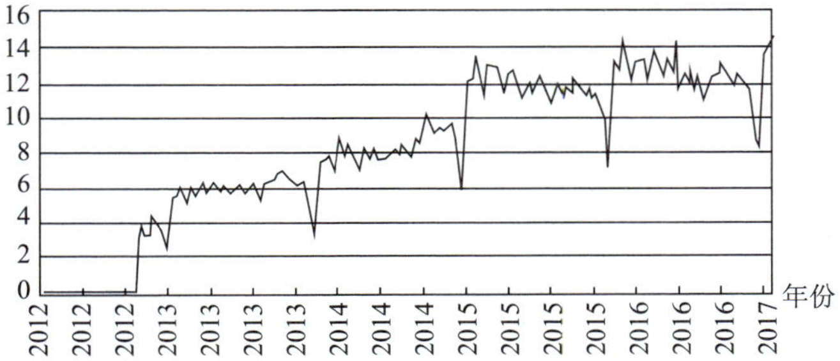

图 9　2012 年至今 GOV. UK 的访客统计（百万）

（二）数字市民服务

1. 文化建设

自 2012 年起，英国政府就在不断录取数字化、数据及科技领域的专业人才，显著提升了政府的科技实力。目前的挑战就是在竞争如此激烈的环境中如何继续吸引并留住这些人才。

为促进文化发展，需要将数字技能嵌入政府部门，利用好微软向 3 万人提供数字技能培训的承诺，需要确保数字专家理解政府的运行方式，需要确保政府公务员理解数字技术，更敏捷地形成数字政策并提供数字政务。英国希望成为拥有最大数字人口比例的国家之一，以实现“智慧政务

（A Brilliant Civil Service）”愿景。为此，英国政府将采取以下措施：

（1）增加数字化、数据和技术（DDaT，Digital Data and Technology）领域的职位，以及相应的职位晋升渠道和奖励体系；

（2）通过数字学院（Digital Academy）为 DDaT 工作人员提供最好的学习和发展机会；

（3）通过数据科技校园（Data Technology Campus）和数据科学加速器（Data Technology Accelerator）两个培训项目，建立政府自己的数据科学能力；

（4）确保政府可以充分吸引 DDaT 人员。

此外，英国政府将与企业、学术界、社会部门合作，加速推动政府数字化创新。为此，政府将构建新的数字政府伙伴关系（Digital Government Partnership）来加强对外合作，包括引进外部专家作为政府的科技研究员、保障数字服务等相关领域的决策。

2. 服务环境建设

数字政府的建设不仅要为用户提供服务，还要利用数字工具、技术、管理和程序创造世界一流的公共服务环境。英国政府将通过以下途径创建良好的服务环境：

（1）确保政府建筑配备了通用、能共同操作的技术，其设计和使用空间有利于创建一个开放的、交互的和具备数字化决策能力的服务文化；

（2）为公务员提供合适的、不受地点约束的办公工具。

（三）政府的数字化产品

1. 在线身份识别系统

改革在线服务的最大挑战就是身份确认，即如何识别用户身份，确认他们就是其所声称的人。为此，英国在 2016 年上线了在线身份识别系统（GOV. UK Verify），为中央政府提供了一个联合的、基于市场的身份确认方法，该方法同样适用于大众及私营部门。未来，英国政府还将实现以下几个目标：

（1）到 2020 年确保拥有 GOV. UK Verify 账号的英国公民达 2 500

万名；

（2）在 2017 年持续为地方政府和私营部门推出一系列试验项目，了解用户需求、商业和法律基础，帮助用户通过 GOV. UK Verify 账号获得相应领域的服务；

（3）与业界和 GOV. UK Verify 注册企业合作，扩大在线身份认证的途径；

（4）与开放身份交流项目（Open Identity Exchange）合作，继续拓展安全、可信的数字身份应用，并从市场创新领域吸取经验。

2. 在线支付系统

政府每天收到的在线支付金额达数百万英镑。英国政府希望能为公共服务提供数字化的支付手段，实现在线支付的安全便捷，同时提高行政效率。为此，英国政府在线支付系统（GOV. UK Pay）应运而生，于 2016 年 9 月实现第一笔支付。

3. 在线公告系统

英国政府每年都会收到数百万个咨询申请或付款进度查询。为了解决这个问题，英国政府于 2016 年 7 月推出在线政府公告系统（GOV. UK Notify），由政府服务小组通过短信、邮件、信件等方式向公众同步更新和告知相关进度。

八、数据战略——释放英国经济数据力量，提高公众使用信心

随着诸如物联网等新技术的广泛使用，以及社交媒体的普及，越来越多的数据正在产生。同时，由于数据收集、存储及处理的成本降低，这些数据也成为极丰富的原始资料。这些数据的产生为各行业企业发展提供了机遇，改变了企业创新、营销及售后服务等很多方面。

英国一直走在数据创新的前沿。1998 年的《数据保护法》为个人数据的使用列出了相关条例，常被引用为全球黄金标准。此外，英国还率先在开放公共数据集、推动公共服务转型升级、加速企业发展等方面成为全球

典范。

数据分析领域快速发展，英国致力于处于发展的前沿，同时采取必要的保护措施，确保数据得到妥善保管和使用。为了实现这一目标，英国政府将：

（1）鼓励数据创新使用，便于访问使用政府和企业所拥有的数据；

（2）与企业和教育机构合作，提供数字技能培训；

（3）出台相关法律法规，支持企业对数据的创新使用，同时保护个人隐私；

（4）政府提供公共服务。

（一）支持发展数据经济

数据经济将成为推动英国发展与繁荣的重要组成部分。有分析称，2015—2020 年，数据将为英国经济贡献 2 410 亿英镑。因此，要确保政府和企业能开创性地有效使用相关数据，需要做到：

1. 加强数据基础设施建设

数据基础设施是指能够产生数据、开放数据和共享数据的资源、技术、处理工具和组织机构，它包括存储设备、软件工具、通信网络、网络安全系统和数据管理平台。

加强数据基础设施建设有利于各类组织机构依托数据信息开发出满足市场需求的产品和服务。从缓解交通堵塞到降低保险费用，从加速新医药研发到有效减少犯罪，数据都可以显著改善人们的生活。此外，数据基础设施也有利于推动汽车联网、无人驾驶汽车、智慧城市、物联网等新技术的发展。

城市地图

城市地图（Citymapper）是一款智能手机 APP，用于为使用者提供全面便捷的交通路线。该 APP 于 2012 年在伦敦开发并投入使用，主要数据来源于英国政府和大伦敦市政府（Greater London Authority）的公共数据平台，通过综合考量数据信息，为用户提供到达目的地的最佳路线指示。

Citymapper 通过一个非常清晰的用户界面向用户展示整个路况环境，

并综合交通工具、天气、价格、旅途时间、实时延迟情况、卡路里消耗量等多种信息提供多种路线选择。

从某种程度上讲，Citymapper 就是由数据驱动的新一代初创企业应用。英国自 2010 年起成为第一批开放实时公共交通数据的国家，为 Citymapper 的开发应用创造了条件。据称，伦敦一半的 iPhone 手机都安装了该 APP，此外，纽约、巴黎也有数百万人在使用 Citymapper。

2. 挖掘企业数据

很多企业如果能更好地使用其内部数据，不仅有利于促进数据经济的发展，也会给企业自身带来显著的好处。2014 年关于全球金融服务市场的一项研究发现，使用预测性数据分析的行业企业会收获 11%的顾客增长和 10%的新机会。

数据的有效使用能够为英国新增 660 亿英镑的市场机会和创新机遇，然而国际组织研究发现，世界上的大部分数据资源尚没有得到充分挖掘。参与调查的企业预计，他们只使用了其 12%的数据资源。

为了支持行业企业释放数据价值，英国政府将与开放数据研究院（Open Data Institute）等机构合作，通过使用应用程序界面（APIs，Application Programming Interfaces）创建一个有利于更多产业领域数据开放的环境。英国也是第一个开发开放银行应用程序（Open Banking API）的国家——消费者可通过银行服务获得更多的数据和有用的信息。

此外，英国政府也将继续支持那些帮助企业挖掘其数据潜能的组织，包括支持与数字弹射中心（Catapult Centres）合作开发的项目，数字弹射和知识交换网络、个人数据和信任网络等。

3. 推进数据共享

数据交换的稳定性对各个部门来说都很重要，从金融服务到科技发展，再到能源企业。欧盟条例也支持数据在成员国之间流通。

但是公投结果使英国企业不得不面对一个问题：未来如何在国际范围内实现数据共享，尤其是与欧盟的其他 27 个成员国。英国政府认识到，制定一个强有力的数据保护条例才能确保企业和服务继续跨国运行。为此，英国将在 2018 年 5 月前开始实行通用数据保护条例（General Data

Protection Regulation），保障英国的消费和相关数据在欧洲及其他国家流通时得到高标准的保护。既然英国“脱欧”已成事实，那么如何保障英国的数据流通不受影响也是英国政府考虑计划中的一项。

4. 提高数据技能

随着全球数字经济的发展，各国不仅对具备数字技能的人才需求不断增长，而且对掌握数据技能的人才需求也在增加。4/5 的企业都出现了人才短缺的现象，2/3 的数据驱动企业在招聘数据分析员时遇到障碍。数据人才的短缺直接影响了数字经济发展，必须把人才问题提升到战略重点。

数据处理和分析人才对数字经济的发展起到了至关重要的作用，为此，英国政府将与由产业主导的数据技能小组一起，合力落实“分析英国”（Analytic Britain）报告中的核心任务。该报告发起了一系列提议，旨在提升数据分析教育水平和人才供给。

（二）提升公信力

根据信息委员会办公室（ICO，Information Commissioner’s Office）近期发布的研究，只有 1/4 的英国成年人愿意信任企业并提供他们的个人信息。如果英国想要从数据社会和数字经济中充分获益，就必须使公众相信，他们的个人信息是得到合理使用并有安全保障的。

1. 支持公民数据权利和责任

一方面，信息委员会办公室、政府和消费者保障组织都在鼓励市民对自己的个人信息，尤其是在网络上的个人信息负责，确保其安全。另一方面，英国也要建立起稳固的法律体系确保各组织单位合理使用数据。信息委员会办公室的网站上罗列了一系列关于如何保障个人隐私的建议，以及可以保证个人信息安全的措施。

2. 使用数据的伦理框架

一些企业已经成立了自己的道德咨询委员会，咨询关于数据使用的问题，并且成立了专门的学术机构。2016 年 5 月，英国内阁办公室发布了《数据科学的伦理框架》，强调了相关条例，并为市民提供最佳实践指导。

此外，英国皇家社会科学院正在指导制定一项有关英国现有数据的管理框架报告，报告旨在为企业和新技术如何最大化发挥数据潜力，并确保市民的安全提供有价值的分析。

3. 推动数据保护措施与时俱进

随着技术的进步，个人数据信息收集日渐增多，毫无疑问会因为使用方式产生新的问题。英国政府致力于确保数据保护方面的法律能反映数字领域的变化，同时，个人数据方面的创新要符合伦理道德。

那些通过合法收集并储存的带有个人身份标志的数据可能被人为地去匿名化，这就有涉及泄露个人隐私的风险，对医疗健康等敏感领域的数据影响尤其严重。这就是为什么英国政府要评估数据保护条例，对匿名数据的疏忽或重新识别引入更严厉的制裁。

4. 警惕人工智能带来的问题

人工智能技术在数据排序、套用模型和做出预测方面有显著的作用，但随着其应用日益广泛，人机关系受到严重挑战。政府必须保证，人工智能的决策和结果的公正性和安全性。

2016 年 11 月，英国科学办公室发表了一篇题为《人工智能：机遇及其对未来决策的影响》的报告，提出科技的发展方向，阐述了科技对政府和社会带来的一些影响。英国皇家科学院也在寻求有效使用人工智能技术的途径。

（三）提高政府数据使用效率

政府可以说是英国最大的数据库。数字科技的发展，云计算和数据科学为提高效率创造了条件，政府通过高效使用数据提升了政策实施的准确性。未来，进一步加强政府数据收集、管理和共享有利于显著改善经济效益。

1. 政府数据管理

政府要将服务工作顺利地与市民无缝对接，就必须能在恰当的时间向对口的政府部门提供正确的数据信息。为此，英国将采取以下措施管理政府数据：

（1）建立拥有核心参考数据的数据存储中心，并形成可信任的关联生态体系。这些数据存储中心将有利于政府数据的产生、维护和使用。

（2）获取市民的信任，确保个人数据和敏感数据在保障个人隐私的情况下得到安全使用，并通过这些数据为市民提供更好的服务。

2016年出台的《数据科学伦理框架》就指出，公务员使用数据应遵循如下原则：

（1）一次收集，多次使用；

（2）保持数据使用的透明度；

（3）在条件允许的情况下开放数据；

（4）在以公共利益为目的的研究中需匿名使用数据。

2. 政府数据开放

英国政府认识到，只有开放数据才能真正释放数据的潜能。目前，所有官方统计数据都基于开放政府许可（Open Government License）发布。政府数据开放门户网站 data. gov. uk 已提供了4万多份政府数据材料。

英国政府也极力保障开放数据的质量和权威性，支持创新企业使用开放数据。然而，政府仍有很多可开放的数据空间，因此，未来英国将尽可能地开放数据。通过《数字经济议案》明确，公共利益数据可在政府内部共享。

此外，英国政府将与关键利益相关方如开放数据研究院（Open Data Institute）合作，对外部机构组织开放更多的政府数据。

九、后续规划

本战略已经阐明了英国如何发展数字经济，政府已经采取了相应措施来推动数字经济发展。政府将和科技行业的企业、公司开展合作，创建由文化、媒体和体育部长领导的政府和业界合作的论坛，支持英国数字经济的发展。

英国政府通过工业发展战略、合作论坛以及英国政府和各企业的合作，确保英国数字经济的更好更快发展。

十、附录：公共服务数字化

数字技术能够为公共服务提供信息支持，也能提高公共服务的效率。在以下领域推动公共服务数字化：

（一）医疗与健康

英国政府通过英国国家医疗服务体系（NHS）为公众提供医疗服务，人们可以通过上网掌握自己的健康状况，满足自己的健康需求。

政府将在未来五年投资42亿英镑，其中包括电子病历、远程医疗和医疗辅助等领域。

数据是现代医疗与健康系统的关键，但是必须保证数据得到合法使用，英国政府通过监管、提出数据使用标准并且开发数据共享的门户网站保障数据得到合法使用。

政府将研究如何提供创新的医疗与健康服务，通过提供在线服务，构建线上医疗与健康服务系统，能够在线获取医疗信息，获得医疗与健康服务。

（二）税收

英国政府将进行税制改革，实施“数字税收”计划，政府将投资13亿英镑，让英国税务局（HMRC）成为世界上最先进的税收管理机构之一。每个企业和个人能够使用安全的数字税务账户，纳税人能够通过网络管理自己的税务事项。

（三）教育

EdTech是英国发展最快的行业之一，占所有数字公司的4%，英国政府在学校应用推广数字技术推动EdTech的发展。英国学校目前每年在EdTech上投入9亿英镑，政府通过提供测试技术、云服务以及整合采购机会推进教育的数字化。

政府解决学校数字化面临的障碍，使用数字技术，建设现代数字基础设施，同时提升教师所掌握的数字技能。

政府还将通过和国家统计局以及开放数据研究所合作，保护数据的安全性。

（四）交通运输

到 2020 年政府在交通运输上投资将增加 50%，建立一个真正的数字交通运输系统，构建数字化交通运输基础设施。主要包括以下关键领域：

1. 数字信号

在 2016 年秋季报告中，政府承诺投资 4.5 亿英镑用于在铁路网的关键线路上引入数字技术，如驾驶室内的信号和智能交通管理系统。同时，政府和私营企业的投资将巩固英国在智能交通市场中的领导地位。

2. 智能车票

英国政府加大对于智能票务的投资，希望让乘客在 2018 年底前都能乘坐有智能车票的列车，为他们提供更多的便利和选择。乘客通过智能卡、手机等非接触方式购买数字车票，使购买和使用车票更加便利和灵活性。

3. 数据服务

通过提供更加准确的实时信息帮助乘客在旅途中做出更好的决定。英国政府将建议提供更加准确的铁路交通的数据。这将提高乘客的服务体验，推进解决铁路行业面临的服务问题。

（五）能源

在未来几十年中，发展智能能源行业能够带来重大的经济和环境效益，预计能够带来 17 亿~40 亿英镑的收益。智能电表技术让消费者清楚自己的能源消费，并向他们的能源提供商发送仪表读数。消费者在寻求能效建议或报价时，也可以使用实际的消费数据；消费者可以通过物联网技术连接智能量算系统，在低能源价格时运行设备。政府希望在 2020 年底前普及智能电表，分析显示，智能电表的推出将带来 57 亿英镑的净收益。政府也将采取其他政策和方式推动智能能源的利用。

（六）警务和司法

警务和司法系统将通过数字化改造，通过数据共享和有效协作，为公众提供更快、更简单、更好的联合司法服务。

1. 警务

国家警察委员会和警察和犯罪事务协会已经确定了三个领域重点推进数字化：改善与刑事司法系统的互联；提升警方恢复和分析数字资料的能力以及处理能力；确保公民能够以数字举报犯罪、支付罚款或提交证据。政府将加大投资，提高政府的执法能力。

2. 司法

政府将通过司法改革，利用数字化技术，建立数字化系统和网上司法系统服务，为每个人提供更公正、更适当、更易获得的服务。同时，确保那些不使用数字化司法系统的人获得同样公平公正的服务。

3. 监狱

政府将利用数字技术改造监狱，改变监狱的运作方式。建设具有数字基础设施的现代化监狱取代原先的监狱，提升监狱的安全性。

（七）社会福利

政府建立数字化的社会福利体系，为公众提供更好的社会福利：

通过数字化的系统，为失业和低收入人群提供社会福利，鼓励就业或者提供补助。政府同样改变其他福利制度，包括工龄、健康残疾状况以及养老金。政府正在探索利用新的技术和方法保证公共服务的质量、安全以及体验。

（八）国际化

英国政府通过跟英国科技公司合作，推动了英国的数字化发展。英国有良好的数字化基础以及数字化商业环境，英国政府将利用英国的国际影响力推动全球贸易和吸引外资，支持英国科技公司海外贸易发展，加强和他国政府的交流合作。

（九）艺术文化

艺术文化白皮书阐明了政府希望通过数字技术推动艺术文化的普及。

科技推动艺术和文化的普及发展：激起儿童和年轻人的兴趣。通过互动方式和在线体验进行艺术文化的教学和学习。许多文化机构数字化他们的藏品，让公众能够在线欣赏。

（十）地方政府

地方政府应该抓住数字化的机遇，利用数字技术发展提供更好的公共服务。英国鼓励各地方政府利用数字信息（例如中央政府开放的政务信息）为规划发展提供决策支持，建设数字平台提供公共服务，开放数据，推动地方政府的数字化转型。

德国数字化行动纲要

责任编译：赵　锐
译　　审：贾一苇

国家电子政务外网管理中心主办

编者的话

“德国制造”在世界上展现着高质量、高效益、高科学技术，展现着德国一直走在世界经济前列的风范。德国首先在世界上提出了“工业 4.0”的概念，推动数字化转型的经济发展新引擎，德国希望通过改善经济和社会环境，以投资数字化和数字化创新来促进经济持续增长，启动和引领一个新的时代。为此，2016 年 9 月 23 日德国联邦经济部和能源部共同发布了新一轮的《德国数字化行动纲要》，它是《数字纲要 2014—2017》等一系列战略方案充实、更新的升级版，具体制定了针对未来数字化发展性质的指导建议和实施措施。

在这个纲要中，特别强调了与德国联邦外贸署和投资署的紧密合作关系，希望通过德国的这些机构将一些全新概念逐步向海外大力推广，将建成“大型数字化网络枢纽”作为德国数字化进程中的一个阶段目标和重要任务。同时，进一步强调国际交流，与重要合作伙伴国家和地区进行多边合作，把德国数字化枢纽的战略在海外进行广泛宣传，以提升德国的国际吸引力，并由此与更多外国投资者建立投资关系，鼓励国际投资者在德国投资；强调德国坚持在“工业 4.0”的转型过程中提供强有力的数字化基础工作方面的支持，并推动制定数字化领域全球化标准；强调进一步加强与其他国家在“工业 4.0”方面的双边合作，从而强化和巩固德国企业在国际市场上的主导性地位。强调在“工业 4.0”概念和实施的全面深入推进中，德国将与美国工业互联网联盟在共同的实践领域中进行广泛和纵深地合作。

纵观其势不难看出，德国正在酝酿着数字化创新发展的新时代，通过积极推进的全方位的国际合作，将进一步保证德国持续地走在工业革命的前列。我国正处在经济转型的重要阶段，应该密切地关注国际上有关数字化进程中的各种新的概念和发展状况，借他山之石，追寻前沿，勇于创新，抓住机遇，注重研究分析，在数字化转型的关键时期，及时调整、改进、完善各方建议、政策、措施等，以适应科学技术的发展，经济社会的腾飞。毫无疑问，德国的这个纲要与诸多具体的实施措施和建议，对我国的数字化转型时期的规划和发展，具有极其重要的借鉴意义。

责任编译：赵　锐　　　　　　译　审：贾一苇

德国数字化行动纲要

一、德国数字化发展历程和背景

当前，在世界范围内，经济和社会的数字化、智能化转型正如火如荼地铺展开来。为了保证德国在这个转型进程中始终站在全球先进的行列，联邦政府希望通过一系列的政策引导和经验推广，来加快推动这个转型时期的步伐，并塑造、设计、创建和引领数字化的未来。正如联邦政府外贸与投资署第一总经理 Benno Bunse 明确指出的："为了经济持续发展，德国要完善数字化进程并为数字化创造良好的投资环境，推动数字化创新蓬勃发展和引领数字化的新时代。"[1]

在这个数字转型的过程中，联邦政府连续推出了一系列重要战略方针和实施措施：

2014 年 8 月颁布了《数字纲要 2014—2017》，为数字智能化建设部署了战略方向。具体体现在七个行动领域中：扩大高速宽带网络覆盖，促进数字化经济，开发政府创新管理服务，提高全民数字化素养，加强重要项目研发投资，保证互联网的安全使用，积极参与和欧盟及国际合作。

2014 年 9 月印发了《数字化管理 2020》，制定了未来管理的框架条件，利用数字化的潜力实现有效、透明、公开、共享、对公民和企业友好型的管理服务，同时保障联邦政府信息技术的自治和处理能力，实现安全的管理通信。

2014 年冬季又出台了高新科技战略，从而确定未来六大研究与优先发展的创新领域，其中数字化经济社会是重要领域之一。该领域中有八大核

---

[1] 德国联邦外贸与投资署第一总经理贝诺·邦斯（Benno Bunse）2016 年 9 月在柏林召开的"数字化转型"会议上向记者阐述的。

心，主要包括“工业 4.0”、智能服务、智能数据项目、云计算、数据联网、数字科学、数据建设和数字化生活环境。

2015 年 3 月，为了保证德国和欧盟数据资料信息的权益（数字化主权 Digitalen Souveränität），联邦经济能源部启动了全球智能服务、数字化专业数据编码项目，并向全德国推广和创新孵化。

接着，联邦政府又发布了《数字化未来计划》。它涵盖有 12 大支柱，具体是“工业 4.0 平台”[1]、未来产业联盟、数字议程、重新利用网络、数字化技术、“可信云”[2]、电动车用信息通信技术、全德数字化服务平台、中小企业数字化、创客竞赛、进军数字化和经济领域信息技术安全。

2016 年 3 月 16 日在汉诺威博览会上，联邦政府又发布了《数字化战略 2025》，它囊括了实现数字化转型的十大步骤和具体实施措施：至 2025 年建成覆盖全德国千兆级光纤网络；开创新经济繁荣时代——扶持初创企业以及促进与成熟企业之间的合作；为更多的投资与创新建立管理框架；巩固“智能化联网”在经济基础中的核心地位；强化信息安全性并发展信息主权；为中小型企业、手工业者和服务业提供新型商业模式；通过“工业 4.0”推进德国的生产作业现场现代化；利用数字技术使研究、开发和创新发展为顶尖水平、实现终身的数字化教育；创建一个以数字化技术培训为内容的现代化的职能中心；对中小型企业员工进行数字化教育支持，等等。

根据以上一系列战略方案的进展情况、执行效果和完善程度，以及世界科技进步、各国在人工智能方面取得的经验、教训和数字化实践过程中涌现出的各种创新和发展成就，汇集了众多的新措施与各种建议，德国联邦经济部和能源部于 2016 年 9 月 23 日共同发布了新一轮的《德国数字化行动纲要》（以下简称《数字化行动纲要》），制定了 12 项针对未来数字化发展性质的指导建议和实施措施，涉及的具体领域参见图 1。其目的是吸引更多的风险资金，来加强促进中小型企业数字化快速转型的进程，同

---

[1] 工业 4.0 平台是德国推动工业数字化转型的核心网络，负责在政治界、经济界、科技界、协会和工会之间发展并协调信息和合作对接服务，向企业推介工业 4.0 解决方案。

[2] 在数据信息的云处理、云计算技术中，满足独立、保真、透明、开放的云技术，称为可信云，使用可信云技术建立的云平台称为可信云平台。

时相应引入和启动了一项旨在德国建设“大型数字化网络枢纽”的全新概念。通过实施《数字化行动纲要》，联邦政府正在把这个战略进一步具体化，对于那些已经被实践证明奏效的解决方案和行动措施，联邦政府将继续采纳和使用，也会建议在今后的一些有关步骤中更好、更完善地借鉴和应用它们，甚至有一些将作为未来数字化工作的指导方针、实施策略和行动执行方案，等等。在一系列重大举措的推动下，德国数字化事业正蓬勃发展，开始进入了一个新时代。

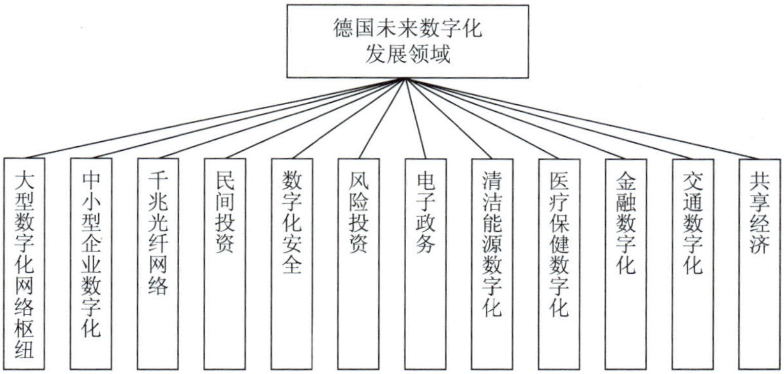

图1 德国未来数字化发展领域

二、未来数字化发展的具体内容

措施和建议1：建设德国大型数字化网络枢纽

数字化网络枢纽这项创新是在过去《数字纲要2014—2017》的基础上发展起来的，并在《数字化战略2025》中正式提出的新概念、新任务。为了落实数字化网络枢纽这项工作，在《数字化行动纲要》中也提出了具体的实施措施和建议。

在德国，一系列“区域型的数字化网络枢纽”正在快速地形成、发展，其速度是惊人的。在这个区域型的数字化网络枢纽中，创业公司、科学技术机构、中小型企业、工业企业和相关管理机构互相结合起来，已逐步成为数字化转换的区域型中心。这些区域型数字化网络枢纽正在快速扩容，有着互相联通、融为一个或几个大型枢纽的趋势。这种现象已经在德国产生了典型的“灯塔效应”，一些枢纽由于承担着各种社会和经济义务的需要、数字信息交换的需要，正在联合成一个共同的交换中心、代理中心。这种扩大的区域型枢纽，促进了数字化信息可转换的、优化的全联邦网络枢纽逐步形成，并全面地方便了各类枢纽之间的信息、技术、社会资源的共享、互换和交流。

在联邦政府倡导的“对外贸易和投资海外战略”的指导下，有很多愿意并积极进入德国市场的外国公司，都意识到德国正在建立的区域数字化网络枢纽和即将形成的大型全德国统一的数字化网络枢纽，是未来经济和社会的重大创新并具有巨大的优势，因而纷纷提出申请使用德国大型数字化网络枢纽。为了支持这种趋势，联邦政府外贸与投资署采用多种方式、利用多种渠道，一方面，为进入德国市场的外国公司提供咨询和支持；另一方面，也创造便利的条件，协助德国的本土企业进入外国市场。

《对外贸易和投资海外战略》政策大大促进了德国大型数字化网络枢纽的使用和覆盖。首先，外国企业进入德国有了可靠、准确的信息渠道和来源，也有利于这些企业与德国社会和企业的互相交流，加快国际业务的发展；其次，它提高了德国在国际上的魅力和吸引力，提高了德国在世界经济界投资领域的地位；最后，也为德国带来了更多的国外企业家、投资者和物美价廉的优质商品。

联邦政府通过多种途径与国际上有关机构进行协商，以推动制定数字化网络枢纽的全球化标准。与美国“工业互联网联盟（IIC）”共同推进这一目标的对接工作，正在进行当中。双方已表示，今后将共同推进数字化网络枢纽的建设和应用的重大转型。

措施和建议 2：加快中小型企业数字化

德国的中小型企业、手工业和服务业在德国制造业、进出口贸易和就业人口多个方面做出了重要的贡献，在德国社会和经济中占有举足轻重、不可估量的地位。促进它们的数字化转型是联邦政府和经济社会中的重要工作。为使中小型企业、手工业和服务业接受数字化转型的挑战，在未来维护其固有市场地位和份额，并且还能开拓新型的商业模式，联邦政府努力推动“中小型企业数字化”计划项目，通过以应用为导向的思路，在实践应用和各种活动中为中小型企业提供扶持和帮助。

在有关机构的企业调查中，发现有88%以上的这类企业认为数字化有利于企业取得成功和发展，但有51%以上的企业没有将数字化放在其企业发展的战略之中，所以联邦政府将促进中小企业实现数字化列为政府工作的重要战略任务。

联邦政府在全德国建立了“中小型企业4.0——职业技术能力中心”，随即又启动了11个类似的中心，为中小型企业数字化提供了“触摸”数字化的平台。从2017年开始的经济数字化和网络化创新解决方案中，将继续由“中小型企业4.0”项目发起资助方案，积极扩大和增加更多的中心，同时对深化数字化通信、云计算、流程管理和贸易进行研究，并提供各种支持服务。这些中心还设置了一些个性化的主题，或是对某一特定行业具有定向配套作用的数字化方案。

联邦政府正在加紧推进以“工业4.0”为主打的数字化战略。诸如：运用目前在国际上已经非常知名的“工业4.0平台”系统，通过开发、实施、问题解决、教训和经验的实际案例，提出以实际应用为导向的建议，来特别地支持制造业领域的中小型企业数字化进程和转型；积极宣传和推广“工业4.0平台”，制定某些领域数字全球化的统一共享、交流标准、规范、原则，并在平台上通过推荐的“工业4.0”参考架构模型等，推广“工业4.0”的标准化和规范化；在德国联邦经济部与教研部倡导下，还成立了负责具体推进德国“工业4.0”进程的政企协调机构，现在正与美国工业互联网联盟及相关企业协商，推进“工业4.0”对接工业互联网之事。今后，将通过德国和美国双方共同推进数字化转型这种全方位的国际合作，进一步保证德国持续地走在工业革命的前列，并成为工业革命成果最大的收获者之一。

在推进“进军-数字化（go-digital）”项目中，中小型企业职业技术能力中心通过专业性对口咨询服务进行支持。对于那些不足100名员工的企业，将有针对性地提供咨询、分析和资金支持，推动实现中小型企业在信息技术（IT）领域的安全、网络营销和数字化业务流程三个方面的转型。在“创新（go-inno）”项目的推广计划中，对员工不足100名的企业提供50%的创新咨询费用，用以提高创新企业的数字化水平。同时，联邦政府推出了一个力度很大的“中小型企业数字化投资计划”，预计在2017、2018年度中达到数十亿欧元资金投入。为了弥补该计划可能覆盖不到的区域，联邦政府又添加了“中小型企业中央创新计划（ZIM）”和“工业社区发展（IGF）基金”，分别投入了7亿欧元和2亿欧元。联邦政府同时也通过人力资源方面的措施促进中小企业数字化进程发展。建立了“数字化之家”等协会、组织，让数字化程度高的成功企业带动其他中小型企业，用成熟的中小型企业与其他企业组成帮学对子；建立“中小企业数字化”机构，进行一对一、一站式的服务、支持、咨询等。

联邦政府正在筹备和计划为中小型企业设立一个投资促进计划，以“扩大中小型企业数字化覆盖为宗旨”，有目的地提升其数字化转型投资的内在动力。通过投资优惠政策的刺激，加强数字化战略分析，促进企业内部数字化转型的协调发展，使优惠政策和企业数字化紧密联系在一起，以期望有助于中小型企业尽快适应数字化，加速其数字化进程的速度，最后使中小型企业在数字化变革的大浪潮中尽早稳定各自现有市场，激励产品的创新，推动企业向前发展。

措施和建议3：千兆光纤网络的升级和拓展

高性能的宽带网络是数字化发展的基础和载体之一，没有完善、高速的网络就不会有德国“工业4.0”的未来。

在“工业4.0”和数字化智能网络的发展过程中，随着快速不断提高的用户要求，联邦政府需要“高性能的宽带网络（hochleistungsfähige Breitbandnetze）”——“千兆光纤网络”，它是保证德国在下一代移动和固定通信网发展中保持技术领先地位的重要、必要条件之一。建设一个完善的光纤网具有两个非常重要的因素，一方面是目前正在使用的光纤网，它具备目前社会和经济必需的各种功能；另一方面就是要在现在基础上发展成一个未来十年、二十年，甚至更长时期的高性能基础网络设施，这种新一代或新几代的产品是德国保持十年、二十年和更长时间强盛的重要基础，对于下一代光纤网络，联邦政府和民众将它称为“千兆级光纤网”。它与现在的光纤网相比，具有更高容量、高兼容性和低延迟效应。在高容量方面，目前世界固网数据量以每 40 个月增加一倍、无线移动网络的数据量以每 18 个月增加一倍的速度扩展，而且这种趋势还在进一步加快。在兼容性方面，由于世界各国在互联网工业方面都给予了高度重视，各自使用的标准不一、接口不一，发展程度也不一，而且使用网络的用户也千差万别，特别是中小型企业、成本低廉的系统设施相对偏少，所以高使用率下的高兼容性光纤网络越来越成为高性能光纤网的必要条件。低延迟方面的要求随着“工业 4.0”的发展要求越来越高，甚至在工业、社会的各种应用中会上升为安全问题，是 IT 智能化的重要指标。

为了达到上述三项指标，德国必须尽快建成千兆量级的光纤网络，将以金属为基本材料的传统线缆升级成相互干扰少、能耗低、延迟少的光纤电缆。并将宽带战略中的有关表述全面更改为“光纤网络”。现有城市中的网络正在按市场规律原则进行千兆级的升级和拓展，计划投入 1000 亿欧元完成光纤入户的目标（FTTH）。

与此同时，联邦政府正在以《联邦宽带支持指令》、《改善区域经济结构 GRW》、“千兆级光纤网络圆桌会议”、《德国数字化网络法》引导和建设千兆级光纤网络。

在未来可预见的时间里，在农村和边远地区，完全采用市场经济方法，即利用民营经济的发展和扩张来建设千兆光纤网是很难马上见效的，对于这部分光纤市场发展和运作需要由国家支持和特别的资金注入。因此，联邦政府计划设置、建立一个针对农村和偏远地区的“未来投资基金（Zukunftsinvestitionsfonds）”，它是一个配备有大约 100 亿欧元的专项发展基金。另外还有很多可以用于支持农村的办法，例如在下一次波段拍卖的收入（UMTS-频率至 2020 年）中，或者是在第二期数字红利融资过程中，采用一些针对性的政策提取边远地区支持基金，作为融资的来源，等等。

措施和建议 4：鼓励民间投资数字化的路线图和管理模式

为了鼓励和支持民间投资数字化技术和实施工程项目，联邦政府拟定了多项政策为民间资本的投资提供了便利空间，编制了引导民间资本投资的实施路线图和帮助建立民间资本的管理框架。近年来，有一些数字化的创新公司在短短几年中快速成为“世界风云人物”，有些又既而消逝，有些过去的“巨无霸”却很快失去了地位。谁主沉浮呢？这取决于它们能为数字化进程提供贡献的大小、政策给予支持的良性空间环境，以及实施投资路线图的合理性、适当性和自身管理模式的有效性。

数字化的实施和投资首先是市场行为，所以联邦政府必须为那些敢于投资、创新产品和数字化新服务的开拓者们提供足够的自由空间。对数字化知识产权、商业模式等必须在开放、创新的环境中充分竞争，防止“孤岛”式的封闭运作方式。联邦政府在有约束力方面的工作主要是推进标准化建设。所以，在保证消费者和用户的信息主权和决策自由的基础上，实现市场化和透明度的最大化，提高供需各方的选择自由度是联邦政府数字化管理政策制定的原则。

数字化是一种具有全球化性质的技术和趋势，所以它一定是在具有国际化、公平竞争的环境中发展，千万要避免那种称为“特色道路”的“孤岛”思想。只有在遵守《欧洲信息保护基本条例》和欧盟法律的基础上，提升德国自己的竞争力才有核心意义。在欧洲数字化统一市场（DSM）的框架下，创建技术性的DSM、法律性的DSM、监管性的DSM，反垄断法的DSM，在电信法（TKG）、电信媒体（TMG）、无线电设备与电信终端设备法（FTEG）和欧盟信息保护基本法则（DS-GVO）下，建立创新的法律模式，为民间投资数字化提供便利，推荐民间投资路线图和管理模式。

为了给民间投资领域建立通畅的渠道，加大对数字技术的投资，联邦政府通过了规范和缩短用于“硬件、软件的折旧或摊销年限法（Abschreibungsfristen für Hard-und Software）”，例如对所有数字化技术的设备最长折旧摊销年限不超过三年，增加了投资回报和盈利。

在固定资产投资中，目前折旧单体设备成本最低值是410欧元，如果超过了这个界限，赋税将随之增加。所以说，联邦政府还要提高投资设备和固定资产单件折旧的下限。另外，提高销售营业税的起征点，减少数字化企业营业税的实际税赋。通过这些措施就可以大大减轻中小型企业和创新企业的投资成本负担，尤其是在数字化技术方面有相当贡献的企业受益最为显著。

措施和建议 5：数字化安全为创新保驾护航

为了确定战略性的关键技术，促进高、精、尖的相关技术发展和取得成功，需要制定一个确保创新价值的网络数字化安全协议，联邦政府提出了一个让公众和企业信任的“数字化主权”概念。众所周知，数字化的安全性和主权是民主政治和市场经济的重要支柱，是保证数字化转型成功的前提条件。如果没有可靠安全和主权明确的数字化网络、通信、信息资源，德国将在未来的发展中失去竞争力，更不可能促进企业，特别是中小企业在应用数字化方面取得成功。

根据联邦信息安全局（BSI）针对 2015 年信息技术安全情况的最新通报，IT 安全在很多方面都被评估为较高风险。根据信息技术、电信和新媒体联邦协会（Bitkom）的数据，超过一半（51%）的德国企业在过去两年内遭受过网络犯罪的侵扰。中小型企业的比例更加严重，高达 61%。据估算，德国经济每年为此损失约 510 亿欧元。

在德国，信息安全和信息保护必须得到持续有效的强化，对于中小型企业来讲尤其重要。中小型企业应尽快通过学习和实践，掌握分辨风险和提高自我保护的能力，只有这样才能充分利用数字化所带来的发展机遇。联邦政府也应该配置相应的保护措施为它们提供支持，使其信息安全性得以显著提高。应尽量从产品研发和工艺设计阶段就开始考虑信息安全性和信息保护（即以安全为基本原则的“安全性设计”概念）。在认证过的、安全的解决方案基础上，通过“可信云”计算服务向中小型企业提供非常有前途的选择方案，使它们可以减少自身 IT 的投入，又能够更为灵活地在数字化进程中转型。

为消费者和企业提供稳定的法律保障，并创造统一的竞争环境也是关键环节。这个做法的目的是创造消费者、企业和政府之间在安全利益上的适当平衡。随着新修订的《欧盟信息保护基本条例》的颁布实施，2018 年全欧洲将达到较高且统一的信息安全保护水平。

在实现“工业 4.0”的过程中，所有的数字化设备、数字化的概念、管理技术、机器人探测器技术，以及安全防护技术和数字化主权实施技术，都离不开纳米安全芯片的支持。所以，德国将欧洲范围内纳米安全芯片的研究和创新项目作为德国的重要任务之一。联邦政府为此制定了一个可控的建设“数字化主权”目标，设置了一个投资10亿欧元扶持纳米安全芯片的项目。为了加强德国及欧洲制造工业工厂和作业场地统一地应用该技术，联邦政府将与其他欧盟成员国进行合作开发。作为欧洲共同利益重大项目（IPCEI），这个重要的纳米安全芯片研究和创新项目计划将在2017年启动，在随后的几年中，德国将陆续在该项目中投资35亿欧元以上，确保项目的顺利完成。

建立一个安全的平台是保障数字化安全的重要手段，德国在这种思路的指导下，创建了“可信云平台（Trusted Cloud Plattform）”和相关的电子安全标签。这样联邦政府就建立了一个独立、透明和开放的数字化市场，通过“可信云”服务，帮助企业更加容易地过渡到使用安全的数字云计算技术。这些公共、联合、积极的实质性行动，可以全面引导数字化的国内共同市场，它具有示范性意义。随着应用“可信云”建立的跨界“智慧家居[1]平台（Smart Home Plattform）”逐渐建成和完善，这个共同未来市场的建设、开发、应用和扩展，正在通过一个利益相关者之间的共同行动得到了巩固和加强。

“智能服务世界（Ⅱ）（Smart Service Welt Ⅱ）项目”为数字化的服务和平台提供了新的应用领域，它是一个“可信云”应用中的执行平台。智能服务世界（Ⅱ）是对目前已经建设和运行的数字化技术应用平台“智能服务世界”[2] 的补充、完善和升级。“智能服务世界”是一个以经济为中心，覆盖各主要经济领域，逐渐实现全覆盖、跨界、经济应用平台。它具有现在运行，发展未来，发挥企业潜力，促进企业持续发展的多种功能。更加进一步地看，这个应用平台还从更高效率、应用覆盖率的角度和未来发展视角出发，充分考虑到了农村和偏远地区的数字化应用和服务。联邦

---

[1] 智慧家居（Smart Home，Home Automation）是以住宅为平台，利用综合布线技术、网络通信技术、安全防范技术、自动控制技术、音视频技术将与家居生活有关的设施集成，构建高效的住宅设施与家庭日程事务的管理系统，提升家居安全性、便利性、舒适性、艺术性，并实现环保节能的居住环境。

[2] 智能服务世界（Smart Service Welt）指在智能服务世界里，未来会采用“即插即用”的方式，所有的机器、系统、工厂均可非常容易地与互联网数字平台形成有效对接，以此实现平台集成，用户在任何位置均可访问现场数据。

政府当前的主要目标是在中小企业中推广应用“智能服务世界”这一数字化“可信云平台”，将它做好并提出相关的各种应用问题解决方案，在取得进展成功后，将其作为典范，产生“灯塔效应”，进一步推广到其他企业和行业。

措施和建议 6：引入数字化转型风险投资

创新企业是数字化转型的推动者、发动机和生力军。但一家创新企业的成长往往需要资金和全社会的支持。在德国，创新企业的发展所需资金一般为每家约 250 万欧元。过去的一年中，在柏林，创新企业共获得了各种投资约 21 亿欧元，是欧盟城市中最多的。但其他城市就相对较少，与欧洲其他城市比较，还有很大的资金差距。此外，风险投资额与各发达国家比较，德国的风投资金与国内生产总值（GDP）的比重较低，仅占 0.02%。而美国的风投资金与 GDP 比重为 0.17%。在上市公司筹措资金方面，德国的创新企业上市公司数量仅为 11 家，而英国为 112 家，美国更是达到 288 家。据有关评估公司评价，这种由于资金不足而使创新企业不能正常发展所导致的经济损失，到 2020 年，在德国仅由于创新企业缺少资金造成的经济损失将高达 990 亿欧元，相当于 GDP 的 3.4%。为了促进创新企业的发展，联邦政府正在利用各种工具，争取更多风险资金来投资创新企业。

德国将继续扩大“创投（INVEST）”项目计划，它是联邦政府创建的一个引导民间风险资本投资的有效方法。到 2016 年秋天，联邦政府将加大创投风险资本投入的政策和措施，将原来规定风险资本投资最高上限为创新企业所需资金每家 250 万欧元的 20%，即 50 万欧元，提高一倍至现在的 100 万欧元风险投资额度。同时，对投资资本收益和分利，可给予财务政策方面的优惠，例如可用于偿还税赋或平衡财务亏损等，也允许将这些优惠政策扩展到与风投基金相关的关联企业中使用。

2016 年联邦政府为使资金向创新企业流动，启动了一系列基金项目。为德国的创业人和创新公司增加或扩大的风险投资基金，提供如下基金项目：

（1）决定且推出创新企业的扶持工具型“创新企业联盟基金（coparion-Fonds）”[1]（总金额为2.25亿欧元）；

（2）启动“ERP/EIF-成长基金（ERP/ EIF-Wachstumsfazilität）”（总金额为5亿欧元）；

（3）联邦政府继续增加在2016年已经采取的一系列措施，例如使“ERP/EIF-增量基金（Aufstockung des ERP/EIF-Dachfonds）”从17亿欧元增加到27亿欧元；

（4）在“EXIT基金”下，继续扩大对新兴企业进行投资。

所有这些基金支持，旨在继续改善风险资本的投资环境，引导它们投向数字化新兴产业之中。

目前，德国无疑是世界上的制造业强国，它拥有雄厚的资本，高、新、尖的科学技术，高层次的人力资源和稳定可靠的市场地位。加之与发展迅猛的新兴创新企业结合在一起，一定能克服第四次工业革命带来的各种挑战。在第三产业方面，成熟企业和新兴创新企业之间互相支持、共同发展，同样蕴含着巨大的创新潜能。

在数字化进程中，经济界普遍认为由联邦政府公共部门和民间商业企业共同参与支持的，向发展势头强劲的新兴科技企业提供资金援助的各种举措，能使国家和民间企业共同参与数字化发展过程中，有利于加快数字化转型。在2017年度开始启动的“第三期高新技术型新创企业基金（High-Tech Gründerfonds Ⅲ）”（筹集目标资金总数量为3亿欧元），就是国家与民间共同合作的成果。联邦政府不仅为新创的增长型高科技企业提供额外的创业资金来源，也为给予创新公司支持的基金投资者们提供机会，这个机会包含着一个延伸意义，即在德国，创新公司可在保证创业地位的基础上与基金投资公司一起组成更有活力的创新企业。

为了进一步改善、提高融资环境，改善促进公司业务增长的条件，联邦政府已经制定了一系列有关法律，根据股份转换的方式、路径，可以在资产负债表中分列有利于投资基金进入创新企业的项目，增大基金资金进

[1] 创新企业联盟基金（德文全称：coparion-Fonds）为ERP启动基金的分项，通过ERP投资基金和德国复兴信贷银行促进对新创科技型企业和新创创新型企业的扶持。

入创新企业的兴趣和动力。

措施和建议 7：加快电子政务数字化升级，减少繁文缛节

数字化对政治和国家监管部门提出了更高的要求。信息交换的机密性、系统的安全性、消费者权益保护等，涉及的是一场公平的竞争和优质的政务服务。提升这些新任务和更高要求的过程，在国家层面上将会由很多机构做出处理和执行，如联邦网络办事处、联邦信息安全局、联邦财政监管所、联邦消费者权益保护局和联邦卡特尔组织，等等。

今天，在谈论到数字化时提到的诸多事宜，往往不够严谨全面，或是有不同方面的声音，所以需要在国家和全体公民的层面上进行全面考虑和规划。为了激发数字化的活力和适用性，需要适时地制定、调整并及时执行相关政策。为了回答关于数字化的竞争、市场和消费者相关问题，单纯地把数字化提到议事日程是不够的，这就需要建立一个高效、国际性的数字化政务中心来适应全社会的数字化环境。数字化政务中心将对联邦政府政策的制定以及执行提供权威、中立、持续性的支持，并在数字化的进程中站在经济和消费者的立场上考虑问题和引导社会发展。

在全面、持久的努力作用中，数字化政务中心将会让德国成为国际上各行业领域中的先驱。从 G7[1] 国家中相互比较的情况看，有些国家的目标主要是做一些常规性电子政务（E-Government）方面的工作，而不是进行数字化政务的深度转型。

新的数字化政务中心应该立足于以下三个重要基石：

（1）职能整合能力；

（2）支持数字化的议事日程；

（3）持续加强数字化能力。

数字化行业创造的价值应该将内容、服务、使用互联性、设备及用户统

---

[1] G7（G-7 Summit），即七国集团首脑会议，是七个最发达的工业化国家（美国、日本、德国、英国、法国、意大利和加拿大）的国家元首或政府首脑就共同关心的重大问题进行磋商会晤的机制。它自 20 世纪 70 年代中期产生，经历了“经济议题首脑会议”、“政治议题首脑会议”和“多元议题首脑会议”三个阶段。它对维护这些发达国家的利益起到了重要作用，同时在客观上有助于探索全球化背景下的大国协作和全球治理机制。

统考虑在内。为了在解决数字化目标竞争过程中，预防一些因为技术安全等种种原因容易产生的“自建壁垒”问题，联邦政府和公民都需要重温《罗马条约》（*FuE*）[1] 中的标准化、数据保护、信息安全这些话题，并引起足够的重视。

要明显提高数字化政务中心的分析能力和执行能力。德国要考虑到原有的规定和已有的新规定及其任务和目的，必须加强对市场的观察，尤其是实施新欧盟标准以来，如何保障网络自由等问题。欧洲委员会最近的调查结果显示，对以国家为基础，由于数字化需求而带来的各种新增功能做出了许多超前的预见。所以，建立“数字化联网/网络平台（Digitale Vernetzung/Internetplattformen）”指挥部，是政务中心职能扩大和整合的第一步。

实现数字化政务中心的下一步工作是，数字化政务中心应该承担起信息咨询的任务，让企业和消费者了解到官方政务中心是相当权威的咨询中心，在遇到执行困难的时候可以寻求政策的支持去化解困难。联邦环保局和移民局也可以在建立数字化政务中心的过程中提供帮助，建立起一个能解决各类挑战和各种困难的中心。

目前，联邦政府设想中的数字化政务中心的工作如下：

（1）分析、市场观察、数字化报告；

（2）对企业和消费者提供咨询工作，在有可能的情况下，提供实质性的帮助和支持；

（3）降低咨询和协调费用；

（4）在数字化潜在能力挖掘方面，对重要行业（工业、服务业）提供支持；

（5）调解纠纷和消费者投诉的工作；

（6）与各城镇、州、国家、欧洲和国际相关机构，以及企业、联合会和其他股份持有者保持沟通和合作发展。

除了强化数字化议事日程外，数字化政务中心特别要注意在经济、法律和技术方面的数字化持续建设。数字化和互联化一方面在改革，一方面

[1] 《罗马条约》，即欧盟运转条约（*TFUE* 或 *FuE* 条款）——规范机制和程序的条约。

在发展，这种动态的变化应该进一步科学地分析并持久地进行技术评价和总结。有了数字化转型的理论分析和实践经验总结为基础，在数字化领域中，数字化政务中心发挥政府政策咨询的智库作用是十分合适的。

为了促进个人、企业和联邦政府之间的安全性和信任度，便于有效地相互沟通联系，联邦政府正组织提交一份“身份认证服务法”草案，为联邦政府进行支持配套开发的“身份服务（Identitätsdienste）”做好法律保障。经过共同认真反复地讨论后，联邦政府将起草和制定安全“数字身份（Digitaler Identitäten）”体系，确保数字化政务安全运行。

联邦政府全力推动实施从现代化的管理加速到更高效的“数字化政务（电子政务的升级版）”。同时，联邦政府将实施欧盟制定签署的“开放数据的法律（Open Data Gesetz）”，这也意味着政务中心需要管理更多的数据信息，通过人工智能对这些云数据信息加工成有效信息，以备企业和创业者随时使用。这些通过人工智能整理后的数据信息是更有效、更有用的信息数据，是进行未来海量数据分析的解决方案。

联邦政府全力确保在欧盟范围内，及时地公布近期公共采购法律的改革实施，引入“电子采购（E-Vergabe）系统”，并用强制性的方式将其迅速应用到社会实践和经济活动之中。此外，数字化进程中那些低于欧盟规模门槛的采购平台，联邦政府也将全力帮助这些采购平台在德国的采购贸易实践中获得更多的发展壮大机会。

措施和建议 8：清洁能源数字化

清洁能源的转型是能源数字化转型计划中的发动机。一方面，清洁能源的种类很多，如再生、风、水、太阳、潮汐、氢、地热等。然而另一方面，清洁能源的发电参数波动性较大，如要做到将这些能源匹配融合在现有供电系统中，又要求达到高效、安全、低成本、高性价比这个目标，采用数字化技术就成了匹配整个供电系统的最佳方案。所以，在德国雄心勃勃的能源转型规划中，推行全面智能数字化输供电系统是确保该计划成功的重要基础。

联邦政府制定了《能源转换数字化法案》（*Gesetz zur Digitalisierung der Energiewende*），引进和安装了大量高科技数字化能源测量和配套设备系统。

联邦政府希望采取这样一系列的重要措施，利用数字化的巨大潜力推进这场规模宏大的能源革命，并尽快取得成功。这些主要措施包括智能电网（Smart Grid）、智能电表（Smart Meter）和智慧家居（Smart Home）等。数字智能化的清洁能源应用的测量系统，经过基础设施建设的实践，又经过数字化智能方面的全面系统开发，已经成了一个标准化的交互应用平台和可人工设计的“隐私+IT 安全保障盾牌”（Privacy & IT-Security by Design）。通过从产品构思、研发，在全过程方案中一开始就考虑到隐私和安全的全面设计，这个系统及产品已经成为“德国制造”的优质品牌和重要标志，成为其他数字化领域的榜样和典范，正在从智慧家居和清洁能源行业扩展到“工业 4.0”全领域。

为了保证能源数据信息的安全性和开放性，联邦政府建立了一个与“信息云”相关联的“开放能源数字化信息”（www. open-power-system-data. org）示范项目，最终联邦政府希望能将它拓展、充实到“在能源领域公开数据（Open Data im Energiesektor）信息云”中，成为清洁能源转型项目中数字化技术的应用基础。

措施和建议 9：医疗保健领域数字化

在奠定医疗卫生保健服务中的技术和支持基础上，德国正在建设一个强大、高效的卫生基础设施，它有助于医疗保健领域数字化的全面实施。信息和通信技术的应用，进一步提高了医疗服务行业的质量，降低了成本，增加了效益，给城市和农村带来了极大的便捷。联邦政府要进一步发现、挖掘现有框架下医疗卫生系统的开发利用和应用潜力。理解和支持公民随着年龄增长而越来越注重选择在自己熟悉的环境中居住和生活这一普遍的心理现象，使医疗卫生保健服务的基础设施得到公民认可和信任，并为其提供最好的服务。在医疗基础设施领域的“智能数字化”代表了关键基础领域中数字化整体系统的应用水平，“电子医疗”系统的数字化全面升级就是这个整体系统的一个重要部分。

德国希望加快“在医疗保健领域数字化（Digitalisierung im Gesundheitssektor）”的步伐。联邦政府率先提出倡议和采取措施，要求在智能化网络的框架条件下，支持设立相关的试点项目，向人们展示数字化和网络化的优势，建设便于实施的卫生系统实验设施和实验计划方案。在这些方案中，新的数字化技术和电子保健应用程序可以全面深入地进行测试和逐步展开。2016年初《电子健康法》开始生效，它为更多病人使用远程医疗系统铺平了社会、法律方面的道路。作为逐步推广的重要组成部分，联邦政府将全面支持数字化健康产业的创新概念，确保它的健康发展。

根据《电子健康法》的要求，联邦政府将建立电子健康资料档案目录，在这个档案中，明确规定其适用范围、时限、隐私和安全等多种条件和措施。由于有了这样一个重要功能和作用的电子健康资料档案，在医疗保健领域数字化中就可以全面应用这个档案系统。从目前的进展情况看，联邦政府正在顺利且迅速地推进电子健康系统过渡升级到数字化时代。

电子健康法还预先规定、计划了“创建远程医疗服务的结算序列身份码（Schaffung von Abrechnungsziffern von telemedizinischen Leistungen）”，同时规定和确定了完成、执行这一序列身份码的具体期限。由于在医疗保健领域人们普遍缺乏对数字化和远程医疗服务的认识，这种认识缺乏已成为数字化进程中的主要障碍。所以，联邦政府在《电子健康法》的实施过程中，正在积极地建立、批准和尽快执行卫生医疗保健系统的数字化标准，使数字化医疗走上全民医疗应用的快车道。

措施和建议10：加强德国金融数字化技术创新

在数字化进程中，人们都在关心网络、信息、医疗、政务、司法、教育、工业、农业等，往往忽略了讨论和关注在数字化转型中应用数字化最早、最普及的银行金融业。联邦政府从来也不会忘记银行金融的数字化在德国社会和经济中的重要地位和作用，所以德国在银行金融业中率先实现数字化，它有着“灯塔效应”，而且一项金融创新技术的出现，往往伴随着金融数字化技术的创新应用。

联邦政府由衷地赞同联邦金融财政监督管理局（BaFin）将金融创新技术作为重点、积极地支持扶持领域。鼓励金融市场经营机构，在“金融技术领域新建（im Bereich FinTech neu aufgestellt）”中，提供完善、优质、准确的信息以及咨询服务，这种方式有利于将创新的金融技术更容易地应用于调整、精准、监控的金融市场。

联邦政府支持如下的建议：加快批准那些老牌、成熟的银行金融企业在金融技术方面的创新技术应用实践。在不影响、不降低金融安全水平和维护好金融市场稳定的前提下，在适当的情况下研究、检验“快速授权金融操作标准程序（Beschleunigung von Erlaubnisverfahren）”的可能性。

联邦政府同样也支持加快在“欧盟统一框架条件（Rahmenbedingungen auf europäischer Ebene）”的审查程序，以便可以使金融技术部门迅速顺利且有效地实现欧洲数字化统一市场[1]（DSM）。

同时，这些金融技术创新也包括大数据、数字化网络、数字化终端、虚拟货币、数字化信贷、数字化信用等。它们将大大促进欧洲统一市场的形成，促进金融更主动、更积极地为其他行业服务，提高金融服务水平。

措施和建议 11：推动交通数字化

交通领域数字化在整个“工业 4.0”中是具有“灯塔效应”的重大项目，它将构成精密仪表、机器制造、信息智能数字化、传感技术、IT 工业、道路建设、航天航空等全方位的社会影响和工业革命。所以，在世界范围，有关自动驾驶一直是数字化进程中首要讨论的课题之一，也是人们议论频率最高的课题。正是由于交通状况的复杂、动态、基础设施、人工智能的要求极高，故而交通领域数字化水平已成为数字化进程中的一个重要标志性标准。

为了实现交通领域数字化，联邦政府在《数字纲要 2014—2017》《数字化战略 2025》等计划中都用大量篇幅进行了描述，也制定了一系列法律文件支持计划实施。同时，在政府和财政层面上都给予了大量资助，正是在这种支持下，德国一直走在交通领域数字化的前列。

在数字化时代，德国应该保持在交通领域数字化方面的领导者地位，

[1] 2015 年 5 月 6 日，欧盟委员会发布最新数字化战略《数字化统一市场战略》，宣布将通过出台政策改革、版权法、消费者保护、云服务等一系列措施，推动欧盟跨境贸易。该战略确定了三大支柱和十六项具体行动措施，计划在 2016 年底完成，将每年为欧洲公民节约 110 亿欧元的开支。

成为引领市场发展方向的开拓者、创新产品的发明者、交通工具以及运行系统的提供者。联邦政府将尽一切力量使法律条例和监管条件适用于汽车自动驾驶，满足复杂的生产工艺等方面的要求。鼓励有关机构设计、建立更多、额外的测试区域作为这一重大项目的实验和试运行基地。联邦政府一定会在具有传统工业优势的基础上，鼓励开发出一系列具有知识产权的数字化新技术、试验或实施项目。

执行好“新型交通运输工具和技术系统”的财政资助项目计划。联邦政府有意建立一个目标清晰、技术先进、能够高效率将交通领域数字化转变成推动有关自动化和网络化交通驾驶的研究项目，争取尽早让交通领域数字化成为现实。

此外，联邦政府强烈建议，修改和更新《运输法》中有关旅客和驾驶人员的部分，以适应现代化科学技术，即数字化技术的发展。联邦政府相信在德国未来的生活中，先进的全球定位系统 GPS（Global Positioning System）[1] 一定会为交通运输带来巨大的成功和便利。这些修改包括取消诸如公共交通运输司机和出租车司机的当地地理路况知识、环境道路交通情况等传统知识的学习和考试；在修改共享型交通运输方式时，取消租赁汽车非异地返还的义务和要求。为保证数字化技术创新的开放性，制定政策时将坚持技术中立的原则，制定数字化技术和创新业务适合于共享经济的法规条例。就私人汽车租赁行业而言，数字化技术的发展和有关法条的修改和完善，就可大大提高它的安全性，确定参入运营者的岗位性质。

[1] GPS 全球定位系统，又称全球卫星定位系统，是一个中距离圆形轨道卫星导航系统。它可以为地球表面绝大部分地区（98%）提供准确的定位、测速和高精度的时间标准。系统由美国国防部研制和维护，可满足位于全球任何地方或近地空间的军事用户连续精确地确定三维位置、三维运动和时间的需要。该系统包括太空中的 24 颗 GPS 卫星；地面上 1 个主控站、3 个数据注入站和 5 个监测站，以及作为用户端的 GPS 接收机。其优点是使用低频信号，纵使天气不佳仍能保持相当的信号穿透性；全球覆盖（高达 98%）；三维定速定时高精度；快速、省时、高效率；应用广泛、多功能；可移动定位；不同于双星定位系统，使用过程中接收机不需要发出任何信号，增加了隐蔽性，提高了其军事应用效能。

措施和建议12：引导全社会参入共享经济

共享经济（shared economy）[1] 这一新名词、新概念，在近几年中，人们终于认识到了它是人类发展过程中的必然产物。“共享”无处不在，无处不有，空气、水、大地是最初的共享物质，但由于人类认识不足，所以“共享”这个普遍的、具有哲理的事物一直未上升到现在的高度。而在现在和未来，它将越来越受到人们的重视、青睐，并成为人类社会发展和文明程度的一种标志。在很多人看来，物质的共享是很容易取得共识的，但对精神、文化和信息这些具有非物质领域的共享往往会出现漫不经心的表象，对它给人类、给物质世界带来巨大影响常常认识不足。现在随着科学技术的发展，特别是人工智能和数字化技术的深入发展，带来了具有针对性的实施方案和解决途径，也给人类带来了无穷的遐想。联邦政府认识到这一贯穿全社会共享经济的重要性，正在通过社会共享经济的推广，促进更多人参入进来，共同创造价值，共同传递价值，共同分享价值，共同推动社会文明的发展。共享经济示意图参见图2。

联邦政府正在组织建立城市与城市、地方政府和地方政府之间的学习伙伴关系，让它们相互之间交流共享经济方面的经验。这些经验包括企业与房屋租赁共享平台如何正确、妥善地处理往来业务，其他一些共享经济的建议以及当地的影响和效果等。同时，联邦政府也希望通过这种方式，将出现矛盾争议，甚至冲突的共享经济平台与传统平台各方进行分析和引导，充分利用所有利益攸关方的内在因素和共同点寻找全社会的解决方案，推动共享经济项目的良性发展。

在适用法律方面，对于供给侧[2]共享经济平台往往存在着概念和运

---

[1] 共享经济一般是指以获得一定报酬为主要目的，基于陌生人且存在物品使用权暂时转移的一种新的经济模式。其本质是整合线下的闲散物品、劳动力、教育医疗资源。有的也说共享经济是人们公平享有社会资源，各自以不同的方式付出和受益，共同获得经济红利。此种共享更多的是通过互联网作为媒介来实现的。共享经济牵扯到三大主体，即商品或服务的需求方、供给方和共享经济平台。共享经济平台作为连接供需双方的纽带，通过移动LBS应用、动态算法与定价、双方互评体系等一系列机制的建立，使得供给与需求方通过共享经济平台进行交易。

[2] 供给侧即供给方面。国民经济的平稳发展取决于经济中需求和供给的相对平衡。供给侧，相对于需求侧。

行方式不够明确的问题，需要找到合适的法条进行管理和支持。特别是有个体经营者参入活动的时候，更会导致相关法律的不确定性。因此，联邦政府要研究各种形式的共享经济参入者所处地位和作用，有一个“明确岗位性质界限（klare Schwellenwerte）”，争取能够帮助它们划定其在共享经济行业中的标准，依法保证共享经济的参入者免遭刑事、民事调查和处罚。同时，联邦政府也应该允许共享经济这一新生事物有探索、实验和逐步完善的空间，并设置一个过渡阶段。

图2　共享经济示意图

为了改善、提高法律的确定性和透明度，联邦政府还支持和允许共享平台在适当情况下，就运营中的各种税务政策和“纳税（steuern）”方式等，直接与财政机关共同商讨。

参考文献

[1] Bundesministerium für Wirtschaft und Energie（BMWi）. AKTIONSPROGRAMM DIGITALISIERUNG 12 Punkte für die Digitale Zukunft. Hirschen Group GmbH，Berlin. September 2016.

[2] Bundesministerium für Wirtschaft und Energie（BMWi）. Digitale Strategie 2025. Hirschen Group GmbH，Berlin. März 2016.

德国开放数据行动计划与展望

责任编译：赵　锐
编　　译：赵　立
编　　审：冀俊峰

国家电子政务外网管理中心主办

编者的话

自八国集团（G8）共同签署《开放数据宪章》（简称宪章）以来，世界各国政务数据资源开放的呼声越来越高涨，各国、各地区将宪章作为开放数据的重要依据和原则，相继拉开了政府开放数据的大幕。德国作为 G8 的重要成员，近年来在开放数据方面成绩斐然。德国政府不仅制定了政策纲领和行动措施，还建设了政府数据开放网站 GovData，这已成为欧洲政府开放数据门户的范例之一。

本文主要归纳总结了德国政府开放数据的经验和成果，主要包括两方面的内容：一是德国开放数据的国家行动计划、纲领和任务、措施和重要意义；二是开放数据的最新进展，对承载开放数据的 GovData 门户网站的全方位阐述和诠释。

在 G8 各国政府实施开放数据宪章并取得不断进展和显著效益成果的大背景下，中共中央办公厅和国务院办公厅在 2017 年初下发了《关于推进公共信息资源开放的若干意见》，指出开放数据工作将依托国家电子政务外网和中央政府门户网站，建设统一规范、互联互通、安全可控的开放数据网站（www. data. gov. cn）。预计到 2018 年年底将建成国家公共信息资源统一开放数据平台，2020 年年底实现重点领域公共信息资源基本开放，促进信息资源规范化创新应用。德国属于大陆法系国家，其在政府规划、行政执法等方面与我国有一定相似之处，参考德国政务信息开放网站的建设、资源目录体系的规划、栏目架构的组织、标准规范的制定、数据安全的保证等，以及借鉴德国政府开放数据政策、发展进程和具体实施举措等经验和教训，都对加快我国政务信息化创新发展，深化经济改革，建设法治政府、创新政府、廉洁政府和服务型政府具有重要的借鉴意义和作用。

责任编译：赵　锐　　　编　　译：赵　立
编　　审：冀俊峰

德国开放数据行动计划与展望

摘要

自 G8 开放数据宪章发表以来，政务信息资源开放的呼声越来越高，世界各国、各地区相继拉开了开放数据的大幕。德国也紧锣密鼓地制订了政府开放数据行动计划，并积极贯彻实施。本文从两个方面重点介绍了德国开放数据的国家行动计划的具体任务、措施和重要意义；以及开放数据的最新进展和承载开放数据的 GovData 门户网站的全景描述。在这个开放数据风起云涌的时代，借鉴一些发达国家的策略、措施和具体解决方案，有利于增强我国政府的透明度，提升调控能力，鼓励创新活力，引导开发应用，提高公共服务水平。为我国在 21 世纪最大限度地为经济现代化提供全新价值的“数据金矿”资源，助力开放数据生态系统的形成和发展。

一、背景、原则和框架

2013 年 6 月 17—18 日第 39 届八国集团（简称 G8，包括美国、英国、法国、德国、意大利、加拿大、日本和俄罗斯）峰会在英国北爱尔兰厄恩湖（Lough Erne）举行。峰会期间，八国成员讨论了开放数据，并签署开放数据宪章。宪章定义了 G8 各国有关“开放数据”相互认证、数据管理范围以及数据使用的原则。这个宪章的制定被世界上公认为是开放数据的重要的、标志性的里程碑。在实施过程中，它已逐渐演变成了世界范围内促进数据开放的基础和依据的模式。宪章确立了以下几个基本原则：

1. 符合标准的情况下，相互承认开放数据

期望在注重保护隐私的基础上，推动各自的管理数据尽可能地开放公

之于众。也就是说，政府尽可能地开放其监管的数据是一个基本要求、方向和原则。

2. 开放数据质量和数量

具备高品质的、全面的、及时的和准确描述、充分诠释与实用的开放数据。也就是说，政府应开放尽可能多的数据，同时制定开放的优先级，分批、分次地整合开放符合条件的数据，并保证开放数据的质量。

3. 开放数据的通用性

在开放数据的过程中，需要尽可能多地支持各种数据格式，支持多类型用户广泛使用，无障碍使用。也就是说，开放尽可能多的数据格式，并且让所有用户（民众和机构）持续、有效和免费地使用。

4. 开放数据是各国政府的责任和义务

各国政府要对其开放的数据提供相应的专业知识，保证数据采集的透明、开发数据标准的通用和合理开放流程。也就是说，开放公开的、分享的新技术、成功经验和数据标准，保证政府数据开放透明，并逐步完善和治理开放数据环境。

5. 开放数据为创新服务

开放数据要重点为创新型用户服务，并为潜在用户和一般用户建立创造性思维。也就是说，激励所有可能的创新，创造社会和经济的价值最大化。

这五项原则，已成为 G8 各国，甚至其他国家和各地区开放数据的基础纲要，为推动政府向公民开放数据、增加政府透明度、制定政策行动措施、挖掘政务数据潜力、促进社会创新活力、提高公共服务成效、增强社会和经济价值、提升政府治理能力等方面做出了重要的贡献。同时，开放数据这一重大举措已承担起政务公开、透明之重任。

在过去几年中，在基于联邦一级所做的各种努力的基础上，德国又在国家 IT 规划委员会和联邦州共同努力下，把开放数据确定为国家行动计划的管理措施，即把进一步开放数据作为联邦政府的义务和国策。

这项行动计划兼顾了促进开放数据已达成的各项相关成果和政府开放

数据的框架，例如：

（1）“网络化和透明化的管理”——第 17 届政府规划项目；

（2）“促进政府开放数据”——IT 规划委员会的重点项目；

（3）对政务数据原始门户网站模型（http：//www.govdata.de/），进行跨部门、跨级别的开发和升级。

第 18 届联邦议会在任期中，执政联盟签订了规划协议《塑造德国的未来》，执政政府和各党派在协议确定了如下任务：

联邦政府监管机构必须在符合法律的基础上，提供、建立和应用开放数据。协议规定了开放数据的标准、统一的机器可读的格式和自由的、豁免许可等诸多条款。联邦政府的这项协议将促进和监督联邦州、县和市镇地方政府建立一系列的相关的开放数据门户。

这项行动计划制订和论述了在联邦政府监管机构直接实施上述 G8 国家开放数据宪章五项原则实施措施和方法。行动计划分为不同的承诺、义务和责任，这些根据宪章的目标、义务和责任从 2015 年底开始逐步实现，且将促进开放数据作为国家的重点工作。这些必要的行动计划目标，由于多种原因，特别是在实施过程中，技术环境和要求发生了变化，行动计划的各项措施和目标也随之发生了变化。考虑到可用的财政资金和人力资源，这项工作将跨越 2015 年，甚至更长的时期，并在今后的几年中逐步得到落实。因此，新版本联邦政府的行动计划在今后几年的实施过程中仍将不断更新和完善。

（一）政府开放数据

“政府开放数据”已经成为各国政府的共识，只有通过国家的行动计划执行或实施“开放数据宪章”，在国家的推动下，这项行动计划才能取得成功。

政府开放数据（即开放政府、执政管理或行政监管部门的数据），在大数据资源逐渐重视的情况下，政府开放数据以原始数据的格式或形式公开提供给用户使用，特别要鼓励用户提高大数据资源的使用率和延伸开发使用的应用。

从德国颁布的联邦数据保护法案（*BDSG*）、联邦版权法（*UrhG*）、联邦中央登记法（*BZRG*）、信息扩展应用法案（*IWG*），还有空间数据存取（/访问）法（*GeoZG*）、环境信息法（*UIG*）、消费者信息法（*VIG*）和信息自由法（*IFG*）可以看到，政府开放数据从一开始就具有国际通用原则数据隐私保护和安全保障性质。而且这些数据和环境明确界定为由联邦政府监管机构负责和运作。它是一个符合法律、可以实施又界定清晰的大数据体系。

“信息”为所有数据的集合。“数据”为纯粹的“事实”，具有无修饰的、独立的性质，通过周围环境的相互作用，这些“数据”（或“事实”）在一个具体的、特定的背景环境下，进行释义后成为人类定义的“信息”。在非标准结构化信息中，如票据、文件、研究报告、公告或其他正文不被“数据”在这个概念所覆盖的意义上，用户将通过 IFG、UIG 和 VIG 调整这些信息的访问权限，并通过联邦档案法的规定获取相关信息。

在通常的理解中，“数据集”这个术语被标识为一种“可识别的收集或采集的数据”，即相关的数据集合，例如以表格的形式集合和表达的数据。“如果相关的数据已数字化并可由软件自动读取和处理”，那么这些数据就是“机器可读数据”。

（二）国家与公民、国家与地方和国家与国际的合作

为了促进和实施国家行动计划的所有措施，并获得最高效率的应用，应与公民、经济界、科技界、媒体界和管理机构一起加强与联邦政府州、县和市镇地方政府在政务开放数据领域的有效合作。联邦政府已经开始在行政管理机构方面进行数据开放工作，并继续推进在所有层面上的合作。与此同时，在市镇地方政府门户互联网实施“开放-数据-策略”，逐步开放现有数据的目录。例如，正在考虑全面开放各地区在地理地质、环境或统计等领域的数据。

联邦政府的另一个目标，是在全国范围内继续寻求与民间社会组织的交流合作。在国际层面上，将继续进行多国对话和参与合作，例如，积极参入正在进行的研究和实施项目——全欧洲“开放-数据-基础设施”项目的建设。

（三）挑战

纵观传统的行政组织结构，为满足国家开放和透明执政的标准原则，需要进行一个巨大的持续性变革。为了让提供开放数据管理的各级政府自觉地执行开放性原则，消除不确定性，就必须在开放数据时对有关法律责任问题、时间和资源问题、开放数据效果和必要性问题等，有充足而清晰的认识。

从实际实施情况显示看，通过目录和搜索系统在互联网上发布开放数据，也不是一件容易的事情。尤其是在德国政府，以及联邦州、县和市镇地方政府中，大量公共机构的许多不同的数据提供渠道和提供的数据，描述性“元数据”是最基本数据信息的基础，其质量、一致性和完整性都需要得到保证。为了发现和提高公共管理的开放数据使用效率，“元数据”的质量问题是关键，有决定性的作用。另一方面，对于数据的存储（采集、供给）、编辑和长期维护的成本费用，目前明显较高，必须采取有效措施降下来。为此，必须在已建立的操作程序和标准的基础上努力开发和改进，达到降低各方面费用的既定目标。实践证明，实现降低成本费用目标对德国和欧洲的空间数据构建基础设施项目（GDI-DE 和 INSPIRE 英斯皮尔）的实施具有重大意义。

二、国家行动计划重要意义和任务

（一）意义及任务：开放数据是德国领先世界必须坚持的方向

1. 自律——开放数据的国家要求

德国必须是政府开放管理数据方面的先行者。这一国家行动计划是联邦政府的国家任务，在基于国际公认的开放数据原则要求下，开放政府的大数据。开放数据宪章是“开放数据作为标准”的原则和依据。根据目前的具体情况，从长远角度来看，未来一定要达到开放数据的目标；从现阶段情况看，只能够分步实施，一步一步地实现。对此，联邦政府清楚地认识到，过去收集到的数据，由于各种各样的复杂原因，现在还不能完全落实开放数据原则。所以，联邦政府目前的首要任务是，从今天正在收集的数据开始，按开放数据原则的要求积极发布这些数据。

2. 法律法规

为了达到合理合法，联邦政府正在建立一系列开放数据法规，用这个法规对政府管理的数据进行统一的开放表述，以机器可读的格式、使用开放许可证或其他相关软硬件工具去读取和解析各类基本的数据。

在第 17 届联邦议会任期内，针对有关数字空间数据（GeoZG）访问入口（/通道）和联邦州的空间数据（GeoNutzV）的采集、储存的修订，制定了相关法律法规。因此，联邦政府已经在开放数据的方向上，对开放政府管理数据迈出了关键性的第一步。以此为基础，这些法律法规将进一步服务于开放管理数据的国家行动计划的执行和应用。例如联邦政府按照 EGovG 第 12 条第 2 款的法规，在简单开放的基础上开发了一个面向 GeoNutzV用户的应用软件，就能够发现很多与所管理的数据相关的应用。为了使政府的数据能够跨境、跨区域、跨行业地应用，需要调整使用标准和法规，以满足符合国际公认的开放数据标准的要求。对于环境信息数据的传输和应用，将依据 UIG 第 10 条（环境信息指令 2003/4/EG 的第 7 条和联合国欧洲经济委员会奥胡斯公约的第 5 条），以积极的态度和姿态，切实遵守义务，尽力执行并随时检查其执行结果。

在本行动计划颁布之前，联邦政府已提前投入了力量，发布了一个已经生效的法律法规，依据有关职权部门目前的评估和政府数据的应用情况，它是合适的、可行的，暂时没有发现与现行法律法规有冲突之处。

3. 统计和研究商品销售数据对联邦政府的重要性及其意义

联邦政府监管机构为了能获得一个更好的、重要的商品销售数据概貌，将在一个全面统计和广泛调查研究的框架下，促进推动对此感兴趣的国家和地区进行有关项目的合作。其项目研究的核心目的是：一方面，要考虑到在各自法律条件下，或其他方面容许的基础上，通过每年的“销售-数据”获得商品销售收入的数值，准确而灵活地云计算，评估出产品的收入规模和未来的发展；另一方面，通过高水平的目标设计、损益估算和预警通知，及时发现和防止各种原因造成的支出成本的浪费。

4. 联邦政府内设开放数据机构的主要职责是协调

联邦内政部设立专门的开放数据机构，在联邦政府监管和掌控的数据在跨联邦州、县和市镇地区的门户“GovData”应用中，承担着整体、全面协调的工作，以便在联邦政府监管机构的职责内，更进一步地执行“积极-开放-数据”的原则。此外，所有的部门到2014年后每年第三季度末提名“开放-数据-协调人”。遵循这个责任和义务，协调人将承担为各部门、各业务领域、各行业和个人进行采集、存储、发布开放数据和开放数据应用方面的协调工作。

5. 开放数据工作将全面纳入 IT 系统采购和建设规划中

为了使开放数据具有长期的有效机制和尽可能地应用自动化采集、存储和传输，在国家数字化进程的框架下，将全力开发和升级一个人工智能工具包，它会对开放数据用人工智能的方法进行解析和说明。在 IT 系统的开发和建设、招投标和运行中，必须考虑到开放数据的相关工作。

根据开放数据的原则和意义、开放数据法律法规，辅以采用机器可读取的格式，联邦政府监管机构目前已经开放了大量的数据。经过一段时间的实践，联邦政府已经发现开放数据的应用具有巨大的发展和再利用潜力。联邦政府和各行各业都期待和追求一个具有更高使用率和应用效益的开放数据，也就是说，希望政府根据开放数据宪章的协议继续推动开放更多的数据，为德国的社会和经济做出更大贡献。

（二）目标一：公开发布数据集

1. 公开核心数据集

根据计划从2015年年底开始正式发布开放数据附件A（已经非正式公布过）所列的有关数据，这一目标是与其他G8国家协调后确定的，并在原则上已经达成了一致。在开放数据集的过程中，必须遵守开放数据宪章规定的原则。

2. 公开其他部分数据集

随之，联邦政府将根据进程，在 2015 年年底，将附录 B 中列出的数据集，以最基本的、所列出的和规定的形式开放发布。

3. 联邦政府各行政机关或部门至少开放两个数据集

在正常情况下，联邦政府制定的目标是在 2015 年第一季度末，政府一级机关部门和二级机关部门至少公开开放两组数据集，且保证这些开放数据在 GovData 门户网站中顺利投入应用（见图 1），使其得以全民共享。

图 1　**GovData** 门户网站的 **LOGO**

（三）目标二：开放数据的国家门户

1. GovData 已确定为各级政府核心的“开放-数据-门户”

联邦政府将集中力量保证 GovData 门户网站的运行，它也是 IT 规划委员会的一个重要应用实践，并且为 GovData 门户网站建立了一个跨级别、跨行业的总体业务和协调机构。将 GovData 确定为联邦州、县和市镇地方政府核心的开放数据门户。另一方面，也将通过国家和地方政府的工作推进和保障这一数据门户的使用和正常运行，它将尽可能多地向民间社会、经济界和科学界等领域提供数据目录全覆盖的服务。

在实施开放数据目标的框架内，所有联邦政府监管机构所拥有的数据、有关 GovData 门户网站中含有的开放数据都是可以使用的。必须说明的是，这些数据仍然保留在数据来源位置不变（即对国家来说，联邦政府的数据是分散在各级政府的相应平台上），各级平台仍继续担负着各自在平台上的责任和功能（即对地方各级政府来说，它继续拥有自己相对独立的平台）。

2. “开放-数据-元数据结构”的标准化

为了更容易发现、找到有关的开放数据资源，联邦政府正在与各联邦州、县和市镇地方政府一起在IT规划委员会制定的标准化议程的框架内，为开放数据的元数据标准化进行了大量工作。这里还有一个目标，即数据表述的语义具有交互操作性（例如，具有统一的数据释义的标准格式表），以有效的方式和方法促进并提高元数据的质量。为了避免在开放数据管理中不必要的开支和重复工作，在现有的和公认的标准上，建立兼顾地域、现在和未来的“开放-数据-元数据结构”标准。

（四）目标三：咨询、尽职和经验共享

1. 开放数据用户的参与计划

开放数据不是唯一的、最终的目的，其最终目的是应用并取得效益。因此，联邦政府力求建立一个经常性的、有规律的对话机制，特别是与民间社会团体、经济界、媒体领域和科学界进行对话，保持紧密联系、交流经验、共享成果。

2. 遵循G8开放数据宪章的原则

在联邦州、县和市镇地方政府共同努力推进开放数据的进程中，许多潜力就会被逐渐显现或开发出来。因此，联邦政府为提倡和促进开放政府数据，要求联邦州等地方政府必须遵循G8开放数据宪章的五项原则，并以此规范开放数据的工作。

3. 为创新提供重要和有价值的数据服务

为创新服务，为给社会和经济发展做出贡献，联邦政府非常注重开放数据的质量、价值和效益，特别是对促进创新的和为公众提供有价值服务的开放数据。因此，联邦政府与用户通过认真研究，共同确定了在以下几个重要的行业，加快开放数据和主题应用的进程，在开放数据的范围内，一些有价值的数据将尽可能地以优先使用级别向用户推荐使用：

（1）交通和移动通信；

（2）能源革命；

（3）气候变化和环境保护；

（4）人口结构的变化；

（5）网络及新技术革命基础设施；

（6）公共财政收入和支出。

4. 开放数据的需求调查

要获得一个全面而详尽的开放数据需求的概况，就必须依据具体、实际的数据来分析计算出真实的需求。联邦政府将全面征求使用 GovData 门户网站的民间社会团体、经济界、媒体领域、科学界和其他目标应用群体的意见，全面描述、确定与之相关的需求状态。联邦政府也将通过提供数据的优先级别的措施来激励不同用户的各种不同需求。对于申请不能公开数据集的某些特定的保密数据部分，联邦政府将对用户和公众做出相应的解释、说明、沟通和协调。

5. 开发者日和开放数据竞赛活动

为了支持和促进政府行政监管数据的开放进程，能够持续、有效和广泛地应用，联邦政府正在计划设定相关的开发者日和组织更具体的、专项的主题竞赛活动。在这些活动中，将组织和引进来自相关各方的民间社会团体、经济界、媒体领域和科学界等关系重大的应用开发者积极参与，密切关注政府的开放数据工作，广泛应用这些开放数据。

6. 建立伙伴关系，促进开放数据进程，期待开放数据效益

联邦政府将扩大和民间社会团体建立的“政府-社区团体-伙伴关系”，加强正在运行的开放数据合作模式。为了进一步促进和推动政务数据公开，对开放数据进行有效管理，各种形式的联合研究会、专题讨论会等研讨应用活动都将邀请政府、商界、学术界和各行各业以及有关的个人共同参与，密切各种有效的多向交流渠道。对于那些新业务的介绍、展示和应用，联邦政府监管机构将进一步开展主题经验交流和共同开发等服务工作，在促进政府管理数据开放的同时，取得可期的社会和经济效益。

7. 使用 Web 2.0 通信

联邦政府将有计划地研究开放数据的新情况、技术的新发展，以及执行方法、运行途径、措施步骤和决策建议等，例如：联邦政府在有关针对

"GovData-博客"的问题上，曾经进行过这种形式上的沟通交流和探讨，并取得了不少经验。在这个基础上，联邦政府将确保 GovData 围绕开放数据扩大建设成为一个核心通信和信息元[1]交换枢纽。联邦政府特别注重门户网站的可访问性、质量和速度，所以使用了 Web 2.0 通信，保证其畅通无阻，访问有效率，同时也采用了多种安全措施来核准访问用户和提高用户访问使用安全性。

8. 国际合作

为了便于国际开放数据使用，联邦政府制定了一系列适应国际发展的措施和策略。例如，制定了开放数据内容表述标准以满足国际通用标准和国际通用的数据结构方式。联邦政府正为建立一个统一的欧洲开放数据基础架构和基础设施而积极工作，这些工作将确保 GovData 门户网站与其他国家的接口和元数据结构集成、整合和应用的无缝衔接、畅通无阻，满足国际用户的应用和要求。

三、GovData

（一）GovData 门户网站概览

根据 G8 宪章的宗旨，德国与其他七国一样，会后不久就制订了自己的国家行动计划，从法律、技术、信息基础设施和应用等多个维度采取了多种举措，推动联邦政府和各级地方政府的数据开放。随之构建了德国数据管理、查询和再利用的官方开放数据门户网站 https://www.govdata.de/，将归集、整合、筛选、清洗出的政府数据，分门别类地发布在数据、文档、应用程序、信息、博客和标准规范六个栏目中。GovData 门户网站面向公众开放这些数据，并提供便捷的、多样的搜索和导航功能，供机构、团体和个人查找、发现和应用所需的目标开放数据资

[1] 信息元是构成信息的最小单位，它完整地表达一个信息的各方面属性。信息元可以小到一个字、一个词，也可以大到一个段落、一篇文章。无数个信息元的组合就构成了众多消息和知识。

源，从而在共享应用这些开放数据方面，取得了很大的进展和成果。

（二）GovData 门户网站首页

GovData 门户网站首页（见图2）包括各种开放数据及路径目录。为了进一步了解德国政府开放数据的原则和实施措施，下面将首页中的四个主要内容做进一步的介绍和解释。

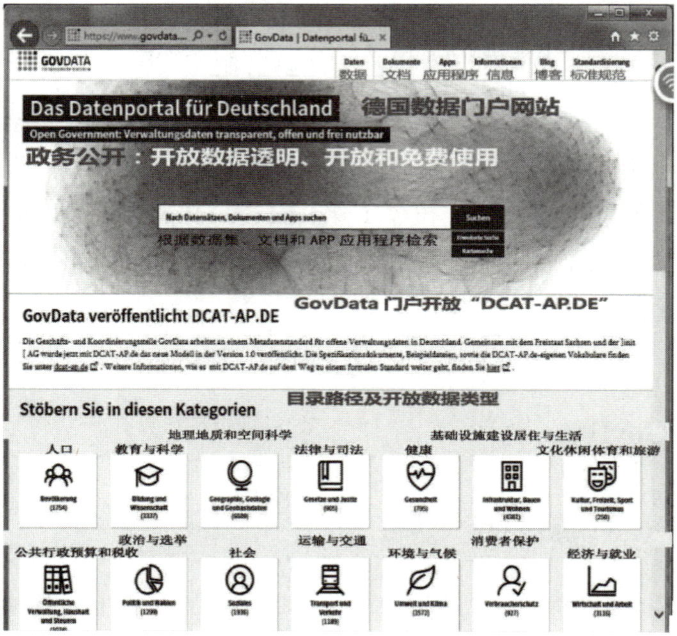

图2　德国 **GovData** 门户网站首页界面

1. GovData 门户网站采用“DCAT-AP. DE”

应用开放数据离不开高质量的元数据支持，DCAT（Data Catalog Vocabulary）是政府开放数据元数据的官方推荐标准。DCAT 是爱尔兰国立大学起草，W3C 电子政务专业委员会修改，最后由 W3C 政府开放数据工作委员会发布。根据国际通用 DCAT 标准，欧盟和英国提出了开放数据元数据方案——《欧盟数据门户的 DCAT 及其应用纲要》，即 *DCAT-AP*（*Application Profile fordata portals in Europa*）。在这个纲要的基础上，德国政府通过在规范化、标准化、语义化和机器可读诸方面的工作，大大改善了元数据的质量，促进了各地方政府数据在相应目录之间进行互操作，并为进一步开发主题应用行业和领域的元数据打下了良好的基础。

目前，GovData门户网站的业务部门和协调办公室正在为德国开放的政务数据制定本土化元数据标准。萨克森自治州和AG[1]公司共同研发了德国的元数据标准，并通过了实际应用检验，目前已通过“DCAT-AP. de”http：//www. dcat-ap. de/（见图3）正式对外发布1.0版本。联邦政府和各级地方政府都以此标准提供元数据，应用程序就能以统一的方式跨多个数据目录读取和解析，实现自动查找、比较和选择数据集，进而自动下载或访问具体的数据资源。

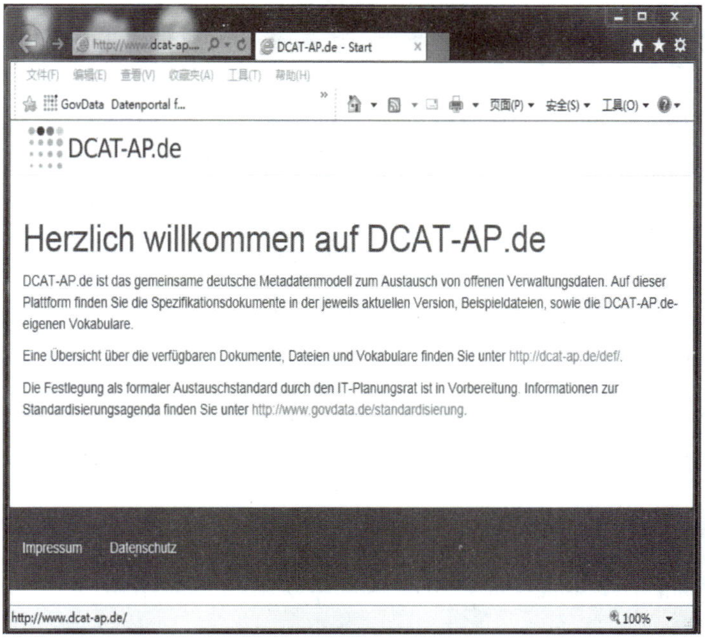

图3 **DCAT-AP. de**

德国数据门户的DCAT及其应用纲要（DCAT-AP. de）的网页描述如下：

欢迎来到“DCAT-AP. de”

[1] 德国西北部萨克森州的一家公司名字，公司网站：https：//www. init. de/de。

DCAT 主要支持数据目录之间的互操作，其元数据的描述对象主要是“数据目录”、“数据集”和“数据资源”。

“DCAT-AP. de”是用于交换开放式政务数据的通用性的、德国元数据标准及模型。在这个网页上，可以找到最新版本的规范文档、样本文件，以及“DCAT-AP. de 标准下的名词定义及词汇解释表”。

有关可用的文档、文件和名词定义及词汇解释表的论述，均可以在 http：//dcat-ap. de/def/中找到。

IT 规划委员会确定和定义的正式交换标准正在积极地制定之中。有关标准化制定进程和进展的信息可以在 http：//www. govdata. com/standardization 中找到。

2. 目录路径与导航

根据开放数据的原则和标准，将有利于开放数据的采集、整合、检索、分析、研究和再利用等各项功能，将数据集归类，清晰、直观地向用户提供如下几个主题应用群类型：人口，教育与科学，地理、地质和空间数据，法律与司法，健康，基础设施建设居住与生活，文化、休闲、体育和旅游，公共行政、预算和税收，政治与选举，社会，运输与交通，环境与气候，消费者保护，经济与就业 14 个主题应用群类型。在这些开放的主题应用群类型里，德国政府已经存储、采集和准备了大量的数据集，为开放数据工作打下了坚实的基础。

3. GovData 代表的重大意义和作用

GovData 是德国的数据门户网站。在这个门户网站中，可以搜寻到所有有关“开放数据”、“开放政府”、“公民参与”和“公民权益”的重要信息，德国各类许可证信息和公民合法合规信息，以及在法律容许范围内的任何可知信息。例如来自经济、科技、管理、民间组织以及媒体等各类人员在各方面需要了解的一切合法合规的信息。GovData 的成功推出和运行，其重要意义是将把德国社会推向一个前所未有的文明新阶段。

4. 最新条目

为了有利于用户及时检索和及时了解最新信息，以及开放数据的发展进程，GovData 门户网站上设有最新更新栏目，内容包括最新数据集、最新文件和最新博客等几个子栏目，随时为公民和用户提供开放的、最新合法合规的数据。

（三）开放数据页面

1. 数据页面概述

政府开放数据门户网站是由大量的数据集构成的，数据集是数据目录管理的基本单元，由有关机构或部门发布和维护的数据集合总成。截至 2017 年底，GovData 门户网站开放数据页面中已成功采集、筛选和整合数据集达 20 511 项，在“筛选功能选项”下，从用户视角出发提供主题分类导航功能，满足用户的查询需求。即可以通过如前所述 14 个主题应用群的引导，获取各种数据资源；还可以通过数据提供者和关键词搜索，获取数据资源的路径和方式；2017 年又新增加主流文件格式，例如，采用 csv、html、wms、kartenviewer、xlsx 等不同文件格式获取数据资源；在开放数据使用许可证以外，可采用免费使用和有限使用两种情况来获取数据资源；而对于另外一些有特定意义的范畴，必须采用通过许可证的方式来获取数据资源。这些数据集是元数据描述的核心对象，用来帮助用户发现、理解和筛选那些适当的、所需的和可用的数据。一个数据集由一个或多个数据资源组成，它们是由开放数据机构导入开放数据网站，用户可以通过下载来获取数据文件、访问数据的端点或 RSS 源[1]等。

GovData 门户网站目前还提供依据空间参考段和时间参考段，以及依据相关性排序方式检索数据资源。

2. 应用实例参考

数据集资源名称：水资源（开放数据）

摘要：在主题应用群Ⅲ（地理地质和空间科学）中，使用了子程序 INSPIRE 来描述数据集——“水资源”。这个数据集设置了“管理区域、

[1] RSS 源：一种描述和同步网站内容的格式，是目前使用最广泛的 XML 应用。RSS 应用在国外已经非常普遍，从个人博客（Blog）栏目、企业站点到世界级的门户都提供基于 RSS 的服务。

保护区域、有限区域和报告单位”类型，“管理区域、保护区域、有限区域”项目的区域类型。联邦水资源科学研究所（BfG）受德国水资源管理部门的委托，负责管理国家水资源报告（WasserBLIcK）中有关各种与水有关的欧盟环境保护指令报告的数据。基于这些基础数据，联邦水资源科学研究所与各州水务局（LAWA）进行协调，最后正式地提供有关水资源图件服务和数据的全面服务。这里提供的水资源数据的服务，将统一公布在一组国家或地区的专业水资源数据集中。如果条件允许的话，在德国各级行政区域和类别中，如联邦州、县和市镇地方政府，开放数据网站会就这一主题应用项目提供一个更高水平的时间和空间的服务。

数据提供者：环保委员会

链接到 PDF/XML 格式的元数据网址：https：//www. govdata. de/.../2. rdf

主题应用分类：文化休闲体育和旅游、健康、环境与气候

更多信息：点击继续获取

数据格式：GML、XML、WMS、WFS、HTML

发布日期：2016 年 6 月 2 日

更新日期：2017 年 9 月 2 日

可用性：-

使用许可证：免费试用

使用条款：《联邦政府地理数据的使用条款》《德国数据许可证-置“零”-2.0 版本》

网址：链接到 GML、XML、WMS、WM 和 HTML 不同格式的元数据（URL）

时间范围：2008. 01. 01-

空间范围：德国

评分：五星

关键字（标签）：水资源 巴登-符腾堡州 巴伐利亚 管理区避难所 黑森州等

互动区：写评论（须先登录才能提交评论）

（四）开放文档页面

1. 文档页面概述

截至2017年年底，门户网站上已成功整合、公布了开放数据集文档127项。

2. 应用实例参考

公布的开放数据集文档有：

（1）2009年乌尔姆市统计年鉴；

（2）乌尔姆市统计局年度刊物；

（3）2007年乌尔姆市市长选举结果；

（4）2007年市长在乌尔姆市选举的结果；

（5）2008—2009年信息自由活动报告Ⅱ；

（6）2008年和2009年信息自由活动报告等。

（五）开放客户应用程序页面

1. 客户应用程序说明

截至2017年年底，门户网站上已成功整合、公布的开放数据集客户应用程序——APP 22项。主要是提供接口登录到其他网站或系统，让用户可以实时地调用数据集；提供数据集下载功能，让用户可以获取历史数据进行分析利用，等等。

2. 应用实例参考

其中包括：

（1）柏林选举卡

柏林选举卡将2011年议会选举的结果显示在选举地理地图上，有利于用户通过一系列的过滤筛分功能，在众多采集的选举数据中进行检索并找到所需的数据信息。

（2）柏林OSM地区

应用网站“kartenwerkstatt. at”在具有地理位置的地图上显示有关柏林

概况的一系列的统计数据，用户可通过整合各种不同数据集，在“daten. berlin. de”中实现访问这些统计数据，并发现有用的数据资源。

（六）信息咨询页面

1. 开放政府

在 GovData 门户网站的资料中心，可以找到关于“开放政府”等多级主题中的信息和文件、资料，它包括：诸如法律文本、研究或指南等，还可以链接到其他组织和项目中。从长远目标来看，资料中心将是一个政府综合信息的中心，对“开放政府”、“开放数据”、“公民参与”和“公民权益”等方面的信息进行采集、筛选、云计算、整合工作。

此外，还可以在这儿找到有关“德国开放数据许可证文件”和有关 GovData 门户网站如何应用的元数据和其结构的诸多信息。

（1）有关法规和正在草拟的法规条文

①电子政务法。该法律的目的是尽可能地减少原联邦法律上的障碍，促进电子通信的快速、健康发展，便于公民高效率使用和行政部门有效管理。该法案将对联邦各级政府产生诸多积极作用，使得联邦州、县和市镇当局各级政府机构能够向用户提供更简单、更友好的用户界面，进行更有效的电子政务管理服务工作。

②联邦信息自由法（*IFG*）。该法规是联邦政府获取信息时所需的法律法规，是德意志联邦政府的中央信息自由法，是保障给予每一个公民可以获得联邦政府官方信息的合法需求的先决条件。

③汉堡透明法。2012 年 10 月初生效的汉堡透明法是目前德国在信息领域最广泛使用的法律。此法律不仅适用于有获取资源需求的所有各方，对于暂时没有需求申请的当事方，也保留其合法公正，并自由获取官方信息资源的权益。

④莱茵兰-普法尔茨州透明法。2016 年 1 月 1 日起，莱茵兰-普法尔茨州透明法的实施，标志着另一项影响深远、覆盖全面的法律的启动和生效。

（2）指南/手册

①公民参与开放数据手册；

②关于开放数据的重要事实；

③开放政府举措的过程模型等。

（3）政策（/战略）文件

①柏林开放数据战略；

②欧盟委员会的数字议程；

③国家电子政务战略（NEGS）等。

（4）研究

①不来梅开放政府数据的可行性；

②研究揭示国际上开放数据的格局等。

（5）技术背景

①CKAN；

②德国开放门户的元数据模型等。

（6）网站的公共管理/公共行政网站

①欧盟开放数据门户；

②德国区域数据库；

③德国地理数据门户等。

（7）科学网站

开放数据研究门户。

（8）民间社会网站

①政府2.0网络；

②开放知识基础；

③德国代码等。

有关（2）~（8）的详细内容介绍，由于篇幅有限，不再一一赘述。

2. 德国数据许可证

使用数据集或文档的条件是通过用户使用规则确定的，数据提供者将决定其数据集的用户使用规则。在GovData门户网站上，尽管各种不同数据集均可以在不同的使用规则下获取和应用，但大部分数据集是无条件完全开放的。

使用规则烦琐和频繁变化是开放数据使用者经常抱怨的问题。针对这些问题，在德国法律法规的基础上，需要为数据提供者和使用者同时提供便利、易用的解决方案。因此，“开放政府”项目应声而出，其目的是引导数据提供者和使用者使用更简单和尽量统一的使用规则，促进开放数据工作健康快速发展。

其中一个关键的具体措施是，严格规定：在 GovData 门户网站上的开放数据，必须清晰地遵循开放数据的标准，明确地标出其使用规则。如果这些要求缺失和不足，这个数据集将不能通过门户网站许可和获得数据集报送记录。

此外，德国开放数据门户网站已与联邦、州、县和市镇政府等各级机构、组织一起合作制定了一个推荐方案，称为《德国开放数据许可证”（2.0 版本）》。目前这个 2.0 版本德国开放数据许可证已获得开放数据专家委员会的批准，正式投入使用。德国政府各级监管机构将统一使用这一方案，在“使用规则”这一主题目录下，也可以在 GovData 门户网站上的问题答复和帮助栏目中得到详尽的解释和说明。

在当前版本中，《德国开放数据许可证》有两种数据身份属性参数，即“命名”参数和置“零”参数。“命名”参数，即由数据提供者根据数据类型标准给予使用者的便于使用的数据命名，使用者根据数据名称就可以自由地检索使用；置“零”参数表示该数据只允许有限地使用。与其相对应的是《德国数据许可证-命名-2.0 版本》和《德国数据许可证-置“零”-2.0 版本》。

必须说明的是：对于老版本（1.0 版本）中的有关身份属性参数“命名”中，“命名”表达为“非商业用途”的标准在新版本的新数据中已不再使用了，但老数据已经做了上述“命名”参数的还可以在《德国数据许可证-命名-1.0 版本》和《德国数据许可证-命名，非商业用途-1.0 版本》（2016 年 1 月 16 日 1.0 版本已停用，并更新为 2.0 版本）中检索和使用。

3. 德国政府开放数据元数据结构

开放数据的一个最重要的特征就是数据公开透明、访问轻松、获取容易、使用方便。如果数据编写者和应用程序开发人员能在中央门户网站中及时、准确、可靠地发现、访问到数据，他们就能够很快、很好地应用开放数据，并开发出相关的数据应用程序和方法。由于跨界管理和区域边界等多种无法克服的障碍和困难，完全集中式中央数据存储几乎是不可行的，而且这么做也没有什么意义和用处。因此，中央元数据门户网站通常使用分布式数据存储方法实现数据存储。在开放数据发展进程中，有一个取得了显著成功的例子，数据提供者采集和提出了有关数据的信息和参考方案，将柏林参众议院、政府行政机构、市容环境卫生管理部门和运输公司等不同机构的数据资源引导到 daten. berlin. de 之中，使用开放数据的应用者就可以很容易地获取相关数据了。

在开放数据集的元数据中，名称、描述和作者等数据参数在元数据以及元数据集的自动交换过程中会出现无法确定而相互混淆的问题。所以，只有元数据结构和表达方式基本统一的情况下，才能在德国实现一个统一的中央集中门户，从而使不同方面提供的数据和现有数据目录的内容结合一致，统一管理，提高应用效率。

对于种类繁多、领域众多的统一元数据可以通过使用不同的方法和优先级排序，依重点、先后次序等要素依次检索和获取。在这方面，有关环境数据和书籍目录数据的工作就做得很好。在开放数据的工作中，欧洲和美国已经证明：元数据结构通过使用 OKFN[1] 的 CKAN[2] 这一专门开发的软件取得了成功。CKAN 是根据开放数据实际标准，专门为开放数据开发的目录软件（参见图 4）。

---

[1] OKFN，即 OPEN KNOWLEDGE INTERNATIONAL，网站：https：//okfn. org/。

[2] CKAN，即 Comprehensive Knowledge Archive Network，用于开放数据的开源数据管理方案，面向数据发布者的开源数据门户解决方案。由英国 Open Knowledge Foundation 所支持的开放原始码专案。强大的数据管理系统，通过提供一条龙出版、分享、发现和使用数据的工具，使数据获取更加便利。

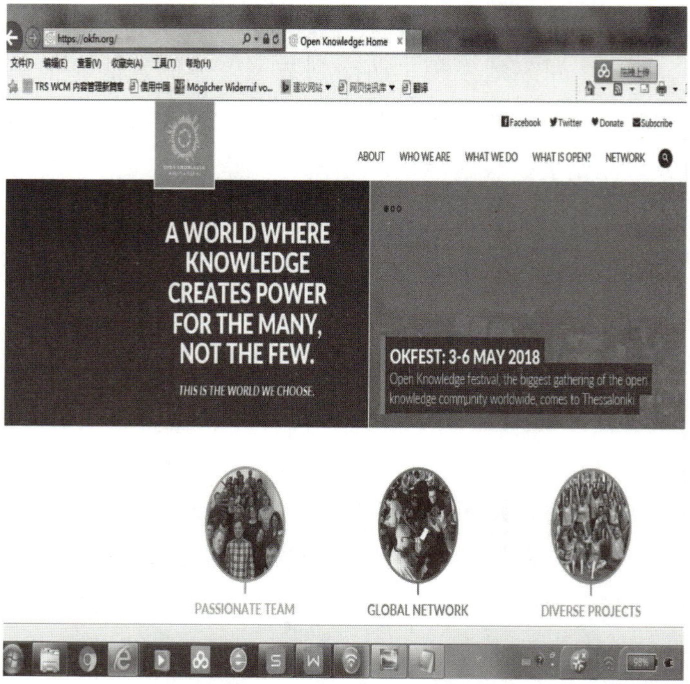

图4 **OKFN** 网页

CKAN 以 JSON[1]-格式交换元数据。名称是唯一的必填字段参数，它在保证用户可读性和 URL 页面友好的同时，对于所有的其他字段参数均采用可选方式录入。字段参数的核心部分包括标题、描述、资源（即数据文件或服务）、使用许可证和联系人等。其他进一步的数据参数信息可以作为 JSON 字典格式，即作为“嵌套的键-值-对”方式被存储起来。正是因为它具有提纲挈领、纲举目张以及灵活性并举的特性，故使得 CKAN 在开放数据进程中得到广泛认可和迅速推广应用。

在开放数据的研发过程中，在整个德国特别是在柏林，人们对开放数据进行一定约束的愿望也是显而易见的。许多数据提供者和开发人员都希望以某种形式给予某些确定性的信息，建立起一种规则，从而一方面保持

[1] JSON，即 JavaScript Object Notation，JS 对象标记。是一种轻量级的数据交换格式。它基于 ECMAScript（w3c 制定的 JS 规范）的一个子集，采用完全独立于编程语言的文本格式来存储和表示数据。简洁和清晰的层次结构使得 JSON 成为理想的数据交换语言。易于人阅读和编写，同时也易于机器解析和生成，并有效地提升网络传输效率。

了 CKAN 和 JSON 最吸引人的灵活性，同时又明确定义了元数据应该如何在 GovData 中查找的规则，为政府开放数据（OGD）开发出一种 JSON-模式。

OGD 元数据结构广泛应用在 GitHub 上，见图 5 所示，它不仅被确定为用于有效元数据的工具，还被设计为在德语社会环境中的公共决策者、数据提供者、开发人员和其他开放数据倡议者等有兴趣的诸多方面的沟通交流方式。这种特别的功能，在 Beta-Stadium 的早期实验版本阶段就逐渐显现出来，也使得 GitHub 在德语社会环境中，从一发表就获得了巨大的成功，为其发展起到了应有的作用。

图 5　**GitHub 的 LOGO**

尽管早期实验版本的部分数据字段已做了大量改进、优化和重新命名，但老的数据仍可以采用新版本检索应用。数据集（包括数据业务的服务）、文档和应用程序的描述支持元数据结构是按如下原则和字序构建的：至关重要的属性存储在顶层，其中包括标题、标志符、描述、负责人和使用规定。另一个重要的属性是资源清单，即真正的、实际的数据、文件或应用程序。每个资源中重要的属性都具有自己的“统一资源定位符”（URL）。此外，每个资源的描述和格式都可以记录在其中。这种结构使得即使以不同的语言与格式，或在使用不同时间段和字段的情况下，也都可以将相关文件记录做成一个数据集，而在“其他”字段部分中设计成存储所有其他的信息，主要包括时间、空间类别的以及导入条目的各种原始数据和数据来源等。

对于目前正在进一步研发和正在使用的元数据标准，可以在门户网站“标准规范”栏目中找到有关标准化流程的所有资源。

在 GitHub 页面上，除了给出的数据集格式标准模板之外，还可以找到一系列的表格“HTML-描述”与使用有关的数据类别和许可证的列表。同时也有设计用户和专家的评论、建议和回答咨询专栏。

4. GovData 门户网站的问题答复和帮助

在使用门户网站或开放数据中遇到任何困难和问题，都可以在问题答复帮助栏目中找到答案。

（1）有关门户网站的问答

① 什么是“GovData 门户网站——德国开放数据门户”？

GovData 门户网站是将联邦州、县和市镇当局的公共机构提供的行政方面和所监管的数据等整合到一起形成的政府开放数据的平台式门户网站。特别有利于让行政人员、公民、企业公司和学者有机会从德国的政府、公共行政、监管部门，跨层级、跨领域地从一个中央级别的统一入口点获取数据和信息。德国推进开放数据的目的是要挖掘价值连城的“数据金库”，使得公民和行政、监管层充分地更好地使用和研究这些数据，研究和分析现有数据获得新见解、新知识，从中挖掘出新的思想、新的思路和创新领域。

在 GitHub 上还发布关于门户网站进一步开发的技术信息。

② 谁负责 GovData 门户网站的建立、运营和管理？

GovData 门户网站是 IT 规划委员会的一个应用平台。负责维护门户网站管理的是总部设在汉堡的机构和协调办公室“GovData”。GovData 门户网站管理的基础工作在一个行政监管协议中进行了界定。在这个行政监管协议中，也划分了联邦州及以下地区的责任区块：

◇ 巴登-符腾堡；
◇ 柏林；
◇ 勃兰登堡；
◇ 不来梅（不纳入行政监管协议，但参与融资）；
◇ 汉堡；
◇ 梅克伦堡-前波美拉尼亚；
◇ 北莱茵-威斯特法伦；
◇ 莱茵兰-普法尔茨；
◇ 萨克森；

◇ 石勒苏益格-荷尔斯泰因；

◇ 图林根。

SEITENBAU GmbH 公司作为技术支撑和门户网站运营的托管方来实现门户网站所要达到的目标。

③ 如何提问题，写评论，提建议或投诉？

在每个对应的“详细信息”页面上，可以直接对数据集、文档和应用程序发表评论。关于 GovData 门户网站的建议和使用经验将收集在 GitHub 里。对于那些不适合公开讨论的问题，请通过门户网站的联系方式与网站联系和交流。

④ GovData 门户网站是怎样形成的？

在联邦政府一级，政府《网络化透明管理条例》已经在 2010 年 8 月通过。条例中除了很多其他各类项目外，“开放政府”已被列为中央政府现代化项目之一。此外，2010 年 9 月，德国政府通过了国家电子政务战略（*NEGS*）。一年后，IT 规划委员会将“促进开放政府”项目定为七个控制性重点项目之一，从实施 *NEGS* 的重点划分出来。两个项目紧密合作相互促进，进一步加快了开放政府数据领域的工作。

在联邦内政部的赞助和支持下，由民间社会网络“政府 2.0 网络”、“开放数据网络”和“德国开放知识基金会”组织的“应用在德国”全社会竞赛活动已于 2011/2012 年以来多次举行。此外，在 2012 年中期，联邦内政部还批准了由弗劳恩霍夫·福克斯公司（Fraunhofer FOKUS）承担研究和开发的“德国政府开放数据”项目，该项目研究的主要任务之一是建立、开发综合数据门户网站（GovData），这些项目的目标与执行情况高度吻合，实现了预期目标。同时，该公司的工作还需做到，其重点工作不仅要放在开放数据上，也要解决向门户网站加大推送有用数据的工作。GovData 门户网站就是这项工作的成果，2016 年年初，一个完整的门户网站已如期展现在人们面前，并马上取得了效益。

⑤ 未来门户网站的进一步工作是什么？重点在哪里？

在 2016 年初完成门户网站的整体建设之后，计划在现有系统基础上持续开发。

在 OGD-元数据模式中进行进一步完善和更多的更新。将尽快在门户网站上提供指导性文献，引导各参入方理解明了参与的方式方法、途径和可能取得的成果。

⑥ 为讨论和征求应用程序或数据使用率的思想、想法、诀窍，是否设置一个供应用软件开发人员交流的论坛平台？

门户暂时没有提供交流论坛。但是，在运营期间计划进一步扩大门户网站内容。如果未来用户感觉有必要，就一定会做这件事情。

⑦ 目前谁向 GovData 门户网站提供数据？

数据提供者原则上是各级政府行政和监管的公共机构。在 GovData 门户网站上，不提供来自个人、科学技术研究或其他非政府机构的数据。目前，以下公共机构提供了广泛的数据：

◇ 联邦政府；

◇ 联邦统计局/ GENESIS-在线；

◇ 联邦制图和大地测量办公室；

◇ 空间数据机构；

◇ 联邦司法局；

◇ 柏林；

◇ 自由汉萨城不来梅；

◇ 自由汉萨城汉堡；

◇ 北莱茵-威斯特法伦州（开放 NRW 州和地方的数据）；

◇ 莱茵兰-普法尔茨州；

◇ 自由州萨克森；

◇ 汉萨城罗斯托克；

◇ 乌尔姆市。

⑧ 将来会增加更多的数据集吗？

是的，这是将来一个持续的任务。宗旨是要在未来获得更多的数据资源，进一步提高 GovData 门户网站的应用价值。在“数据来源”区域中，提供了有关如何在门户网站上提供数据的信息、作为公民如何进一步了解更多具有兴趣的数据集的内容。应用用户可以在“联系页面”上发送有关已检索的信息选项，GovData 门户网站将同时通知开放数据集发布方。

⑨ 如果某些公共政务机构的数据集已经在其他地方对外开放了，而

GovData 门户网站还未发现，遇上这种情况时如何联系？

增加更多数据集的建议总是受欢迎的。请将情况写在“联系”栏目里，这也体现出公民是非常重视这类数据集的。另外，更值得推荐的方法是，提请此数据的发布提供者可否关注一下 GovData 门户网站，GovData 门户网站更权威、更广泛、更有价值。

⑩ GovData 门户网站的目录是否可通过程序接口访问？

GovData 门户网站的元数据目录可以通过一个程序接口（API）访问，用户可以查阅“GovData 元数据目录的 API 信息”。

（2）数据的使用

① 使用通过 GovData 门户网站获取的数据，需要付费吗？

通常，通过 GovData 门户网站提供的数据是免费使用的。对于那些有使用限制的数据，如果产生连带费用成本的或有禁止商业使用等类似问题的，这些有费用要求的数据集都会在数据说明中明确地标注。

② 使用 GovData 门户网站提供的商业数据，是否允许继续开发？

商业用途使用门户网站所提供的数据取决于各个数据集的单独使用条款。建立门户网站的宗旨之一是采集尽可能多的、同时也允许用于商业的数据，有力地支持社会和经济发展。在任何情况下，标注为“免费使用”的数据都可以在商业上使用。在数据检索功能中，可以在门户上使用左侧的过滤筛选器选项轻松地筛选出免费使用的数据。有关专用术语“商业”一词含义的检索，请参阅本部分常见问题解答（FAQ）中的“数据使用规则或条款”的内容。如果感兴趣的数据集不允许有商业用途，最好的方法是联系数据所有者，如何联系的详细信息数据可以在每一个数据集里找到。

③ GovData 门户网站提供哪些种类的数据集？

公共政务机构提供的信息，目前主要来自很多不同方面，如环境、教育、统计等的数据集，是一个无限的、可用的、海量的数据库。在这里，用户会发现，除了地图、选举结果、统计数据和年度报告等大量数据之外，GovData 门户网站还可以让用户通过检索条件，检索到适合用户需求的有关设备、设施和原材料等的一些资料信息。每个数据的应用范围和主题行业取决于开放数据的提供部门。所以，它可能会是某个地方政府权力机构专门向学校提供的数据，而在其他地方是不容许使用的。通过GovData门户网站获得的数据来自不同的数据来源，除了联邦州、县和市镇各级政府的数据门户网站之外，还包括类似于“GENESIS-在线”多个网站的统计数据目录和地区的统计数据，也可能是“空间数据基础设施——德国”（GDI-DE）的空间数据目录，等等。有些其他门户网站已经采集了各种来源的数据，也包括有来自州和地方政府的数据。因此，即使相关权益人没有及时地调整和重新设置自己的数据，应用用户也有可能通过GovData门户网站这样一个专门、权威的数据门户网站“绕道”来获取数据。

（3）数据的提供

① 通过GovData门户网站提供管理数据时，提供数据方需承担费用吗？

对于数据提供方来说，向门户网站提供数据是安全免费的。门户网站是由联邦政府和各州共同出资的。

② 作为一个政府公共机构人员和部门，希望向GovData门户网站提供更进一步的数据，如何办理？

首先，应该确认贵公共机构专门负责提供数据业务的部门是否已经有联系人了。根据惯例，在理想情况下，提供数据业务应该通过已存在的渠道来办理。

如果贵公共机构未开展提供开放数据业务，在“数据提供”栏目找到有关向GovData门户网站提供数据的指南信息。除GovData门户网站直接途径之外，GovData门户网站办事机构还可以提供包括“开放数据手册”或“政府开放数据应用程序”来实现这个工作。

③ 何种数据为非开放数据？

包含私人信息的个人数据出于保护隐私权的原因不能开放，相应出版物的相关创作者未同意开放的，与安全相关的数据，第三方拥有版权不同意提供的数据。提供数据时应该注意，数据不能匿名化，通过链接跳转到其他数据的方法是不允许的。其原则是：开放数据必须是字段描述完整的数据。所以，一个缺少数据集字段，如没有明确使用规则的数据是不能成为开放数据的。关于数据集描述中的必填字段“元数据”的更多信息，可以在图书馆栏目“元数据结构”中阅读了解。

④ 数据格式兼容性?

GovData 门户网站将优先选用格式符合开放数据标准并允许机器可读的数据作为开放数据。对于表格数据，这些数据可以采用 CSV 或 XML 格式；PDF-文件、图片（JPG，TIF，GIF，BMP 等）或诸如类似格式是不合适的，因为这些格式的数据无法直接自动处理；虽然 Excel-文件（XLS，XLSX）在正常情况下是可处理的，但格式-标准并不对其开放，所以对这种格式的数据采用也有一定的限制。

（4）数据的使用条款

① 为什么在 GovData 门户网站上可以推送一些限制使用的开放数据?

尽管有限制使用的数据不完全符合开放数据的原则，但 GovData 门户网站不仅可以获得公开、完全、可用的开放数据，还可以得到受不同限制使用的数据，最常见的是禁止商业使用的数据。当联邦州、县和市镇政府之间决定开放数据的框架时，在“门户-开发”栏目中做了大量工作，决策者有一个共识，一个纯粹的“开放数据”门户会失去很多有趣的（限制可用的）数据，从而降低了开放数据的使用率、社会和经济效益。出于这个原因：根据一份科学数据的研究报告《德国政府开放数据》的推荐，建议政府开放数据方案中也应包括这些数据。同时也设置了前提条件：一个数据集的使用规则以及使用限制都需要清楚而明确地描述出来。另外，GovData 门户网站还依据开放式许可证的条款，提供了过滤和选择开放数据的限制使用条款的提示功能。

② 什么是限制使用规则或许可证?

限制使用规则或许可证决定了是否可以自由使用一个数据集的条件。术语“使用规则”和“许可证”在很大程度上是同义词。在这里，“许可证”一词主要来自于资产所有权有关法律，“使用规则”一词主要指开放程度的法律权限。以下应用“使用规则”一词一般是强调提供的数据符合开放权限法律。

③ 为什么数据集和文件需要使用规则或许可证，这很重要吗?

缺少或不明确的使用规则条款会使数据集和文件的使用变得复杂和出现障碍：用户不清楚是否允许使用，以及允许使用到何种程度，用户必须向提供原始数据的机构明确继续使用的条件。这也意味着将给数据提供者和使用者都带来一个成本费用，通过设置尽可能简单和可理解的使用规则，即可避免这种不必要情况的发生。

④ 用户使用规则对“GovData-德国开放数据门户”有什么意义？

列入 GovData 门户网站元数据目录的先决条件是有明确的使用规则，它可大大推动数据和文件的使用效率。因此，所有数据集和文件必须明确规定在哪些条件下可以通畅自由地使用。

⑤ 谁决定有关使用规则？

数据提供者决定有关使用规则，它同时适用于相关的数据集和文档。在这种情况下，法律上已经预先规定了使用规则在数据使用中具有优先权。例如，“版权法”第五章或“规则”中已确定的德国空间数据的使用条款。只要没有法律上的预先具体的要求，数据提供者就可以自行决定公共使用或自行设计使用规则。

(5)“开放数据”和政务监管数据“开放”背后的深层次考量

21 世纪的基础资源是信息。为获取可用的、免费的数据集而提供开放的和结构化的访问入口，是对未来社会、经济进一步发展的重大贡献。它加强了政府与民间社会之间，行政监管、商业和媒体之间的信任和互动。此外，开放这种“数据金矿”对于行政、监管机构来说具有巨大的经济潜力（此研究结论来自欧盟委员会委托欧盟专业研究院费用高达 400 亿欧元的研究）。

① 为了获取访问各联邦州或地方级的数据，德国政府是否存在着一个数据的清单？

在 GovData 门户网站上，开放提供来自联邦政府、州、县和市镇地方当局的官方和其他公共机构的多种数据，也有些联邦州和地方当局提供自己的开放数据清单，可能有一些还没有完成 GovData 门户网站的确认和有关工作，目前尚未运行。总而言之，GovData 门户网站的目标是尽可能广泛、全面、长期、持续地发现、采集和录入所有级别的数据。

② 如何找到有关“开放数据-项目”的更多信息？

截至 2016 年 1 月 16 日，GovData 门户网站已提供了有关“开放数据-项目”以及“开放政府”的更多信息，可以在有关“信息”栏目中找到。

5. GovData 门户网站的开放数据进展现状

首先，找到有关开放行政、监管数据的现状栏，点击后即可在GovData门户网站上查询到有关开放数据的应用和进展情况信息。众所周知，20世纪以前人类财富来自于矿产资源，21世纪则来自于数据信息资源。因此，开放行政、监管数据不仅提高了公共决策过程中的公民社会和政府之间接受和认可程度，而且它们也可以在创新应用中得到、使用，从中获得新知识，创造新事物，使得日常生活变得更轻松。

除了个别情况之外，各行政、监管机构开放数据的力度一般与人力物力财力的投入有关。当然，在某些情况下，数据集的格式和使用规则已经完善，可以使得进行开放数据工作变得非常简单。而在另外情况下，例如有关数据集来源或第三方使用的问题尚未得到充分确认，开放数据工作就会困难一些。此外还有一些其他情况，如技术问题需要解决、有关的文件格式问题需要修改等。

在一般情况下，提供开放的行政、监管数据是一个按程序进行的工作，公共机构的受委托员工与门户网站一起建立开放数据渠道就可以完成开放数据工作。但是，为了在有关机构中成功推进、实施开放数据，建议考虑以下几个重要的环节。

在以下建议中，开放的行政、监管数据一般应以数据集形式向GovData门户网站提供，并指出在数据采集过程中曾经考虑过的重要步骤。为了提供更多的背景知识，明了各个方面的问题和观点，可尽可能地参阅现有的信息来源实例。

开放数据是一个循序渐进的过程，因此，最好开始工作时，将自己网站上筛选出提供的单一的“简单”数据集作为试点，以发挥各自的优势，逐渐开发出更多的有意义的、有价值的数据。为了让这些高质量、内容丰富的数据能成为更大用户群使用的开放数据，GovData门户网站将采用在数据目录，以及在德国各大数据门户网站注册和登记的方法，使其数据集在公民、科学、经济和其他的行政机构中更容易优先找到。在有些情况下，州或地方一级的其他数据门户网站也可以成为宣传和推广数据集的窗口。

6. 共享门户

GovData是德国的开放数据门户网站，为联邦政府、州、地市和镇政府提供了一个管理数据统一的、中央式的访问入口。目的之一是可以在一个地方就能找到这些数据，推广到更广泛的领域之中，使其更易于使用。在开放数据的意义上，将致力于促进具有许可证限制的数据向开放数据方向发展，同时，增加机读原始数据的供应量。这是一条漫长的路，政府需要时间来实施这种深层次兼有文化意义上的变革。这就是为什么说GovData门户网站所做的工作不仅包括数据的开放目标，也包括那些使用受限制的数据广范应用的任务。大家一致认为，在很长的时期里，这种双轨制运行的方式是一种更适合目前社会发展进程的解决方案。如果希望发现各种问题解决方案的更多信息，请进一步在线咨询，例如，GovData门户网站的问题答复和帮助栏目。

（七）博文园地

GovData门户网站正在寻求加强这项工作。GovData（GKSt）门户网站的业务部门和协调办公室，希望通过各所设机构的技术和管理负责人或对"Govdata. de"提供数据负责的人员，用博客的形式提出建议和解决方案，完善和提高GovData的工作水平。这些任务包括网站门户的发展战略，以及来自元数据标准化领域新兴项目的项目管理、软件开发和流程优化等。

（八）标准规范页面

1. 德国——元数据新标准开拓者

自2013年以来，创建"统一开放行政监管数据元数据结构"已经成为IT规划委员会的标准化纲要发展战略。

标准化的工作目标首先要满足IT规划委员会对元数据的定义原理，也必须兼容过去和现在的标准，还要考虑未来可能出现的新标准，使得在数据交换共享中更加容易，更加通畅，覆盖面更广，从而增加用户使用所有数据系统的价值。标准包含有一组供数据检索所需的所有信息，为了更好地提高开放数据的使用率，标准将应用最新技术，用以保证与其他专业格式和国际格式兼容。

2015 年 9 月，GovData（GKSt）业务部门和协调办公室接受了一项重要任务，即为开放的行政监管数据制定一个统一的有权威的元数据模型标准方案，然后交 IT 规划委员会审核，并做出最后决策。

在全面调查和认真分析的基础上，2016 年初，IT 规划委员会确定将其研发制定的元数据模型 OGD 2.0 推荐作为德国的标准。这个标准在 6 月份已经向有关机构提交，正在进行讨论、征求意见的过程之中。

这次讨论提出了多项完善和修改的意见，加之开放数据的技术和应用的迅猛发展，这一未来的德国标准均涉及欧盟运行的标准 DCAT-AP 融合问题。在这个讨论和征求意见阶段，已经看到元数据模型标准吸收了多项新技术、新知识，为德国建立自己的元数据模型标准奠定了一个良好的基础。建议在严格修改完善后审查通过。

在新的标准基础上，GovData 专家组于 2016 年 11 月 21 日决定，开发一个无缝衔接的 DCAT-AP 应用软件以适合德国的 DCAT-AP 的应用产品。讨论认为："DCAT-AP.de" 符合德国元数据标准，完全、准确地保证了它与欧盟标准的兼容性，实现了无缝链接的目标。

链接 http://dcat-ap.de/def/概述了现有的文献、文件和词汇表。

截至 2017 年年底，IT 规划委员会定义的正式更新的标准上线运行的工作，正在紧锣密鼓的筹备之中，有关标准纲要的信息可以在 http://www.govdata.de/standardisierung 上找到。

2. 未来工作

（1）专家组对于在线参与的每个讨论点会做出及时的和最终的反馈。

（2）目前，正在进行 GovData 更新升级工作，它将逐步成为 "DCAT-AP.de" 门户网站的标准。

（3）到 2018 年底，"DCAT-AP.de" 将进一步完成门户网站的更新工作。在过渡期间，GovData 将继续使用当前使用的元数据模型 OGD 1.1，保证门户网站正常运行。

（4）新版本的开放数据标准运行后，同时兼容版本 1.1，在过渡期间后，最终融入新版本元数据模型标准中。

（5）计划在一个试用期后，元数据模型标准 OGD 2.0 将正式合法地成为“DCAT-AP.de”的德国 2018 年标准。

如果希望随时了解 GovData 门户网站的兼容、通用性，特别是元数据标准化方面的最新信息，请关注 GovData 门户网站和浏览 Twitter、Facebook 有关页面。

参考文献

[1] December 2017. GOVDATA [OL]. https://www.govdata.de/.

E-Government Frontiers(2018)

第二部分

新技术发展篇

技术与创新的未来2017

责任编译：张　靓
编　　译：胡雨亭
译　　审：贾一苇

国家电子政务外网管理中心主办

编者的话

随着“大数据”“人工智能”“再生医学”等新兴技术的发展，现实生活与数字世界之间的界限将日益模糊，科技也前所未有地融入我们的生活。2010 年英国政府科学办公室发布了《技术与创新的未来》的第一个系列，2012 年发布了第二个系列，该系列确定“大数据”“机器人与自动控制”“合成生物”等一些重要的多用途技术。本报告是《技术与创新的未来》的第三个系列，报告并不是提出新的技术领域，而是在健康、食品、生活、交通运输和能源等领域与快速发展的新兴技术融合，对经济与社会颠覆性的影响与机会进行了全面阐述。

技术融合为提高生产力和公共服务效率提供了契机，比如在法医学领域，基因组学、信息技术、机器智能、物联网和量子技术的融合，大大推动了案件的分析能力；在农业领域，合成生物学、传感器和精确地理位置的技术结合，可以更有效地防治虫害、分配土地，提高粮食生产力。在未来，提高生产率和公共服务水平方面，取决于现有与新兴技术的相互作用，以及开发成可应用的产品，这些应用将颠覆和取代现有的商品和服务市场。《技术与创新的未来 2017》报告中认为，技术融合开发可应用的产品不应归属于政府工作范围，而是市场的专职。政府应在政策上帮助企业解决困难，更系统地采取行动来支持新兴技术的发展。在我国，新兴技术在各个领域也正在快速发展，政府应及时提供政策上的支持、引导和监管，推动社会的和谐发展，更好地为公众提供公共服务。

责任编译：张　靓　　　　编　　译：胡雨亭

译　　审：贾一苇

技术与创新的未来 2017

前言

医药、运输、建筑、通信、娱乐等诸多领域的技术革新主宰了当代世界及其发展。在当下的数字时代，人们崇尚更健康、自由、安全和便利的生活，而一系列的技术则为此愿景保驾护航。

当然，在应对全球挑战时，我们永远不可能断定哪些技术最终将对经济增长、社会发展乃至其他领域产生重大的影响。我们能做的就是着眼于对一系列可能产生的结果进行预测，并确定潜在的风险。

尽管如此，本报告的主要观点是，增强技术间和数据间的相互作用，为英国提高生产力和公共服务效率提供契机。

国家已经有了一系列机构，能够确保这些互动得以实现，但是要推动英国在创新领域的领先地位，我们要做的还有很多。完善主要设施、技术互操作性标准和政府内部协调的一致性等都至关重要。

我们正在创建英国研究和创新机构，这个单一的组织将促进更多的科学学科通力合作，使英国成为欧洲开发新技术的最佳场所。通过将现有技术和创新结合的方式，发挥英国理论科学与应用科学的优势，从而将英国置于新兴市场、行业和业态交付模式的前沿。

这篇报告主要分为两部分：第一部分，“研究结果”列出了研究项目的背景及其结论。第二部分，“融合与颠覆”对第一部分的主要信息进行扩展，探讨了技术间的相互作用是如何产生的。然后，报告着重强调了健康、食品、生活、运输和能源等领域的技术交互所创造的发展机会。

一、研究结果

技术的发明使用不断改变我们的世界，这在当下最新的通信和消费模式上表现得最为明显。光是 Facebook 每个月就连接了超过 15 亿人。我们每天推送 5 亿条消息，数十亿条文本信息。我们越来越多地使用智能手机上网订购商品和服务，而且通常是在同一天甚至一小时内收到这些商品和服务。事实上，某些数字产品和应用程序几乎是即刻运行，并且可以存储在远程服务器上以供需要时使用[1]。

先进的制造业正在进入一个新的时代，虽然表现得不太明显但仍然意义重大。智能机器正在打破常规方法，提供更便宜且更容易定制的商品，促使生产力提高和相关服务的爆炸式增长。飞机和高性能赛车的组件已经能够在 3D 打印机上生产制造。这些发展形势对劳动密集型工厂和复杂供应链发出了挑战，加快了原型到成品的生产过程，可以避免之前经常出现生产时间延长的现象。

技术进步也推动了其他领域的发展。过去 20 年来，技术进步再次掀起空间探索的浪潮，从探索火星表面发展到首次彗星着陆。卫星技术不断更新着通信和导航功能。在生命科学领域，我们对多种生物体包括我们自己的基因组进行了测序。就在 10 年前，测序整个人类基因组需要花费数千万美元，而如今不到一千美元就可以完成[2]。

政府对新一代技术的兴趣主要分为四个方面：

（1）不断寻找英国长期经济增长和生产力的潜在推动力。

（2）不断寻求改善公共服务形式的手段。

（3）在减轻与技术相关风险的同时，试图发现类似于互联网一样的机会，极大地丰富公众生活。

（4）加强技术对政府内部宣传政策的方式，特别是在收集更多更详细的政策支撑证据方面。

---

[1] newsroom. fb. com/company - info； www. internetlivestats. com/twitter - statistics. （2017 年 1 月所有的网络链接可用。）

[2] www. nature. com/news/technology-the-1-000-genome-1. 14901.

本报告旨在向公众呈现政府在科学、技术和创新方面长期的政策思考和投资决策，并突出强调在寻求新兴技术的全部收益过程中，整个政府可能面临的挑战。报告是由政府科学办公室发布的，作为观察这类技术的一种方式。本报告特意将调查范围扩大，对政府科学办公室在个别技术和领域的深入分析进行补充。例如，政府科学办公室最近发布了一种新型司法判决方法，这种方法打破了司法领域最常用的法庭审理方式。此外，政府发布了分布式账本、人工智能和量子技术的报告[1]。

（一）《技术与创新的未来》系列

本报告是《技术与创新的未来》（*TIF*）的第三个系列，*TIF* 1 是 2010 年发布的，2012 年发布的 *TIF* 2 意义重大，确定了一些重要的多用途技术，这些技术随后被分为“八大技术”：

（1）先进材料；

（2）卫星；

（3）能源储存；

（4）机器人和自控系统；

（5）农业科学；

（6）再生医学；

（7）大数据；

（8）合成生物。

这八大技术已经获得了 6 亿欧元的公共投资。政府不仅对《技术与创新的未来 2》（*TIF* 2）发布期间收集的其他证据加以使用，自 2012 年以来，政府已投入 3.05 亿欧元在量子技术和物联网这两大范围广泛的领域上，这些领域也正在加速发展中[2]。

TIF 3 尚未发掘新的技术领域。但是，自 *TIF* 2 发布以来，这八大技术

---

[1] www.gov.uk/government/publications/forensic-science-and-beyond; www.gov.uk/government/publications/distributed-ledger-technology-blackett-review; www.gov.uk/government/publications/artificial-intelligence-an-overview-for-policy-makers; www.gov.uk/government/publications/quantum-technologies-blackett-review.

[2] www.gov.uk/government/publications/technology-and-innovation-futures-uk-growth-opportunities-for-the-2020s.

已经有所发展或已经取得了经济收益和其他实际的收益。政府正在为各种现实环境中遥控无人驾驶机的使用提供赞助。考文垂（Coventry）、格林尼治（Greenwich）、布里斯托尔（Bristol）和米尔顿凯恩斯（MiltonKeynes）这些城市的道路将成为智能车辆的试点。监控范围更广的卫星定位系统可用于天气预报和许多其他类型的地球监测工作，“微卫星”（CubeSats）部署范围日益扩大，不仅可以扩大产能并且极大地降低成本。现在已经可以开始使用的 CRISPR[1] 基因编辑可以精确地改变几乎任何生物体的 DNA，未来还可能具有治愈诸如镰状细胞性贫血等衰弱病症的功能。

（二）政府承担的角色

然而，CRISPR 提醒我们，如同分布式账本一样，我们通常无法预测哪种特定潜在技术的应用将会产生显著的影响。竞争力强的基因编辑技术很多，但 CRISPR 的低成本和准确性特点让其脱颖而出，用于特殊需求。事实上，无论是出租车、度假住宿服务，还是众包性的商业融资模式，都无一例外地说明，成本效益、可靠性和易用性是所有颠覆性应用的重要特征。同样，作为政府科学办公室 2014 年报告主题的物联网，部分取决于价格的下降和半导体可用性的增加，从而促使传感器、发射机和控制器的使用数量增多[2]。

因此，识别和支持特定“杀手级应用程序”的工作不应归属政府的工作范围之内，而是私营部门的专职。政府的着眼点应该是从整体上对英国技术和创新提出明确的愿景——创造一个可以培育潜在技术的环境，并帮助企业力所能及地克服各自所面临的挑战。

（三）《技术与创新的未来 3》提供的方法

《技术与创新的未来 3》（*TIF* 3）首次从公共服务部门和私营部门两个角度出发，对新兴技术进行探索，涉及领域范围比之前两个系列更为广泛。报告发出后，收到了来自学术和工业技术人员，以及涉及新兴技术领

[1] CRISPR 的全称为 Clusteredregularlyinterspacedshortpalindromicrepeats.

[2] www. gov. uk/government/publications/internet-of-things-blackett-review.

域的在线调查共 1 000 多份回应。随后，专家们在一系列圆桌会议上对这些涉及国际专利活动的意见进行了比较分析，以此树立英国技术实力的形象，并探索应用合理的活动案例。

（四）依据

（1）1 000 多份来自学术界和工业技术人员的回应。

（2）来自知识产权局 20 000 项专利和英国创新研究委员会研究资助的数据分析。

（3）自 2012 年以来发表的约 100 篇文章的文献综述。

（4）工业、学术界和投资界的 80 多位专家参与的 7 个圆桌会议。

（5）50 多种技术的市场潜力分析。

（五）技术融合和相互作用

如上所述，从《技术与创新的未来 3》所得出的最有趣的结论并未涉及全新技术或主要技术领域的识别。相反，专家贡献者认为，在提高生产率和提供公共服务方面，未来最大的机会取决于现有和新兴技术的相互作用，以及开发成可应用的产品。这些应用将颠覆和取代现有的商品和服务市场。一旦兼容性和安全共享的障碍得到了完满解决，消费数据以及首次开发的数据集中出现的新观点就会开始践行，这就造成了潜在的破坏性。同时，二者也将为政府提供更详细的证据基础，以制定更有针对性的政策，并能更有效地分配有限资源。

融合与互动并非新思路。最新的移动电话包含了一系列新的技术：传输、传感、数据存储、电池与能量管理、用户界面以及其他技术。现在有些家庭已经开始使用智能电表和电器控制的太阳能板和电池。而物联网预示着，不同方式和规模的技术相互作用，将产生另外一种潜力，它将使数十亿的日常物体可以相互联系，改变我们的交通、家庭生活和能源效率。

（六）影响

这种融合将催生有益于城市和公共卫生建设的应用技术。在法医学领域，可以得出的结论是，基因组学、信息技术、机器智能、物联网和量子技术正在形成合力，推动分析能力取得重大进步。

我们开始考虑老龄化社会带来的挑战，这进一步说明技术交互在提供实际地解决方案上有重大作用。我们已经可以开始很实际地设想一种混合系统的出现，让人类、机器人、传感器和软件一起运行，通过技术援助，使老年人的经济创造力更持久，通过对老年人室内室外的协助，让老年人的生活自理能力更持久。这两种类型的技术援助最终都能保证生产力和成本效益，并且能提高更多人的生活质量。

在农业领域，合成生物学、传感器和精确地理位置的结合意味着更有效的虫害防治、粮食生产，以及更有效的土地分配。可以在最佳环境中种植抗病、营养丰富和高产的作物，利用大量数据将其与土壤类型相匹配。农民就可以远程监测作物生长，了解生产率差异的驱动因素，并完善业务计划。

（七）意义

《技术与创新的未来 3》发布后，政府通过其他视角得出的一些调查结果已经作为实践的愿景和决策，应用到相关领域。*TIF* 3 着重强调了需求，例如，需要预测和探讨人工智能和自主系统的长期影响——更多的机器人与人类一起工作，无人机可代替人进行危险的检测工作；人工智能通过提供公共服务为公众导航。

但是，*TIF* 3 中的一个关键建议是，政府应该更系统地采取行动来支持新兴技术的发展。要确保部门之间加强协调合作，推动技术上市。专家圆桌会议的反馈意见是，政府一直擅长与现有的技术和部门合作。他们希望看到的是政府采用更积极主动的方式对新兴技术平台提供的发展契机做出一致回应，这些平台的显著特点表现在各个政策领域，需要不同政府部门之间的合力推动。这一观点也与 PaulNurse 审查研究委员会提出的一些建议相通[1]。

---

[1] www. gov. uk/government/publications/nurse-review-of-research-councils-recommendations.

（八）杠杆措施

通过《技术与创新的未来》报告，我们也对一些政府可以承担的主要活动进行了思考，这些活动包括提供技术支持，解决市场失灵和扫除创新障碍，报告对此进行了总结。

当然，尽管技术提供者的意思是有时可以临时采用特殊方式推动技术发展，但政府已经部署这些措施来支持技术，使其接近市场。首先采取的步骤就是维持一个有利于创新的监管环境，从长远的角度来解决高层次的技能需求，并通过公共采购来刺激需求。

事实上，英国在发展比较优势方面的举措包括对干细胞研究实行严格和正确的监管，确保未来可以实现无人驾驶车辆的使用，重点投资石墨烯以及建立了阿兰图灵数据科学研究所。例如，以 BEIS 为主导的挑战者商业项目研究了无人驾驶飞行器（UAV）、教育技术以及卫星和商业空间领域，帮助创新型公司进入目标市场。最近，英国政府科学办公室与其他部门合作，对无人机和无人驾驶车辆市场进行价值链分析，了解哪些部门能够为英国商业和研发提供最佳的长期机会。

（九）政府支持新兴技术的政策杠杆

早期干预政策 催化剂 确定可以为英国带来机会和长期价值的技术	**搭建市场框架** 调节器 确保充分灵活、包容性强的监管方式，以实现技术交互和创新应用	**调整和整合** 智能客户 营造采购环境，鼓励大企业与中小型企业在公共合同中交流，让他们能够展示自己的能力和建立商业联系
创新推动者 为开发人员创建测试台，以便在现实环境中试验应用程序，评估其扩展性并与公众进行互动	**标准设定者** 根据“实验室”所得出的结论制定英国对新兴技术支持的标准	**平台提供者** 扩大成熟技术在国家基础设施、国家卫生系统和其他公共服务部门的部署范围

续表

技能规划师 市场需要具有多项技能的工人，这项需求在不断增长，要做好准备，并减轻机器人和机器作业取代非技术人员和学术人才这一现象所造成的影响	**财政激励机构** 制定财务鼓励投资等机制，刺激创新和市场增长	

其他国家也是如此，例如新加坡，通过培养高技能工人、投资基础设施和大规模范围内开展实验，在信息技术方面取得了领先的国际地位。与此同时，日本在机器人技术方面处于领先地位，现在正试图通过建立机器人革命倡议委员会来保持其领先地位。在英国，政府有大量的机会可以用系统的使用杠杆政策实现类似的目标。特别是在未来的新兴技术工作中，我们应该积极地考虑现有政策选择，改善公共服务。

（十）现实测验

演示设备加快了早期颠覆性技术的出现。技术提供者强调，必须进一步建立“测试台”，以便在监管严格的现实世界系统（比如城市）而不是在实验室中，对新兴技术进行测验。通过向一系列用户开放的方式对测试床使用方式进行创新，建立不怕失败、解决方案流传度高，以及反应迅速的创新文化。在英国，一些设施正在履行着这一职责。例如，NHS 测试床计划正在应对一些当前面临的主要挑战，例如痴呆、糖尿病和长期病症管理。该计划将大型和小型企业与信托和医院连接起来，并试着把所有用来实现服务创新的技术结合起来[1]。

另一个例子是英国政府科学办公室发布了金融技术报告后，金融行为管理局（FCA）根据其中的一个建议而发起的监管沙箱[2]。公司测试新型的产品、服务、商业模式和交付机制，沙箱提供了一个安全的空间，而且不会立即引起参与此类正常监管活动的负面后果。除了降低业务风险

[1] www.england.nhs.uk/ourwork/innovation/test-beds.

[2] www.gov.uk/government/uploads/system/uploads/attachment_ data/file/413095/gs-15-3-fintech-futures.pdf.

外，它还允许 FCA 与创新者合作，为新产品建立适当的消费者保障措施保驾护航。

但是也可以知道，在复杂环境中创建测试台方面，我们还可以做更多的努力。一些组织机构已经有能力通过自己选择合作伙伴关系或封闭式合同协议的方式测试城市环境等复杂系统的知识产权（IP）。测试床将为有相关技术应用程序的任何企业或企业家创造同等的机会，一一测试这些应用程序。随着越来越多的企业开始同时竞争和合作，创造性互动的空间将会增加，这些互动可以创造出适合这些系统且有望解决问题的方案，政府也可能采用这些来改进公共服务。

英国政府科学办公室将与内阁办公室、BEIS 以及其他政府部门和机构通力合作，寻求创建新测试床或重新利用现有设施的机会，并收集最佳实践和经济影响的证据。

此外，测试台为现有或即将形成的高科技集群提供机会，以提升自我创新资质。英国的市议会和地方当局已经认识到与大学研究人员和技术公司共同开发演示设施的重要杠杆作用。新加坡等国家也同样睿智地看到了这些杠杆作用的有效性，而英国有了正确的愿景和着力点就可以跟上这些国家的步伐。

（十一）标准

TIF 3 强调的第三个主题是需要制定技术互动的可行标准。测试台本身就突出了标准的基本重要性，可以使不同的硬件、软件和数据项目进行交互以产生新的应用程序，然后扩展和导出这些应用程序，一旦做好了，无论是在国内还是国际，都会产生实际的效益。例如，30 年前，移动电话还处于起步阶段，英国就在制定和推广欧洲 GSM 技术标准方面具有影响力。尽管最终对诸如寻呼机和无线电话之类的应用造成重创，但 GSM 对于加速正在进行的移动革命起了重要作用。最近，BSI 已经建立并共享了建立信息建模（BIM）和智能城市的开放标准，随后又被国际标准化组织（ISO）采纳。在智能城市方面，目前已有 60 个国家开始使用英国最初开发的标准。

在适当的情况下，这种开放标准应该持续下去——促进进一步的创新，并争取在英国获得先发优势，同时继续影响国际标准机构，最终使各方受益。

（十二）结论

从 *TIF* 3 得出的结果意味着英国在催化合作方面面临一系列挑战。

就政府而言，主要侧重于支持具体技术领域的发展，需要在延续对技术发展的支持力度和支持技术互动之间取得平衡，从而产生额外的经济和社会效益。尽管如此，二者都应该是推动英国创新的一部分，同样也是我们在这一政策和活动领域形成的战略思考的一部分。

显然，这不能仅仅是政府的问题。实现技术交互需要来自研究基地和英国企业的投入和协作，尤其是让公众了解关于数字隐私和数据共享的敏感问题，使其在知情的情况下购买有针对性的应用程序。

无论是决策者、科学家、商界领袖，还是仅仅对此感兴趣的人看到这份报告，希望报告当中设想的应用程序能够让所有的读者接受这样一个想法——为了获得新兴技术的全部利益而进行的合作，国家付出努力是值得的。我们已经拥有成功所需的诸多关键要素，特别是世界一流的研究基地，英国创新局的专业知识和日益增多的高科技业务集群，以便专注于生命科学、量子、人工智能、机器人和电子商务等学科。我们应该一起寻求为英国在经济上获得更多的价值，并通过对新兴技术的最佳利用来提供有效和便利的公共服务。

二、融合与颠覆

本报告主要论述多种技术融合为商业和消费，以及为政府和公众在众多领域创造了重要的应用。这些技术的发展对生产力的提升以及在公共服务的个人传播体验方面给人以希望。这一趋势的主要特征在于其带来的影响力很大，以及对由数据衍生出的应用具有独到的洞察力，其中一些是随着机器智能在产品和服务方面的不断优化和改进而产生的。

本部分主要涉及两个技术层面：

首先，传感器、数据、通信、分析算法和自动化，以及用于监控的用户接口技术等领域作为支撑数字世界融合的基本元素。在生物学领域也存在大量的数据，有着类似的趋势（但尚不发达）。人工器官合成、基因重组和生物学计算等技术正在致力于生产抗病型农作物，形成新的医疗条件和实现组织再生的能力。

其次，本文探索了医疗保健、能源、交通、食品、工作休闲等关键领域的一系列技术融合。实际上，技术上的交互合作可以改变世界并且有机会改善我们的健康状况、生活环境，有助于解决我们现在和将来面临的许多挑战。

本文也论述了包括机器人、人工智能、量子技术等领域的细节，上述技术领域作为提升国民经济生产力和改善公共服务供给两个目标相关的技术，其重要性超出了技术融合的趋势本身。

TIF 既不是蓝图规划也不是战略定位，而是旨在帮助决策者确信英国在面对未来一系列机遇和风险的可能性方面，仍然能够保持技术领域的灵敏性与活跃度，本报告的编者认为这些技术值得探索。有些情景的实现会符合报告中的叙述，而有些情景则不然，它们将依赖未知技术发展以及社会不断变化的选择和挑战。

（一）*TIF* 3 中的相关技术

2012 年，第二次 *TIF* 会议针对 53 个技术领域进行了调研，这一数字刷新了纪录[1]。由于这些技术领域创造了持续而显著的效应，会议开展了一项针对技术型企业、学术界和行业分析人员的在线调研（要求参与者辨识未来新技术）。这项调查由政府科学办公室结合专利技术分析研究机构进行意见汇总并做出结论，进行审议通过，并召开六次圆桌会议由专家进行检验。

圆桌会议的内容涵盖了广泛的技术领域，包括最具颠覆性的领域。例如，量子、能源和材料；数据、计算和传感器；合成生物学和再生医药；农业；机器人和人工智能。圆桌会议由部门首席科学家和科学技术委员会

[1] www.gov.uk/government/publications/technology-and-innovation-futures-uk-growth-opportunities-for-the-2020s.

成员主持。第七届圆桌会议聚集了各领域专家进行问题的综合分析，并为政府物色适当角色以支撑各类技术汇聚以及实施。

下面对这一进程的相关发现进行详细分析。

（二）技术交互的驱动力

我们的生活受到几个密切相关技术的影响越来越大：

（1）允许我们去感受、探究和测算周围以及我们自身发生的事情；

（2）联通并获取从其他来源检测或收集的数据；

（3）对这些数据进行关联和挖掘，以产生新颖的内容；

（4）以上内容对我们的个人生活和社交活动有很大帮助。

这是一个随时随地进行感知和测算的新时代：搭载多维传感器的卫星能够观察我们的星球；基于量子定位技术的导航系统指挥我们在地上和地下的活动；腕带记录下我们的心率和睡眠情况。测算精度不断提高，同时新型传感器也从水下、地球远端以及外太空收集数据并进行分析。

随着新的基于量子技术的设备进入市场，越来越多的传感器作为更小更便宜的零部件进行部署，并且电池的体积也变得更小，而容量更大。这些无处不在的传感技术重点在于由它们收集并传输的数据。

1. 电池

我们随身携带的科技产品比以往更多了，手机、笔记本电脑和平板电脑等新的可穿戴设备迅速普及。对于电动汽车以及各种需要离网电源的遥感设备，例如由无人机、遥控机器人承载的那些传感器，电池技术的革新对于维持这一趋势至关重要。

新型化学电池、燃料电池和天然晶体电池的研究取得了巨大的成果。例如，特斯拉汽车公司正在建设一个可以将锂离子电池的成本降低30%以上的工厂。通用汽车公司评估，即将推出的雪佛兰电动车电池的成本约为145美元/千瓦时。一些预测机构表示，一旦电池成本下降到约100美元/千瓦时，电动汽车将成为能够不需要补贴即能与燃料汽车竞争的主流。同时，其他公司正在把希望寄托在扩大价格实惠固态锂电池的生产规模。这类电池单元可以使能量密度倍增。戴森公司最近购买了Sakti3公司（该技术的支持者之一）的固态锂离子电池技术[1]。

传感器系统收集和分发信息的方式很多，包括使用无线电或者光波（光子）。蓝牙技术能够使用短程无线电波在视线范围内建立连接；Wi-Fi和移动宽带技术帮助将互联网连接到手持设备。有超过20 000公里的光缆连接于西欧和东南亚[2]。作为最极端的情况，x波段无线电波覆盖了地球和位于火星表面好奇号火星探测器之间4亿公里的范围。

目前，大约有140亿个设备接入互联网。评估人员认为，2020年之前，接入互联网的设备数量可能达到200亿~1 000亿[3]。这些由大量的传感器传播分享的数据必须在传输时受到保护。欧洲及其他国家正在着手部署用于连接互联网的低功耗广域网，以期能够消耗比无线技术更少的能量。

2. 互联网的量子安全

下一代光子学可以通过利用量子效应为数字化网络提供更强大的线上安全。简单来说，基于量子技术能够揭露传输的数据是否通过意想不到的方式拦截或者被查看。然而，量子计算的发展比现有技术具有更快的增长潜力，也可能在15年之内威胁到目前用于确保网络安全的加密技术。先发优势对于英国的安全和领导力至关重要，量子技术的发展为其他新的技术和应用创造了新的机会。这一技术对时间的测算更精确，这将提高地理位置精度，并使得目前对GPS具有强烈依赖的英国以及所有发达经济体，对GPS具有更大的独立性。这种技术将作用于地表以下的环境以及其他卫星覆盖不佳的地区。

超精准、芯片尺寸大小的原子时钟和时间戳将会支持金融服务的快速创新，例如，通过协助监控高频交易，以降低金融崩溃或不当行为发生的风险。国家物理实验室正在开发世界上最准确的时钟，使英国能够制定全球标准[4]。

---

[1] www. cleantechnica. com/2015/10/05/chevy-bolt-battery-cells-145kwh-new-chevy-voltwith-autonomous-driving；www. insideevs. com/at-100kwh-it-is-all-over-for-the-internal-combustion-engine-energy-expert；www. cleantechnica. com/2015/10/28/dyson-buys-sakti3.

[2] www. submarinenetworks. com/systems/asia-europe-africa/smw5.

[3] www. gov. uk/government/publications/internet-of-things-blackett-review.

[4] www. npl. co. uk/news/npls-atomic-clock-revealed-to-be-the-worlds-most-accurate. Onquantum，seewww. gov. uk/government/publications/quantum-technologies-blackett-review.

目前，越来越多的数据被收集到非结构化数据库中，这些数据不需要手动录入，并且不需要数据输入规则或者数据描述。在这里，数据能够以新颖、清晰的视角进行组合，例如，这些数据可作为用来识别心力衰竭的预测因子，也可以实时采集，加速反馈，使系统更加灵敏。计算能力对于分析速度至关重要，而且对大量数据理解的算法复杂性也至关重要。

3. 算法和机器学习

搜索和决策算法是最具突破性的数据应用技术。谷歌一直在投资像英国“深度思维”这样的公司，以加强其算法并提供最具有相关性的互联网咨询。一些由算法驱动的应用程序用来服务日常生活（如预测文本），几乎变得能够预先识别并影响我们的写作方式；微软已经收购了英国Swiftkey公司来提升其在这一领域的竞争力。同时，智能手机能够根据天气预报提醒我们携带雨伞，以及追踪我们的日常活动。

算法正在变得越来越复杂，例如支持数字分布式的账户，其提供了广泛的实际应用并提供了在安全性和透明度方面的双重承诺。算法也变得越来越智能，通过不断尝试和错误修正，或进行推理，从而开发出能够模仿人类大脑进程的学习技术。人工智能已经从基于晶体管设计的收音机，到发明新的食谱和风味美食，再到起草新闻报道，以及了解在线购物者的产品偏好等一系列功能。“深度思维”公司已经在最复杂的游戏“go”上击败了世界顶尖的玩家。在药物研发领域，贝勒医学院与IBM沃森合作，使用自然语言处理和机器学习从非结构化数据中找到突破口，寻找新的癌症治疗方案。

在英国，阿兰图灵研究所的设立是由于科学技术委员会在算法上对总理提出的几项建议[1]，该机构将对一系列应用开展调查，其中包括数据安全性、数据密集型医疗保健、分布式深入学习等。研究所优先考虑如何解决这一领域涉及的复杂道德问题。

人类不再需要对每一个决定做出选择，算法在特定的范围之内能够做出自主决定，例如自动驾驶汽车。在某一个环境下自主决策的形成必须不

[1] www.gov.uk/government/uploads/system/uploads/attachment_ data/file/224953/13-923-age-of-algorithms-letter-to-prime-minister_ 1_ .pdf.

断地受到监控。当然，维持公共信誉是进行不断创新的先决条件。特别是，人类需要为个人信息如何被使用和理解承担责任，并且那些机器智能应用需要有开放环境。我们需要仔细考虑如何在的个人行为和机器智能之间维持一个平衡的环境[1]。

人类自身行为与算法收集到的行为信息之间，实现有意义且有效的交互是一项具有挑战性的工作。大多数据是数字化的并且具有一定逻辑性，而我们的思想是模拟化并且感性的。因此，硬件、操作系统以及应用程序的设计者基于人类的感知努力创造最直接和直观的接口。最终的交互界面对于释放传感系统的感知以及所产生的数据价值是必不可少的，无论它们是来自我们内心、我们周围的世界或其他外在世界。

实际上，这意味着通过自动或半自动交通工具的交互接口，可以在繁忙的城市街道实现无人驾驶；通过可编程的无人机视察农田或难以接近的基础设施；还可以指挥机器人寻找矿藏或者帮助我们开展日常家务劳动。

4. 机器人和自动化系统

机器人和自动化系统是几乎所有行业和产业的推动者。对于有危险性、环境肮脏或不受欢迎的工作来说，自动化技术在国防工业、停运的核设施以及基础设施维护方面条件成熟。

包括作物喷洒灌溉、应急药品速递、人群流量监测等无线遥控系统作为新兴应用也在兴起，同时，瑞士的邮政服务和亚马逊的无人机用于物流领域。除了上述优势之外，图像稳定性、灵敏性以及数据传输技术的安全性方面也为这种技术的迅速普及带来了风险。美国联邦政府现在要求小型无人机驾驶爱好者需要进行注册，这项政策在 2015 年致使估计 100 万架无人机闲置于美国圣诞树下[2]。

随着机器因果推理能力、预测推理和概念化能力的不断发展，下一代 RAS 可以广泛推动工作的自动化技术水平。与以前在自动化方面的进展一

---

[1] Seewww. gov. uk/government/publications/artificial-intelligence-an-overview-for-policy-makers.

[2] www. independent. co. uk/news/world/americas/us-aviation-authorities-to-register-estimated-1-million-civilian-drones-to-be-soldduring-christmas-a6781776. html.

样，这不仅在劳动力市场上，而在教育、福利和社会公平方面的考虑也有广泛影响，需要通过政府进行表态并予以关注。

三、技术融合

这些技术进步与结合具有广泛的作用。

移动互联网的兴起与智能手机市场的快速增长相互叠加，已经开始为物联网应用程序的开发积累消费需求。企业已经牢牢抓住所产生的市场价值，包括接入式网络设备、智能加热器和照明系统等。

商业模式也在发生变化。由于社交媒体开辟了更多的直接沟通渠道，商业公司与个人客户的关系也越来越紧密。与曾经传统业务开发团队较为封闭的模式不同，现在客户的反馈，正在塑造产品和服务的升级发展。新的制造业进程，例如 3D 打印，不仅可以增加商品的个性化，还可以改变传统的工厂模式。同时，根据供应链流动数据可以提供高效服务并提高灵活性。一些评论家将这些发展描述为第四次工业革命。

更彻底的变化是，一些企业可能会面临一种境遇，那就是其产品不再代表最大价值来源，而是在使用这些产品的过程中，从客户反馈的数据中产生商机。白色家电和其他产品可能很快被视为服务的一部分，而不是简单的消费品，因为制造商能够通过传感器了解未满足的需求以及存在缺陷的零部件，并且可通过远程安装升级以提高性能。当地汽车租赁计划、数字音乐云、视频流等应用都符合这些规律，所有这些削弱了既定的所有权模式和经济模式，在商品和服务的区分方面更加清晰。

现有平衡被新生事物打破，这种事情在我们周围正在时刻发生。Uber 正在重新定义出租车服务；Airbnb 正在为假期旅馆做同样的事情，通过私有财产创造价值。*TIF* 3 专注于那些被专家认为受到新兴技术影响最大的领域，以及英国通过提高经济生产力和改善公共服务能够取得最大收益的领域。以下五个领域受到了影响：

（一）健康

2016 年，全国卫生服务的支出达到 1 200 亿英镑[1]，社会和私人护理费用也在上升。随着人口增长及人口老龄化发展的趋势，不良饮食习惯固化了身体的不适应性。突破性技术与效能模式、行为分析结合起来提供了部分解决方案。

合成生物学所探索的是将生物学视为一个由标准组件构成的世界，首次提供可靠的和可重复的材料来创建新颖的器官和系统，以及重新设计现有的自然组织。某一天，与再生医学相关的学科会改变心脏病和神经退化性疾病的治疗方式，解决器官供体短缺和受损组织修复的问题。这些研究领域的前景有助于我们保持身体健康，更有效地治疗疾病。此外，在合成材料、遗传学数据的自动分析处理上也带来了新的机遇。

1. 可再生器官

早在 1999 年，在实验室已经成功地为病人完成膀胱细胞的再生利用。2008 年，外科医生成功移植了一个工程学气管。干细胞与新材料一样，是目前很多结合了生物学和工程学方面再生技术的关键。科学家们也开始探索再生技术的关键是否为对细胞中传输电信号的理解。

2. 24 小时实验室

自动化实验室可以全天候运行。机器人可以避免人类接触危险物质并且降低污染发生的风险。加快高通量筛选（药物发现的关键过程）、临床检测和组合化学方法在癌症治疗以及通过人机智能的最佳组合以产生经济效益，在这些领域实现突破变得有可能。

3. 基因重组

基因学不仅给了我们绘制整个基因序列提供了工具，而且开辟了改写个体基因的可能性。例如，定期交织聚簇的短回文重复序列，通常称为 CRISPR，经常在单细胞生物体的 DNA 中发现。当与特定蛋白质和核糖核

---

[1] www.gov.uk/government/news/department-of-healths-settlement-at-the-spending-review-2015.

酸（RNA）组合时，它们可用于鉴定 DNA 序列中的特定片段并允许被替换或去除：突变基因会引起镰状细胞性贫血，例如，可能会取代健康的基因。显然，基因重组提出了深刻的伦理问题，这一问题必须公开讨论。

（二）食物

英国食品产业每年产值超过 1 000 亿英镑。这里动物养殖和农产品种植占了土地使用量的近 3/4。进口产品占国内食品消费量的 40%左右，预测在一代人的时间内将达到 50%[1]。技术融合对提高英国农业生产力及贡献经济发展作用明显，随之而来的好处是严格的粮食安全使其减少对进口农产品的依赖并能够对土地重新分配使用。

例如，通过车载传感器检测害虫及缺水情况，无人驾驶飞行器可以帮助农民有效地监测农作物生长，并有效地进行田间劳作。当地的天气传感器帮助农民调整浇水或牧场制度。自动除草技术使害虫无法接近并且避免过量使用农药。邻里之间可以共享数据，有助于避免疾病暴发，以及传播畜牧的成功模式。数据可以规避因等待实验室中根据样品而得出的昂贵、延迟的结论，可以在田间地头就获得源源不断的分析结果。

1. 阻止疾病暴发

最近，在英国率先开展的病原体学研究可以让农民从田间获得样本分析病原体的 DNA，而不需要经历漫长、昂贵的实验。检测疾病的范围正在扩大。准确地说，实时的诊断将使农场生产更富有成效，并减少杀虫剂及其他农药的使用量。

2. 释放土地

遗传学和相关技术的进步，强化了固氮的有效性，并且使光合作用和合成动物饲料更加有效率，使用大数据技术能够更好地将作物与土壤类型进行匹配，从根本上引导土地重新分配。更经济、更大收益的食品、饲料

---

[1] www.gov.uk/government/news/industry-kick-starts-work-on-great-british-food-and-farming-plan；www.foodsecurity.ac.uk/newsevents/news/2013/130710-n-cost-of-farming-uk-economy.html；www.theguardian.com/environment/2015/feb/24/uk-will-need-toimport-over-half-of-its-food-within-a-generation-farmers-warn.

生产，可能会将土地利用转化为现实收益，例如在生物多样性、清洁水和休闲娱乐等方面。

3. 离岸水产养殖

解决土地不足和人口不断增长的另一种方法是进行作物的离岸生产。将捕捞渔业移出海面会减少对内陆和沿海水域的寄生虫侵害以及水污染问题。通过传感技术、数据分析和自动化实现远程管理，提高生产率并降低成本。英国在恶劣北海环境中所具有的石油天然气（开采）经验就很有竞争优势。

（三）生活

技术融合可以很好地改善我们的居住家园和工作场所，并让这两个领域区分不再明显。根据2015年的盖洛普（Gallup）报告，美国37%的雇员表示他们的职业生涯一度通过远程方式进行工作，而1995年的数据仅为9%[1]。在这两种情况下，苹果、谷歌、飞利浦和三星都在设计一个取暖、照明、安防等功能可以通过一个控制中心自动完成的生态系统。这一系统会改变我们的习惯，达到我们的需求预期，并为我们节省费用。其他系统将更直接地为我们的日常工作提供支撑，并让我们完全规避某些琐碎的事情。

1. 辅助我们的生活和工作

人体传感器将实现远程实时的健康监测，并为痴呆症患者提供认知方面的协助。机器起重机、外骨骼和姿态传感器可以提高老年人或需要此设备人员的独立性。在某些基本的舒适性方面进行改进，例如对新材料表面进行防滑改进。技术改善了老年人的照看方式并降低了成本，同时是一个人类、机器和软件之间进行协作的演变信号。技术的进一步发展也许能够提供给老年人一个工作场所，使他们延长工作年龄。而对于其他人，机器可以帮助他们就职于更多的领域，或能够让他们有机会首次进入劳动力市场找到工作。

---

[1] www.gallup.com/poll/184649/telecommuting-work-climbs.aspx.

2. 智能建筑

在建筑业和建筑改造领域，建筑信息建模（BIM）技术已经开始产生长期有效的收益，大量便捷且经济的应用程序获得普及。无论是建筑物本身还是移动信号覆盖的区域，与电子钥匙绑定后，其入口都能够纳入管理范围；或者可以依赖于脸部识别；依赖于声音、温度或运动传感器；或者是多种因素的组合。这样可以激活预设的取暖和采光水平，并在房屋闲置时节约能源。生活用水可以以最低的价格通过电网或可再生能源高效地加热，并且根据不同的模式进行利用。休闲娱乐系统可以根据个人偏好进行共享、操作以及监控。

（四）交通

更快速、更可靠的网络连接以及更优质的传感技术在汽车、火车、飞机和渡轮上进行融合，以保障我们的安全，使我们从 A 地到 B 地更快捷，确保我们的生活更加顺畅。公开分享调度数据不仅有助于制订我们的旅程计划，并帮助我们对行程的拥塞或延误进行了解，有助于发挥机舱、轻轨等系统向旅客传播信息的自主性。随着客运更多地被视为一种服务，机动车的所有权将变得越来越不重要。英国在一些城市开展了自驾车试点，这些城市包括伦敦、布里斯托尔、考文垂和米尔顿凯恩斯。随着新材料和嵌入式传感技术在应用和性能方面能够提供更安全的旅行和更多数据信息，运输设备也将变得越来越智能。

1. 智慧公路

一些国家正在开始引进智慧公路。在荷兰，有些路标可以在白天吸收阳光在晚上点亮。韩国已经完成了一条自带动力系统的道路测试，可以为电动巴士充电。从路网本身获取能源也正在探索中[1]。

2. 远程监控和自我修复

智能涂层能够实现对其保护材料的远程监控，转变维护和安全保障的

[1] www. bbc. co. uk/news/technology-27021291；www. wired. com/2013/08/induction-charged-buses.

方式。公路建设领域的修复材料可以进一步开发使用，例如通过含有微胶囊的破裂聚合物来修复路面损伤。

3. 自动驾驶舱

自动驾驶车辆被许多人视为个人交通的未来，自动驾驶交通工具的愿景是希望带来显著的社会效益。道路安全或许是其中最重要的（人为失误估计占到公路死亡事故责任的90%以上）[1]。自动驾驶系统预计能更有效地进行客运和货运，可以明显减少拥挤和相关的环境问题。如果车辆能够实现完全无人驾驶，自动驾驶技术可以让因年龄或残疾而无法驾驶的人获得新的自由。

（五）能源

一般来说，英国家庭将超过5%的收入用于购买能源。对于像化工生产这样的能源密集型产业，高达50%[2]。技术融合可能会通过降低可再生能源储存成本而破坏目前的间歇性增长。例如，通过引进新材料大幅度提高光伏电池的效率和核燃料电池的安全性；推广智能电网支持分布式以及各种发电技术；通过精简任务和相关基础设施维护以降低安全风险。

1. 太阳能

获取光能并立即将其储存为一种化学能源，将解决能源的间歇可用性问题。钙钛矿晶体材料的发现使这项工作取得了进展。利用硅太阳能电池顶部的氨、碘和铅等晶体材料研发出的新一代材料——钙钛矿，能够使太阳能的总输出功率提高一半。

2. 灾难防护层

核燃料电池的长寿命、防灾包层可以改善监管和安全方面的难题——解决公众关切并创造出一个新的对外市场。目前，开发者寄希望于使用新材料来替代锆包层（如碳化硅等），这将使产生氢气的风险大大降低。氢

[1] www. economist. com/node/21560989.

[2] www. ons. gov. uk/ons/rel/household-income/expenditure-on-household-fuels/2002-2012/full-report-household-energy-spendingin-the-uk-2002-2012. html.

气爆炸阻碍了对福岛核辐射的控制措施，从这点可以说明上述新材料的重要性。

3. 智能电网

将英国的电网升级为智能电网将提高能源供应的可靠性、可用性和高效性。数字化技术允许公共事业部门和用户之间的双向联络，使系统具有动态性，对需求响应更加灵敏。例如，110 亿英镑的智能电表计划是在物联网技术方面迄今为止最大的政府投资。到 2020 年，家庭和小型企业的 5 300万台智能电表和煤气表可以和我们的能源基础设施进行联通[1]。

[1] www. ofgem. gov. uk/gas/retail-market/metering/transition-smart-meters.

英国人工智能发展现状及政策建议（上）

编　　译：丁　邡　李信然

译　　审：舍日古楞

国家电子政务外网管理中心主办

编者的话

人工智能（Artifical Intelligence，AI）是当今世界战略性前沿技术，正在革命性地改变人类经济和社会发展方式。无人驾驶、智能制造等技术不断驱动传统产业转型升级，释放产业新动能；智能可穿戴设备、服务机器人和虚拟现实正在改变人们的生活；同时也为提升政务治理和公共服务水平提供了创新工具。为了抢占人工智能发展的制高点，美国、英国、日本等政府相继推出人工智能国家战略，人工智能相关领域及产业发展已成为全球科技创新的新焦点，各国均期待在未来AI竞争中占据先机。

英国的人工智能产业处于全球领先地位。去年全球关注的AlphaGo人机大战即是英国公司DeepMind（被Goolge收购为子公司）的杰作。英国发展人工智能产业主要围绕加强人工智能应用对数据的访问和使用、提高全社会的人工智能技能、推动人工智能基础研究与创新能力发展，以及强化人工智能应用四个方面发力。一是在加强人工智能数据访问方面，报告强调政府应该与产业界合作共同建立一套数据信任机制，通过可验证和可信的框架和协议，实现数据共享对双方的互惠共赢，确保数据交换的安全性；提高数据的可用性，建立相关机制确保以机器可读格式对数据进行发布，支持文本和数据挖掘；二是在提高全社会的人工智能技能方面，报告建议英国政府不仅要增加本土各级人工智能学位的数量，还要扩大人工智能从业人员的学术背景范围，加速培养和建立复合型人才队伍，并采取有力措施吸引全世界最优秀的人工智能人才来英国创业发展；三是在推动人工智能基础研究与创新能力方面，建议英国要充分发挥艾伦·图灵研究所、工程与物理科学研究委员会（EPSRC）、科学技术设施委员会（STFC）和联合信息系统委员会（JISC）等国家级基础研究部门与机构的核心作用，加强顶层规划，强化协调与沟通，提高英国人工智能基础研究水平；四是在强化人工智能应用方面，建议政府应该与产业界密切合作，就英国经济如何利用人工智能技术面对当下的机遇和挑战制定切实可行的指导方针，帮助政府公共部门应用人工智能技术提升服务水平，并推动各类产业发展基金重点支持人工智能技术解决各领域中具有挑战性的难题。

为了抢抓人工智能发展的重大战略机遇，构筑我国人工智能发展的先发优势，加快建设创新型国家和世界科技强国，2017年7月20日，国务院印发《新一代人工智能发展规划》，将人工智能产业发展上升到国家战略高度。面对人工智能的全球竞争，我国有必要建立培养和引进相结合的人才队伍建设机制，并加速人工智能商业化和产业化进程，将人工智能产业培育成新的经济增长点。这里选编的《英国人工智能发展现状及政策建议》对于推动我国人工智能发展具有重要的参考价值。

编　　译：丁　邡　李信然　　　译　　审：舍日古楞

英国人工智能发展现状及政策建议（上）

摘要

人工智能（Artificial Intelligence，AI）的出现和发展给英国带来巨大的社会和经济效益。借助人工智能，计算机能够比人类更准确、更迅速地进行信息分析和处理。从药物研发到智慧物流，人工智能技术的融入使很多行业提高了效率，完善了性能，为行业带来了可观的收益。人工智能可以被理解成是一种软件，通过更好地抓取和利用信息，帮助人们做出更准确和高效的决策，并将其整合到现有的工作流程中，实现实时的改进，这有助于扩大生产规模，降低成本。

据估计，截至2035年，人工智能将给英国经济增加8 140亿美元（约合6 300亿英镑）的额外收入，届时，英国的经济总增加值（Gross Value Added，GVA）的年增长率有望从现有的2.5%飙升至3.9%。我们期望英国成为世界上最适合发展和部署人工智能的国家，充分挖掘技术带来的便利。

报告指出，应该结合以下几个关键因素，综合提升英国发展人工智能的能力：

（1）新的和更大的数据量；

（2）具有高水平的人工智能专家；

（3）拥有更强大的计算能力。

如今性能很容易得到提升，在未来成为瓶颈。为了继续发展并应用人工智能，英国需要在更广泛的行业获取数据。

报告建议：

（1）发展数据信任，提升信息数据的共享性；

（2）提升研究数据的机器可读性；

（3）支持文本和数据挖掘，并将其视为一种研究的标准和不可或缺的工具。

人工智能的发展离不开技术娴熟的人工智能专家，但目前英国人才缺口较大。为更好地发展人工智能，英国需要储备更多技术娴熟的人工智能人才，同时推动较低水平技术与人工智能进行合作。报告建议：

（1）设立由企业资助的人工智能硕士课程；

（2）通过市场调研设立人工智能课程，以满足企业的多方面需求；

（3）在英国领先的大学里，增设200多个人工智能博士学位，并以优厚的条件吸引来自世界各地、拥有不同背景的人才；

（4）设立线上人工智能课程并持续开展专业技能培训；

（5）实现人工智能领域多样性发展；

（6）在英国设立国际人工智能奖学金项目。

目前，英国在人工智能关键研究领域中表现出色。未来，英国将在更多的应用领域发展人工智能，其涉猎范围将更广，研究方向将更加细化，合作研究能力将更强。报告建议：

（1）阿兰·图灵研究所应成为人工智能和数据科学研究的国家性研究基地；

（2）大学应推动知识产权转让的标准化；

（3）应通过合作和协商的方式提升人工智能研究的计算能力。

人工智能的普及意味着人们可以在充分理解人工智能的用途和应用落地情况的基础上，增加人工智能的需求和供应。报告建议：

（1）成立人工智能委员会，促进行业发展合作；

（2）制定指导纲要，解释人工智能的决策和进程；

（3）支持出口和对内投资；

（4）引导推动人工智能技术的成功落地和行业发展；

（5）设立专项以支持公共部门使用人工智能；

（6）资助公共组织举办的数据类挑战赛。

研究表明，在这些领域实施的举措可能会给英国人工智能的发展带来新的蜕变。同时，为使英国处于全球人工智能领先地位，本报告对政府、企业和学术界如何共同努力发展人工智能提出以下18条具体建议。

一、人工智能简介和本报告目的

（一）什么是人工智能

人工智能描述了一套使机器能够有效地完成高度复杂任务的先进通用数字技术。

工程和物理科学研究理事会这样描述它：人工智能的目标是（在计算机系统中）重现或超越人类执行时需要“智能”的能力。这些包括：学习和适应、感官认知和互动、推理和规划、程序及参数的优化、自治、创造力，以及从数量庞大、多样化的数字数据中提取知识和预测。

目前，人工智能的应用实例不胜枚举，包括：用自然语言与电脑进行交流，从传输数据中提取新知识，运行自动化和自适应机器人系统，管理供应链，以及设计更加逼真的视频游戏。人工智能技术的应用已经在改变着金融服务、法律、医药、会计、税务、审计、建筑、咨询、客户服务、制造和运输领域的商业行为。人工智能可以提高大多数数字操作、产品和服务的功能。只要在一个过程中使用了数字数据，人工智能便可以以一种新的方式更有效地来利用这些数据。

该报告将“人工智能”作为一个笼统的术语，涵盖了从统计学、计算机科学和认知心理学发展而来的一系列补充技术。识别特定技术和术语之间的区别（例如，人工智能与机器学习、机器学习与深度学习），以及考虑如何支持开发和使用这些技术时，我们有必要将这些技术视为一个整体。

AI 的用途

人工智能具有极大地提高生产力的潜能，最明显的体现就是它能帮助企业和人们更加有效地利用资源，精简我们与大数据集的交互方式。例如，像奥凯多（Ocado）和亚马逊这样的公司正在利用人工智能优化他们的库存和配送网络，规划最有效的运输路线并最大限度地利用他们的仓储容量。人工智能可以帮助企业以更有效的方式去完成熟悉的任务。更重要的是，它还能够提供全新的商业模式和全新的方法去解决原有的问题。

人工智能可以减少大数据搜索的负担。在法律行业，像ROSS、Lex Machina和CaseText这样的团队正在使用人工智能筛选法庭文件和法律记录来寻找案件相关信息。其他企业也在使用类似的技术作为尽职调查的一部分。人工智能同时提供了一种与这些数据集交互的方式，例如，IBM Watson等平台可以支持回答自然语言问题的专家系统。人工智能为网络安全公司提供了一种识别网络中异常行为模式的方法。

上述人工智能应用案例集中于利用软件做人们力所能及的事。但在很多情况下，软件能够分析规模和复杂程度远超人类分析能力的数据。人工智能可视为一种得出结论的全新方式，而并非人类智能的替代品或者取代品。人工智能可以弥补或超越我们的个人能力，这体现在它能与我们协同工作，甚至教授我们技能，例如，李世石与AlphaGo对弈后便屡战屡胜。人工智能的这一特性为人类的发明和创新提供了新的机遇。人工智能向我们展示了一种可以带来实际生产效益的新思维方式。

（二）为什么人工智能如此重要

人工智能的重要性体现在它能带来重大的经济和社会效益。它对提高现有产业的生产率——这是英国经济的迫切需求，以及创造全新的产品和服务有着巨大的潜力。

据估计，到2024年，全球人工智能解决方案市场价值可能超过300亿美元，人工智能为某些行业提高的生产率可达30%，并能节省高达25%的成本。另一项评估指出，2030年人工智能为全球经济的贡献将高达15.7万亿美元，超过中国和印度当前的产值之和。其中，6.6万亿美元可能来自于人工智能带来的生产率的提高，9.1万亿美元可能来自其对消费方面的影响。

人工智能势不可挡，因此，应对人工智能在主要商业领域的作用加以重视。下面内容摘录自普华永道的报告，该报告阐述了人工智能在医疗领域、汽车和金融服务业的短期、中期和长期应用。该报告同时也涵盖人工智能在运输和物流技术、通信和娱乐业、零售业、能源及制造业的用途。

对于不同的行业而言，人工智能的应用、时间进程、取得的收益及遇到的障碍都会有所不同，因此人工智能带来的影响难以一概而论，其对整体经济的影响也难以预测。但显而易见的是，人们普遍认为人工智能拥有改善许多行业运作方式的巨大潜力。

医疗

（1）支持诊断。例如，可以通过将患者的健康数据与类似患者的健康数据进行比较，检测患者身体是否正常。

（2）实现潜在流行病的早期发现并追踪疾病发病率，从而帮助预防和控制疾病传播。

（3）应用于放射学、病理学的影像诊断。

为患者带来的好处：从短期和中期来看，人工智能可实现更快、更准确的诊断并实现更个性化的治疗，这将有助于诸如智能植入等技术的长期发展，并最终实现改善患者健康状况、挽救患者生命的目标。

节约时间：人工智能带来更有效的预防手段，可以大大减少人们患病和住院的风险。同时，人工智能可以实现疾病的快速检测和诊断，这使人们在患病初期就能及时得到诊断和治疗。

人工智能在该领域发展的时间进程：

即将开始：人工智能可应用于医疗保险领域，并实现更加智能的医疗规划（例如，诊疗预约和手术规划）。

中期潜力：人工智能可实现数据驱动的诊断和虚拟药物的研发。

长期潜力：人工智能技术可实现利用机器人医生进行疾病的诊断和治疗。

需要克服的障碍：十分有必要去解决人们对个人隐私及敏感健康数据保护的担忧。人类生物学的复杂性以及技术进一步发展的需求，意味着一些高级应用将需要一些时间去发挥它们的潜能，并获得患者、医疗保健提供者和监管机构的认可。

高潜力的应用案例：基于人工智能的诊断将以患者个人历史资料为基准，偏离这个基准意味着患者可能存在健康问题，需要进一步进行观察和治疗。人工智能在最初阶段可能会辅助人类医生进行诊断，而并非取而代之。它将提高医生的诊断能力，而在此过程中，人工智能系统本身也将持续不断地进行学习并不断提高。医生和人工智能诊断技术之间的持续交互将增强人工智能系统的准确性。随着时间的推移，人们将有足够的信心将诊断任务完全委托给人工智能系统进行自主操作。

汽车

（1）自动驾驶车辆的共享出行。

（2）半自动驾驶功能，例如，司机助手应用。

（3）引擎状况的监控和突发情况的预测，实现车辆的自主维护。

为消费者带来的好处：汽车将由机器进行驾驶，可以实现更加灵活的满足人们的需求。例如小型车可以载你在城市穿行，一个更大型、动力更足的车辆可以载你去度过一个愉快的周末。

节约时间：美国人每年平均要花近 300 个小时开车，人工智能技术的应用将为人们节约驾驶时间。

人工智能在该领域发展的时间进程：

即将开始：将人工智能应用于自动驾驶员辅助系统，例如停车辅助、车道识别、自适应巡航控制等。

中期潜力：实现需求驱动的零件制造和维护。

长期潜力：实现引擎监控和预测，车辆的自主维护。

需要克服的障碍：技术仍然需要不断进步，在极端天气条件下，自动驾驶车辆的安全运行仍旧十分具有挑战性。即使技术发展成熟，也需要获得消费者的信任和监管机构的认可。

高潜力的应用案例：人工智能技术可实现自动驾驶车辆共享出行。这项技术可让乘客在其需要用车的地点使用车辆，人们不必花费大量时间去自行驾驶、支付保险或者维护汽车。这项技术正在持续推进过程中，然而企业仍需要赢得消费者的信任。

金融服务

（1）个性化财务规划。

（2）欺诈检测和反洗钱。

（3）后台功能及面向客户的操作流程的自动化 。

为消费者带来的好处：人工智能技术可在健康规划、理财规划、退休规划等方面提供更加个性化和整体化的解决方案，实现资金的更有效利用，并能随着消费者需求的变化进行方案调整。

人工智能在该领域发展的时间进程：

即将开始：人工智能技术可实现机器人咨询、自动保险承保，以及在财务和合规等领域的流程自动化。

中期潜力：实现根据消费者的情绪和偏好来优化产品设计。

长期潜力：通过对保险损失等事件的预测分析，主动开展规定性分析，可应用于降低事故率或提高客户成果。

需要克服的障碍：消费者的信任和监管机构的认可。

高潜力的应用案例：个性化财务规划。人工财务咨询既昂贵又费时，机器人咨询等人工智能技术的发展，可为大众市场消费者定制个性化的投资解决方案，而这种服务直到最近都只提供给高净值客户（High Net Worth，HNW）。人工智能技术可实现财务的动态管理，并优化客户的可用资金。在某些情况下，资产管理人员可能将被人工智能技术所替代。

对于英国来说，提升人工智能技术至关重要，尤其是在数据和技能方面。这是因为早期发展人工智能技术的企业和国家能够在建设和使用人工智能技术方面取得重要而持久的优势。

目前，英国是人工智能技术领域的领导者之一。英国的优势可能继续保持，也有可能随时消失。其他的国家正在大力发展人工智能，英国需要与它们竞争。

英国在人工智能的发展史上具有独特的地位。过去社会公众的支持非常有效地促进了英国人工智能的发展。

当前，人工智能技术已经成熟到可以广泛应用的程度，这也是人工智能之所以重要的一个重要原因。尽管人工智能技术已经发展了几十年，并在某些消费者服务领域中使用了很多年，但是在过去5年里，人们对人工智能的空前关注和投资，使得在该领域的新发现和新进展发展非常快，大大超过了之前数字技术的进展速度。

最近，人工智能技术性能提高有以下的驱动因素：

（1）越来越强大并且成本可承担的计算能力；

（2）新的、更大的数据量；

（3）拥有专业技能的专家开发的新算法和应用程序。

（三）本报告的目标和范围

本报告的目标是明确在英国发展人工智能所要采取的行动。

2017 年 3 月，政府宣布了一项以行业为主导的审查，说明行业和政府如何为英国的人工智能产业创造条件，使之成为英国经济数字战略的一部分。这份报告也是对政府工业战略的一项重要贡献，白皮书将于 2017 年发布。

本报告是该项审查的结果，它对当前英国人工智能活动进行了高度总结，阐述了提高人工智能技术所面临的挑战，并提供了应对这些挑战的建议。本报告建议业界、学术界和政府应相互补充并协调行动。

以下相关的人工智能研究活动正在与这一审查并列开展。

工业数字化报告：这篇人工智能报告与旨在加快英国工业先进数字化的报告并行。下面将对此进行更详细的解释，人工智能只能被应用于数字化和有效利用数据的行业，所以这两个报告是互补的关系。

生命科学：生命科学的另一个并行报告，研究如何将英国建立为全球临床研究和医学创新的领导者。这份报告的重点之一是研究健康数据的潜在用途，这其中涉及的技术包括人工智能。

机器人：人工智能推动了机器人技术和自动化的不断进步。实际上，我们无法在人工智能技术和人工智能可以管理的物理功能之间划清界限。这篇报告的重点是研究先进的信息处理技术，而不是物理功能的发展，并且报告中不包括英国机器人工业技术的发展。产业数字化报告中也包括生产部署机器人的好处。

信任、道德、治理和算法问责：这份报告以人工智能行业为中心进行论述，解决伦理和社会问题超出了这份报告的研究范围，而且这个问题也不能在短时间内解决。

然而，建立公众信心和信任对英国人工智能的成功发展至关重要。因此，本次审查强调了由工业界和专家们共同努力来确保公众信任、解决公众看法、获得公众信心和示范如何交付和展示公平待遇的重要性。保证公平将是获得经济利益的重要因素。有效地解决道德问题可实现人工智能的广泛应用，这也是英国能够取得经济优势的重要原因。

最近，英国皇家学会和英国科学院的一个重大项目报告指出，更广泛的数据经济（人工智能是其中的一部分）的道德与治理问题已经通过制订原则、明确本质功能以及管理角色的方式被彻底解决。

由英国皇家学会和英国科学院提供的数据管理的总体原则可能作为英国的人工智能的管理原则。虽然人工智能会让我们面临一些特定的挑战，但人工智能治理与更广泛的数据治理间并不是无关且互相独立的。

皇家社会报告建议数据治理的管理职能应当包含人工智能的专业知识，并在其职权范围内监督人工智能所产生的问题，而不是将人工智能的数据治理管理另行安排。

我们在下面的建议中提出的另一项建议是，这一数据管理功能还可以成为开发人工智能数据共享框架的有效补充，我们称之为“数据信托”。

数据治理原则

我们需要一套高层次的原则来明确定义所有形式的数据治理，并确保信任数据的管理和使用是一个整体。

促进人类繁荣是指导数据治理系统发展的首要原则。下面是数据管理和使用的四条原则：

（1）数据治理应保护个人和集体的权利和利益；

（2）确保数据管理和数据使用影响的交易是透明的、负责的和包容的；

（3）不断寻找好的做法，并从失败中吸取教训；

（4）加强现有的民主管理制度。

基本职能和管理

数据管理和数据使用的治理框架应执行三大类功能。这些活动可以由各种公共和私人主体执行：

（1）预见、监督和评估；

（2）建立实践并设置标准；

（3）澄清、加强和纠正。

尽管某些特定部门或领域已经执行了一些重要的治理职能，但我们显然有必要设立一个新机构来实施整体管理而非直接负责具体领域内的执行工作。

（1）这样一个管理机构的目的是按照上述原则，支持全面履行关键职能。

（2）我们期望这样一个机构将主要委托其他人开展行动，但如果其他人不能执行，它也可能需要具备执行某些职能的能力，但是需要注意不要重复现有的成果。

（3）预计这一管理机构将执行包容性的对话和专家调查并形成新问题，且以新的方式预测今天的决策将带来的后果。

这样一个管理机构应具有以下特点：

（1）独立的；

（2）与不同社区紧密相连；

（3）有跨学科专家参与；

（4）与决策过程紧密耦合；

（5）是持久和可见的；

（6）研究领域专注于国家，但也与全球活动相关。

人工智能与工作：人工智能带给某些行业部门工作性质的变化也超出了本次报告的范围。这决不意味着这份报告没有考虑到这些重要的方面。帮助人们适应工作的变化对于保护人民、分享人工智能带来的好处、让公众接收人工智能并确保企业增添人工智能人才是十分重要的。工业、政府、企业和劳动力都需要对工作过程自动化造成的变化采取行动，包括提供和接受再培训的机会。

人们对这一阶段自动化的广泛潜在影响的了解尚处于初级阶段，随着时间的推移，了解将逐步加深。这将是一个复杂、多变和演变的过程，短期审查无法对此进行预测或指导。政府和企业应积极监测这一过程的发展，尤其需要重点关注人工智能对其职能和服务的改善。

（四）报告过程

来自学术界、工业界和政府界的 100 多名专家参与了这一审查，他们通过一系列讲习班和会议来通报、开发、改进和测试这些建议。该报告汇集了广泛的行业和专家资源，采用了一些发表和未发表的文章中的论据和论点。

2017 年 4 月，英国皇家学会出版了一份关于机器学习的报告，报告研究未来 5~10 年机器学习技术的潜力，同时也说明了技术发展的障碍。本报告建立在这项工作的基础上，并在其中补充了英国工业界、学术界和政府应采取的具体行动。如上所述，它也与英国皇家学会联合会和英国学术界关于数据治理的报告有所联系。

这份报告也考虑到一些公司和分析师的报告，包括世界银行、电气和电子工程师协会（IEEE）、世界经济论坛，以及其他国家如美国、法国、中国、新加坡公司的报告，特别是 2016 年 10 月白宫的报告《为人工智能的未来做好准备》。

二、全球人工智能发展概况

（一）数字环境

人工智能是数字革命发展的下一阶段，这项技术在纵向的数字技术行业和横向经济领域的数字化行业中，为已在使用的数字技术增加了新的功能。在未来，它可能会为每一个产生（或可能产生）大量数据的行业做出贡献。

目前，英国人工智能技术正在英国现有技术能力的基础上不断发展，高于国际标准水平。

在 2015 年，数字科技部门的营业额约为 1 700 亿英镑，比前五年增长了 22%。英国现在拥有 164 万个数字技术工作岗位，而 2011—2015 年，其就业市场的增长率是非数字化工作岗位的两倍之多。

网络安全是人工智能应用于已建数字行业的一个很好的范例，人工智能技术使其效果有了很大提升。每天都有大量的机构面临网络威胁，机器学习比研究人员可以更有效地识别、分类和分析各种网络数据。人工智能可以通过在大量的设备和系统间同时处理不同任务，从而帮助我们防御大型攻击。一些自动化的网络安全功能可以帮助我们更快速地识别异常行为，重点突出网络工程师可以跟踪和关注的领域，并在这些弱点被利用之前将其识别并进行补救。

目前，一些人工智能应用已经使一些数字化行业得到提高。硬件功能的改进和数据量的大幅提高，使得人工智能可被添加到各个行业的数字功能中。

（二）硬件

随着硬件的性能和可用性的持续、有竞争力地提高，在国际上，人工智能的开发和应用得到了加速发展。

中央处理单元（CPU）是服务器、平板电脑、计算机和移动电话的解释和执行命令的标准设备。最近，图形处理单元的发展促进了机器学习和深度学习技术的发展，图形处理单元可以同时或者并行执行多个计算，这大大加速了机器学习的训练过程。谷歌已经针对机器学习开发了定制芯片 Tensor 处理单元（TPU），并宣布计划进一步提高芯片功能，GPU 开发商英伟达最近被 MIT 评选为世界上最聪明的公司。据报道，苹果正在进行设备上的人工智能专用芯片的开发。

随着硬件设备持续而有竞争力的发展，使用高性能计算的成本正在并将持续大幅下降，这使其可以为更多的用户所用。市场领导者公布的计划和专业分析人士的报告表明，这一趋势将会持续下去。

（三）数据对于人工智能的发展及人工智能对数据的管理

自 2000 年以来，全球产生的数据量呈指数级增长，其中大部分来自互联网和移动个人设备。包括物联网在内的并行技术数据量大幅增长。这一趋势预计将持续下去。思科估计，2016—2021 年，全球移动端数据流量将增长 7 倍。

目前，数据经济的发展是推动国家和全球经济发展变化的强有力因素。根据最近的一份政府政策文件表明，数据经济将是英国经济增长和未来繁荣不可或缺的一部分。根据分析预测，2015—2020 年，数据将使英国经济受益高达 2 410 亿英镑。

数据的快速增长也使得人工智能技术不断发展。海量数据和特定数据的获取是机器学习算法训练成功的关键因素。正如英国皇家学会的机器学习报告所述，在更大的数据集中进行技术应用能提高算法性能，并使计算结果随着时间的推移而得到不断优化。

如果在一个行业中使用人工智能技术，那么用与该行业相关的数据对人工智能进行训练是十分必要的。如果没有足够的相关的高质量数据，人工智能技术就无法发展。训练数据可获性的提高使得人工智能算法准确性的提高变得容易起来，并使人工智能技术能够应用于更多行业。

持续增长的数据流量也让人工智能技术变得更有必要。目前，一些行业的数据流量非常大，只有人工智能才有能力处理如此巨量且复杂的数据。包括公共部门和私营企业在内的许多机构都拥有大量的数据。随着更多的业务被数字化，更多数据将会产生。

然而，出于隐私、安全、商业优势和其他因素的考虑，一个组织很难或不可能向外界共享数据。即便一些组织机构看到了推进安全数据共享的案例，并信任与之分享数据的组织机构，它们也往往因缺乏达成协议的专业知识和技术技巧而无法在实践中建立信任，同时，也无法有效地管理数据共享过程。在下面的建议中，我们将更详细地讨论这一点。

（四）英国的人工智能商业活动

在一个包含人工智能大型企业用户、大型及小型供应商、人工智能服务的业务客户、研究专家所组成的人工智能生态系统中，英国的人工智能公司被视为全球最具创新力的公司。我们面临人工智能人才和投资的全球性竞争，因此，需要在国际化背景下来观察英国的人工智能活动。

在英国，所有活跃的大型全球技术企业都在开发和使用人工智能技术。一些创业公司已经被这些大公司收购，未来将会出现更多收购。企业利用各种方式来构建其所需的专业知识，例如一些公司已经采用并购方式来招揽顶尖人才，这种做法被称为“人才收购”，通常每位人才的薪水可达 50 万美元到 1 000 万美元。

IBM 和微软为业务客户提供一系列的人工智能服务，并将其应用于实现关键功能（例如预测分析、计算机视觉、语言处理、客户服务、新闻发现、物联网应用管理）和关键目标领域（例如金融服务和健康管理）。

据估计，在英国有200多家初创公司和中小企业正在开展人工智能产品开发。英国建立人工智能初创公司解决一些行业的特定领域问题（例如个人健康领域的Your. MD）和当前面临的主要技术挑战（例如网络安全的Darktrace）。

科技行业之外的大型老牌公司正在利用人工智能技术来提高其运营效率和服务质量（例如Ocado和GE）。公共部门，例如，英国税务局（Her Majesty's Revenue and Customs，HMRC），也在使用或正在探索如何使用人工智能来优化其服务。

人工智能包括一系列快速发展、互补通用的技术，并可以应用于多个行业。由于人工智能的商业活动及其组织的范围很难界定，在英国，对人工智能做一个清晰而准确的定量或定性评估非常具有挑战性。技术发展变化的速度快，这在企业之间和行业内部之间是不平衡的且难以衡量。人工智能技术与其他大数据和数据科学应用之间并没有绝对的区别。“人工智能并不是任何一种单一的技术或应用。它包括无人驾驶汽车、智能手机虚拟助手、趋势检测解决方案，还有无数其他例子。人工智能是一个丰富而多样的领域。”

人工智能通常被集成到其他数字功能中，而不能完全与这些功能分离。许多人工智能活动都是组织内部的内部活动，并且很难从外部进行评估。人工智能活动中很大一部分发生在国际科技公司，目前，我们并不完全清楚它们在英国的开发及使用情况，因为全球的数据团队和各类创新团队正在这些公司中不断发展。

单一公司的人工智能活动不具有代表性。人工智能技术的业务客户范围十分复杂，并且未来将持续此趋势。从顾问专家到全球主要科技公司，从新成立的人工智能初创公司到非常成熟的企业，均通过人工智能技术来增强其核心功能。可以通过获取一些公司的组建信息和投资数据，来帮助我们确定那些人工智能技术优先得到发展的公司，但我们对后来发展人工智能的公司却没有深入的了解。规模更大、资历更老的企业正在不断收购更新的企业。与此同时，更多的企业将会出现。一些小公司为成熟的公司提供人工智能服务。一些大的成熟企业将人工智能作为一个服务提供。随着时间的推移，越来越多的大大小小的知名公司会通过各种商业模式、合约安排（例如内部应用、现成应用、定制化应用、许可应用）以及产品和服务来使用人工智能。

因此，下面是对一些公司活动实例的分析概述，而并非是对英国所有人工智能活动的全面描述。

商业活动的多样性使我们对于人工智能商业活动的评估变得困难，但这其实应该被视为人工智能的一个优势。实现人工智能未来的经济价值将取决于企业对于人工智能技术的最大使用范围及使用组合，以及它们是否在人工智能的使用上做出明智的选择，并做好相应的准备工作。

全球科技公司的人工智能：由美国创立的一些主要的全球数字公司正将人工智能技术应用于其核心业务领域，其中一些人工智能技术正在英国进行开发。

在全球范围内，虽然人工智能领域的投资力度和地域分布并不十分清晰，但美国科技巨头似乎是人工智能领域的主要投资者。麦肯锡发布的一份报告显示：在全球范围内，2016 年科技巨头公司在人工智能上花费了 200 亿~300 亿美元，其中 90% 用于技术研发和部署，10% 用于公司收购。在这个分析中的公司收购也包括英国领先的人工智能公司。这些公司获得了媒体和公众的广泛关注，被认为是人工智能行业的亮点，但其在人工智能的整体投资中只占据相对较小的部分。

IBM 是人工智能的技术开发和服务提供的先行者。微软已经在人工智能领域进行了超过 25 年的投资，并在很多关键产品中加入了人工智能技术。这些主要科技公司对人工智能有着不同的兴趣。2016 年 12 月，微软的风投部门宣布成立了一个专门投资人工智能创业公司的投资基金，致力于“创造包容性增长并对社会产生积极的影响”。

Facebook、谷歌、亚马逊、苹果、微软和百度都利用人工智能技术来开发其主要服务，并利用与用户互动中产生的大量持续性数据流来持续地训练人工智能算法，从而提高面部识别、语言互动（Siri、Alexa 和 Cortana 等）以及客户服务的效果。思科、三星和华为都在使用人工智能技术来开发其核心产品。

目前，主要的软件供应商已将人工智能应用程序添加到他们的工业服务套件中。SAP 正在开发人工智能服务来实现员工审批、支付处理和销售打折的自动化流程。Sage 推出了一款由人工智能驱动的“虚拟会计助手”聊天机器人，来提交费用和追踪发票的收据和支付，并将此功能整合到消息应用中。

人工智能正在不断地参与到全球企业的日常服务中，而人工智能驱动的功能不一定是外部可见的，这意味着消费者和企业用户可能在不知不觉中使用了人工智能服务。

目前，在美国主要科技公司收购英国的人工智能公司时，这些公司及其专业知识大部分都还保留在英国。这在目前对于英国是有利的，但在未来却无法保证。因为收购公司是全球性发展趋势，这种收购可以将资产转移到那些对开发和工作最有效的地方。

因此，吸引并留住这些全球巨头的投资和人工智能的专业知识是让英国成为人工智能最好发展环境的关键。

英国人工智能初创公司：英国已经培养出了一批非常具有创新精神的人工智能公司，并且此类公司还在频繁成立。2017 年 Coadec 的报告指出，“在过去 36 个月里，英国几乎每周都会成立一家新的人工智能初创公司”。2016 年 12 月，一项研究表明，英国有 226 家独立的处于早期阶段的人工智能公司。

一些公司声称自己是人工智能领域的专家，例如，Swiftkey、DeepMind 和 Ravn。它们中一些公司已经被收购，现在正在全球更大的范围内运营，例如谷歌 Alphabet 旗下的 DeepMind。一些英国人工智能公司致力于从事单一领域，一些正在致力于研究英国国家医疗服务体系（National Health Service，NHS）的关键问题。

据 TechCity 估计，2016 年英国在人工智能领域的投资占数字技术领域投资的 3%，而且这个数字还处于不断增长状态。人工智能似乎是数字领域增长最快的部分之一。Startupbootcamp 是一个总部位于伦敦的主要的金融服务创业加速器，在那儿有 1/10 的申请都与人工智能技术相关。然而 Coadec 指出，在英国的 10 家人工智能公司中，只有 1 家是处于资本后期“成长”阶段，而在美国，5 家中就有 1 家。

英国关键行业的人工智能公司

医疗保健/生命科学：人工智能可在医疗保健和生命科学领域为我们

提供更好的服务并提高工作效率，因此，这被视为人工智能最重要的领域之一。BenevolentAI 使用人工智能来加速药品的运送过程。Babylon Health 与 NHS 合作，通过移动设备上的聊天机器人为病人提供医疗建议，它最近完成了 6 000 万美元的融资。Your. MD 的个人健康助理是一款免费的聊天机器人，可提供个性化且可行的医疗建议。

数字营销：英国的人工智能公司遍布数字营销、销售和商业开发等多个领域。AdBrain 的客户 ID 映射平台使营销人员能够定位和跟踪使用不同设备、来自不同渠道和平台的个人消费者，从而有针对性地实现更佳营销效果。Pixoneye 提供基于人工智能的手机图片图像特征分析，从而帮助客户更好地划分消费群体。Attest Technologies 将人工智能技术用于市场研究，Growth Intel 将人工智能应用于商业智能和商业开发，Decibel Insight 则致力于网络分析。

汽车：联网汽车和自动驾驶汽车为人工智能公司提供了巨大的增长机遇。布里斯托尔的 FiveAi 公司致力于安全自动驾驶技术。牛津的 Oxbotica 公司开发了一套自动驾驶系统。Selenium 利用来自激光和车载相机的数据来实现自动导航。

身份鉴别：在新生的 RegTech（监管技术）领域，一些公司使用人工智能技术来核定身份。Onfido 使用机器学习技术开展对公司的全球背景调查。

金融服务：利用人工智能技术对金融交易进行行为分析可以显著地提高对欺诈交易的控制。聊天机器人使用智能语音记录来处理客户的电话请求。汇丰银行推出了一款聊天机器人 Olivia，它可通过个人“声纹”来识别用户身份，从而提高访问的安全性。2017 年 5 月，有报道称，到 2019 年，特许金融分析师协会的考试将包括人工智能技术、机器人咨询服务和大数据分析方法。

法律技术：人工智能已经能够帮助律师进行法律文件搜索、识别最佳标准文件、审查文件并自动起草文本。Pinsent Masons 的 TermFrame 系统可以进行案例先例和模板的识别。由 Allen & Overy 和 Deloitte 联合成立的合资公司 MarginMatrix，可以自动起草法律文件来帮助银行遵守新的金融监管规定，据称该系统可将文件的起草时间从小时缩短到分钟。

教育：人工智能可以提高教育的有效性，例如评估在线学习的成效，并为人民提供更好的个性化服务。例如，Gradescope 可为教师提供自动评分服务。

如上所述，美国的全球性科技公司对英国人工智能公司进行了很多高价值收购。例如，2012 年 Evi 公司被美国亚马逊公司以 2 000 万美元收购；2014 年 DeepMind 被美国谷歌公司以 50 000 万美元收购；2015 年 VocalIQ 被美国苹果公司以 5 000 万～10 000 万美元收购；2016 年 SwiftKey 被美国微软公司以 25 000 万美元收购；Magic Pony Technology 被美国 Twitter 公司以 15 000 万美元收购。

（五）人工智能公司在英国的地理分布

虽然大多数人工智能公司都位于伦敦，但英国有许多在地理位置上集中的企业。下面是由开放数据研究所研究绘制的地图，图中以科技活动、科学出版物，以及例如当地技能、创业率和研发支出等数据为基础，标志了人工智能的活动聚集情况。

伦敦：伦敦是英国人工智能创业公司和中小企业汇聚的中心。在英国排名前 50 位的人工智能公司中的 80% 位于伦敦，许多跨国公司也在此设有人工智能机构（比如 DeepMind、Adbrain 和 BenevolentAI）。伦敦大学学院、国王学院和帝国理工学院的著名人工智能和机器学习研究组也进一步加强了这一聚集地的影响力。企业家召集工程师和计算机科学家并组建公司，致力于人工智能技术。Cognition X 是一个社区市场智能平台，该平台可提供建立人工智能解决方案所需的信息资源、产品和资源研究。它提供每日时事通信、热点事件、行业研究和人才服务。自 2016 年成立以来，它已经举办了超过 40 场活动，拥有 7 000 名会员，并列出 10 000 家支持人工智能市场的机构名单。

剑桥：Evi、Vocal IQ、Cytora、SwiftKey 和 Darktrace 等人工智能初创公司均在剑桥创建。它们通常与剑桥大学计算机学院有所关联，并获得诸如 Amadeus Capital 这样的本地投资商的支持。包括亚马逊和苹果在内的国际科技公司也在该地区设立了人工智能研发机构。

爱丁堡：爱丁堡大学在数据分析和人工智能领域有很多成功培养公司

的记录，例如 Skyscanner。亚马逊在爱丁堡建立了一个致力于机器学习的研发中心。CodeBase 是英国最大的创业孵化器，汇集了 80 多家最有前途的科技公司。

牛津：牛津大学是知名的机器学习和深度学习的研究中心，它成功培育出包括 Dark Blue Labs 和 DeepMind 在内的很多知名公司。

布里斯托：布里斯托除了拥有包括惠普、甲骨文和 BAE 系统公司在内的大型科技公司外，还汇集了很多致力于人工智能研究的年轻企业。FiveAI 公司致力于研发自动驾驶汽车软件，Graphcore 将人工智能技术应用于低功耗的消费设备。布里斯托大学的智能系统实验室（Intelligent Systems Lab）和国际认可的机器人实验室（Robotics Lab）培育出很多人工智能人才。

（六）成熟行业中的人工智能

在不同行业内，人工智能技术的普及程度有很大差别。拥有数字化运营和服务的企业和行业较不具备这些条件的企业和行业更容易、更有效地利用人工智能。特别是具有优秀数据能力（收集、存储、整理、分析、保护等数据能力）的组织，在利用人工智能技术上有着先天的优势。

一些企业和行业具有的优势远超过其他行业。许多大型会计律师事务所已经掌握了技术应用的主动权，正在开展人工智能技术的研究开发，并联合学校来尝试开展人工智能服务和运营。

Ocado 是一家利用人工智能技术增强其原有的基本功能，同时又开发出创新产品的公司。

Ocado 如何利用人工智能技术

Ocado 在其电商领域和物流平台有效地使用人工智能技术，其应用主要分为以下四类：

（1）客户行为、喜好的预测分析；

（2）监测及监督管理；

（3）管理复杂性事务；

（4）实时优化。

具体的应用包括：

（1）根据新老客户的不同消费喜好和需求提供自适应用户界面；

（2）根据客户的历史购买记录进行客户需求预测，并根据预测结果为客户提供物品备选清单；

（3）处理非结构化业务数据，包括语音、电子邮件和社交信息；

（4）预测 50 000 种不同食品的需求量；

（5）监测和优化送货路线；

（6）在第一代自动化仓库中，利用人工智能技术来管理成千上万箱产品的物流，来避免阻塞，并对硬件故障做出响应；

（7）在新的自动化仓库中，优化成千上万个机器的货物配送路线和访问的仓库；

（8）将成千上万的机器人产生的数据流上传到云，并通过机器学习分析来实现控制；例如，监控机器人的性能变化，判断其是否需要维修；

（9）基于群体的学习技术，将一个机器人学习到的知识与群内其他成员进行共享；

（10）与 Oxbotica 在格林尼治合作无人驾驶车辆试验，该项实验需要大量机器学习；

（11）Ocado 是地平线 2020 的一个资助项目的项目协调员，这个项目研发了一个叫作 SceondHand 人形机器人；SceondHand 将通过观察人类工程师的工作来进行学习，发现如何在他们工作时为他们提供帮助和保护，并完成他们无法执行的工作。

人工智能也越来越多地被应用于对基础设施管理的改进。国家基础设施委员会正在对包括人工智能在内的相关技术进行研究，利用这些技术来提高对现有和未来基础设施的使用和维护。

人工智能被视为在未来提升制造业质量和效率的关键因素："使用数字技术，例如人工智能、传感器技术和自动化技术，可以使企业更灵活、更有能力去应对消费者需求、供应商条件的变化，甚至可以提前采取行动。如今，企业的灵活性会为其带来更多竞争力。"这同时可能也会为制造业应用带来更多发展空间。"例如，在制造业领域很少有创业公司能够满足巨大需求。但通过人工智能技术对机器进行预测、优化的维护，机器学习有潜力释放超过 20% 的产能。”

一些常见的应用程序均可应用于大多数的大型组织、公共部门、私有企业和公共设施，例如：

（1）更具响应性和自适性的交通调度；

（2）更好的预测基础设施维护；

（3）更具预测性的排班和响应性的人力资源调度；

（4）更好的网络需求管理；

（5）薪酬、支付和发票管理。

IBM 针对 160 个企业的人工智能意愿调查

近一半的公司认为，当前的人工智能浪潮将是转型性和广泛的，这将从根本上改变它们所从事的行业和市场。

然而，只有 1/3 的企业认为它们有能力采用数据驱动的技术。因此，英国必须迅速采取行动，在国际竞争加剧的情况下缩小知识差距。

◇ 对人工智能投资正处于增长势头，42%的公司计划在未来五年内进行投资（物联网 42% /高级分析 51%）。这个数字不包括在过去 12 个月中已经对人工智能进行投资的 21%的公司。

◇ 人工智能浪潮将是转型性和广泛的，一半（49%）的企业相信它将从根本上改变其行业/市场。

◇ 一些公司相信人工智能能带来更高的效率（78%）和利润（68%）。为消费者带来更大的利益（占 71%）是其发展的一个大方向，但同时也需要多方进行合作（70%）。

◇ 然而，许多企业都有被甩在后面的风险，52%的领先者已经投资于人工智能技术，而 47%的“追随者”根本不打算进行投资。

（七）公共部门的人工智能

人工智能已经被证实是一个可以用来处理复杂公共部门的挑战问题并能提高主流公共服务效率的有效的工具。

人工智能在处理申请和提交信息方面有着广泛的应用，可用于包括税收、福利、签证、护照和其他政府执照领域。通过使用人工智能技术，社会公众的申请可以被更快地处理，并且可以更加准确地发现系统的滥用情况。一些常见的机器学习算法可以用来帮助判断申请的风险。

通过判断和筛选，低风险的申请可以被系统自动处理，工作人员可集中关注更困难的申请和需要更多帮助的申请人。通过这种方式，申请处理的时间将会大大减少，相关费用也会下降，系统也会变得更为安全。与业务创新一样，人工智能在这个领域的具体应用将面临技术和政策方面的挑战，但将会打造一个更聪明、反应更迅速的政府。

对于公共部门而言，人工智能是一个非常有效的提高主流公共服务效率的工具（政府数字服务/GDS）。人工智能可以用于税收、福利、签证、护照和其他政府执照等领域，甚至可与养老金监管机构开展合作，帮助商业部门创新合作渠道（小企业研究计划/SBRI），建立完善的、更安全的、自动化的考察系统从而节约申请花费及时间成本，建立更智能的、响应更快的政府体系。

在公共部门成功采用人工智能的因素包括：已经有数字化的良好基础、能够理解并能授权使用人工智能的领导者（包括授权使用特权数据）和数字化技能以及运营能力。这与其在企业的成功因素相同。

英国政府部门及机构已经发展并部署人工智能应用。政府数字服务网（The Government Digital Service，GDS）使用机器学习来帮助自动处理gov. uk 用户评论，并通过公众搜索最多的内容来预测交通高峰的用户需要。政府数字服务网与养老金监管机构（Pensions Regulator）合作，在未来通过使用预测算法提高监管养老金计划行为的效率，英国税务局（Her Majesty’s Revenue and Customs ，HMRC）使用人工智能对呼叫中心进行升级。这就是数字政府伙伴对政府使用机器学习等应用的计划。

国家统计局的数据科技校园成为一个中心，将数据、数字专业和领导力汇聚在一起。该校园旨在通过增加对数据科学能力的投资来获得实际优势，并帮助巩固英国在这一领域的国际领先地位。数据科学加速器和政府数据科学伙伴关系利用包括机器学习在内的先进数据分析来训练各部门的数据科学家，从而在现场部门服务和流程上得到新的启示。利用人工智能技术去处理政策和业务挑战的知识和最佳做法，被通过诸如最近的政府数据科学会议（Government Data Science Conference）等会议在政府数据科学界广泛分享使用。国家统计局为政府数据分析和数据科学的学生提供了一个理学硕士学位。数据科学咨询委员将凝集各政府部门的努力来充分利用数据科学的潜在价值，特别是关注其在更广泛的政策制定过程中的价值。

内阁政务商业部正在走采购流程来引进战略合作伙伴，以帮助推动机器人自动化并加速其利用。这将会成为部门确认、开发和购买 RPA 的解决方案的渠道。内阁办公室正在探索中央商业安排和政府标准如何支持机器人和人工智能的利用。

目前也有解决公共需求的创新合作渠道，特别是小型企业研究计划（Small Business Research Initiative，SBRI）。

其他一些国家也在公共部门使用人工智能，包括：新加坡和澳大利亚的聊天机器人；芬兰和日本的后台服务系统；美国的地方执法模式检测；丹麦的资金申请处理应用。

（八）人工智能对未来英国经济的影响

多数观点认为人工智能带来的经济影响将是积极的、广泛分布于各个行业的，但是并不均衡。随着时间的推移，人工智能将逐步应用于大多数行业，这使得人工智能带来的影响难以评估，并导致不同评估之间存在差异。对于人工智能带来变化的速度也有各种观点。

如上所述，埃森哲估计，到 2035 年，人工智能将为英国经济带来额外的 8 140 亿美元收益，英国的经济总增加值（Gross Value Added，GVA）的年增长率也将从 2. 5%提升至 3. 9%。

这些都是广义的预测，涵盖了整个经济周期。这些分析的说服力并不在于其统计的精确数字，而是在于人们预期行业活动将会因人工智能的应用而改变这一方面所达成的共识。

由于人工智能技术的发展，2030 年英国的 GDP 将增加 10. 3%，相当于增加 2 320 亿欧元。这使人工智能技术成为当今快速变化经济中最大的商业机会之一。

这一时期的影响将来自生产率增长（1. 9%）、消费侧产品的增强和新企业进入刺激需求（8. 4%）。

英国所有的区域都会有显著的增长，包括苏格兰、威尔士和北爱尔兰都会看到 AI 在 2030 年带来至少 5%的 GDP 增长。到 2030 年，人工智能将带来每户每年 1 800~2 300 英镑的额外消费能力。

值得注意的是，人工智能的影响不会集中在任何一个经济部门，也不会局限于开发和生产人工智能技术的公司。通过自动化和增强过程以及为消费者提供更多的产品，人工智能的利用将直接影响到利用过程中的各个环节。此外，总的经济影响包括企业和消费者可能在整个经济中感受到的潜在间接影响和诱发影响。

或许可以把人工智能看作一个实用工具，能够改善所有数字应用及数字功能。在这种情况下，成熟的应用程序会变得更容易访问，受益最大的将是那些对人工智能“准备就绪”的企业。

（九）英国对人工智能的支持

英国已经建立了人工智能学术研究和商业活动的支持机制。

研究基金资助-工程与物理科学研究理事会（Engineering and Physical Sciences Research Council，EPSRC）：EPSRC 支持 143 个与人工智能相关的研究基金，并将人工智能技术作为其研究重点，将提供人工智能技术及其系统作为主要目标之一。EPSRC 认为，这种涉及社会科学家的多学科研究将使人工智能工具和技术可以被接受和利用，并且符合社会道德。

以下是 EPSRC 的目标：

（1）将人工智能技术研究与训练数据组合起来，作为图灵研究工作的补充，提供基于统计和理论科学基础的研究方法；

（2）使人工智能技术专业人员能够跨越广泛的领域（例如未来医疗保健服务领域）来开展工作；

（3）促使各领域的研究人员共同研究新方法和新应用（例如让人工智能技术人员与研究工程师、翻译研究人员和具有其他应用专业知识的研究人员共同工作）；

（4）提供包含与其他学科（例如机器人技术、人机交互、计算机视觉和社会科学）共同创建的支持人工智能技术的产品；这需要评估智能系统如何与人类交互，并考虑此过程的可靠性和安全性。

2011—2015 年，英国在人工智能学术论文发表数量方面排名第四，发表了 10 000 篇论文，前三名依次是中国、美国和日本（中国在同期发表论文 41 000 篇）。

数据科学研究 – 阿兰·图灵研究所：阿兰·图灵研究所是国家数据科学研究所，其总部设在大英图书馆。EPSRC 在 2015 年成立了该研究所，剑桥、爱丁堡、牛津大学、伦敦大学学院和华威大学五所大学参与其中，总投资规模达 4 200 万英镑。

该研究所将数学、统计学、计算机科学、社会科学和数据伦理学、软件工程、机器学习及人工智能领域的研究人员聚集在一起，在数据科学研究领域产生了世界级的研究成果。它将研究成果应用于解决现实世界的问题，并与工业、政府和第三方合作伙伴开展合作。其研究的核心领域包括国防和安全（与英国情报机构政府通信总部和其他政府机构）、健康（与一系列合作伙伴合作）、以数据为中心的工程（与劳氏船级社基金会）、计算技术（与英特尔）、融资（与汇丰银行）和智慧城市。研究所的另一核心目标是培训下一代数据科学家，形成关于数据的公共话题及其对科学、社会、经济和我们的生活方式的强大影响。

图灵数据研究组：艾伦·图灵数据研究所定期组织数据研究组，研究顶级的公共组织和私营组织带来的重要数据科学问题。在长达一周的时间里，研究人员将利用其具备的顶尖的数据科学专业知识和技术进行问题研究，最后在周末发表演讲和报告，报告中包括他们推荐的问题解决方法。参与研究的学者获得了研究实际问题和数据集的机会，行业参与者从对问题的深入实际研究过程中受益，并在结束时获得了可行的商业解决方案。迄今参与的公司包括西门子、壳牌、国家电网、国防和安全技术实验室、塔塔钢铁和汤森路透。

开放数据研究所（The Open Data Institute，ODI）：ODI 的使命是“通过向需要数据的企业和政府提供数据，从而建立一个强大、公平和可持续的数据经济体系”。ODI 是一家位于伦敦的独立、非营利、无党派的公司，具有很大的国内和国际影响力。它将商业、非商业组织和各国政府聚集在特定部门，通过提供数据的方式来解决面临的全球性挑战。

如上所述，国家统计局（Office for national statistics，ONS）数据科学园区、政府数据科学加速器和政府数据科学合作伙伴均支持发展政府数据专业知识及数据应用。

纽卡斯尔国家数据创新中心将汇集工业界、公共部门和世界领先学者，共同开发利用数字数据爆炸带来的机遇所需的技能、理念和资源。

皇家统计学会数据科学部：该部门是最近成立的，参与人员包括商界、工业界、政府和学术界的代表。该部门将为参与人员组织会议，并取得以下方面的成果：

（1）支持英国各地数据科学社区 ；

（2）通过结合实例进行数据科学应用成果分析，并推广优秀做法；

（3）促进数据科学的统计研究，加强统计框架建设；

（4）为企业提供数据科学领域的可信语音，包括输入咨询训练；

（5）通过提升数据科学家和统计人员在现代社会的工作技能来支持其职业发展；

（6）支持重要的新兴课题，如道德、隐私、算法责任及个性化；

（7）促进多学科间的联系和思想交流。

支持数字化研发的商业化——数字弹射器：数字弹射器是先进数字技术的技术中心和创新中心，旨在加速新数字市场的接入进程，并开展相关应用研究和开发，识别新兴技术的新应用。人工智能是四个关键技术之一，它在跨国公司、投资者、创业公司、政府部门、学术界和其他投资者（每个都专注于高价值技术领域）之间占据中立的位置，并使这些组织之间建立了积极的合作关系。例如，数字弹射器与 DSTL 公司合作开发了自主代理商，与 SwissRe 公司合作研究开发智能会话界面，与希捷公司合作对复杂生产线进行计量，以上每个合作都有学者、专家和中小企业参与其中。数字弹射器正在组建一个机器学习计算实验室，来帮助初创公司降低培训机器学习模型的成本。

行业代表——TechUK：科技行业代表机构 TechUK 将人工智能技术视为整个英国经济和社会变革的重要动力，并致力于鼓励更好地理解利益和挑战。今年 4 月，它们汇聚了软件巨头公司 Luxoft、人工解决方案和 UCL 等领先的行业和学术机构，共同探讨在金融科技中实现人工智能的潜力、面临的风险、挑战和障碍及解决办法。5 月份，它们与 IBM、剑桥大学和 DeepMind 就人工智能在医疗保健方面的应用进行了讨论，着重研究如何提高人们对医疗保健应用的认识以及建立公众对技术的信任。2017 年 5 月，英国技术大学举办了为期一周的活动，展示人工智能可以更广泛地为英国带来的机遇和利益，包括提高生产力和促使经济增长。

NMI 是英国电子系统和科技行业的机构，目前正致力于支持“英国深度技术”。

人工智能中其他的非竞争性协作是通过社会组织对人工智能和相关行为的研究来实现的。

Leverhulm 未来智能中心的目标是建立一个跨学科的研究社区，它与技术人员和政界有着紧密的联系。它设立了一个明确的实际目标：共同努力确保人类在未来几十年能够充分利用人工智能发展的机会。

英国成立了一个人工智能全党小组，来探讨人工智能和机器学习所带来的影响，同时增强议员和其他决策者之间的相互理解。

支持数字规模扩大——英国科技城（Tech City UK）：英国科技城支持英国数字科技生态系统的发展，通过建立一个“扩大规模”的渠道，以培养更多的后期开拓者，并在全国范围内创造更多的就业机会。英国科技城正致力于打造一系列行业特色项目，为快速增长的公司提供为期 6 个月的指导计划。

目前，关于人工智能的投资增长过快以至于无法准确地追踪，但是有迹象表明，全球行业对人工智能未来的潜在价值有了一定的认识。

专注于人工智能应用的初创公司 2015 年在全球获得了 24 亿美元的风投资金，并在 2016 年上半年获得了超过 15 亿美元的资金。政府计划和现有技术公司进一步增加了数十亿美元。主要的参与者不仅仅是在招聘大学毕业生，他们还在挖掘大学的人才：亚马逊、谷歌和微软已经开始资助教授，并以丰厚薪酬直接招聘大学研究人员，以建立竞争优势。

麦肯锡也观察到近期投资的大幅回升：“处于前沿的数字公司——谷歌和百度等在线公司和数字公司正在把大量资金投入到人工智能上。我们估计 2016 年包括重大的并购活动在内的投资将在 200 亿~300 亿美元。私人投资者也纷纷加入其中。我们估计 2016 年风险投资家在人工智能上投资了 40 亿~50 亿美元，私募股权投资公司投资了 10 亿~30 亿美元，这个数字是 2013 年的三倍以上。另外还有 10 亿美元的投资来自赠款和种子基金。”

IDC 预测 2017 年全球认知和人工智能系统的收入将达到 125 亿美元，比 2016 年增长 59. 3%，预计 2020 年投资将增加 460 亿美元以上。

在人工智能投资和活动规模方面，英国和其他国家一般被视为落后于美国和中国。英国在全球交易份额方面仍远远落后于美国，2016 年的投资交易中有 62%被认为流向美国的创业公司，只有 6. 5%流向英国的初创公司。2010—2016 年，对人工智能公司进行的全球风投融资中，只有 5%发生在英国企业（见表 1）。英国的投资似乎还处于早期阶段，英国人工智能企业中有 3/4 是寻求种子或天使投资，而只有一半的美国企业在寻求天使投资。英国只有 1/10 的人工智能企业寻求增长资本，在美国是 1/5。如表 1 所示。

表 1　2010—2016 年国际竞争对手风险投资的人工智能价值

单位：百万英镑

国家	2010	2011	2012	2013	2014	2015	2016	总计
美国	112	171	228	399	843	1503	1578	4833
中国	6	—	1	15	55	124	199	401
英国	6	9	24	18	19	67	152	294
加拿大	3	17	11	4	2	23	11	71
德国	3	8	8	0	0	7	9	36
法国	3	1	—	1	1	9	15	31
总计	132	206	272	438	920	1733	1964	5666

国际政府对人工智能的支持

其他领先的数字经济体也在采取行动，提高本国的人工智能能力和随后的市场份额。如果我们要与全球竞争对手向其人工智能部门提供的支持相匹配，英国需要提高其投资水平。以下只是各国政府在发展人工智能方面采取行动的一些例子。

法国：2017 年 3 月推出人工智能战略。主要建议包括：建立一个战略委员会来落实战略政策；建立一项识别、吸引和保留人工智能人才的计划；向一个共享研究的基础设施提供资助；成立一个公私联营体，以确定或建立一个人工智能中心；确保人工智能成为公共机构所有创新的优先事项；在五年内向 10 家初创公司投资 2 500 万欧元（合 2 000 万英镑）。

新加坡：国家研究基金会（NRF）将推进一个投资高达 1.5 亿新加坡元（8 500 万英镑）的新国家计划，旨在提高新加坡在未来五年的人工智能能力。

美国：政府在 2015 年投入了 11 亿美元（8.5 亿英镑）用于人工智能系统的非保密研发，预计 2016 年投资将达到 12 亿美元（9.5 亿英镑）。据报道，美国国家科学基金会信息与情报系统部门和来自 DARPA 的人工智能项目在过去的 15 年里，每年投资为 3 亿~4 亿美元（2.5 亿~3 亿英镑）。2016 年的白宫报告包括了全国人工智能研究和发展战略计划。

韩国：政府宣布将在未来五年投资 1 万亿韩元（7 亿英镑）用于人工智能研究，为人工智能提供的年度资金将增加 55%。

德国：人工智能研究中心（DFKI）成立于 1988 年，年度预算为 4 100 万欧元。它是世界上最大的人工智能实验室之一，有近 500 名研究人员。

加拿大：正在投资泛加拿大人工智能研究和人才战略，投资金额 1.75 亿加元（1 亿英镑），旨在吸引和留住加拿大顶尖的学术人才。

中国：有一个雄心勃勃的愿望，即在 2018 年之前建立一个 150 亿美元的人工智能市场，据报道其正在制定一个全面的人工智能战略。

如上所述，近几年来，在全球范围内，特别是在英国，几个关键因素提高了人工智能的能力，特别是增加了数据获取、高级技能供应，开发人工智能的研究并提高计算能力。

为了实现未来人工智能的机遇并满足日益增长的需求，英国需要扩大在同一地区的人工智能技术的供应。

展望未来，预计至少在中期内，计算能力、数据量及数据可用性将持续增长，但这并不意味着人工智能可以轻松获取所有数据。预计英国对人工智能技术的需求将继续增加。随着技术的进步和普及，我们需要进一步的研究来扩展和改进人工智能应用。

通过与行业和学术专家的接触和交流，汲取他们的观点并分析英国和全球人工智能的发展情况，本“评估报告”确定了人工智能面临的主要挑战，并提出了解决这些挑战的建议。

如上述市场概述所述，人工智能的使用并不仅限于某些行业或某种规模的公司。人工智能在英国的成功利用意味着人工智能技术将拥有比现在更加广泛的应用前景。

因此，许多建议明确了可以广泛地增加英国人工智能能力的因素，而不是将人工智能的应用局限于某些部门或特定类型、规模的组织。

三、加强数据获取

（一）获取人工智能数据

开发和部署 AI 行业应用需要加强对现有和新的数据集的获取，支撑应用系统实现数据训练、挖掘和发布。

更加开放的数据获取途径增加了获取研究数据的机会。2017 年“数字经济法”包含了将数据用于公共利益的新规定，各行业领域需要采取行动最大限度地利用数据。通常来说，可以包括以下方式：

（1）开放更多数据；

（2）提高数据的机器可读性；

（3）加强对不公开敏感数据的信任和访问管理。

本部分讨论英国人工智能发展中面临的数据获取方面的挑战，并提出有关行动建议：

（1）开放数据；

（2）获取敏感数据；

（3）从可信数据共享中获益；

（4）数据信托；

（5）获取 AI 研究数据；

（6）重视版权、文本和数据挖掘；

（7）人工智能数据的可解释性。

（二）开放数据

如果有更多的部门开放更多的数据供人工智能系统使用，那么这些部门所面临的挑战就越容易得到解决，数据和应用的创新范围就越大。

2016 年美国白宫发布了《为人工智能做准备》的报告，指出鼓励公共部门为 AI 提供数据改善服务的重要性，报告中提到，“人工智能的许多用途都依赖于可供机器学习模型训练和 AI 系统性能测试的数据。拥有不涉及个人隐私或商业秘密数据的机构和组织，可以向研究人员提供这些数据帮助人工智能系统的开发。数据标准化格式可以降低新数据应用的成本和难度”。

当不涉及隐私、安全或商业机密等风险时，公共部门的数据应该公开。英国一直是开放数据方面的领先者，最近在全球政府开放数据绩效评价中排名第一。

开放数据研究所（Open Data Institute，ODI）成立于 2012 年，其宗旨是“连接、装备和激励人们用数据进行创新”。ODI 在开放公共部门数据的同时，还说服数百家银行、农业和体育相关企业公开和发布数据。ODI 目前已经形成了一个全球性的网络。

数据开放还有很多工作要做，AI 对开放数据进行学习，并产生数据的附加价值，为数据开放提供了更多的动力。

开放数据需要标准化格式提高机器可读性，并在适当的情况下提供清晰的权限信息。

（三）获取敏感数据

许多数据是不能公开的。不能公开的原因有很多，包括隐私、安全、商业优势和其他方面的因素。

当两个部门之间计划进行安全数据共享时，即使它们之间互相信任，但在进行实际的信息共享时，它们往往缺乏专业的知识和技术来支撑双方之间信任关系的落实，无法在实践中管理数据共享过程，使得达成的协议无法落实。因此，在很多领域中，有价值的数据还不能应用于实践，因此，AI 技术就无法解决这些领域的挑战。

这一点在医疗保健领域尤其明显，这也是人工智能可以创造巨大价值的一个领域。“在医疗保健领域应用人工智能的障碍不是技术，而是数据的获取。出于法律或其他原因，人工智能研究人员难以获取医疗数据集，这导致研究工作受阻。这对于这个领域的初创公司来说尤其困难。规模较大的公司较容易获得此类数据。”

不仅是医疗保健领域，在其他很多领域，获得公开数据都存在挑战。敏感数据的获取涉及两个关键方面：

（1）提供信任和信心；

（2）使交易成本降低到可持续的水平。

关于数据获取的实际挑战 —— Matteo Berlucchi，Your. MD 公司

Your. MD 是英国一家小型初创企业。该公司正在建立一个 AI 系统，旨在为人们免费提供他们所需的最佳健康信息。这个雄心勃勃的挑战需要深刻了解每个人的医疗状况。因此，获得可靠的、正确的匿名个人健康记录数据集至关重要。

Your. MD 试图联系国家健康服务机构（National Health Service，NHS），看看是否有办法获取这些数据，但是他们甚至很难找到合适的人去交谈。对像 Your. MD 这样的小型初创企业来说，与 NHS 这样复杂而庞大的组织交涉是一个不可思议的任务。

获得这些重要的标准化的数据，对于开发医疗保健领域人工智能应用和服务至关重要。政府需要创建良好的数据共享环境来充分挖掘这一潜力。

对使用敏感数据的信任和信心：在许多为个人提供服务的行业，出于隐私、安全、保密和商业敏感性的考虑，数据需要得到保护。数据持有者需要与 AI 开发者建立信任，并得到数据安全使用的保证，才能有信心与 AI 开发者共享数据。一些数据最敏感的领域也可能是从数据中获益的最大领域。

数据开放并不意味着要取消对个人、企业或市场竞争的必要保护。正如英国信息专员办公室所描述的，数据开放不是大数据或数据保护二者取一的问题，而是大数据与数据保护共同促进的过程。大数据、人工智能和机器学习的好处将通过加强实施数据保护原则和保障措施来体现。

AI 系统需要安全、可控地访问数据，AI 系统开发者需要与数据提供者商定数据开放和应用的利益分享方法，并保留有关数据复制条款。双方可以通过签订协议来解决这些安全挑战，但是目前大多数协议都是临时性的，会导致巨大的交易成本，降低较小公司的竞争力。并且，很多公司的工作计划安排都过于复杂，很多方案受到批评，例如，DeepMind 公司与皇家医院之间制定合作方案。

英国要建立一个有竞争力和创新性的市场，使大型数据集的持有者和利用这些数据开发人工智能系统的公司实现共赢，就需要建立可信和可重复的机制改善数据访问。

敏感数据的处理需要制定好的解决方案，以应对重大公共挑战，例如，帮助长期失业人士或社会排斥人群。成功的公共部门与私营部门的数据共享不是单向的。公共卫生机构可以利用超市、运输商和城市规划的数据来鼓励健康的生活方式。公共部门可以使用商业、公共卫生、自然和技术风险管理、空间和城市规划、能源供应网络和环境保护信息改善其决策。

降低获取数据的交易成本：好的解决方案必须是可承受和可持续的。如果数据共享解决方案中每笔交易的法律和程序成本太高，那么该解决方案将不会被广泛采用。大公司的经验和资源可以更容易地控制交易和交易成本，而降低交易成本才可以使小公司像大公司那样容易地访问和获取数据。

某些大公司在人工智能技术应用方面已经取得了很大的优势，因为它们产生和获取的数据非常丰富。像谷歌（Google）和脸书（Facebook）公司就使用它们的其他产品和服务生成的数据来不断改进这些产品和服务，例如，基于大量搜索数据预测客户的偏好。

“更多的数据导致更好的人工智能技术，更好的人工智能技术产生更多的有价值的数据”，由于这个良性循环，人工智能可能会进一步提升现有企业的地位，大公司的大量资源为它们交易和访问其他数据集提供了优势，例如，在医疗保健领域。即便是有些数据不是自己内部产生的，大公司也具有足够的经验、专业知识和机制与数据持有者达成数据获取协议。

相比之下，对于小公司来说，协议谈判和付诸实践可能会产生重大障碍和增加成本。更糟糕的是，这些情况可能使新公司难以进入某些市场，使人工智能创新的领域限制在现有企业所服务的核心领域，这将最终损害公众的利益。

未来，英国人工智能产业的辉煌发展应该包括最广泛的小型和大型公司，而不仅仅只是大型科技公司。

（四）可信数据共享的好处

标准化和可重复的数据访问将释放各部门的数据价值，促进许多应用程序的开发。目前，已经有一些互利的数据共享协议在实践中得到使用，这些成功的方法应该得到推广。

数据共享需要逐步推进，而不可能一蹴而就。目前，对于企业进行人工智能数据共享的问题还没有得到广泛的讨论。正如研讨会提到的："列出一个合适的问题清单也是很好的。"因此，数据的共享应继续探讨已有协定和其中的共同要素，发现并分析可能的问题，帮助用户识别协议不适当的部分。

（五）数据信托

建议 1：为了促进部门间数据共享，使人工智能利用数据，政府和业界应制定数据信托方案，即成熟的和值得信赖的框架和协议，确保数据交易的安全性和交易双方的互利互惠。

为了有效使用人工智能数据，数据持有者和使用者需要就符合双方需求和利益的条款进行协商，并达成一致。为了使这项工作更加高效，建议在这些缔约方之间制定规范化的条款和机制，在它们之间形成"数据信托"，满足有关各方的需求，赋予数据交易信心和信任。

数据信托不是一个法律实体或机构，而是一个以标准化可复用的框架为基础的一系列关系，符合各方权益，以公平和安全的方式共享数据。

数据信托方案可以分阶段进行：

（1）收集数据共享方面的问题和解决方案；

（2）制定数据的持有者和使用者共同制定的数据信托框架，以共享数据；

（3）在具有挑战的一个或两个部门进行测试试点，注意风险控制。

运输部门是一个很好的例子，许多机构或组织可以从运输数据共享中受益。开放数据学院（Open Data Institute，ODI）、德勤公司和运输“弹射器”平台已经报告了在智能交通系统建设中实现数据共享的案例。

数据信托建议不会是开发可重用数据共享框架的唯一尝试。它的发展应该从现有的运作模式和过去的成功模式中不断学习，吸取成功经验，努力满足用户的需求。它应该解决数据交易中遇到的实际障碍，以及使用 AI 共享数据时存在的问题。

数据信托支持组织（Data Trusts Support Organization，DTSO）可以为那些想要共享和使用数据的人提供工具、模板和指导，方便数据所有者和消费者形成数据信托。该组织可以由中立的专家组织构成，如皇家学会、皇家工程学院、数字弹射器平台机构或开放数据研究所，这些组织都具有相关的专业知识。同时，考虑到信任的重要性，这个角色应该由一个在安全性和操作有效性方面有良好信誉的组织来担任。

DTSO 是默认的受托人，即帮助管理数据信托的第三方机构。DTSO 的主要功能包括：

（1）提供框架定义双方同意共享的数据或数据流；

（2）定义共享数据的目的和其预期用途，包括确定使用的分析方法；

（3）协商数据传输和存储机制；

（4）确定产生商业价值的条件。

咨询和监督可以由英国皇家学会和英国学院提议的数据管理机构承担，该机构需要不断积累业务经验，解决重要的数据共享挑战和实现公共利益。

数据信托和共享数据可以在 AI 竞争中发挥作用，而这些竞争恰恰是创建数据信托的驱动力。

政府的作用：政府机构已经开始为研究人员提供数据分享方面的经验，包括数据信托，例如，国家统计局的“虚拟微型数据实验室”和“五个保险”框架。

政府要进一步促进数据信托的发展和应用，通过 AI 理事会支持和授权

DTSO，使其成为默认受托人，能够提供免费的数据信托法律合同模板。

数据信托的概念有必要成为法律的一部分，其职能将充分体现立法者的建议和指导方针，如果工业界认为有必要的话，将允许更多的其他第三方组织作为数据信托的受托人。

管理结构：在初始阶段，DTSO 将作为负责创建和监督数据信托的单一机构，并与数据管理和道德机构建立战略关系。此外，数字弹射器平台机构、ICO、开放数据研究所、AI 产业发展委员会都是建立和推广行业数据信托的重要利益相关者。在随后阶段，其他组织将通过 DTSO 认证来参与数据信托的建设和运营。

DTSO 的作用：为了鼓励数据信托的发展，DTSO 可以免费获取政府或非营利组织的任何类型数据，特别是有关公共利益数据。DTSO 的运营不以盈利为目的，但是如果对其他类型的数据的利用产生了商业价值，DTSO 则会收取一定数量的服务费用。DTSO 并不是政府机构，因此，制定有关数据法律是十分必要的。

DTSO 要想更好地发挥作用，还需要在以下一些方面进一步加强：

（1）完善由多方参与的技术、业务和财务框架；

（2）提供有关数据的匿名化、分解和共享以及交易保护的指导；

（3）培养可以独立提供有关数据估值的技术专家；

（4）积极担任通用数据保护法（GDPR）和其他数据监管的可信顾问，就数据的公平和道德使用提供建议。

（六）获取研究数据

机器可读性也是人工智能数据获取的关键问题。人工智能技术正在从更多的行业和研究领域获取更多的数据，机器可读性将大大提高人工智能的研究水平。

已发表的科学研究是后续研究的主要数据来源。人工智能可以将数据作为训练数据，从数据中实现新的价值。研究人员和研究机构表示，虽然在开放研究方面已经取得了很大的进展，但目前还有一些应该可以获取的数据还没有被获取。

建议 2：为改善开发人工智能系统的数据可用性，政府应确保基础数据以机器可读格式公开发布，并提供清晰的权利信息。

（七）支持研究的文本和数据挖掘

目前，由于受到承包商或版权的限制，有些数据不能从已发表的研究中提取，这限制了人工智能在数据公共价值较高领域的应用，降低了已发表研究成果的价值，而这些成果大部分是由公众资助的。

研究出版数量持续增长，为了更好地利用它们，机器阅读显得越来越重要。机器阅读技术应该成为研究出版的标准和必要工具，机器可读性应成为研究出版发表的默认标准。研究的出版发表应该允许通过 AI 的文本和数据挖掘技术提取数据。

在出版的研究成果中，数据更广泛，交易成本更低，这使得创新型企业能够在更多领域开发出更好的 AI 应用。

许多研究机构的数据已经能够支持更加自由化的文本和数据挖掘，有一些研究机构认为："商业公司开发新的内容挖掘服务符合研究界和整个社会的利益。"

迄今为止，对新研究成果的文本和数据价值的评估还没有使用 AI 数据分析所带来的潜在价值。因此，未来的评估应该考虑到对人工智能数据的使用，增加对文本和数据挖掘的自由化使用的总体评估。政府应该通过 TDM（包括商业企业）为 AI 提供的数据来调查 AI 可以为英国经济增加多少价值。政府在形成版权例外时应该认识到这个价值。

建议 3：为了将支持文本和数据挖掘作为已出版研究成果的标准和必要工具，英国应该将数据挖掘权纳入到阅读权之中。在对文本和数据挖掘支持进行评估时，政府应该将人工智能数据的潜在作用考虑在内。

英国人工智能发展现状及政策建议（下）

编　　译：丁　邡　李信然

译　　审：舍日古楞

国家电子政务外网管理中心主办

编者的话

人工智能（Artifical Intelligence，AI）是当今世界战略性前沿技术，正在革命性的改变人类经济和社会发展方式。无人驾驶、智能制造等技术不断驱动传统产业转型升级，释放产业新动能；智能可穿戴设备、服务机器人和虚拟现实正在改变人们的生活；同时人工智能也为提升政务治理和公共服务水平提供了创新工具。为了抢占人工智能发展的制高点，美国、英国、日本等政府相继推出人工智能国家战略，人工智能相关领域及产业发展已成为全球科技创新的新焦点，各国均期待在未来AI竞争中占据先机。

英国的人工智能产业处于全球领先地位。去年全球关注的AlphaGo人机大战即是英国公司DeepMind（被Goolge收购为子公司）的杰作。英国发展人工智能产业主要围绕加强人工智能应用对数据的访问和使用、提高全社会的人工智能技能、推动人工智能基础研究与创新能力发展，以及强化人工智能应用四个方面发力。一是在加强人工智能数据访问方面，报告强调政府应该与产业界合作共同建立一套数据信任机制，通过可验证和可信的框架和协议，实现数据共享对双方的互惠共赢，确保数据交换的安全性；提高数据的可用性，建立相关机制确保以机器可读格式对数据进行发布，支持文本和数据挖掘；二是在提高全社会的人工智能技能方面，报告建议英国政府不仅要增加本土各级人工智能学位的数量，还要扩大人工智能从业人员的学术背景范围，加速培养和建立复合型人才队伍，并采取有力措施吸引全世界最优秀的人工智能人才来英国创业发展；三是在推动人工智能基础研究与创新能力方面，建议英国要充分发挥艾伦·图灵研究所、工程与物理科学研究委员会（EPSRC）、科学技术设施委员会（STFC）和联合信息系统委员会（JISC）等国家级基础研究部门与机构的核心作用，加强顶层规划，强化协调与沟通，提高英国人工智能基础研究水平；四是在强化人工智能应用方面，建议政府应该与产业界密切合作，就英国经济如何利用人工智能技术面对当下的机遇和挑战制定切实可行的指导方针，帮助政府公共部门应用人工智能技术提升服务水平，并推动各类产业发展基金重点支持人工智能技术解决各领域中具有挑战性的难题。

为了抢抓人工智能发展的重大战略机遇，构筑我国人工智能发展的先发优势，加快建设创新型国家和世界科技强国，2017年7月20日，国务院印发《新一代人工智能发展规划》，将人工智能产业发展上升到国家战略高度。面对人工智能的全球竞争，我国有必要建立培养和引进相结合的人才队伍建设机制，并加速人工智能商业化和产业化进程，将人工智能产业培育成新的经济增长点。这里选编的《英国人工智能发展现状及政策建议》对于推动我国人工智能发展具有重要的参考价值。

编　　译：丁　邡　李信然　　　译　　审：舍日古楞

英国人工智能发展现状及政策建议（下）

四、关于培养和引进 AI 技术人才的建议

全球对 AI 技术人才的需求：全球都在抢夺 AI 技术人才。为了保持在 AI 领域的全球竞争力，英国不仅有必要在本土加速培养 AI 技术人才，还需要继续保持对来自世界各地的最优秀 AI 人才（本科以上学历）的吸引力。例如，政府可以建立和完善符合人工智能行业发展需求的签证政策，调整签证类别和数量。此项举措将向全球的优秀毕业生表明，英国是一个对国际人才开放的国家，并有利于英国在人工智能领域始终保持全球领导者的地位。

本部分介绍 AI 人才培养的金字塔计划（见图 1）。并提出增加 AI 人才供应的建议。

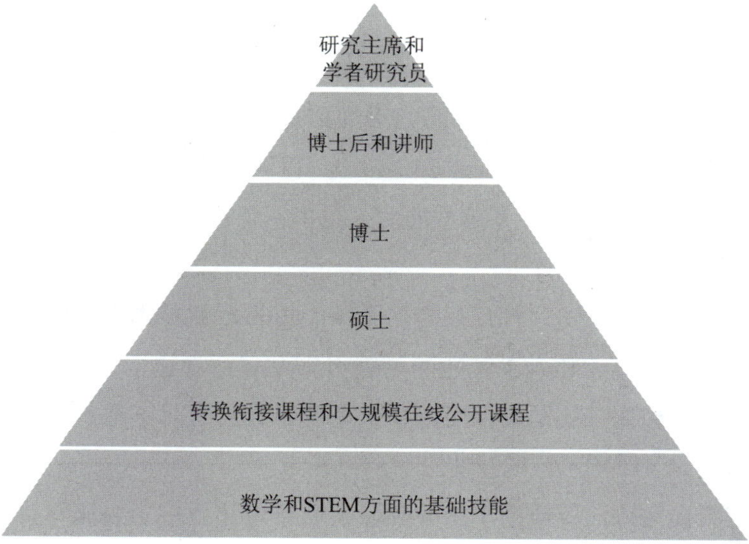

图 1　AI 人才培养的金字塔计划

AI 高端人才： 人工智能技术的快速发展使得人们在计算机、数据科学、机器学习和类似技术领域获得了高水平的培训机会。毋庸置疑的是，发展人工智能需要具有丰富的专业知识和技术人才，尤其需要在英国本土广泛提高人们的 AI 技能。

AI 高端人才在英国本土仍然非常紧缺。尽管毕业于硕士和博士学位的技术人员通过不断参加各种 AI 培训来增加实践经验，英国仍迫切需要一批人工智能专家来开发更多领域的应用。企业对这方面的需求非常强烈。

人才短缺对大多数高科技领域来说都是一个挑战。因为人工智能是软件工程、计算机科学、数学、统计学和数据科学等多个领域和学科的交叉科学，所以，人工智能领域的人才短缺问题尤为突出。企业雇主和潜在雇主在讨论薪资等问题时都会提到这一问题。

本部分接下来介绍英国在 AI 人才培养和引进方面的重大转变。博士及以上学历人才人工智能专业技能的提高不仅取决于毕业生的数量，还取决于有足够的具有较高教学和研究水平的学术专家和机构。英国不能只简单地增加博士学位的数量，而不增加学位候选人和学位管理者的数量。

下面这些相关建议措施将使英国 AI 人才供应在 1~3 年内有所增加，并保持持续增长。

（一）AI 基础人才

高水平的技能取决于不同层次的基础性技能。拥有掌握科学（Science）、技术（Technology）、工程（Engineering）和数学（Mathematics）以及 STEM 基础技能的人越多，就越能培养出更多的高层次人才和更多的复合型人才。

英国人工智能公司“深度思考”（DeepMind）就英国下议院科学和技术委员会关于机器人和人工智能的调查报告发表评论说，“我们必须采取的最重要的措施之一就是确保当前和未来的职员具有足够熟练的数字技术技能，特别是 STEM 科目的技能”。

人工智能可以广泛应用于工业领域，而且应用范围会越来越广。这意味着对非 AI 专业人员的需求也将不断增长，这些行业专业人员需要将 AI

应用到行业中。

AI 所需的相关技能包括：

（1）数据准备、规划和保护；

（2）向员工和客户解释 AI 功能；

（3）报告管理、问责制和责任。

还需要能够在特定领域使用 AI 工具的专业人员，包括：

（1）研究科学家；

（2）维护技术人员；

（3）使用辅助技术的外科技术人员和医疗专业人员；

（4）制造和运输行业的机械工程师；

（5）服务行业的“AI 用户”——保险、广告、设计、创意、零售、娱乐、金融。

近年来有几个报告报道了通过改善数学、计算机、数据科学和数字技能教育和培训而取得成功的案例。同时，许多研究活动和相关政策也在开展和制定中。

数学：诸多研究报告指出，学生接受的数学教育越多，他们应对数据世界挑战的能力就越好，数学是他们未来在数据行业就业的必要准备。

阿德里安·史密斯教授对 18 岁学生进行义务数学学习的可行性进行了研究。他的研究成果说明，增加更多数学教育能够带来诸多益处，将极大地提高理解、使用和开发 AI 的技能。

教育领域：人工智能能够迅速影响 STEM 教育的各个领域，也是 STEM 技能应用的很好案例。因此，建议将 AI 技术纳入到硕士阶段之前的所有 STEM 教育中。

AI 师资培训：将计算机 AI 科学包含于国家教育课程需要有足够多的 AI 师资作为保障。英国计算机学会对学生选修计算机科学不积极表示担忧，并表示在 70%的中学中，计算机科学教师缺乏相关的 GCSE 水平的计算机科学教育背景。因此，建议为教师提供更多的和更好的计算机科学培训。

AI 职业咨询：人工智能应该更充分地渗透进职业咨询工作中，因为这会对 AI 就业机会产生越来越大的影响。所有学校都有法定义务为学生提供职业建议。鉴于人工智能可能带来的新机遇，职业顾问更好地了解 AI 的应用前景可以大大改善他们对学生的服务，向学生提供关于业务增长变动、技能需求变化和工资等方面更丰富、及时和针对性的信息。

人工智能教育：人工智能教育要充分体现个性化，满足对不同层次和不同需求学习者的不同要求。

学校和学院

（1）我们需要加强对学校和学院的数学和统计学的教学；

（2）在学校和学院分析职业前景和模范的更多和更好的信息；

（3）将数据分析嵌入到其他学科；

（4）支持课外数据的开发活动。

大学和职业教育

（1）提高强大的数据分析课程；

（2）跨学科嵌入定量分析；

（3）提高数据分析专业毕业生的商业技能和软技能；

（4）增加高端分析人才的供应；

（5）培养跨学科研究和技能发展方案。

劳动力市场和行业

（1）创建一个跨数据分析的专题小组；

（2）积极召集行业分析网络；

（3）支持创新干预措施，使地方当局提高本地分析能力；

（4）提高对商业数据价值的认识；

（5）为数据分析培训提供创新的解决方案。

（二）人工智能高级人才的供应现状

26 所英国大学提供 AI 本科课程，20 所大学提供 30 多个 AI 研究生课程。

AI 高等教育的学生人数一直在缓慢上升，特别是高学位的研究生。学生的构成可以归纳为三个层次：第一学位和其他本科、授课型高等学位和其他研究生，以及研究型高等学位。如图 2 和图 3 所示。

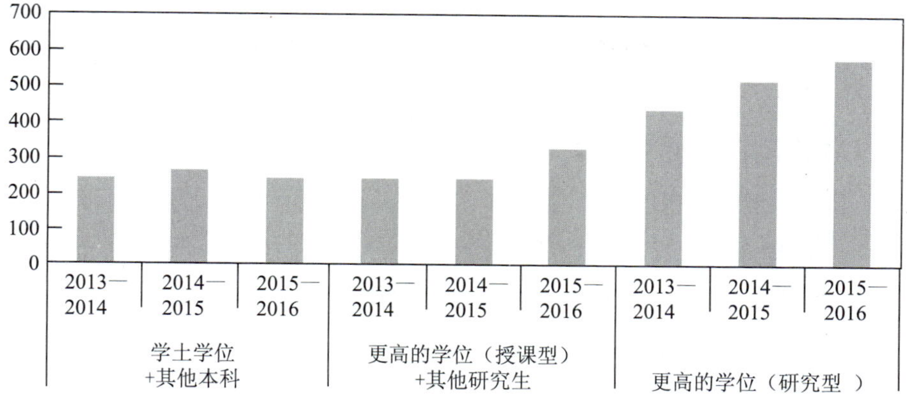

图 2　英国全部人工智能学科某块的第一年注册人数

上述调查数据显示，至少 AI 硕士和博士学位的入学人数在稳步增加。可以预测的是，英国人工智能应用的增长将依赖于上述两个层次人数的大幅增长。

如果将全球 AI 产业的增长率用于估算英国的 AI 需求规模，那么从现在到 2020 年，按照全球 AI 产业的年增长率（低、中、高增长率分别为 15%、36%和 62%），预测结果显示英国需要大幅增加 AI 学生入学人数。尽管这种方法是粗略的，但是也可以从一个方面展示其需求的规模，如图 3 所示。我们可以发现，英国对 AI 人才的需求已经超过了供应，数据科学家和机器学习专家的平均薪酬已经大幅提高。

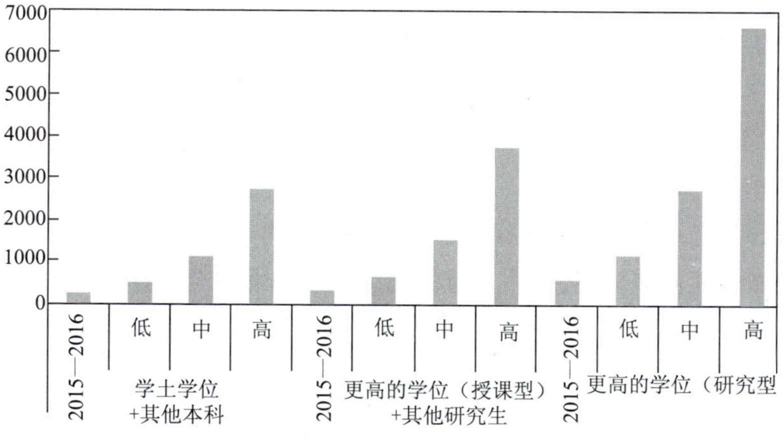

图 3　英国人工智能学科的注册人数 2016—2020 年前景预测

（三）增加 AI 技术工人的供应

AI 技术工人的供应可以通过以下方式来增加：

（1）开设更多的新人培养课程；

（2）提高人工智能技术的教授能力；

（3）提高技能培训系统对需求变化的响应能力；

（4）吸引其他国家的优秀 AI 人才；

（5）缩小产业与学术界在 AI 技术上的差距；

（6）为女性和其他弱势群体创造 AI 学习机会，减少多元化差距。

如上所述，英国很多部门和组织机构都开始广泛使用 AI。为了进一步发挥 AI 技术在英国的潜力，其他行业和不同类别的组织机构还应该与 AI 产品生产企业建立混合的 AI 发展生态系统。而这样一个生态系统的建立和发展都需要 AI 技能的支持。

因此，我们的建议聚焦于推动全体英国企业雇主的 AI 培养和专业人员供给，而不仅仅是为初创 AI 公司提供高学位的专业人才。

（四）多元化

AI 的多元化发展特别重要。AI 算法的质量在某种程度上取决于保证程序员固有的偏差不被转移到代码上。多元化的程序员构成可以减少嵌入到算法中的风险，实现更高质量的算法。

因此，英国要确保所有类型的人员都有机会在 AI 领域工作，并为 AI 产业创造大规模的和有才能的 AI 潜在雇员，确保人人机会平等。

目前，英国的劳动力人口还不能代表英国的广泛人口。过去，性别和种族排斥已被证明会影响工作结果的公平性。如果英国人工智能产业不能改善员工队伍的多样性，那么产业的能力和信誉将会受到损害。

哈佛大学经济学教授 Iris Bohnet 研究了“无意识偏见和结构性机会”，分析了如何避免在组织中做出差的和偏见的决定。她的工作还指出了应用匿名和审查代码的好处。由此可以看出，发展人工智能技术需要确保在选择训练数据、算法和网络设计，以及交付产品和服务方面避免偏差。多元化的劳动力资源构成是关键。

人工智能技术自身也支持多样性的实现。AI 可以在系统中嵌入发现和解决偏差的功能，解决由于潜意识偏差而导致的个人面临的挑战。

改善英国人工智能行业多样性的方法包括：

（1）展示多样性为人工智能发展所带来的优点，强调如何避免算法偏差；

（2）确保宣传材料、课程内容和职业机会对于非代表性的群体公平公开；

（3）在人工智能相关课程中嵌入无意识的偏差训练；

（4）为人工智能的管理和编程人员增加“无意识偏差”培训；

（5）企业为代表性和任职人数不足的群体提供参与 AI 工作的指导方案；

（6）为女性提供更多的人工智能技能支持，提供灵活的工作安排；

（7）利用 AI 理事会的品牌效应，帮助代表性和任职人数不足的群体能够参与到学术界和工业界的 AI 工作中来。

建议 4：政府、企业界和学术界必须理解和相信多元化劳动力对人工智能的价值和重要性，并应共同努力打破陈旧观念和扩大参与度。

因此，多样性的评价标准就显得至关重要。在这方面，皇家工程院的研究奖学金计划的做法值得借鉴。该计划规定，如果项目申请人中的一名候选人被认为是属于在英国工程行业内任职人数不足的群体，则项目主办机构有权再提交一名额外的候选人。在工程行业内被证明为任职人数不足的群体包括妇女、黑人和少数民族。

（五）硕士水平的技术人员

英国人工智能产业现在面临的挑战是需要培养足够多的硕士水平的技术人员来满足企业需求。

建议 5：工业界应该赞助一个人工智能助学项目，帮助学生攻读人工智能硕士课程。项目初期计划帮助 300 人。

该项目为期 15 个月，旨在为机器学习专业的毕业生提供一个最佳入门培训平台。项目由企业资助，并直接向资助的企业提供毕业生。前面的 12

个月是大学培训、评估和认证。项目的后 3 个月是在其中一个赞助企业实习。每个企业都会获得与赞助资金数目相称的实习生。该项目将确保吸引女性毕业生参与。

英国的各大学将申请成为该项目的成员，由 AI 理事会、业界和 EPSRC 组织的专家小组决定哪些大学入选。项目第一阶段可向 300 名学生给予赞助，之后可以扩大到在 3 000 个以上或者更多的地方开展，项目对学生和企业的价值是显而易见的。

开设人工智能相关课程是对被选中大学的已有课程的一个补充，300 名学生应从相同的候选人库中选出，并挑选出最好的学生给予奖学金支持。奖学金计划还会进一步增加候选人数量，并保证学生整体素质稳步提高。

每个参与的大学还必须持续改进 AI 理事会所制定的教学标准。参与项目的大学将由理事会定期审查，以增加竞争力。

随着项目的不断发展和成熟，可以邀请更多的行业合作伙伴和更多的大学参加。只要项目保持好的声誉，就可以获得更多的资助和更多的资金来源支持。该项目还可以扩大到包括本科课程。

提供赞助的企业将从这个项目中得到短期和长期的收益，获得更多高质量实习生的供应，可以有效利用“学徒税”的杠杆效应，增加一定程度的市场份额，并吸引更多的学生进入 AI，所以能够提供更多的高素质的候选人。

为了让企业能够利用“学徒税”的杠杆效应，AI 理事会可以代表赞助企业向学徒工协会申请批准在机器学习/人工智能方面的新标准，以支持包括硕士学位在内的学徒制。该项目可以借鉴国家统计局和威尔士政府办事处的数据分析学徒制的经验。

（六）硕士研究生转换课程

随着人工智能技术的广泛应用，人工智能专业学生需要具有其他学科的专业知识。而其他学科专业的学生如果具有人工智能的基本技能，则可以将人工智能应用在他们的核心专业上。例如，如果学生掌握“生物医学+人工智能”技能，就会更加得到雇主的青睐。虽然他们不像计算机或数据科学专业的人那样有深厚的知识，但是这些综合技能会使这些复合型人才具有更多的发展机会。

人工智能的硕士课程面向更广泛学科背景的毕业生开设，可以增加人工智能行业的人员多样性，例如，生物医学学生中女性的比例高于计算机科学中女性的比例。针对该专业学生的人工智能课程有助于提高人工智能行业的多样性，并加速其在科学、技术和工程等领域的应用。

“与 AI 合作”的理念还处于起步阶段，其需求状况还很难确定。因此，需要对某些领域进行进一步的市场调研。

建议 6：大学、企业和学生探讨面向非计算机科学和数据科学学生开设一年制 AI 硕士学位课程的可能性。

随着人工智能与伦理和社会等科学的日益重叠交叉，AI 行业中其他学科的学生也会越来越多。

（七）博士阶段的培训

英国的人工智能产业需要培养足够多的博士学位研究人员来提高 AI 研究能力。提高这种能力需要额外的博士学位教育投资。英国拥有一批世界上最好的大学和一些最受尊敬的学术专家。但是，实时跟踪 IT 就业市场的《IT 就业观察》指出，虽然自 2015 年以来这方面的人才需求已经翻了一番多，但培训经费却没有增加。

保证大学研究经费的充足是至关重要的。政府通过研究委员会向学术机构提供支持，平衡学术界的供应和需求。大多数的英国顶尖大学都指出，博士生申请者的素质通常非常高，有些申请者与人合作出版了期刊论文。按照企业和学术界的需求，大学可以接受三倍以上博士学位的申请者。然而，大学受到实际情况的限制和可用资金的限制，只能接受很少一部分。

英国面临海外大学对最优秀博士生候选人的激烈竞争。由于没有名额而不能在英国接受博士培训的申请人，往往会去美国深造，他们的去处包括斯坦福大学、纽约大学、麻省理工学院和加州大学伯克利分校。

剑桥大学的“机器学习”小组正在逐年增加申请者的数量。除了他们自己的博士课程外，他们还与德国图宾根的马克斯·普朗克智能系统研究所联合开展博士课程。2017 学年，他们共收到约 107 位博士学位申请，其中，94 位申请了剑桥/图宾根项目。但可能只有 15 个成功名额。

2015 年，EPSRC 的人工智能研究博士生人数为 436 人，其中 80 人被归类为属于 100%的人工智能方向，212 人被归类为 50%的人工智能方向（余下的 50%属于其他领域，特别是机器人领域）。另外 224 人被归类为人工智能所占比例不到 50%，他们的领域往往是属于除人工智能之外的应用领域。

EPSRC 的一项粗略分析表明，与人工智能相关的机器学习和技术领域的博士学位需求在全国范围内超过了 500 人。

除了培养和留住英国学生外，英国的大学也应该积极寻求吸引海外留学生来英国学习。英国将受益于在博士研究期间和之后仍在英国工作的下一代国际人工智能专家。

建议博士生候选人数量可以通过以下方式来增加：

（1）增加硕士毕业生数量，帮助他们在人工智能行业里工作；

（2）鼓励毕业生优先攻读人工智能博士学位；

（3）吸引世界各地最好的人才成为人工智能博士学位的候选人。

吸引这些海外人才并将其留在英国工作，将会对英国在新领域开发人工智能技术产生变革性的影响，同时，也会影响到我们培养下一代人工智能研究专家。

因此，建议英国将可以资助的博士学位数量增加到最大，并逐步扩大招生规模。下文的其他措施将就未来如何增加博士学位候选人和增加学术专家，并建立相关工作机制提出建议。

建议 7：应该在顶尖大学至少增加 200 个人工智能博士学位。随着英国教育吸引力的增强，这个数字应该逐年增长。

到 2025 年，在研究生导师、研究机构和研究候选人数同步增加的前提下，至少新增加 1 000 个与人工智能相关的博士学位。

为了实现这一增长目标，英国需要对移民政策、学生资助和激励计划做出改变，这包括：

（1）建立适当的移民措施。不仅要方便世界其他国家的学生进入英国学习或工作，还要鼓励英国本土毕业生留在英国继续研究生教育，或在英国公司就业。

（2）改变博士学位的资助规则。让世界其他国家的候选人能够公平平等地竞争财政资助和奖学金，同时鼓励 IET 和皇家工程院等慈善机构加强吸引国际人才。

（3）鼓励英国学生接受研究生教育。这可以采取以下方式：为研究生教育提供更多和人工智能有关的课程，为经济困难的学生提供奖学金，减免债务和建立潜在雇主关系（通过企业资助）。

（八）大量公开的在线课程和人工智能的持续专业化发展课程

正如“网络安全导论”所证明的那样，大规模在线开放课程（MOOCs）是提高数字技术基本技能的意识和教育的一个很好的方法。现在已经有超过 8 万人完成了由开放大学发起的网络安全介绍课程的修读，这也是第一门在世界各地都得到政府支持的课程。通过无障碍培训，能够帮助具有一定知识基础的人进行知识升级，扩大人工智能专业人员的数量，在更广泛的群体中传递人工智能的价值。此外，这类经认证的持续专业发展课程也可以使人们能够有条件在灵活便捷的授课方式下，提高专业知识技能，有助于人们实现自己的职业目标。

建议 8：大学应该鼓励发展人工智能大规模在线开放课程，为那些有 STEM 资格的人提供更多专业知识。

这项建议成功的关键是让一批重点大学达成一致意见，共同设立相应的课程体系并统一分配学分。

（九）吸引和留住学术人才：在英国实施国际图灵奖学金计划

英国必须保持人工智能学术研究的蓬勃发展，保证其获得全球市场的高度认可，确保企业界进一步为学术研究和学术交流做出贡献。然而，新兴产业对高度专业化人工智能人才的需求和不断上涨的薪酬，将吸引学术界的人工智能人才进入企业工作。这将对从事深入人工智能理论研究和人才培养工作的学术界造成冲击。为此，政府需要建立平等的竞争环境，让学者可以在实业界和学术界之间自由选择。

国家级人工智能学术奖学金计划将激励本土和国际学者在高等教育活

动中开展合作研究。奖学金计划可以重点解决企业合作伙伴的研究问题，允许研究员在参与解决企业面临的难题和学术研究之间进行自由切换。该奖学金将包括一笔用于支付学术薪金的财政津贴，这使得学术界能够在薪酬上与企业界进行竞争。此外，该奖学金将高度效仿加拿大高级研究所（CIFAR）全球学者计划。

建议 9：英国人工智能协会的国际奖学金项目应该与艾伦·图灵研究所合作，设立“人工智能图灵奖学金计划”。该计划由一个专门的基金支持，吸引最优秀的人才，并对来自世界各地的所有符合条件的专家开放。

随着时间的推移，图灵奖学金的受众面要逐步扩大，把世界各地的研究人员聚集在英国，建立一个全球性的享有盛誉的具有吸引力的奖学金项目。

该奖学金项目将与人工智能企业紧密相连，帮助指导和制定企业的战略目标。奖学金项目将鼓励和支持对于研究方向已经确定的学者进行交叉学科的研究。这些交叉领域的职位将允许专家在工业界和学术界之间能够自由转换。该奖学金项目将由赞助企业和政府联合提供资助。奖学金获得者将获得一级（特殊人才）签证。

在制定奖学金的具体实施方案时，政府和合作伙伴应该深入考虑高级研究人员工资、团队中的核心成员工资和其他研究成本，并评估投入成本的产出价值。同时，为了确保该奖学金项目在人工智能领域获得国际认可，阿兰·图灵研究所将把自身的研究优势与奖学金项目进行有效的对接。

五、关于加快 AI 理论研究和商业化进程的建议

为了进一步推动人工智能理论研究和商业化进程，建议英国政府采取如下有针对性的行动：

（1）艾伦·图灵研究所——国家人工智能研究所；

（2）改进知识产权的转让；

（3）获得低成本的研究计算能力。

（一）艾伦·图灵研究所：国家人工智能和数据科学研究所

艾伦·图灵研究所可以在人工智能研究中发挥关键作用，使英国成为人工智能研究的重要发源地。“阿兰·图灵”的名字具有独特的意义，对于人工智能来说，图灵被广泛地认为是人工智能之父。

该研究所应该更有效地发挥其在人工智能领域的领导作用。在相应领域和部门的重点产品和品牌建设中发挥中心作用，并对人工智能发展做出及时响应。与此同时，研究所要在五所创始大学之外，继续扩大研究所的规模，引进更多的人工智能专业知识，使研究所真正成长为国家人工智能研究机构。

建议 10：艾伦·图灵研究所应该成为国家人工智能和数据科学研究所，成为真正的国家级研究机构，并将其范围从目前的五所大学扩展到其他大学和研究机构，把它的中心任务聚焦在人工智能。

研究所还应该与其他国家顶尖的 AI 研究所（例如，加拿大的 Vector 研究所）一起探讨未来合作的可能性，例如，关于 CERN 模型的合作研究。图灵研究所还可以通过 AI 理事会与实业界进行联系。

（二）改进知识产权转让

推动人工智能新业务发展的关键在于：确保思想和技术脱离大学体系，获得许可证并进行商业化。在此过程中，大学可以发挥重要作用，培养和支持具有创业精神的人才，使英国成为世界上最好的创业和企业发展之地。

大学的一个重要使命是提升自身对社会和经济发展的影响力，因此，大学人工智能研究商业化的主要目标是开发知识产权，而不仅仅是保护知识产权。

当前的商业化过程可能过于复杂，持续时间很长。不同的大学采用不同的方法，提供不同水平和质量的支持。公平分配是一个特别复杂和有争议的过程，因此需要改进这方面的流程，减少商业化障碍，消除人工智能创新壁垒。

建议 11：大学应该采用清晰、可评估和可行的公共政策和措施，推进知识产权授权和公司创建。

制定明确的指导方针，促进知识产权商业化公开和透明，将大大有助于人工智能创新。这包括明晰大学的股权要求，知识产权分拆后的后续校企合作方式等。某些激励措施可以改善目前的状况。例如，参与人工智能研究的企业投资者可以制定条款，在所有相关协议中使用，以保证其投资资格。再如，大学将拿出不超过5%的黄金股权，这部分股权不会使控制权被稀释，此外还可以为谈判规定时限。

大学参与公共部门资助的加速器和孵化器计划也需要一套知识产权的转让标准支持。可以建立人工智能企业奖学金，要想获得奖学金必须符合一定的条件。

大学往往没有足够的资源与企业以相同的速度开展工作，这使其无法充分认识到研究成果的潜力。此外，大学往往缺乏技术部门的专业知识。在人工智能的商业化过程中，利用共享的技术专家组可以帮助大学完成这个过程。

（三）获得更低成本的研究计算能力

人工智能研究机构的最大成本是高性能计算能力。降低获取这种计算能力的成本将提高英国人工智能的投资回报。在竞争日益激烈的国际研究环境中，成本相对较低的计算能力将确保英国对世界顶尖的研究人员来说依然是一个非常具有吸引力的国家。此外，应该鼓励英国研究机构和海外专业技术研究中心进行合作。

英国应鼓励对公共部门高性能计算能力的投资。计算能力的降低并不一定意味着公共资金成本的增加，也可能提高他们与商业合作者之间的合作方式。这也为英国政府提供了以更低成本，通过牵头机构来管理高性能计算需求机构的机会，有助于英国改善未来更广泛研究领域计算能力的规划。

建议12：艾伦·图灵研究院、工程与物理科学研究委员会（EPSRC）、科学技术设施理事会（STFC）和联合信息系统委员会（JISC）应共同努力，建立有效的协调机制，解决英国研究团体对AI研究计算能力的需求。

六、支持 AI 产业发展的相关建议

为了兑现人工智能技术所带来的经济红利，英国需要加强 AI 应用的开发和部署。本部分提供相关建议。

（一）加强英国人工智能产业的协调与合作

新的行业必然缺乏领导者和协调者。面对快速发展的技术，企业会将主要的精力集中于技术的开发和与客户的沟通，很少有多余的时间和资源与其他部门、组织和政策制定者进行接触。

在英国，人工智能缺乏有效的企业之间和企业与学术界之间的非竞争性合作，缺乏明确的领导力量。与许多明确细分化的传统行业不同，人工智能的机会存在于整个经济体系，企业更难以识别可以展示自己人工智能业务的机会。

人工智能企业间进行更好的合作可以带来很多好处。合作的方式可以包括与学术界合作开展人才计划和进行知识共享，与政府机构共同开发和分享数据管理手段。缺乏合作，人工智能对其他行业、公众和公共部门的引领作用就会降低，而协调可以帮助新兴公司从小众市场上的成功快速发展成为在更大范围被广泛地认可和接受。如上所述，人工智能还可以创造一个新的环境，更公平和透明，具备完善的问责机制。人工智能还可能改变许多工作领域的性质。

人工智能道德规则的制定工作正在开展，来自工业界和学术界的专家正在参与研究，这些工作非常值得期待。人们需要对人工智能驱动的复杂系统建立信任和信心。对新兴技术发展有远见的专家及时地提供关于人工智能技术发展和应用趋势的建议。另外，本报告中的建议具有可持续的针对性效果，建议的有效实施需要实业界、学术界和政府的大力支持。

建议 13：政府应该与企业和专家合作建立英国人工智能委员会（UK AI Council），协调和培育英国人工智能应用发展。

该委员会类似于战略监督机构，建立开放的和非竞争性的论坛，促进实业界、学术界和政府管理部门之间的协同和合作，解决人才短缺问题，

保证学术研究兼具商业价值，确保商业资本对学术研究成果的持续关注，方便政府在适当时加大在该领域的规模化投资。该委员会将与艾伦·图灵研究所密切合作，实现优势互补，为实现共同目标而努力。委员会将寻求政府内阁的支持，共同组成联合主席。

该委员会将促进企业界内部的合作，加深企业对人工智能的理解，识别 AI 发展中所遇到的增长和创新障碍，促使企业、学术和政府共同提出解决办法。

委员会将更多地作为一个专家领导小组，而不是作为一个行业协会，但其同样可以代表行业扮演催化剂和合作伙伴的角色。

英国的网络安全部门与政府在政策制定中开展合作，这些合作使该部门发展壮大，并为英国企业和专家树立了良好的国际形象。因此，英国人工智能委员会也应该借鉴这种做法，与政府、公司和人工智能专家建立合作伙伴关系，提升自身能力和知名度，增加人工智能产业化应用。

委员会将在这些对话和活动中发挥主导作用，确保英国成为人工智能应用领域负责任的创新领导者。最后，委员会还可以支持人工智能全球集体行动的开展。

英国人工智能委员会将负责的具体事项包括：

（1）协调各方利益相关者采取一致行动推进委员会的建立；

（2）协调硕士奖学金项目和 MOOC 的发展，并制定监督流程和工作机制；

（3）为政策制定者提供新兴产业发展趋势和机遇咨询；

（4）监督数据信托方案，确保其目标明确，并保持公正性、相关性和技术性；

（5）为公平性、透明度、问责制和多样性等方面的问题提供专业知识，包括对未来发展方向提出前瞻性的看法。

委员会可以为英国人工智能提供有关伦理方面的意见。就像图灵研究所、皇家学会和英国科学院所提出的治理和监督方法一样。

委员会还应加强与开展数字业务的机构合作，包括 Tech City 和 Digital Catapult 等机构。

（二）提高人工智能数据应用的可解释性

许多人工智能的创新者同时也是数据应用中提倡道德原则的倡导者。Google、DeepMind、Amazon、IBM 和 Microsoft 创立了“人工智能惠及人与社会”合作伙伴关系，共同制定和推广道德准则，并大力宣传他们做出的承诺。

人工智能监管是各国政府、监管机构和部门专家重点关注的领域。ICO 参与建立了一个探索这一领域的欧盟小组。商业界的一些人已经开始提倡主动的自我监管。

显示人工智能决策的透明度可能很困难。当机器学习程序在数据集上迭代地训练数据时，人们很难为决策提供确切的关联因素的解释。“神经网络方法和深度学习方法可能面临最大的挑战——具有复杂体系结构的多层神经网络的权重是否能够解释清楚?”

《通用数据保护条例》（*GDPR*）将于 2018 年 5 月 25 日生效，并对访问和使用数据设立了新的实质性条件。法规赋予数据主体（使用个人数据的人）某些权利，这些权利与自动数据处理的解释有关（第 12、13、22 条）。但是，一些评论家认为，在实践中执行和遵守这些规定会遇到挑战。

为了应对这些挑战，有必要向公众、客户和监管机构提供公开的实用性指导方案，人工智能企业会从中受益。如果不清楚如何遵守与人工智能支持程序相关的规定，就有可能出现混淆，影响人工智能的广泛应用。

遵守这些规定是至关重要的，有助于制定总体原则和通用的可重复的解释性惯例。

建议 14：信息专员办公室和艾伦·图灵研究所应制定一个 AI 解释框架，支撑 AI 的程序、服务和决策，以提高透明度和推进问责制。

在探索可解释性解决方案时，信息专员办公室和图灵研究所应该参与政府、标准化和行业机构（包括 BSI 和 IEEE），以及其他数据治理机构组织的相关活动。

进一步来说，人工智能的新应用有可能在透明度和可解释性方面寻求突破，并使用专用的人工智能技术去跟踪和解释基于 AI 的决策。

（三）鼓励英国企业在全球市场竞争中保持领先

为了从人工智能系统的开发和应用中获得最大收益，并促进人工智能产业持续增长，英国应该力争成为人工智能产品和服务的主要出口国，提升自身的竞争力，吸引世界上最先进的人工智能公司进入英国。

英国的国际贸易部门已经为面向英国国内的人工智能投资和贸易提供了大量支持，并将英国推广成为世界范围内的人工智能人才招募中心，但这还远远不够。

建议 15：国际贸易部门应加大对 AI 产业的支持。

（1）在全球企业家计划中进一步强调人工智能技术，增加一个专门的人工智能“交易撮合人”，并建立应重点支持的人工智能公司名录，将这些公司添加到企业家签证申请的“批准认可”清单中。

（2）针对特定的行业和市场（包括美国、中国、印度和日本）开展 AI 重点业务，销售产品和服务，并与有可能到英国发展的公司进行初步联系。

（3）举办国际重大人工智能盛会，向世界展示英国企业为国际投资者和潜在客户提供和开发的人工智能产品和服务。

（4）在全球企业家计划、天狼星计划和科技女性计划的成功基础上，发展和推出一个能够吸引商界女性精英、学者和技术专家来英国的新计划。

（四）宣传人工智能带来的机遇和价值

对于绝大多数行业的很多企业来说，人工智能是全新的和复杂的领域，而且不是很好理解的。大多数企业很难理解 AI 技术如何提高其生产效率，以及如何提高其产品和服务质量。

麦肯锡对全球 3 000 家企业调查后发现：“许多商界领袖都不确定人工智能能为他们做些什么，在哪里能够获得人工智能应用程序，如何把人工智能整合到他们的公司产品中，以及如何评估投资人工智能技术的回报率。”

有些商界领袖会问：人工智能对我的企业有什么影响？人工智能的应用是否会威胁到我们的商业模式？有些商界领袖希望利用人工智能带来的机会，他们会问：我们应该在人工智能的哪些领域投资，才会使我们的企业表现更好？回答以上这些问题的关键在于如何以负责任和透明的方式建立人工智能系统，并建立客户和利益相关者对人工智能的信心。

Tech UK 在汇集人工智能资源和信息方面具备一定的能力和经验。开发人工智能资源应该引进专业知识人才和行业组织，比如，英国皇家工程学院和 CBI。

建议 16：为进一步推动人工智能发展，Tech UK 应该与英国皇家工程学院、英国数字研究所（Digital Catapult），以及企业界的供应商和领头羊企业合作，围绕如何在英国经济发展中抓住人工智能的商业机遇、解决关键问题和采取实际行动制定指导性方案。

这方面的实践可以从最具有 AI 应用潜力的一两个部门开始。一些具体的举措可以包括：

（1）对人工智能技术可以在何处和如何增加价值进行详细的评估指导，帮助企业识别商业机遇和确定优先投资领域；

（2）仔细研究和分析发展和应用人工智能技术所需要的工作技能，包括高级决策层人员所需要的技能；

（3）在人工智能的预测、监测和管理实践工作中，对发生的趋势变化进行实时指导；

（4）指导决策者、员工、客户和合作伙伴之间建立信任。

（五）加强人工智能技术和产品的政府采购

一些英国政府部门和政府机构已经开始使用人工智能技术。人工智能技术在公共服务领域必将具有更加广阔的应用前景，应用方式可以体现为：

（1）改善信息服务流程和分析流程，对经济数据进行更早的预测和更好的分析；

（2）改进复杂领域的决策支持效果；

（3）管理新的和不断增长的数据资源，例如，由物联网和智慧城市应用所产生的数据资源；

（4）提高政府服务的效率、有效性和可用性。

人工智能技术可以降低公共部门的管理费用和成本，提高为大众服务的水平和效率。

公共服务部门采用人工智能技术和产品来提高服务质量，不仅可以激励 AI 产品生产企业，还能够增加投资者和其他企业客户的信心，提高企业通过创新解决社会重大问题的能力。

政府采购人工智能产品和技术，可以鼓励和支持中小企业发展，激励商业研发与投资热情，鼓励企业广泛开展试点应用，从而有力地推动英国 AI 产业的发展。现有的一些政府采购项目都有效地支持了人工智能应用的快速发展，这些项目包括小企业研究计划、创新合作伙伴采购计划和 G-Cloud 采购门户项目等。

目前，人工智能的最新发展状态还需要进一步推广到所有的公共部门，帮助公共部门实现收益最大化。为此，政府需要确保政府高级决策者和公共机构职员能够拥有一定的人工智能基本技能。政府的高级决策者需要评估在政府运营和政府服务中使用 AI 的成本、收益和风险。人工智能技术在公共部门的机遇和挑战都将继续发展和变化，政府需要确定最佳的实践范例，并加以宣传和指导。

建议 17：政府要充分利用政府数字化服务专业知识、数据科学合作伙伴关系和其他部门数据专家，制订公共服务部门 AI 实施行动计划，推广应用 AI 技术和产品改善公众服务的最佳实践。该计划应包括：

（1）数据使用准则，包括管理隐私和安全，防止 AI 训练数据出现偏差；

（2）AI 使用技术规范；

（3）明确构建公平、透明的 AI 应用程序的指导原则，特别是决策支持功能的指导；

（4）用于测试 AI 应用程序和数据多样性的框架；

（5）AI 示范项目，识别和修订最佳实践做法，演示 AI 如何协助保护个人利益；

（6）用于安全性测试的沙盒环境，包括 AI 和机器学习算法；

（7）向高级决策者提供人工智能价值创造、成本评估和收益风险信息；

（8）审视人工智能应用的用户转换、管理和监督；

（9）监测技术人才的需求变化，更好地支持人才培养；

（10）指导政府采购数字市场的 AI 服务，使政府成为智慧客户；

（11）支持采用 AI 机器学习算法作为解决方案的部门项目，例如，DECA 项目；

（12）管理公共部门对 AI 计算资源的灵活访问；

（13）公开宣传人工智能为公众带来效益的案例；

（14）建立 AI 专家与公共部门协同工作机制；

（15）支持硕士和博士生以及 AI 资深学者与公共部门合作研发 AI 项目；

（16）拓展数字市场，丰富 AI 专家服务和数据科学服务供给。

该项目应支持英国所有公共部门，包括地方政府和地方公共部门。专门的公共部门人工智能创新发展基金也将发挥积极作用。创新发展基金可以为 AI 示范项目提供资金支持，供英国中小型企业使用，帮助开发国家专业 AI 知识平台，可以使决策者和公共服务提供者在基金项目中测试 AI 应用程序，无须获得额外的内部预算支持。

（六）激发公共部门解决面临的挑战和难题

人工智能技术为解决诸如医疗成本上涨、生产力落后、城市管理和网络安全风险管控等挑战性问题提供了革命性的机会。

英国政府一直鼓励企业界和学术界解决公众面临的民生问题。多年来，政府为此投入了大量的公共资金。将更多的资金用于支持采用人工智能技术解决重大社会问题，符合英国希望在高价值领域开展创新活动的期望。为此，英国政府需要建立研发资金的使用机制。此外，公共机构持有的数据在解决民生问题时同样起到不可估量的作用。

英国的工业战略挑战基金（ISCF）是在政府的“工业战略”范围内创建的，其目的是确保英国在研究和创新方面的优势能够实现更加实实在在的经济和公共效益。ISCF 将帮助创新型企业开发产品和服务，增强英国在日益庞大且不断增长的全球市场中的优势。

该基金将提供公平的挑战机遇，旨在资助那些并未得到政府鼓励，但可能具有很高价值的私人企业的创新解决方案，例如：

（1）通过地图定位能力，预测社会物流需求，来提高社会服务效率的做法；

（2）利用主动搜索、自然语言处理、自动化代码和安全完整性验证方法，提高英国产业网络能力的做法。

该基金可促进公共部门数据的使用，并联合学术界、实业界以及拥有数据源的公共服务机构共同来解决更加具有挑战性的问题。

资助人工智能技术在极具挑战性的领域应用可以满足公众需求，这些领域包括：

（1）网络安全；

（2）个性化和综合医疗保健；

（3）个性化教育和培训；

（4）智慧城市综合交通；

（5）基础设施建设；

（6）个性化公共服务；

（7）制药和航空航天等关键领域的数字化制造。

解决这些挑战性难题可能需要将公共部门的数据与商业数据结合使用。政府应鼓励私人企业合作伙伴提供他们的数据。英国的小企业研究计划（SBRI）提供了一个好的创新行业解决方案的方法。该方法可以改善公共服务水平，为企业创造新的商业机会，同时为中小企业（SME）提供一条通往市场的途径。此外，该方法还可以弥补许多初创公司面临的种子资金缺口。

建议 18：政府应推动产业战略挑战基金（ISCF）和小型企业研究计划（SBRI）吸引和支持 AI 在挑战性领域的应用，并对使用公共部门数据进行 AI 研究进行资助。

七、结论

人工智能技术极有可能为英国经济发展做出重要贡献。本报告建议采取的行动只是实现这一潜力的第一步。政府、学术界和实业界之间的持续合作将是成功实施上述建议以及将来继续发挥人工智能巨大潜力的必要条件。

日本人工智能的研究开发目标和产业化路线图

责任编译：刘大北
译　　审：贾一苇

国家电子政务外网管理中心主办

编者的话

人工智能时代已经到来。以人工智能为发展核心的智能产业和产品已经成为新一代技术革命的排头兵，智能可穿戴设备、服务机器人、无人驾驶、智能医疗、虚拟现实等热点产品得到广泛普及和应用，国内外的高科技公司以及风险投资机构纷纷布局人工智能产业链，构建AI生态，提升计算能力，优化智能算法。同时，美国、英国、日本、中国等政府相继推出人工智能国家战略，人工智能相关领域及产业发展已成为全球科技创新的新焦点，各国均期待在未来AI竞争中占据先机，人工智能产业也迎来第三次发展浪潮。“人工智能”也首次作为新兴产业的代表，被写入2017年的中国政府工作报告，国务院也在7月20日正式印发《新一代人工智能发展规划》，2017年，中国人工智能将迎来真正的新纪元。

在这个大背景下，人工智能的发展趋势如何，各个细分领域将受到怎样的影响，政府部门将如何制定政策促进其发展，都是我们应该深入思考的问题。在这些方面，日本的经验有一定借鉴价值。今年年初，日本由总务省、文部科学省、经济产业省三个部级部门联合组织召开人工智能技术战略会议，用数月时间制定了《人工智能的研究开发目标和产业化路线图》，分别对生产、医疗、移动领域中人工智能应用前景做出了详细描述，最后还给出了促进政府、企业、学校三方合作以及促进创新企业发展的政策方针。我国相关部门和单位可以参考、借鉴，成立专业机构，制定政策，推进人工智能在我国的快速发展。

责任编译：刘大北　　　　　　译　审：贾一苇

日本人工智能的研究开发目标和产业化路线图

摘要

本文对人工智能发展阶段进行了划分，分别针对生产、医疗、移动领域制定出了人工智能产业化路线图，提出了人工智能研究开发的目标，列举了人工智能相关人才需具备的能力，最后给出了促进政府、企业、学校三方合作以及促进创新企业发展的政策方针。

关键词：人工智能、产业融合、物联网、大数据、自动驾驶、预防医疗

一、人工智能发展预测

（一）人工智能的发展阶段

1. 第一阶段（现在至 2020 年）

随着各产业领域中人工智能的发展及数据应用的推进，将会诞生新的产业萌芽。工厂、医院、电话中心、农场、卡车及无人机（物流业）领域中都将逐渐应用人工智能技术。

人工智能技术主要有预测、图像识别、自然语言处理、声音识别及合成等。数据分为三个层次，第一层是自然、都市空间中的数据，例如气象数据、地理信息、都市空间数据等；第二层是生活、产业中的数据，例如销售生产数据、交通数据等；第三层是人的数据，例如声音会话数据、心电图数据、检索履历等。

2. 第二阶段（2020—2025 年）

人工智能、大数据的广泛应用持续推进，超越产业界限，创新服务业等新兴产业逐渐扩大，针对个别需求的服务向针对多需求的服务转化。

3. 第三阶段（2025—2030 年之后）

各产业领域逐渐融合，形成生态系统，产生多用途性服务。

（二）人工智能相关各领域的进化

人工智能相关各领域的进化，如图 1 所示。

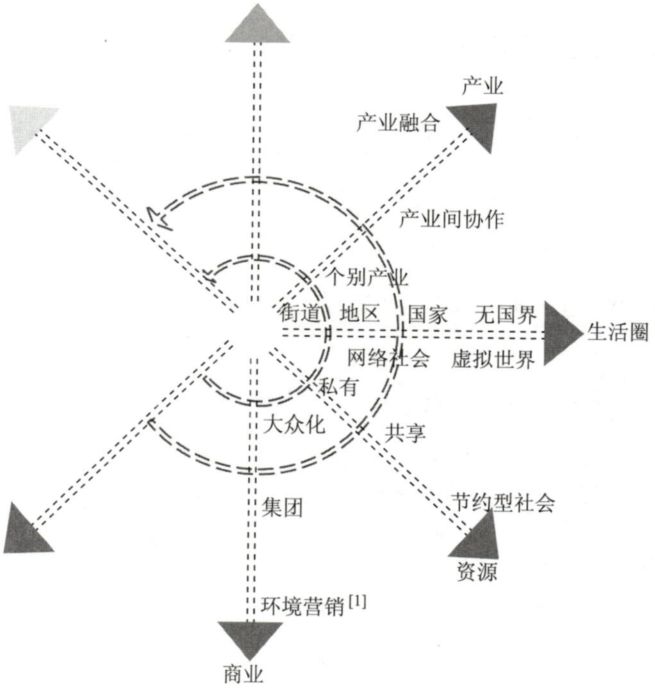

图 1　人工智能相关各领域的进化

[1] 环境营销是指掌握消费者的背景，理解消费者的心情，分析消费者的时间、场所、行动等信息，在适当的时机提供适当的产品和服务，巧妙、高效地提高消费者的购买欲望。目前搜索引擎上的广告是环境营销初级应用的一个例子。

（三）人工智能相关系统、数据、硬件的进化

人工智能相关系统、数据、硬件的进化如图 2 所示。

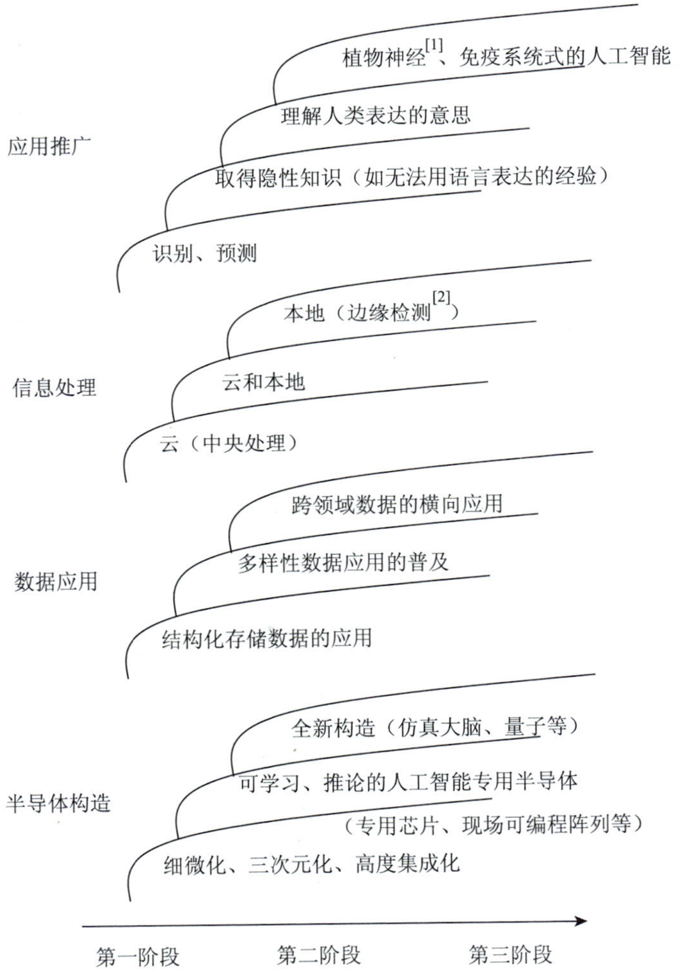

图 2　人工智能相关系统、数据、硬件的进化

[1]　植物神经泛指不需要用意识控制的神经系统，例如主管心脏跳动和呼吸的神经。

[2]　边缘检测是图像处理和计算机视觉中的基本问题，边缘检测的目的是标识数字图像中亮度变化明显的点。图像属性中的显著变化通常反映了属性的重要事件和变化。

二、人工智能和相关技术融合的产业化设想

人工智能和相关技术融合的产业化设想如图 3 所示。

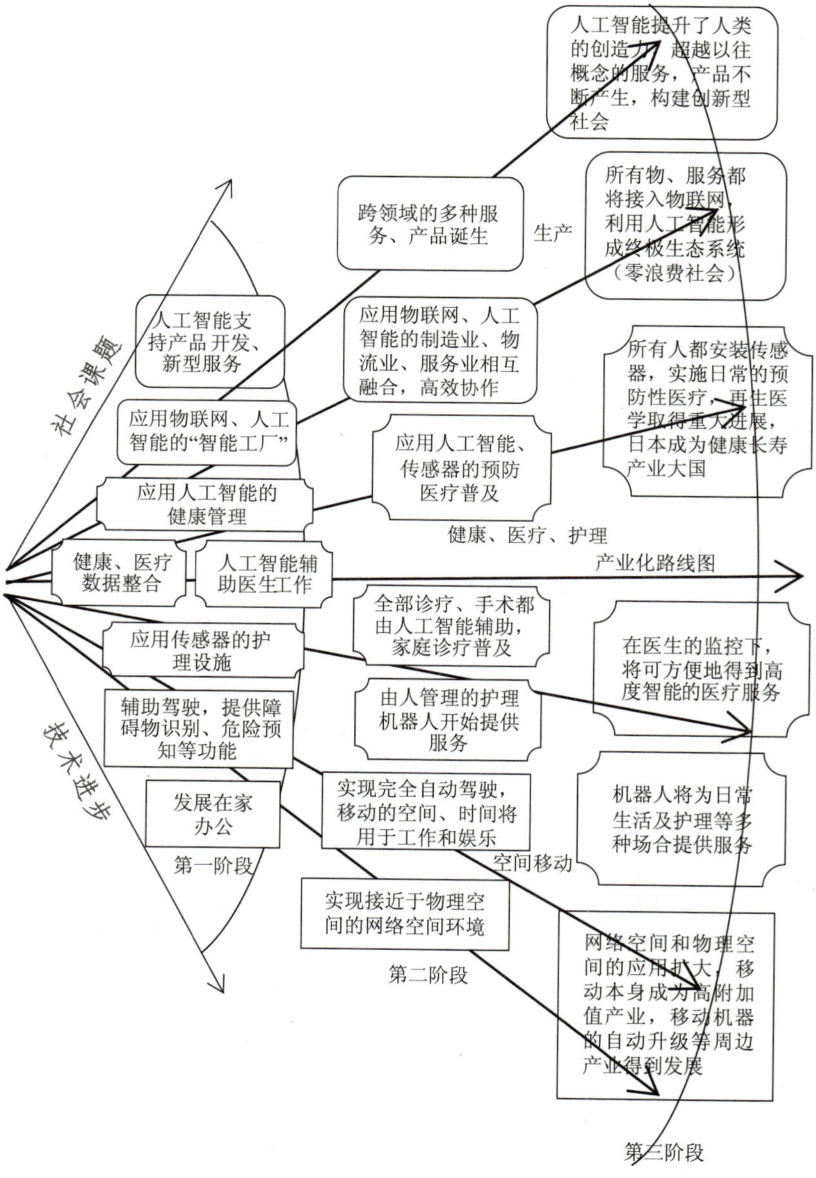

图 3　人工智能和相关技术融合的产业化设想

三、人工智能产业化设想

（一）人工智能产业化路线图（生产）

人工智能产业化路线图（生产）如图 4 所示。

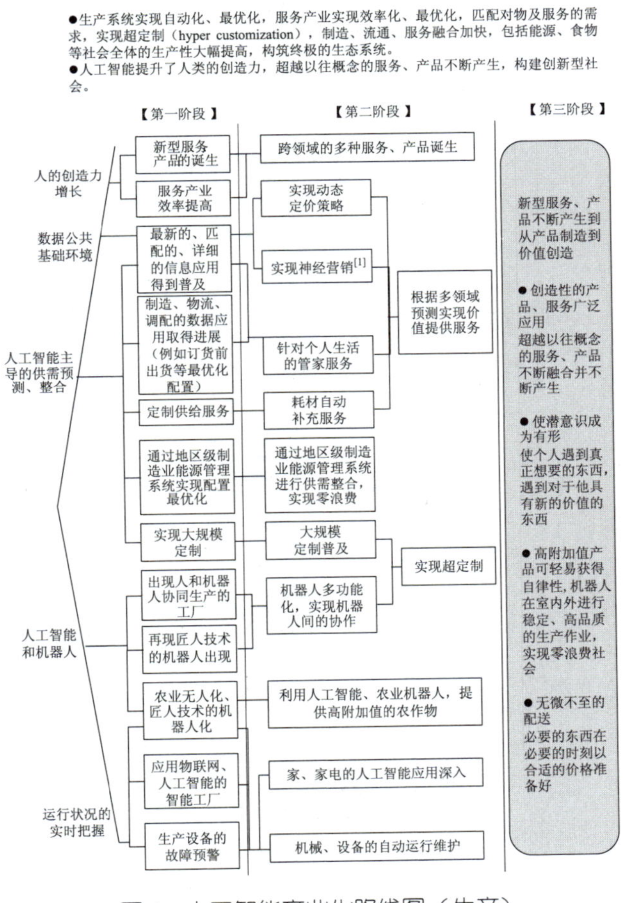

图 4 人工智能产业化路线图（生产）

---

[1] 神经营销是指运用神经科学方法来研究消费者行为，探求消费者决策的神经层面活动机理，找到消费者行为背后真正的推动力，从而产生恰当的营销策略。

（二）人工智能产业化路线图（健康、医疗、护理）

人工智能产业化路线图（健康、医疗、护理）如图5所示。

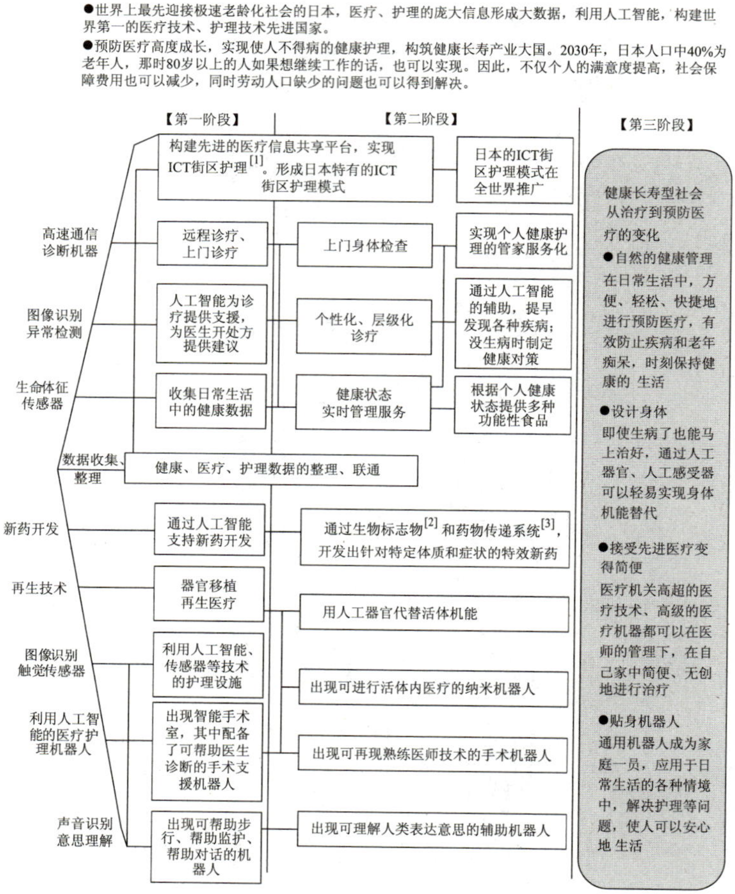

图5 人工智能产业化路线图（健康、医疗、护理）

［1］ 街区护理指利用信息通信技术，使需要护理的老年人可以在自己住惯的街区内接受治疗、护理，体面地养老送终。

［2］ 生物标志物（Biomarker），指可以标记系统、器官、组织、细胞及亚细胞结构或功能的改变或可能发生改变的生化指标，具有非常广泛的用途。

［3］ 药物传递系统（DDS，drug delivery system），是以适宜的剂型和给药方式，用最小的剂量达到最好的治疗效果。

（三）人工智能产业化路线图（空间移动）

人工智能产业化路线图（空间移动）如图 6 所示。

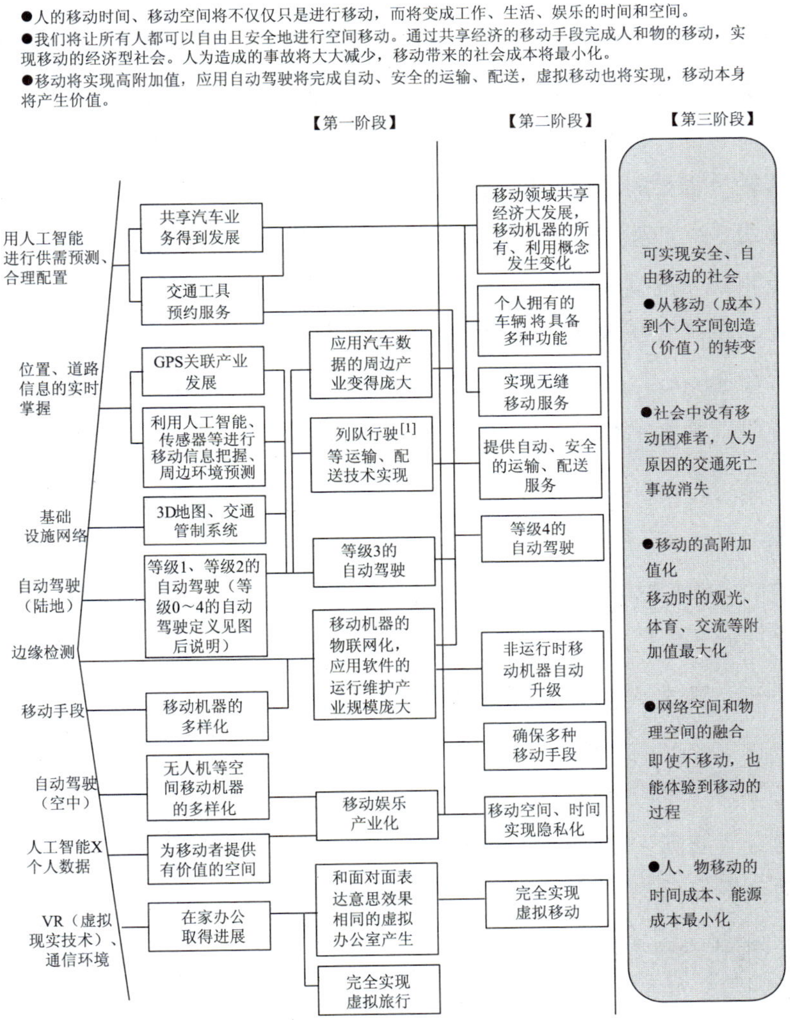

图6　人工智能产业化路线图（空间移动）

[1]　列队行驶，即大卡车等排成队列，每一个队列包含一个驾驶第一辆车的专业驾驶员，随后的每辆车自动测量距离、速度和方向，自动驾驶。

自动驾驶等级：

等级 0：加速、转向、制动全部由驾驶员操作，可能配有前方碰撞预警（FCW）等辅助驾驶功能。

等级 1：加速、转向、制动中的某一项由系统控制。装有自动刹车等辅助安全驾驶功能。

等级 2：加速、转向、制动中的两项或三项由系统控制。配备自适应巡航控制功能，可在高速公路或汽车专用道路上自动保持车间距并定速行驶。驾驶员需要时常对行驶状况进行监视。

等级 3：加速、转向、制动全部由系统控制，当系统提出要求时，需驾驶员判断、接管。通常情况下，驾驶员不需要对汽车进行操控，遇到紧急状况，系统会要求驾驶员接管操控权。事故责任人为驾驶员。

等级 4：完全自动驾驶。加速、转向、制动全部由系统控制，不需要人的参与。与安全相关的驾驶行为及环境观察也全部由系统进行。分为有人和无人两类。

四、人工智能的研究开发目标

（一）日本人工智能主要研究开发机构介绍

1. 信息通信研究机构

总务省管辖，进行信息的电磁流通及电波利用相关技术的研究开发，以及对高度通信、广播电视技术的研究者进行支援。

2. 理化学研究所

日本唯一的自然科学综合研究所，研究范围涉及物理学、工学、化学、计算科学、生物学、医学等广泛领域。

3. 产业技术综合研究所

综合开展各领域中产业技术的研究，是日本最大规模的研究机关。

（二）各机构间共享平台的建立

1. 数据基础

由产业技术综合研究所负责：熟练技能者数据、生活现象数据、地理空间数据。

由信息通信研究机构负责：语言处理数据、大脑活动数据、人工智能安全基础数据、遥感数据。

由理化学研究所负责：健康、医疗数据。

2. 共享平台准备

由产业技术综合研究所负责：先进的模块化开发。

由信息通信研究机构负责：人工智能中间件开发。

由理化学研究所负责：通用基础技术开发（理论研究、算法开发）。

3. 基础技术

三机构共同负责：

（1）人工智能安全技术，如隐匿技术、隐匿检索技术、隐私保护技术、网络安全强化等；

（2）大规模人工智能开发环境，如深层学习等先进的机器学习技术，加上使大数据应用高速、低延迟的中间件、并列计算、集群构建技术等；

（3）取得必要数据的方法研究，如数据注解技术、数据抽象化技术、数据清洗技术等；

（4）新一代人工智能构造研究，如大脑型构造、大脑型设备等。

由信息通信研究机构负责：

（1）通用提问应答对话技术，多语言识别、自动翻译、声音合成等通用技术的研究开发；

（2）大脑信息通信技术的研究开发。

由产业技术综合研究所负责：科学技术研究加速，如科学技术文献解析、知识基础构筑、实验计划最优化、假说生成和验证技术等。

由理化学研究所负责：

（1）通用基础技术开发，如不完全信息学习、最优化、因果推论、深层学习、探索、数理科学等；

（2）人文科学、社会科学的人工智能研究，如社会影响、法制、社会制度、伦理、隐私等。

（三）空间移动领域研究开发目标

通过安全、高效的交通手段，实现智能移动。

由产业技术综合研究所负责：构建城市 3D 模型，应用低价传感器进行自动行驶技术开发，进行高精度个人移动技术开发，建设定位系统。

由信息通信研究机构负责：开发有助于智能移动的万能交流技术。为实现移动空间的高附加值，进行有价值信息、知识的对话技术的开发。

与 SIP（日本科学技术振兴机构实行的战略革新创造计划）中“自动行驶系统”协作：制作语义地图（semantic map）。

与汽车生产厂商协作：

（1）利用数据，如地图数据、态势地图、网页数据、SNS（社交网络服务）数据等；

（2）利用实际环境，如道路环境等。

（四）生产领域研究开发目标

1. 实现新一代生产技术，即反映消费者需求的适时适量、多品种少量生产成为可能

由产业技术综合研究所负责：关于人类协调型工厂提高效能的研究。包括制造过程大数据的收集、分析、模型化→异常检测、不良预测、高效运行维护；人类协调型工厂的 CPS 构建→工厂间统筹变种变量生产系统的开发。

由理化学研究所负责：为实现制造业革命，开发基于制造信息的基础技术。包括开发数据取得技术，所得数据与高精度模拟仿真相结合；探索最佳路径，缩短前置时间（lead time，是指从订购到供应商交货所间隔的

时间，通常以天数或小时计算）及制造时间，简化流程，提高效率。

与相关企业协作：

（1）利用数据，如各种产品数据、人体测量数据等；

（2）利用实际环境，如工厂模拟环境、构造物模拟环境等。

2. 服务业（运输、观光、零售等）生产效率和质量的提升

由产业技术综合研究所负责：通过顾客行为大数据的收集、分析、模型化，进行顾客行为的预测、影响系统的构建。

由信息通信研究机构负责：为了提升生产效率和质量，研究通用交流辅助技术，如研究开发多语言翻译系统。

由理化学研究所负责：

（1）将时刻变化的环境信息和人的意向、喜好实时结合，应用新的“物联网到人”（Iot to Human）技术，构建有利于集客的观光信息平台；

（2）为了在有不安定、不正确要素时，也能获得最优解，需要构建使得不特定多数要素协调的数据解析框架，即竞争型众筹数据解析平台。

与相关企业、机构、地方政府协作：

（1）利用数据，如服务现场数据、对话数据、声音数据等；

（2）利用实际环境，如便利店模拟环境等。

（五）健康、医疗、护理领域研究开发目标

开发医疗辅助系统，可提早发现包括认知障碍（老年痴呆）等疾病，实现最优治疗法的选择。

由产业技术综合研究所负责：

（1）构建基于细胞图像、超声波检查、内视镜检查等医用图像、视频的辅助诊断系统；

（2）基于电子病例及临床信息的整合、解析，进行辅助诊断、治疗法选择的研究；

（3）基于护理大数据的收集、分析、模型化，构建护理服务辅助系统；

（4）用人工智能解析新药开发技术→构建新药开发机器人系统。

由信息通信研究机构负责：

（1）通过功能性核磁共振成像（fMRI）等技术分析大脑活动数据，研究开发脑电生物反馈技术，用于发现及治疗大脑生物标记；

（2）设计、构建大脑信息数据库。

由理化学研究所负责：

（1）构建医用图像解析辅助系统，用于解析核磁共振成像（MRI）及血液成像等数据；

（2）开发针对癌症的综合人工智能诊断系统，可事先预测医药品的效果；

（3）从大规模队列研究中取得特征表现，构建疾患风险预测模型；

（4）开发基于会话辅助技术，应用辅助认知机能技术；

（5）进行 iPS（入侵防御系统）等细胞的分化能力、移植细胞的肿瘤化风险评估。

（六）安全、灾害应急领域

实现自然灾害应对系统，用于发生严重自然灾害时将受害损失降到最小，迅速恢复。

由理化学研究所负责：进行针对自然灾害的受害损失控制、迅速恢复的相关研究。如利用振动台进行仿真模拟实验，收集受害损失数据，用于受害损失预测技术的开发→研究受害损失控制系统、迅速恢复系统相关的法规、社会制度。

由信息通信研究机构负责：高效广泛地收集所有灾害情报（包括每一个民众）进行分析，对帮助救援活动的灾害自然语言处理系统进行实证评价。

由产业技术综合研究所负责：进行受害损失状况推定的相关研究，主要手段是应用卫星图像、航空图像等进行机器学习。

五、人工智能相关人才培养

（一）人工智能人才需具备的能力

实现人工智能研究开发目标和产业化路线图所需人才需要具备以下能力：

1. 解决人工智能技术问题的能力

能发现有关人工智能的各种知识、有价值的问题，表现出归纳问题和解决问题的能力。

（1）人工智能技术的先导知识

①想→智能信息学（机器学习、自然语言处理）；

②看、听→知觉信息学（计算机视觉、声音信息处理）；

③动→智能机器人学。

（2）人工智能技术的基础知识、关联知识

①推论、探索、知识表现、概念体系、Agent 技术等；

②认知科学、脑科学、感性和心理学。

（3）通用能力

①发现有价值的问题的能力；

②归纳问题、解决问题的能力。

2. 将人工智能技术具体实现的能力

例如懂得计算机科学的知识，能通过编程实现人工智能技术。

（1）计算机科学的知识

①算法构造、数据库；

②计算机体系结构、网络、物联网。

（2）编程技术

3. 应用人工智能技术的能力

可在具体的社会课题中，适当地利用人工智能。

域名知识、服务对象领域的知识。

服务对象领域包括制造、移动、健康医疗护理、基础设施、农业、科学研究、防灾防范、智能交流对话、智能能源控制、机器学习，以及跨领域课题，如信息安全、网站、服务业等。

（二）对应政策

要想真正发挥人工智能人才培养的效果，还需要提供能吸引人才的环境，保证人才本身的积极性。

为实现人工智能研究开发目标和产业化路线图，需要具体的政策推进，特别是为了完成第一阶段（现在至 2020 年）的目标，需要集中培养出一些马上就能参与实战的人才。

1. 教育计划的构想、实施

针对人工智能相关从业人员，要让他们掌握其领域最先进的知识和相关人工智能知识，并进行采用真实数据的演练，达到价值创造力提升的目标。

2. 推进大学和企业共同开展研究，进行人才培养

大学和企业共同开展研究，通过岗位培训等方式从“点”到“面”逐步开展人才培养。

3. 进一步加强政府、研究机构的支持力度

企业、学校、政府联合出台指导方针；在信息通信研究机构、理化学研究所、产业技术综合研究所中提高年轻研究者的待遇，引入共同研究者，加强人员交流；新能源产业技术综合开发机构（NEDO）开展特别讲座；产业技术综合研究所成立人工智能技术协会；科学技术振兴机构（JST）基金用于青年人才的培养；举办人工智能挑战大赛；制订数据相关人才培养计划；强化大学中数理、数据科学的教育；形成信息技术人才培养据点。除此之外，人工智能相关人才培养还需要根据社会需求调整教育环境，提高企业待遇，整合企业资源。

六、企业、学校、政府数据及工具整合的方针政策

方针、政策	需求、问题	具体行动对策（举例）
1. 强化重点领域的数据整合	在产业化路线图的重点领域中，获得新数据并进行整合	(1) 省部级部门共同研究加强数据整合问题； (2) 进行人工智能性能评价的数据（例如标准图像等）整合； (3) 进行面向研究及人才培养的数据集整合
2. 强化数据提供、整合的政府职能	相比研究本身，更要强化数据整合	强化数据提供、整合的政府职能
3. 加速数据获取和验证的模拟环境、实证环境的搭建	个人信息等数据获取困难的情况下，要保护现有可获取数据的特别环境	(1) 在工厂、商店、医院中建立模拟环境； (2) 加强利用人工智能产品、服务对实证环境进行保护
4. 建立企业学校联合收集数据、共享工具机制	不依赖日本以外的人工智能云，在日本国内建立良好的循环机制	(1) 在企业、学校、政府中，共享使用人工智能云，可统一提供数据和数据解析服务； (2) 通过人工智能云，实现开源软件开发
5. 为加快整合数据集，抓紧技术开发，完善制度	数据清洗、添加数据标签等需要大量人力的整合数据集工作需要提高效率	(1) 开发利用人工智能自动进行数据清洗、添加数据标签的技术，以及开发匿名化、秘密计算、秘密检索等加快数据整合速度的技术； (2) 建立数据自动提交、收集的制度
6. 开放国家项目产生的数据	国家层面要率先提供开放数据	(1) 管理国家项目取得的数据，并对外提供； (2) 开展专门以取得数据为目的的国家项目
7. 建立数据及工具群等资源目录	整合位置、用户等信息，使应用更加便捷	提供开放数据、开放工具、计算机资源、数据获取环境（实证、模拟环境等）的目录，促进其推广和应用
8. 民间的数据共享，跨领域合作	利用人工智能促进数据流通	(1) 充分利用民间信息银行、民间数据交易规则； (2) 促进 API（应用程序编程接口）公开、数据互通

七、促进人工智能创新企业发展的方针政策

方针、政策	需求、问题	具体行动对策（举例）
1. 形成人工智能的社交网络（促进开放式创新）	针对某一行业的人工智能创新企业，通过创新企业之间，以及和大企业、大学的协作，创造便于研究及创业的环境	(1) 形成覆盖全日本的人工智能创新企业社交网络； (2) 为人工智能创新企业和大企业创造交流机会； (3) 召开人工智能领域的创新企业推介会（与金融机构合作）； (4) 企业、学校、政府联合举办人工智能研讨会，人工智能创新企业参加； (5) 为人工智能设立协调专员职位，形成人才选取、挖掘网络
2. 促进人工智能创新研究，整合创业环境	为难以保有大规模设备的人工智能创新企业提供公共资源	(1) 在人工智能研究机构内，设立或扩充开放实验室、孵化器实验室； (2) 提供用于数据解析等目的的公用计算机资源； (3) 提供包括硬件和软件的模拟制造环境； (4) 提供用于数据获取的模拟环境，提供用于产品服务验证的环境
3. 创造可对人工智能绩效进行比较、评价（衡量基准）的环境	对知名度低的创新企业拥有的人工智能技术，可以进行客观的评估，并可以对外进行宣传	(1) 举办人工智能大赛； (2) 设立人工智能奖项； (3) 设立人工智能性能评价指标（例如标准图像等标准化指标）
4. 促进人工智能在公益活动中的应用	人工智能产品、服务的市场初期表现尤其重要	(1) 为人工智能开拓市场，各对口政府部门要积极配合； (2) 扩大政府部门对人工智能产品、服务的需求
5. 人工智能认证	人工智能产品、服务要实现市场化，就需要设定适当的认证等级	制定符合人工智能最新技术等级的认证规则
6. 数据、工具的扩大	将在《数据整合、数据提供、开放工具》中探讨	将在《数据整合、数据提供、开放工具》中探讨
7. 增加人才锻炼的机会	将在《人才培养》中探讨	将在《人才培养》中探讨
8. 其他	为人工智能创新企业制定促进政策	在人工智能门户网站上刊载政策目录

英国的5G战略

编　　译：殷福权
王　珏
曹舒颖
译　　审：冀俊峰

国家电子政务外网管理中心主办

编者的话

5G 正以其高速率、大容量、低时延、可靠性、超低功耗和超低成本等特征，以及其对许多移动通信技术应用（虚拟现实、物联网、车联网等）的巨大推动作用和对整个社会经济产生的巨大影响，成为全球各国数字经济战略的优先发展领域，美国、英国、韩国、日本等国纷纷制定 5G 发展战略和实施规划，力图超前研发和部署 5G 网络，普及 5G 应用，加快数字化转型的步伐。在运营部署方面，美国开始抢跑 5G，AT&T、Verizon 等电信运营商最早完成 5G 试验，并将于 2018 年正式推出 5G 移动服务；在 5G 标准制定方面，2017 年 3 月初，3GPP（国际移动通信标准化组织）正式通过了欧美、日韩的运营商，以及全球主要的芯片商、设备商提出的 5G 标准加速提案，将 5G NR 非独立组网（NSA，Non-Standalone）标准提前至 2017 年 12 月完成，相对于原计划提前半年。

5G 产业的迅猛发展对我国信息产业来说既是挑战也是机遇。回顾我国通信产业的发展，在 2G 时代，我们刚刚起步，在 3G 时代，在某些方面我们取得了一定的突破，在 4G 时代，我们获得了与世界主要竞争对手并跑的机会，在 5G 时代，我国力争成为 5G 标准和技术的全球引领者之一。2017 年初，我国政府发布《信息通信行业发展规划（2016—2020 年）》，在牌照发放、应用开发、标准制定和专利方面起引领作用、拥有 5G 话语权，并在“十三五”末期启动 5G 商用。同时，以华为和中兴为代表的我国通信设备制造商在 5G 领域率先布局，积极创新，成果显著。特别是，2016 年 11 月，3GPP 将华为主导的编码方案 Polar 码确定为 5G eMBB（增强移动宽带）场景的控制信道编码方案，打破了美国和欧洲在这一领域的垄断地位，使我国在 5G 领域开始具备一定的话语权。

全球 5G 网络的开发建设才刚刚开始，我们需要借鉴他国一切好的经验和做法。本文由英国财政部下属的文化、传媒和体育部门（DCMS）在 2017 年 3 月撰写发布。文中指出，英国要想成为 5G 技术的全球领先者，就要与业界、投资机构、监管部门和研究机构合作，对 5G 技术标准的研发制定完整战略，通过潜在的革命性技术，提高人们的使用体验。文中从便于监管、区域性、覆盖范围、安全性、地方政策、技术标准以及行动纲领等几个方面对英国 5G 的发展战略进行了介绍，描绘了 5G 技术标准的研发和部署蓝图。5G 技术前景广阔，但其技术标准尚未正式确定。毫无疑问，在 5G 标准制定中掌握话语权，将会在新一代移动通信技术革命中占据先机。当前我国的“互联网+”战略正如火如荼地展开，数字移动通信网络已成为大众创业、万众创新的新工具、经济提质增效升级的“新引擎”。为此，我国在 5G 标准制定过程中，可以借鉴英国 5G 标准的研发战略和部署模式，并与我国智慧社会建设相结合，力争在未来的 5G 国际标准中尽可能多地接纳我们自主的技术规范，以便于 5G 通信尽快在我国全面部署和广泛应用。

编　　译：殷福权　王　珏　曹舒颖　　　　译　　审：冀俊峰

英国的 5G 战略

一、引言

良好的数据基础设施是政府现代工业战略的基石——它允许更多的业务在移动中完成，从而创造新的机会，释放新的动态商业模式，开放新的机遇和市场；同时，改善我们的日常生活——帮助我们与朋友、家人和同事建立联系；保障我们的数据安全；让我们获得我们越来越习以为常的信息和服务。

英国政府明确希望英国成为下一代移动技术 5G 的全球领先者。5G 将会引发移动通信的突破性变革，在提高生产力和经济增长方面有着巨大潜力。因此，我们将在其发展和推广中发挥主导作用，让英国站在 5G 革命的最前线。这也是英国现代工业战略的一部分。

移动技术不断发展适应不断增长的需求。估计到 2020 年，全球移动数据流量将达到每月 30.6 艾字节[1]，而相比在 2015 年为 3.7 艾字节[2]，年复合增长率达 53%。每一代移动技术都带来了新的功能，改变了我们的生活和工作方式。5G 技术目前还没有得到完全开发，预计最终标准将在 2019 年发布，未来十年 5G 的部署将会逐渐展开。与之前的移动网络时代不同，5G 不仅是现有技术的延伸，而且是一种“系统的系统”，它将使移动网络、固定网络和广播网络变得更加灵活，并支持更大的数据流量要求，为消费者提供持续、无缝的连接体验。

这些新技术有望改变我们与世界的互动方式——为广泛且未知的新应用形式、新商业模式、新生活方式和不断增长的生产力提供机会。它们将

---

[1] 艾字节是一个计量单位。一个艾字节包含大约 2.5 亿的 DVD 数据量。

[2] 思科视觉网络指数（VNI）全球移动数据预测 2015—2020 年。

打开潜在的革命性技术的大门，例如，自动汽车和先进制造业，并将连接数千台设备（如智能电能表）形成物联网（IoT）的一部分进入到我们的日常生活。这一变化将产生巨大的经济效益。据专业经济预测公司 IHS 经济估计，到 2035 年，5G 将实现 12.3 万亿美元的全球经济产出[1]。

政府的职责就是创造环境来实现这些。我们现在正在采取行动来确保消费者在英国获得良好的数据连通性。电信监管机构 Ofcom 的最新评估显示，99%的英国建筑物拥有室内移动语音覆盖，98%的英国建筑物拥有移动数据服务。并且，由于我们与移动网络运营商签订的许可协议，仅在去年一年，就有 50 亿私人资本投资于提高覆盖率和连通性，4G 地理覆盖率从 48%大幅增加到 72%。

这些成果使安装移动基站变得更容易。我们正在改进《电子通信法》（*Electronic Communications Code*），降低基础设施部署成本，为 5G 应用清理频谱。这些变革都是改善连通性所需要的，也有助于为通信网络的长期投资奠定基础。然而，这些变革还远远不够。英国在《政府数字战略》中规定了政府对数字基础设施建设的原则，这为我们制定英国的 5G 发展战略提供了机会。

本文将作为支持开发和部署 5G 技术的蓝图，指导英国利用 11 亿英镑探索和激励下一代数字基础设施。

为实现我们的目标，随着 5G 技术的发展和演变，我们将与行业、投资者、监管机构以及研究人员密切合作，完善政府政策，定期对 5G 策略进行审查和更新，最大限度地让英国获益。

（一）5G 网络

自 1985 年英国首部手机问世以来，移动行业已为消费者和英国经济带来了巨大的经济效益。例如，英国 4G 网络的推出预计会在十年内贡献 750 亿英镑的 GDP[2]。预计每十年就会有新一代的移动通信技术问世，每一代新技术都取得了巨大的改进：

---

[1] IHS 经济/ IHS 技术 . 5G 经济：5G 技术将如何促进全球经济 [R]. 2017.

[2] http://www.ibtimes.co.uk/4g-everything-everywhere-75bn-lte-economy-334922.

1G：第一代“蜂窝”手机，采用模拟无线电传输并支持语音通话；

2G：第二代移动电话，使用数字传输并支持数字电话和短信；

3G：第三代移动通信能够提供比 2G 网络更快的数据服务，为用户带来了第一个消费者友好的移动宽带互联网体验；

4G：第四代移动通信是一种比前 3 代通信技术更为面向数据的网络，是第一款全网协议的移动通信系统。与上一代相比，4G 服务的主要优点是它们提供更快的下载速度和更快的响应（延迟）时间。

每一代新的移动网络的出现都对当时的商业模式造成了颠覆性的改变。第一代移动通信技术替代了固定电话线；2G 技术使得大部分寻呼机变得过时；3G 和 4G 智能手机首次为用户提供了重要的移动数据服务，并大范围替代了 MP3 播放器和口袋相机。

什么是 5G

5G 是用于描述第五代移动通信技术的术语。5G 尚未完全开发完成，标准将在 2019 年制定，并在未来十年内进行大量部署。预计它将使现在的通信技术得到突破性改变，包括超快速、低延迟、可靠的移动连接，并能够满足更大的数据访问需求和支持更加丰富的新应用。我们将这些称为“应用案例”。这些案例可能包括自主车辆、先进制造和机器人、增强现实、智能农业，以及智能家居和城市等。

5G 不仅仅实现更快的互联网连接。事实上，它将提供多种不同功能（见图 1）：

（1）增强移动宽带连接；

（2）在不需要人工输入的智能机器之间进行大规模机器通信（例如，高端制造）；

（3）高可靠和低延迟的通信（即几乎达到 100% 的时间可用性的通信服务）。

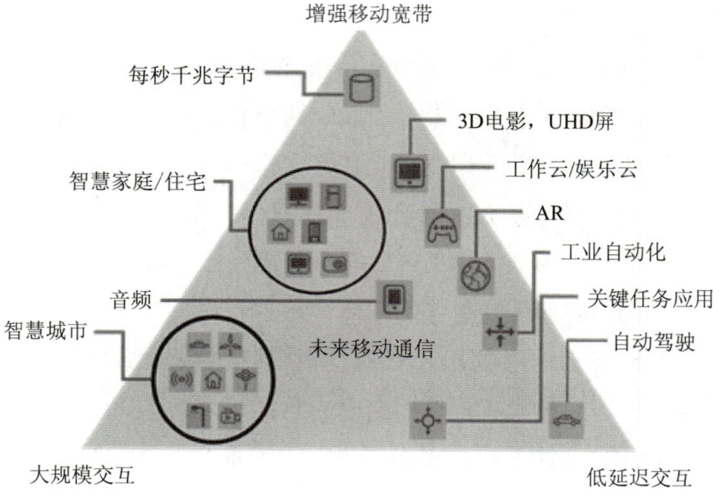

图1　5G的功能

来源：《ITU-R M. 2083-0建议书（2015）》。

因此，5G技术不是一个一成不变的技术，它是可以动态定制的，以满足在不同时间使用它们的个人或服务的不同需求，为用户提供他们所需要的所有通信能力，并与许多其他人分享。例如，为农村地区（如智能农业和物联网）提供的5G通信能力（和基础设施）将与为足球场提供的能力不同，数千名足球粉丝可能希望流式传输高清视频和重播服务。这意味着5G的不同元件将部署在不同的地方，并且可以以不同的速率部署，而其他应用程序可以在现有网络上传输。

5G将通过利用多个频段来灵活地进行网络传输：

（1）较低频率（约700MHz），是提供广泛覆盖的理想选择，例如，支持物联网所需的覆盖范围；

（2）中频（约3.4MHz），提供比700 MHz更高的容量；

（3）高频（24 GHz及以上），这些“毫米波”的频率覆盖范围较小，主要用于支持5G预期的超快和复杂功能。

虽然高频5G频谱具有显著的潜在优势，但与目前用于提供移动业务的频率相比，它只能在很短距离内传输数据。因此，在需要高容量和超快速功能的地方，例如，在繁忙的通勤列车上，需要通过部署许多所谓的“小型”基站，以及提供回程的密集光纤网络来支持这一点。在规模上，

NIC 通过分析发现，可能需要多达 42 000 个小型基站来提供伦敦金融城区域内未来网络预期的超快速宽带速度。相比之下，目前约有 4 万个无线接入点为整个英国网络提供服务[1]。

因此，5G 网络的成熟和早期部署需要逐步增加基础设施投资。它还需要重要的协调和监管框架的改变。

部分 5G 网络将通过升级现有 4G 网络实现。在某些情况下，5G 将借助现有 4G 设备实现，而在某些情况下，将由与 4G 设备一样的独立设备构建。在现有网络仍然存在的情况下，5G 将与它们一起工作。

5G 支持多网络同时优化，以同时满足不同的网络需求。单个 5G 物理网络可以分为多个虚拟网络，这称为“网络切片”。这类似于三车道高速公路，车辆根据需要在不同的车道上行驶。例如，卡车在一车道上行驶（宽而缓慢）；小/慢车在二车道上行驶（窄而缓慢）；较大的/更快的车辆在三车道行驶（中等宽度而快速）。因此，5G 并不一定是超高速网络，但一定是能够满足用户需求的网络。

我们的一些代表提出了网络公平监管能力与 5G 服务技术特性（包括网络切片）的相互作用。我们将探讨监管制度如何更有效地促进 5G 网络的发展。

从 4G 到 5G 的过渡可能是在现有 4G 标准基础上的一个复杂的、非线性的技术创新过程。这意味着，当我们说我们已经进入 5G 网络时代的时候，不存在一个“阶段性”的时点——这将是一个逐渐演变的过程，这意味着我们需要继续关注和改善英国现有的 5G 网络连接方法。

（二）为什么我们需要 5G 战略

虽然人们普遍认为 4G 在几年内不会达到最大潜力，而且在短期到中期内 4G 将有更大的发展，但是 5G 已经引起了极大的关注。这是由于解决某些重大应用问题所面临的挑战对移动网络的需求将会在未来几年内以指数方式增加，并超出 4G 设想的能力。例如，网络连接、数据容量和实现

---

[1] https：//www. gov. uk/government/uploads/system/uploads/attachment _ data/file/577906/CONNECTED_ FUTURE_ ACCESSIBLE. pdf.

革命性技术创新（无人驾驶汽车等）所需的基础设施。

例如，思科在2020年的预测[1]中，预计全球移动数据流量将在2015年至2020年增长8倍，复合年均增长率为53%。除了支持更大的数据流之外，诸如物联网和智能城市等新系统和技术的出现，意味着越来越需要更灵活和多层次的网络。

5G的潜在用途是什么

虽然无法准确预测5G将在哪个领域产生最大的影响，但所有的经济社会行业都将使用新的5G技术和应用。这些行业可能包括运输和物流、金融服务、健康和社会保健、零售、数字创意和信息服务，以及生产、制造和机器人。5G还可以增强日常消费体验——比如，人工智能、虚拟现实、增强现实的应用都将依赖网络的无缝连接。

在每个行业内，我们预计会出现一些不同的“使用案例”，以及相应的应用程序和服务。因此，5G网络的更低延迟可以支持大规模无人驾驶汽车的开发和应用。在该应用中，当无人驾驶汽车从A地点旅行到B地点，也有许多潜在的辅助用途，如车辆与车辆的连接、车辆与道路交通管理基础设施的连接，以及支持高速连接的车载信息和娱乐系统。如图2所示。

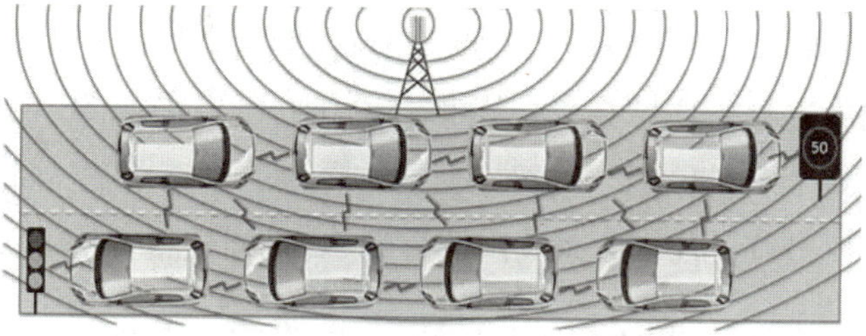

图2 5G在无人驾驶中的应用案例

5G其他可能的应用也是多种多样的：

（1）工业预测性维护：对可能发生的设备故障进行预警，降低运行

---

[1] http://www.cisco.com/c/dam/assets/sol/sp/vni/forecast_highlights_mobile/index.html#~Country.

成本；

（2）零售业物流：无人驾驶卡车和客货车车队运送货物；

（3）智慧城市：通过交通管理、路灯控制、废物管理和智能电网等应用提高城市生活质量；

（4）农业技术：帮助农业部门利用日益精准和高效的农业技术应对面临的挑战；

（5）增强或虚拟现实：给游戏和体育爱好者提供新的“超现实”体验，让他们与最喜爱的运动员“玩”。

5G 也可以在公共服务方面显著提高效率。例如，5G 在卫生部门的应用，可穿戴式传感器有助于监测特别是老年人的健康状况，预测心脏病的发作，有助于减轻初级保健和卫生保健方面的压力。在教育领域，5G 支持的增强或虚拟现实应用可以让学生以全新的方式学习，使课程更加具有互动性。

因此，政府和更多的公共部门可以发挥重要作用，推动早期需求的产生，成为 5G 服务的主要购买者，并帮助解决公众认知和安全方面的问题。

在 5G 网络的开发和部署中位于领先地位，将有助于英国数字部门在全球市场上的一系列产品和服务的竞争，增强英国在国内和海外的能力，并有助于吸引外来投资。

欧盟成员国 5G 的发展

英国政府希望与欧盟建立积极的、建设性的伙伴关系，服务于双方的共同利益。

政府的目标是让英国成为世界领先的数字国家之一。欧盟制定了一项关于 5G 的雄心勃勃的计划；而英国仍然是欧盟成员国，将继续积极参与数字单一市场举措，包括 5G 行动计划，以确保英国的利益受到保护。英国正在继续全面参与《欧洲电子通信法》（以前称为《电子通信框架》）的重新谈判，确保新修订的监管框架支持对基础设施的私人投资和频谱的有效管理。

随着英国与欧盟建立新的合作伙伴关系，英国希望与其他欧盟国家在各个领域保持5G的密切合作。英国还将扩大与世界其他领先国家如中国、美国、韩国和日本的通信技术合作。

确保英国仍然是全球5G研发的关键参与者。5G测试和试验计划的一个关键目标将是推动和发展国际交流，通过合作与学习最大限度地维护英国的利益。

然而，我们必须意识到，新移动能力发展的显著滞后将会损害英国在这些领域的前景。在国际上，我们的竞争对手已经对新的移动技术进行了大量的投资。欧盟委员会也为欧洲国家制定了一个雄心勃勃的5G网络开发战略[1]。

世界各国5G的发展情况

世界多国已经采取措施促进5G的发展。我们对正在实施的或处在计划中的全球主要5G试验的情况摘要如下：

虽然英国政府致力于成为世界领先的5G企业，但现实是，其他国家已经在5G的某些方面（例如，5G硬件）具有内在的优势。因此，英国需要在现有优势的基础上，采取有针对性的做法，特别是通过集中系统集成和互操作性，以及利用英国在网络安全方面的专门知识使5G生态系统发挥作用。

我们将仔细研究世界各地早期部署的5G试验，包括：

日本：今年将在东京地区试行5G网络，以评估未来5G技术在现场环境中的性能。日本正努力在2020年的夏季奥运会上及时推出5G技术，但可能只在主办城市东京。

韩国：三星和KT公司已经完成早期的5G连接试验，并计划在平昌2018年冬季奥运会上推动世界上第一个移动5G试验服务。到目前为止，韩国三家移动运营商均预计将在2020年前推出5G。

美国：AT&T正在申请为期三年的5G测试许可证。Verizon公司还宣布将于今年开始进行5G试验。

中国：国营电信公司中国移动、中国联通和中国电信今年宣布与电信

---

[1] http://www.cisco.com/c/dam/assets/sol/sp/vni/forecast_ highlights_ mobile/index.html#~Country.

厂商华为和中兴通信联合进行 5G 测试。北京 2022 年冬季奥运会有可能成为新的 5G 技术的展示平台。

澳大利亚：澳电信与爱立信合作，在墨尔本测试了世界上第一个 5G 无线电试验台。目的是在 2018 年黄金海岸联邦运动会上进行 5G 的全面试验。

瑞典：Telia 与爱立信合作，在瑞典的希斯塔试验了一个 5G 的现场直播网络。Telia 计划于 2018 年在塔林（爱沙尼亚）和斯德哥尔摩提供服务。

提供下一代数字连接是政府现代工业战略的核心——投资基础设施是政府认为最重要的十个目标的“支柱”之一。因此，政府确定英国有能力获得 5G 的潜在回报，现在正在采取行动，构建能够确保国家经济增长、繁荣和发展的网络。

新的 5G 网络可能比现有系统复杂得多。正如易观国际最近指出的那样，“5G 网络的建设将成为移动基础设施投资的商业案例，支持不同行业的各种应用情景，远远超出今天消费驱动的移动宽带服务的范围”[1]。这意味着下一代 5G 的成功需要依靠行业充分采用技术和为消费者提供更好的服务来取得。要实现这一目标，需要政府、工业、学术界和地方共同行动，推动技术开发和网络应用部署。

我们不会简单地补贴工业界，也不会简单地让研究机构或私营部门中的专家担任政府官员。在英国已经有 5G 的相关活动发生，许多与学术机构有关，并且专注于研发阶段。我们不打算取代这些。相反，政府认为现阶段的任务是加强协调，挖掘其潜在价值，发布鼓励性政策和监管办法，发挥 5G 技术的作用，并在 5G 测试和试验计划中得到充分展现。

该文所述战略是基于已有知识编写的。5G 技术正在不断发展中，一些问题尚未得到完全解决。尽管如此，我们认为目前最重要的是面对当前的关键问题，使我们的 5G 网络应用和部署可以站在前沿。因此，该战略侧重于英国当前需要立即解决的问题，阐述了我们现在需要做出什么决定，指明了下一步工作需要解决的问题，强调了 5G 发展中的重要方面。但是

[1] http://www.analysysmason.com/Research/Content/Reports/investment-in-5G-and-IoTinfrastructure-Dec2016/.

我们还不能给出所有答案。该战略将依据最新的技术革新和行业发展情况进行定期更新。

（三）战略目标

英国的 5G 战略目标非常明确，即英国应该成为 5G 的全球领先者，挖掘 5G 网络的潜在价值，创造一个能够提供优质服务的世界领先的数字经济。

政府与有关各方进行了广泛的接触——包括工业界和学术界——并收到了政府委托的两份重要报告，这些报告极具借鉴意义：

（1）国家基础设施委员会（NIC）于 2016 年 12 月发布报告，建议英国应采取有效措施，以成为 5G 电信网络的世界领导者；

（2）由文化、传媒和体育部（DCMS）成立的未来通信挑战小组（FCCG）于 2017 年 1 月发布 5G 咨询意见，阐明英国如何才能成为 5G 电信网络发展的世界领先者。

这一战略指出了实现战略目标的具体步骤，该战略是建立在英国最近出版的数字战略和政府的现代工业战略基础上。如果战略能够得到成功实施，英国将取得三个方面的重要成果：

（1）5G 网络的应用和部署将得到极大促进；

（2）最大地提高英国的社会生产力和经济发展效率效益；

（3）将为英国的国内外企业创造新的机遇，外来投资将得到极大鼓励。

战略致力于为市场创造最佳条件，尽可能迅速有效地支撑 5G 的开发和部署。但这并不简单，作为一项技术，5G 仍然没有得到完全开发，未来 5G 的各种潜在用途，以及它们之间所需的集成程度意味着未来的网络和系统将比现在复杂得多。尽管我们正在寻找加快 5G 部署的途径，但无缝连接不可能在 5G 到来时自动实现——我们现在还需要继续提高用户的移动覆盖率和容量。

保持全球 5G 发展的前沿，将使英国有机会重塑其经济社会发展，最大限度地挖掘和发挥其促进经济和服务公民的潜在价值。我们已经看到英国政府在 5G 和全光纤方案建设方面正在发挥积极的促进和协调作用。该战略概述了 5G 技术发展与建设方面的关键主题：

（1）构建经济行业领域的实际应用案例；

（2）制定监管政策；

（3）加强区域管理能力；

（4）覆盖率和容量；

（5）确保 5G 网络安全可靠部署；

（6）频谱建设与管理；

（7）技术标准的制定。

（四）政府部门对 5G 的支持

政府同意 NIC 的建议，数字基础设施的责任应该由一位内阁部长负责。DCMS 国务秘书是数字基础设施的首席部长，全面负责履行政府在这方面的承诺。DCMS 正在加强其电信能力和专业知识，以支持这一使命。正如委员会指出的那样，新闻部设立了一个全面负责数字经济的总干事，并正在设立一个新的电信局长专门职位。

政府将成立一个新的数字基础设施官员小组，向文化、媒体和体育国务秘书汇报，由新的电信局长担任主席，并由政府有关部门的高级官员组成：

（1）协调具有数字基础设施交付重要因素的政府公共项目；

（2）确保在升级现有的或提供新的基础设施项目时，电信网络的长期容量需求将在实际可行、负担得起和物有所值的情况下得到考虑和满足。

政府还在 DCMS 内建立了 5G 专业技术中心，提供 5G 测试和试验计划，其作用将包括：

（1）确保中央政府和其他公共部门机构的 5G 发展活动结合起来，以满足计划的战略目标，加速部署，最大限度地利用和增加英国企业的机会和对外投资。这包括确保获得最佳实践，知识传播。

（2）与行业和公共部门机构合作，确定将在新的 5G 测试网络上试用的潜在项目渠道。

（3）为地方政府制定地方连通性计划提供支持和挑战，包括通过一个新的联合工作组，并通过 5G 测试和试验计划分配资金。

Ofcom 的作用

Ofcom 作为英国的独立通信监管机构，旨在通过监管电视、广播和视频点播部门、固定电话手机和邮政服务，以及无线通信，确保英国人从通信服务中获得最大收益[1]。

Ofcom 有法定义务确保以最有效的方式使用无线电频谱（用于现代电信、广播电视和广播的无线电频段）。无线电频谱是一种有限的资源，因此 Ofcom 为用户及移动网络运营商分配频带。

虽然战略和政策是政府的职责，但 Ofcom 将在支持英国的 5G 交付和推出方面发挥关键作用。它代表英国参加在国际无线电频谱方面的事宜，包括国际上的讨论，以同意未来 5G 的频段和标准。今年晚些时候，Ofcom 计划在 3.4~3.6 GHz 频段拍卖频谱，这已被确定为在欧洲推出 5G 的中心工作。Ofcom 的 2017/2018 年度拟议年度计划[2]包括对 2017/2018 年度 5G 的进一步工作，最近更新了 5G[3]的频谱，列出了 Ofcom 正在努力确保频谱不是移动数据增长和早期 5G 推出的抑制因素。

政府是否考虑利用电信业的战略性政策声明来推动制定一项支援这项策略的监管架构。

政府将通过由文化、媒体和体育事务国务秘书担任主席的数字基础设施和包容性实施工作组，对委员会的建议和本战略的行动做出回应。国务秘书将对经济与工业发展战略委员会的工作进展情况进行汇报。

未来通信挑战小组（FCCG）

政府成立了 FCCG，就如何使英国领先 5G 汇集了行业和学术界的意见。

FCCG 的中期报告于 2017 年 1 月 10 日发布。这表明，其他国家可能在某些方面有发展 5G 的固有优势（例如，5G 硬件的发展）。但是，如果我们专注于我们现有的优势，英国可能仍是一个全球领导者，如系统集成和

---

[1] https://www.ofcom.org.uk/about-ofcom/what-is-ofcom.

[2] https://www.ofcom.org.uk/consultations-and-statements/category-1/proposed-annual-plan-2017-18.

[3] https://www.ofcom.org.uk/__data/assets/pdf__file/0021/97023/5G-update-08022017.pdf.

网络安全方面。

FCCG 建议的核心是一个协调的 5G 测试和试验计划，将有助于加速和降低部署 5G 基础设施和服务的风险，并为英国在国内外的公司提供重要机会。

FCCG 还建议：

（1）建立一个 5G 实施咨询委员会，为最大限度地提高英国 5G 生态系统的重要机会提供建议；

（2）政府应鼓励和加强与正在致力于发展 5G 的国际伙伴和机构的联系；

（3）政府应采用数字化的第一种方法来鼓励解决方案的试行，以确保 5G 网络的结构能够最大限度地提高能源效率；

（4）政府部门应评估 5G 的采用如何支持其优先事项的交付，如创意产业、运输、健康等；

（5）我们应该通过测试和试验来探索，改善道路和铁路线路覆盖范围的模式；

（6）政府应考虑监管和规划变革，以支持 5G 基础设施部署；

（7）政府和 Ofcom 应确保提供频谱以支持早日快速部署 5G。

有关建议的进一步细节和支持这些建议的证据可以在 FCCG 的中期报告[1]中找到。我们会把这些建议作为政府的 5G 试验台和试验计划的一部分，并在下次更新这一策略时再汇报。

二、建立经济案例

政府将帮助建立 5G 案例，加快部署 5G 网络，提高英国的生产力和效率。

---

[1] https://www.gov.uk/government/uploads/system/uploads/attachment_data/file/582640/FCCG_Interim_Report.pdf.

（一）5G 的潜在经济效益

移动产业本身是英国经济的主要贡献者，2015 年零售收入超过 150 亿英镑[1]，同时也是其他行业经济活动的推动者。全球移动通讯系统协会（GSMA）估计，每年人均 GDP 增长 0.5%，移动数据使用量将翻一番[2]。

5G 在速度、可靠性和延迟方面的改进使其成为更大的转型技术——开发新市场和重塑其他市场。5G 的全面经济影响在这个早期阶段很难预测，但 5G 的主要好处之一就是可以在许多领域实现新的应用。例如，GSMA 估计，到 2020 年，移动对全球经济的贡献将达到 3.9 万亿美元，其中超过 75%将得益于移动通信带动的更广泛的经济领域[3]。FCCG 的报告显示，在 2020—2030 年的十年，英国在 5G 的领先地位将创造英国 GDP 增长 1 770亿英镑的机会[4]。《IHS 经济/ IHS 技术》估计，5G 将在 2035 年达到 12.3 万亿美元的全球经济产出[5]。此外，公共部门可以通过改善服务和更有效的工作方式，成为 5G 应用的主要受益者。这些预计虽然是基于推测，但是可以了解 5G 会给英国带来的增长及生产力的提升。

（二）市场条件

5G 网络将部署在现有移动网络的基础上。不同的地方将进行不同的升级。但为了支持 5G 的高速、高容量功能，可能需要新部署数十万个小型基站，以及密集的光纤网络。从规模上看，可能需要多达 42 000 个小型基站来提供伦敦金融城区域内未来网络的超快速宽带。因此，如果预测正确，小型 5G 部署将需要基础设施投资的逐步增加。

绝大多数投资将来自私营部门。现有的移动和固定运营商、替代网络和独立基础设施提供商以及其他通信服务提供商将在成功部署 5G 网络方

---

[1] Ofcom 2016 年通信市场报告。

[2] GSMA. 移动电话对经济增长的影响是什么［R］. 2012.

[3] GSMA. 移动经济报告［OL］. http：//gsmamobileeconomy. com/global/GSMA_ Global_ Mobile_ Economy_ Report_ 2015. pdf.

[4] 未来的通信挑战组．英国战略和规划 5G 和数字化驱动经济增长和生产率［R］. 2017.

[5] IHS 经济/ IHS 技术. 5G 经济：5G 技术将如何促进全球经济［R］. 2017.

面发挥关键作用。因此，英国电信市场资本投资能力将影响5G推出的速度和质量。

尽管有潜在的巨大回报，5G所需的初始投资业务案例尚未建立。行业最有可能确定5G的应用范围，政府和Ofcom在创造市场条件方面可以发挥重要作用，支持快速有效地开发和部署5G，同时支持创新生态系统。为此，我们推出一个5G测试和试验的新程序，以帮助验证5G技术的工作原理。该计划将为未来通信网络的产品和服务的开发提供催化剂，证明5G技术的市场化价值。通过这个计划，政府还将探讨5G及相关技术有助于解决的重大公共部门挑战。

该计划的核心目标是在一个共同框架内协调在英国开展5G服务和应用程序。我们将通过确保从一开始就嵌入互操作性、可复制性和开放性来实现。通过提供对试验台的访问，并与应用程序和服务的开发人员合作，确保它们使用通用标准构建，该计划将有助于确保优势可以扩展到国家层面。以这种方式，公共部门可以利用其购买力成为5G服务的主要驱动力。这不仅可以为纳税人节省成本，而且还可以为商业发展案例提供收入来源。

政府还会采用5G测试和试验计划来测试农村和城市的使用情况，并提高我们对不同场景和场所基础设施部署经济性的了解，以及如何以高性价比的方式部署基础设施的办法。

（三）政府采取行动鼓励部署新光纤

5G不会像以前的几代移动技术那样纯粹是一个单一的端对端网络。这可能导致现有移动基础设施和技术与固定网络的进一步融合。5G的演进可能意味着无线运营商需要能够与固定线路提供商更紧密地合作。5G本身也可能为所谓的“最后一英里”提供光纤替代方案。

显然，在任何情况下，5G将需要大量的光纤连接用于移动回程。虽然在更偏远的地区可以使用固定的无线链路进行回程，但需要更高的数据传输速率，这将使光纤接入成为5G的一个重要组成部分，特别是对于体积小、容量大的基站。政府正在通过若干举措支持光纤滚动，包括：

（1）2016年秋季预算报告宣布五年期新的全光纤基础设施100%商业

利率减免；

（2）4 亿英镑数字基础设施投资基金为小规模光纤网络提供商提供急需的资金。

从 2017 年开始，政府将投资 2 亿英镑为地方项目提供资金，以加速新的全光纤宽带网络的市场投放。这将为英国的商业和住宅区提供更好的 5G 光纤连接。

政府的全光纤和 5G 计划将有助于发展我们对这些技术如何聚集在一起的理解，以及面临的挑战。政府认识到，使用光纤是部署 5G 的关键限制因素，并将继续推动部署新的光纤网络。我们还将与 Ofcom 合作，确保运营商在合理的条件下能够公平地使用光纤。

（四）基础架构共享

遵守竞争规则是提供电信基础设施的有效方式，特别是在竞争性基础设施网络方面不发达的地区。不过，我们也注意到有必要保护投资积极性。

移动网络已经通过沃达丰和西班牙电信的合资企业（CTIL）以及 EE 和 Three 的合资企业（MBNL）进行了整合。独立的基础设施供应商向多家网络运营商提供天线租赁。政府还希望确保作为新应急服务网络的一部分提供的基础设施在可能的情况下可供共享使用。

我们认识到监管和法律框架可以影响基础设施共享的程度。政府将与 Ofcom 合作，确定和解决基础设施共享的障碍，并探索在保持投资激励的同时，建立更清晰、更强大的分享框架。我们将在 2017 年底之前报告有关进展情况。

（五）5G 技术的商业化

如本文所述，5G 是一种不断发展的技术，其在商业上的开发和部署仍然极具潜力。众所周知，开发和部署新技术的通常周期包括四个阶段：

第 1 阶段——技术最初的研究与开发；

第 2 阶段——技术的测试和试验，进一步开发、测试和迭代，与行业部门合作制定用例的解决方案；

第 3 阶段——开始早期部署基础设施，早期商业试验可以扩大早期部署的基础设施；

第 4 阶段——完全商业化运营。

政府的 5G 测试和试验计划将主要集中在“第二阶段”，并将在英国的有关项目中开展，这些项目涉及专注于智能城市和物联网的项目，帮助建立 5G 网络案例的项目，以及帮助在当地和有关行业培训数字经济的专业技能项目：

（1）开放的布里斯托尔。这是布里斯托大学、布里斯托尔市议会以及工业合作伙伴诺基亚和 NEC 公司之间的一项合作项目，旨在探索利用光纤、3G、4G 和 5G 等“随需应变”的网络连接，以及遍布城市的物联网网络。这个软件定义的网络被用来支持促进智能城市和物联网发展的研究和开发计划。

（2）曼彻斯特城市神韵。这是由 DCMS 资助的项目，作为英国物联网计划的一部分，用于在医疗保健、运输、能源和文化方面测试使用物联网技术服务。它包括公共汽车站计划，这些计划让公共汽车运营商知道通勤者在等什么，利用公园和通勤路线上的传感器网络，帮助人们提高出行效率。

（3）基尔校园智能能源示范者。这个项目使基尔大学的校园成为一个巨大的“实验室”，在现实世界的环境中研究、开发和测试新的节能技术。

（4）伦敦大学学院 TRIANGLE 项目。正在构建一个框架，帮助应用程序开发人员和设备制造商利用现有和扩展的测试平台来测试和评估欧洲的新移动应用程序。

（5）格拉斯哥市的未来城市示范者。这是一个通过使用开放数据来使格拉斯哥成为一个智慧城市的项目，项目创建一系列服务，使城市更安全、更智能、更可持续。

（6）车联网研究中心。联结运输部（DfT）和商业、能源和工业战略部（BEIS）的部门，旨在使英国成为连接和自主车辆技术开发的前沿。

（7）伦敦金融城公司项目。已经宣布，将取代和升级目前的免费 Wi-Fi 服务，以支持千兆速度，并帮助促进未来的 5G 网络。新网络将于 2017 年初推出，并将伴随着 400 多个小型基站，通过使用路灯、路牌、建筑物和闭路电视专栏等街道对象来提升当前无线覆盖的实力和可靠性。

（8）爱立信、英国电信和英国伦敦国王学院项目。已经同意了 5G 测试和开发的多年合作关系，重点是在商业和消费市场上创建 5G 用例，特别关注诸如医疗应用等关键任务服务。

（9）农业工程精密创新中心。精准农业和工程领域的重要组织联盟，帮助英国农业部门开发先进技术，提高英国农业的生产力和可持续性。

2012 年，政府投资 1 200 万英镑在萨里大学建设 5G 创新中心（5GIC），该中心利用了来自行业和区域的合作伙伴的重要联合投资。5GIC 是英国最大的通信学术研究中心，致力于开发下一代移动和无线通信。它汇集了领先的学术专业知识和关键行业合作伙伴，帮助定义和开发 5G 基础设施，推动移动通信和无线连接的交付，以满足未来互联社会和数字经济的需求。

政府希望尽可能通过 5G 测试和实验计划，建立现有项目，并酌情与私营部门合作，证明 5G 可在哪里部署，如何商业化。

（六）技能

英国无缝的 5G 体验需要提供必要的光纤、天线、小型基站和网络功能，以及在供应链中拥有足够的土木工程能力和技术能力。目前，英国已经拥有一定数量的专业技能人员。然而，我们必须注意到，缺乏必要的工人来安装必要的基础设施，将延误 5G 网络的部署和充分开发。

政府将通过 5G 试验台和试验计划调查技能需求，并继续监测劳动力市场趋势以评估可用性。当英国离开欧盟时，英国需要不断挖掘本国人才资源，提高员工队伍技能水平，发展能够使我们的数字行业始终处在世界领先地位所需的专业数字人员队伍。

同时，政府希望看到公众能够使用 5G 应用程序所提供的数字服务，获得切实的财务、健康、社会和其他方面的效益。这意味着要确保人们和企业具备使用这些技术服务所必需的数字技能。政府已经在与工业、企业和志愿机构合作，建立数字化培训和支援框架，以确保政府能够有效地为没有基本数字化能力的公民提供必要的技能、信心或使用方法。政府的数字战略也宣布了一些措施，这些措施将给企业和公众提供他们所需要的更广泛的数字技能。

挖掘 5G 潜力：政府的 5G 试验台和试验计划

正如 2016 年秋季报表所宣布的那样，英国政府将投资建设全国可协调的 5G 网络试验台设施和应用试验计划。

该计划将带来巨大收益：加速部署 5G 网络、最大限度地提高应用程序和服务的生产率、为国内外英国公司（包括中小企业）提供商业机会，同时发出政府决心信号鼓励对英国的投资。

新的 5G 网络推荐构建了一个“中心和轮辐”模式（见图 3）。该模式将建立“中心”——提供核心网络基础设施支持 5G 用例的测试。每个“中心”将连接到许多“轮辐”——以受控方式提供试用新 5G 应用程序和服务的环境测试平台。测试平台包括区域之间、公共部门、行业和学术机构的合作伙伴关系。轮辐将在一系列位置和环境中测试各种 5G 特定用例的优点。

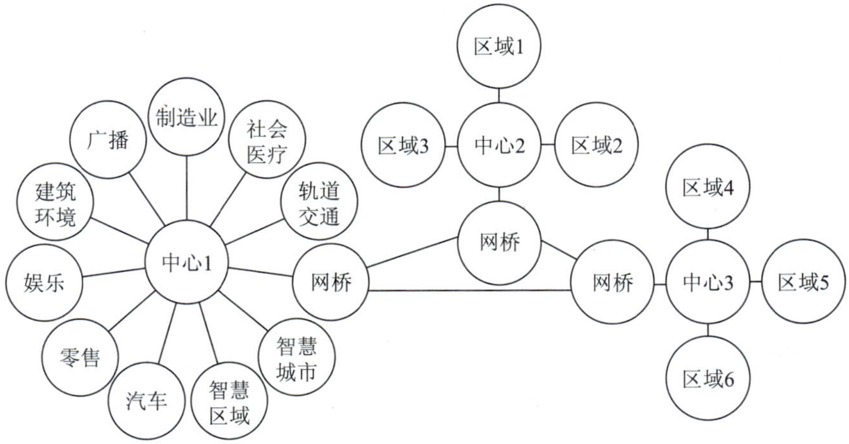

图 3 FCCG 表示的中心和轮辐模式

如图 3 所示，“中心-轮辐”模式将有助于加速研发阶段 5G 技术的发展和商业部署。在方案的早期阶段，轮辐可能规模相对较小，可以在现有项目基础上建造。随着计划的进行，轮辐将越来越多地对用例进行测试，并且更接近现实生活中的部署场景。

该计划的做法将确保英国的5G发展得到协调、以标准为基础、可以扩大并向包括中小企业在内的一系列业务开放。它将重点关注英国拥有雄厚实力的领域，特别是系统集成（即，不同的系统和服务在不同的和相同的网络之间进行不同的互动，以给最终用户提供无缝体验）和网络安全。

该计划的目的不是取代或挤走私营部门的投资，而是填补商业活动中的空白。5G的绝大部分投资来自私营部门，我们期望这个计划能促进行业内重大投资项目投资。在英国已经存在5G的相关活动的地方，这将为该计划提供相关经验及指导。为此，政府正在DCMS建立一个新的有5G专业知识的中心，确保英国的5G开发能力，以达到该计划的战略目标。

三、监管方法

5G仍然是一项发展中的新兴技术。行业的发展为5G提供了一个非常广阔的前景，同时5G的相关监管规定也是一个问题，新科技要求一个灵活的监管框架保证其不断发展和创新。本部分列出了政府的5G监管框架及其相关措施。

（一）监管规划

监管规划是影响网络基础设施提供商拓展网络能力的关键因素，因为它们管理着哪些地点允许建设以及在这些地点上安装的设备的外观布置。如本文所说，为了满足5G网络的要求，5G的部署需要在诸如街道公共设施、建筑物两侧等地方大量增加小型无线基站。因此，需要灵活适用的规划法规来支持5G网络的部署。

政府已经在英国实行监管计划改革，包括大幅度放宽对小型基站的选址和安装限制，以支持4G和未来5G的推出。特别是：

（1）立法规定更高了的移动天线的开发建设许可；

（2）取消禁止将小型基站天线放置在商业建筑物/设施上的规定，移动运营商可以有更多的小型基站来为4G及5G提供更强的移动处理能力；

（3）实施新的建筑规范，要求所有新建筑物和现有建筑物进行重大装修，以使基础设施能够提供超过30Mbps的超快宽带；

（4）英国电信网络部门（Openreach）与家庭建筑商联合会（HBF）签署了一项协议，为所有新开发项目提供光纤到户（FTTP）服务。目前，HBF 和其他基础设施提供商均已实现了该协议。

然而，考虑到 5G 网络的基础设施规模庞大，进一步改革监管制度以应付 5G 基建部署的独特挑战是十分必要的。

（二）电子通信法

政府正在对《电子通信法》进行必要的修订，以直接解决投资壁垒，降低基础设施部署成本，鼓励对数字基础设施的长期投资：

（1）制定新的估值基准以降低基础设施部署成本，激励对新领域的投资；

（2）运营商拥有共享和升级设备的更大权利；

（3）更明确地区分运营商角色，保护其对基础设施的投资不受补充访问定价条例的限制。

（三）其他监管问题

5G 使跨不同行业的新应用和新技术的出现成为可能。某些新应用属于受监管行业（例如，金融服务业），监管框架需要确保不会对这些行业的发展产生不必要的抑制作用。实现这一点需要在创新和保护之间取得平衡。

（四）实施计划

（1）政府将在 2017 年底前决定是否针对 5G 基础设施部署的规划和监管体系做进一步修订。

（2）研究降低网络和其他相关数字基础设施部署及运营的成本，加强与中央及地方政府、行业的合作，丰富 5G 商业案例的部署。

（3）我们将通过实施 5G 测试和试验计划提高对 5G 应用和服务监管制度的理解，与其他有关监管机构合作，在 2018 年底前进行反馈汇报。

四、地区治理能力

地方政府在数字基础设施的成功交付方面发挥了关键作用：他们与电信部门积极沟通促进公共部门资产的有效管理，并制定了很多切实可行的地方规划政策。权力、预算和责任的下放，有助于地方进行有效决策，打破生产力的限制，推动当地通信业的增长。

（一）为基础设施提供合理空间

如 NIC 所言[1]，城市密集地区部署 5G 所需的大量空间需要当地政府规划和提供，并确保网络能够扩展以满足未来的需求[2]。NIC 还指出，移动网络运营商要与地方当局沟通，毕竟地方政府最了解当地，并能够准确地描述其需求[3]。

寻找 5G 基础设施的合适地点和确保电信网络符合当地需求将面临重大挑战。为了部署小型基站网络，运营商必须制定比以前的移动电话更复杂的网络规划，政府已委托 5G 测绘公司研究如何促进基于 24 GHz 以上频谱技术的中小型基站网络规划。这不仅可以加速英国的毫米级通信系统的部署，还可以为英国网络规划方面专业知识的出口提供机会。该研究初步预计将在 2017 年 4 月底前完成。

与此同时，政府已经采取了一些措施并发布了一个数字基础设施管理办法，涉及中央政府建筑物的条款。该办法将不断进行修订，以反映市场的变化和创新。今后可能需要进一步开放政府建筑物和土地进行移动基础设施建设，相关办法将在 2017 年底之前提出。

---

[1] https://www.gov.uk/government/uploads/system/uploads/attachment_data/file/577906/CONNECTED_FUTURE_ACCESSIBLE.pdf.

[2] https://www.gov.uk/government/uploads/system/uploads/attachment_data/file/577940/5G_Infrastructure_requirements_for_the_UK_-_LS_Telcom_report_for_the_NIC.pdf.

[3] https://www.gov.uk/government/uploads/system/uploads/attachment_data/file/577906/CONNECTED_FUTURE_ACCESSIBLE.pdf.

（二）地区政策框架

英国政府已经制定和通过了住宅白皮书《拯救濒临破产的房产市场》[1]，要求英国地方政府制定规划政策，指导当地提供高质量的数字基础设施。

（三）地区行业协作

除政策框架之外，政府还需要制订更广泛的计划来服务本地移动连接。这些本地连接计划需要阐明一个地区如何满足连接需求，应通过与主要相关部门的协作来制订。计划的内容需要进一步明确，为2018年的最终方案提供参考。

政府在本地光纤、5G测试和试验项目的甄选时，要考虑当地连接计划以及实施的进展情况。

5G测试和试验项目将设法评估不同地方的模式，评估数字基础设施对建筑环境的影响，以促进城市、农村和不同类型区域5G基础设施的部署，并将其视为评选奖励资金的因素。

地区行业在帮助地方当局和其他地方团体了解通信基础设施推广的潜在成本和收益方面也至关重要。因此，政府将成立一个由地方政府部门、土地所有者和业界代表组成的工作小组，准确了解地区部署5G网络的情况。该小组还将帮助政府和行业分享5G网络规划知识，进入DCMS中最新的5G技术中心。随着时间的推移，小组可能发展成为分为不同地区的一系列小群体，不同地区的连通需要采取更有针对性的实现方法。

五、覆盖率和容量——融合和通往5G的道路

英国政府正在采取措施改善移动网络覆盖率，使5G网络得到更有效、更迅速的推广。

---

[1] https：//www. gov. uk/government/uploads/system/uploads/attachment _ data/file/590463/Fixing_ our_ broken_ housing_ market_ -_ accessible_ version. pdf.

（一）当前覆盖率

英国移动覆盖率继续增长。Ofcom 最新的统计数据显示，英国的 4G 覆盖率达到建筑 96%和陆地超过 70%[1]。英国拥有激烈的移动市场竞争和移动网络运营商（MNO）许可规定，要求运营商在 2017 年底语音和文字覆盖率达到 90%，O2 要在 2017 年底将室内 4G 覆盖率提高到 98%。到 2017 年底，98%的英国建筑和陆地要至少被一家移动运营商的 4G 覆盖。

从 3G 到 4G 的发展带来了十年前不可预知的应用。这些创新使得数据使用量大幅持续增长，对网络容量提出了更高的要求。然而，5G 未来的路径不可能将之前的移动标准完全复制，5G 的演进需要无线网络与固定线路网络更紧密地对接。同时，5G 网络将与现有的 4G 网络并存或者建立在其上，这将构成下一代移动网络的基础架构。因此，我们现在需要改善现有的移动网络。

人们的生活、工作和旅行需要有高质量的网络覆盖。4G 网络的部署需要符合这一目标的规模和质量，并支持未来的 5G 网络。网络的覆盖率和质量要比当前许可证规定的要求更进一步。我们将在 2017 年底前提出高质量网络的基本要素，以及在 2025 年之前实现的措施。

NIC 提出的证据表明，消费者的移动服务经历与运营商和政府报道的覆盖面之间存在差距。广告标准局（ASA）是英国独立的全媒体广告监管机构，负责对违反英国广告法的误导性广告采取行动。ASA 已经有了相关条例，用于解决英国广告中移动覆盖的任何误导性表述，并进行持续审查。如果 ASA 看到一种误导性的广告宣传，政府会鼓励 ASA 采取其认为适当的任何行动。

NIC 还建议政府和 Ofcom 应该制定一套可行的度量指标，精确地衡量人们实际获得的覆盖范围。政府认为，覆盖范围的报告应该对客户所经历的服务提供真实而有意义的反映，并要求 Ofcom 阐明在 2017 年底之前如何实现现有服务。

---

[1] Ofcom Connected Nations 2016 report https：//www. ofcom. org. uk/_ data/assets/pdf_ file/0035/95876/CN-Report-2016. pdf.

然而，为未来的5G网络建立度量指标很困难，特别是技术正在不断发展中，并且每个5G服务或应用程序对延迟和可靠性以及下载速度都有不同的要求。我们相信垂直服务提供商和5G网络运营商之间的协议会在定义服务性能标准方面发挥作用。相对于语音和数据服务，更好的指标更可能实现，但这不仅取决于MNO的网络，还取决于移动电话或接收信号及其位置的其他特性。

在制定合适指标的前提下，政府会利用这些指标来指导未来的政策制定。

（二）地理覆盖

5G将利用多个频段提供灵活的网络部署。这包括最高频率的频谱，提供巨大的潜在连接优势，但是只能在很短的距离内传输数据。因此，它的部署可能仅限于“热点”连接，并需要建立许多无线电“小型基站”以及密集的光纤网络。

如果5G要实现向用户提供无缝和无限容量的服务，需要具有良好地理覆盖但容量相对有限的“层”。不同的频段适用于不同的需求，其中较低的频率（例如，700MHz）适合于在广泛的地理区域上提供覆盖。3.4 GHz“容量”频谱具有更短的传输覆盖范围，但支持比700 MHz更快的数据传输，而5G基站的毫米波频谱或24 GHz及以上的频谱传输距离更短，速度更快。

新的5G频谱许可中已经明确了要具有一定的地理覆盖范围的要求。Ofcom注意到，对于诸如3.4GHz频率的“中间”频段，一个简单的地理覆盖目标是不太适合的[1]。这需要更有针对性地考虑覆盖范围，包括局部的特定类型的区域，以改进如道路、铁路之类整体覆盖范围较差的地区。

对于最高频率（24GHz），可能需要协调使用，以避免干扰，但政府同意NIC的观点，认为这一频段的广泛覆盖不太合适。推动覆盖的关键因素

[1] Making communications work for everyone: Initial conclusions from the Strategic Review of Digital Communications, Ofcom, February 2016 https://www.ofcom.org.uk/_data/assets/pdf_file/0016/50416/dcr-statement.pdf.

主要是网络提供商的部署和整体商业运营的可行性，以及建筑物及其他基础设施的所有者对安装设备的许可。

由于移动宽带许可无有效期，根据五年通知期限，实际运行中的新覆盖要求需要由移动运营商商定。频谱许可扩展覆盖范围可通过以前未采用的其他方法来实现。例如，可以为现有许可增加新的保障要求。一个想法是，可以使用“反向拍卖”来确定适当的补贴水平（可以通过减少现有的MNO 频谱许可的年度许可费用来实现）。网络运营商将以较低价格投标，使中标人在接受许可担保要求期间内获得补贴。

政府要求 Ofcom 在频谱许可上促进 5G 更好地部署，以便在国家、区域和地方规模上更好地审查促进 5G 覆盖范围等一系列问题。

（三）公路和铁路覆盖

英国道路和铁路的连通性有所改善，但进一步改善的空间也十分巨大。这给相应的 5G 部署带来了一些实际的挑战。

对于英国的高速公路和其他主要道路，NIC 注意到需要统筹考虑车辆的长期运营、乘客出行和现有基础设施再利用等问题。

一些有效的措施已经开始生效。例如，移动运营商的许可要求扩大地理移动覆盖范围。此外，作为紧急服务网络的一部分，一批新的天线用来专门为道路上紧急车辆提供移动覆盖。政府也希望这些天线能够被分享并支持商业服务。

未来新的旅游、运输 5G 网络需要更有效的连接。DfT 和 DCMS 将与业界合作，评估商业运输模式的潜力，以及如何使用新的和现有的基础设施来支持它们，并将在 2017 年底前向大家报告。

政府还将考虑资助现场试验，作为 5G 测试和试验计划的一部分，A2/M2 连接走廊[1]及车辆连接自主试验台将在 2016 年秋季报告中公布。我们将进一步深入了解 5G 及相关技术部署在高速公路网络上的挑战和好处。

在铁路网方面，需要为铁路乘客提供高容量无线连接和更好的消费者体验。政府的 Wi-Fi 列车政策意味着，到 2019 年底，几乎所有的火车路线

[1] A2 高速公路和 M2 高速公路交汇处。

都将为乘客提供免费Wi-Fi连接。在特许经营协议中，火车运营公司要支持最低连接标准。

此外，网络铁路公司正在与行业合作，评估轨道解决方案，例如苏格兰的SWIFT项目，将通过轨道交通基础设施向格拉斯哥和爱丁堡之间的火车提供专门的Wi-Fi连接。

NIC报告强调了在我们的运输网络上提供商业电信服务的潜力。与道路网络一样，DfT和DCMS将与行业合作，评估商业交付模式，并将在2017年底前进行汇报。

最近一些有价值的报告也关注了5G道路和铁路网络覆盖的问题：

（1）易观梅森（Analysys Mason）强调了确保道路和铁路覆盖的具有挑战性的经济学，并建议“允许网络共享和预安装5G”以提高覆盖率[1]；

（2）LS Telecom表示，备用的光纤容量和管道空间可以被第三方运营商使用，以提供更好的无线覆盖和高速连接到车辆，实现众多运输相关应用[2]；

（3）LS Telecom还建议，鉴于访问限制，在铁路上部署新的无线网络将是昂贵和耗时的。因此，任何新的基础设施都应能支持正在开发的新型移动技术；

（4）Real Wireless建议，分析在铁路和道路两侧部署基站的优势和挑战，突出部署铁路和公路网络相互靠近的共享基础设施的机会。

政府在其关于交付模式方案的报告中会考虑有关道路和铁路覆盖的一系列问题。

六、确保5G网络安全可靠

本部分介绍了政府的5G测试和试验计划如何与国家网络安全中心

[1] http://www.analysysmason.com/Research/Content/Reports/investment-in-5G-and-IoT-infrastructure-Dec2016/.

[2] https://www.gov.uk/government/uploads/system/uploads/attachment_data/file/577940/5G_Infrastructure_requirements_for_the_UK_-_LS_Telcom_report_for_the_NIC.pdf.

（NCSC）等组织合作，利用英国在网络安全的经验和优势，确保英国最大限度地发挥5G的优势。还介绍了如何提高公众对5G的了解，包括生产力和生产效益的提高。

（一）开发适用的5G安全系统

由于5G的技术进步所带来的数据流量的增加和应用与服务的创新，对现代生活将产生广泛影响，5G网络服务以一种安全可靠的方式得到部署将非常重要。

稳健和适用的确保隐私和客户安全的安全架构必然将成为5G开发的核心。如果客户不能确定他们的信息是否将被安全地处理，并且没有足够的隐私保护协议，客户将不会采用5G的服务。同时，我们必须保持未来增加5G基础设施容量规模的灵活性和能力。

5G测试和试验计划将与诸如NCSC等组织合作，支持开发符合客户期望的和满足5G服务及应用需求的新型安全架构。政府将推广通信和应用链的各方面解决方案，为提供商和用户寻求成本效益和安全性。

我们认识到，公众在很大程度上不了解5G及其带来的潜在价值。5G测试和试验计划还将与其他政府机构一起探讨如何提高公众对5G的机会和潜力，以及其将提供的不同应用和服务的了解。

（二）利用英国的专业知识

英国在5G发展中的主要优势之一是其在网络安全方面的专业知识。将5G安全工作纳入“网络安全战略”，并通过5G测试和试验计划来利用英国的大量网络安全知识。政府将与业界界定实施指引，以确保在网路部署方面取得最佳实践。在适当的情况下，还将制定5G隐私保护条例、执法等法规。

此外，我们正在建立政府的“默认安全”计划[1]来调查和支持制造商和供应商如何最好地提供安全的电子系统和服务。这项工作计划最终将使英国能够在解决5G安全问题方面取得积极的进展，从而在形成新的5G

[1] 政府、行业、采购和用户社区联合行动，以确保安全产品能够更有效地开展工作。

网络和服务时可以解决这些安全问题。这种定位将确保在任何服务提供的开始时具有更强的安全状态，并减少在部署后进行重新设计。

政府将通过NCSC监察和支持发展5G安全技术，包括5G测试和试验计划。

七、频谱

本部分介绍5G网络的频谱和使用频段问题，以及政府为加快部署5G网络而采取的行动。

频谱

无线频谱（通常简称为频谱）是传送无线业务的射频范围。包括广播电视、雷达、手机、移动宽带、GPS、Wi-Fi和其他无线服务。频谱是数字通信的命脉，5G的频谱需要不同的频率。

MNO目前持有的频谱许可主要用于800MHz、900MHz、1400MHz、1800MHz、2100MHz和2600MHz频段。其职责是将某种级别的地理覆盖范围纳入到新的频谱许可。

频谱是有限的——你不能使它变多——所以它有可能变得拥挤。因此，高效利用频谱变得越来越重要。

与前几代移动技术类似，5G将依靠适当的无线电频谱。寻求最大限度地发挥共享频谱的机会很重要，并考虑如何处理频谱的使用变化。

（一）政府的频谱策略

最新的“频谱策略”[1] 于2014年3月发布，制定了能够最大限度地促进英国经济发展的频谱使用措施。英国政府最近会同业界和Ofcom对该战略进行了一次讨论，认为应该更加重视频谱共享，并重点关注新技术。我们可以提出更多的正确的频谱政策，以支持我们对5G的雄心：及时提供新的频谱、灵活地使用频谱（可能包括一种或多种频谱共享形式）和考

[1] https://www.gov.uk/government/publications/spectrum-strategy.

虑制定各种5G频段部署在不同地理范围的许可制度。

作为这些政策的补充，Ofcom的频谱管理战略规定了其计划采取的措施，再次将重点放在5G移动上[1]。Ofcom的战略也扩展到诸如空间和移动数据之类的具体战略[2][3]。Ofcom最近发布了新版本的5G频谱[4]。

（二）5G频谱需求

迹象显示，5G的附加频谱需求对于现有的移动分配来说将会很高。Ofcom作为英国的独立频谱监管机构，表示将“确保以适当和及时的方式提供频谱，使投资、创新和竞争开发5G服务惠及消费者和企业”；政府也认为这是必要的，并欢迎Ofcom的承诺。它不仅仅是有关新频谱的发布，而且是关于重新分配和重新利用现有频谱，以明确5G需要使用的频率范围。Ofcom最新的5G[5]频谱更新列出了正在做的事情，以确保频谱不会成为移动数据增长和早期推出5G的阻碍。

现代移动网络需要不同频率的各种频谱提供不同的关键组件。低频谱倾向于以数据速率为代价提供更好的覆盖范围、传输距离和建筑内覆盖。高频谱提供更短的覆盖距离，但是具有显著提高的数据速率。我们预计5G将需要低频、中频和高频频谱混合，还有一些将是“新”频谱，其中一些将被“重新分配”，由之前的其他服务使用或者与现有业务共享。

我们同意NIC的观点，频谱的监管制度需要不断审查。《数字经济法案》包含了若干措施，以增加该机制的灵活性，例如，帮助Ofcom充分利用动态频谱接入技术的新功能，以便在现有用户未使用时允许二次授权其他用户使用。这些和其他频谱共享解决方案有可能在提高移动服务的可用性和质量方面发挥更大的作用。

---

[1] https：//www. ofcom. org. uk/_ _ data/assets/pdf_ file/0021/71436/statement. pdf.

[2] https：//www. ofcom. org. uk/consultations-and-statements/category-1/space-spectrum-strategy.

[3] https：//www. ofcom. org. uk/consultations-and-statements/category-1/mobile-data-strategy.

[4] Update on 5G spectrum in the UK，Ofcom，8 February 2017，https：//www. ofcom. org. uk/_ data/assets/pdf_ file/0021/97023/5G-update-08022017. pdf.

[5] https：//www. ofcom. org. uk/_ data/assets/pdf _ file/0021/97023/5G - update - 08022017. pdf.

政府将定期监督频谱监管制度。赞同地区和当地服务提供者获得频谱，使他们能够满足无服务或服务不良地区的需求，从而更有效地利用频谱。

政府要求 Ofcom 在 2017 年底前将审查和结果报告返回 DCMS，以促进在国家和地区的 4G 和 5G 部署，包括在一系列可能的用例中促进 5G 覆盖增长的问题。政府将明确覆盖范围目标，并与 Ofcom 合作，确定如何最好地实现这些目标。

（三）5G 候选频段

频谱使用是国际性的。因此，我们需要在国际谈判中去争取对英国有利的结果（整个欧洲内部的欧洲邮政和电信管理委员会 CEPT 和世界各地的国际电信联盟世界无线电会议）。在政府指导下运作的 Ofcom 在这些谈判中代表了英国，确保结果对英国有利。

鉴于这种情况，并且根据 Ofcom 最新的 5G 频谱，我们预计可用适当的 5G 频段包括（但不限于）：

700 MHz——以前用于广播电视和其他迁移服务的 694～790 MHz 的频谱。该频段是未来 5G 网络覆盖范围和控制频率的理想选择。这个频段在欧洲没有被使用。政府投资高达 6 亿英镑使该频段在英国可用，而 Ofcom 预计将于 2018/2019 年对其使用权进行拍卖[1]。

3.4 GHz——3.4～3.6 GHz 频段内的 150 MHz 频谱，适用于 700 MHz 以上的高容量。该频段预计将于 2017 年由 Ofcom 拍卖。

3.6～3.8 GHz——在欧洲，整个 3.4～3.8 GHz 被认为是 5G 频段。在英国，3605～3689 MHz 被分配到电子通信服务，目前被授权给英国宽带。Ofcom 已经就剩余的 116 MHz 用于移动业务进行了协商，并打算在 2017 年上半年再发行一次。

24.25～27.5 GHz——这个频段被欧洲预留，以便今后 5G 用作协调频段。使用它将需要与 26.5～27.5GHz 的其他公共部门移动用户共存。Ofcom 打算在 2017 年上半年就 5G 全部或部分频段的使用进行协商。

---

[1] Update on 5G spectrum in the UK, section 3.16.

30 GHz 以上的其他候选频段。Ofcom 特别注意到 32 GHz、40 GHz 和 66 GHz 频段的潜力，它将前两个视为较长期的候选。

鉴于欧洲频段协调统一和全球频段协调的重要性，政府认为 Ofcom 应支持 700 MHz、3. 4~3. 8 GHz 和 24. 25~27. 5 GHz 作为 5G 先锋频段，鼓励 Ofcom 于 2017 年中期公布其 5G 路线图。

FCCG 关于 5G 的报告[1]，建议政府应“探索 3. 8~4. 2 GHz 的共享潜力，作为相邻的 3. 4~3. 8 GHz 频谱的延伸，并在欧洲推广”，并且使用英国频谱政策论坛（SPF）[2] 作为 5G 未来频谱计划的发布平台。

政府已经通过 SPF 寻求并考虑了行业的意见，取得了阶段性的工作成果，并将继续与论坛密切合作。3. 8~4. 2GHz 频率的频谱目前用于固定卫星业务。5G 在 3. 8~4. 2 GHz 范围内共享需要由管理政府频谱共享的公共部门发布频谱计划和该频段的当前用户共同协商。政府将与 Ofcom 合作，评估在 3. 8~4. 2 GHz 频段内 5G 共享的可行性，并确定时间表和里程碑，以便进一步开展工作。

FCCG 的报告还建议 Ofcom 为 5G 测试床和试验提供可用的频率。这可以在 Ofcom 的测试和开发（T&D）许可下进行，这些许可允许以无干扰和非受保护的方式进行无线电设备的测试、开发、研究和演示。所有者拥有的完整营业执照可能会取代这些许可。因此，试验台和试验对长期的网络运行进行可靠的安排是很重要的，也是 5G 推广的一部分。

（四）重新分配

5G 频谱的另一个重要机会来源来自移动网络运营商手中的现有频谱的“重新分配”。Ofcom 发行的许可通常是服务和技术中立的。这意味着一个运营商可以将一个服务从一个特定的频段中移出，再部署一个不同的服务，只要该频段的总体排放量落在规定的范围内即可。最终用于 5G 的一些频谱很可能来自这样的重新分配。

---

[1] https：//www. gov. uk/government/uploads/system/uploads/attachment _ data/file/582640/FCCG_ Interim_ Report. pdf.

[2] The Spectrum Policy Forum is a pro-active industry-led ´sounding board´ to UK Government and Ofcom on future policy and approaches on spectrum.

（五）无许可频谱

并非所有的频谱使用都需要获得许可。未经许可的使用对经济来说也很重要，尤其是 2.4 GHz 和 5.0 GHz 频段的 Wi-Fi 使用价值。未经许可使用的一个潜在缺陷是没有任何干扰保护。因此，如果需要提供可靠、高质量和广泛的覆盖网络仍然需要经过许可的频谱，但是 5G 有可能在某些情况下使用许可和无许可频谱的组合来提供更高的容量。其中最重要的是，当频段被释放或分享时，无许可使用是否可行和实用。Ofcom 一直在将 Wi-Fi 的使用从 5.0 GHz 频段扩展到相邻频段。

类似的问题可能适用于物联网（IoT）的无线电网络。物联网通信可以使用诸如 NB-IoT（NB 代表窄带）技术在蜂窝网络上传送。但类似的低功率广域（无线电）网络（LPWAN）也可以在免许可频谱中运行。因此，5G 网络可能用于或不用于特定的物联网应用，这属于技术竞争的一种选择。

（六）频谱释放

自 2010 年以来，政府一直在推广施行“公共部门频谱发布计划”(PSSR)，如图 4 所示，释放公共部门和私营部门的频段，将其用于新的服务和用途。

2016 年 4 月，英国政府投资团队管理的中央管理单元（CMU）项目强调，从 2010 年开始，384 MHz 就被公共部门释放，并列出未来发布的可能性[1]。最初的目标是在 2020 年之前发布低于 5 GHz 的 500 MHz 频谱。到 2020 年，该目标扩展到低于 10 GHz 的 750 MHz，包括之前的 500 MHz。该目标的这一修订表明了 5～10GHz 范围频谱价值的提升。10 GHz 以上的频谱对于将来的 5G 使用也是有价值的。

[1] https://www.gov.uk/government/uploads/system/uploads/attachment_data/file/518303/enabling_uk_growth_pssr_programme_annual_report.pdf.

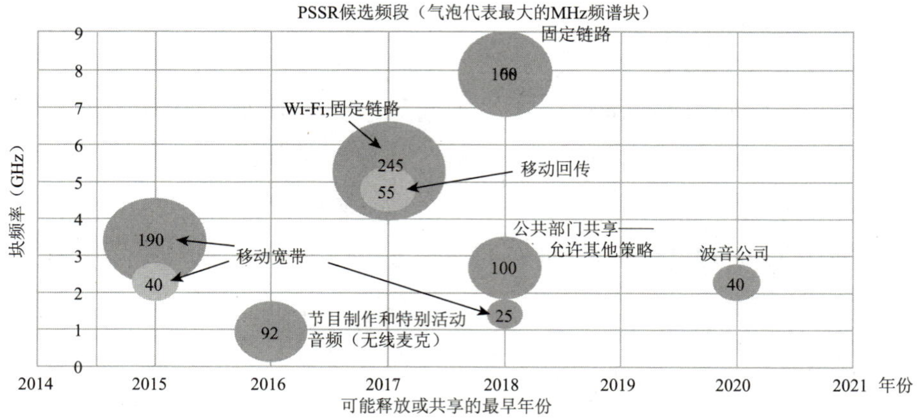

图4 截至2017年3月，10 GHz以下公共频谱释放的候选频段概况

政府将采取进一步行动，确保尽可能与其他政府用户或新的私营部门用户进行短期或长期的频谱共享。即将出台的新的紧急服务网络是政府使用私营部门网络，在其频谱范围内运行附加服务的一个例子，以避免占用专用频段使用效率不高的问题。

政府将优先考虑公共部门频谱用于5G，并进行价值评估。特别是，我们已经确定了将5G部署在26.5~27.5 GHz频段，国防部正组织Ofcom和CMU全面评估可行性。我们将在CMU年度报告中汇报进展情况。

八、技术标准

英国在制定5G标准方面发挥了主导作用。确保了英国行业生产者对5G的服务需求，使5G的收益最大化。

（一）5G标准

从根本上说，一个技术标准是各方以特定的方式开发技术的协议。标准制定应以业务为主导，借鉴学术研究和商业开发的思想。在信息和通信技术（ICT）中，标准是必不可少的商业工具，没有这些工具就会出现不相容的技术。对于5G而言，缺乏被广泛认可的标准可能意味着手机无法在所有网络或国家使用，正如25年前所发生的情况，基站可能不符合监管机构标准。

政府和监管机构经常参与标准制定，不仅是为了提供相关知识，更主要的是为了确保标准满足更广泛的社会需求，包括保密性、频谱保护、安全性、互操作性、可访问性、环境绩效和政府对产品的需求。

5G 标准的制定将遵循 2G、3G 和 4G 的标准制定过程，由一组泛区域标准化机构通过 3G 合作项目（3GPP）开发。

欧洲电信标准化协会（ETSI）是欧洲区域的标准化机构，负责管理 3GPP 职员。一旦开发完成，这些标准将由 ETSI 及其在全球的区域合作伙伴发布。3GPP 将遵循 5G 的两个目标：一是兼容现有的 4G 设备，二是新的 5G 标准。

移动电话标准由全球监管机构国际电信联盟管理（国际电联，联合国的一个专门机构）。国际电联 2020 年国际移动电信工作（IMT 2020）将汇总讨论和研究 5G 标准的发展，5G 标准将进一步清晰，最终实现 IMT 的定义（正式的 5G 标准）。

3GPP 计划发布两个 5G 标准，2018 年（第 15 版，主要是 4G 的演进）使 5G 的早期使用者达成统一的基准，2020 年（第 16 版）使标准更全面。5G 的标准将包括一个称为新无线电（NR）的概念，一个与 4G 完全不同的无线电系统。新无线电能够更好地支持大数据量和低速率，并且具有更高的频谱效率。

2018 年中期的初始标准将包括一个提供所有基站互连，以及整个网络和用户控制的新版本 4G 核心网络。核心网络的进一步发展预计将主要依靠软件定义网络（SDN），即网络功能的软件实现被预先“录入”硬件。SDN 将使核心网络很容易构建在通用云计算系统上。最近开发的网络功能虚拟化（NFV）标准就是作为新的 5G 核心网络标准的起点而实施的 SDN 案例。

SDN 会导致市场上制造商和供应商的新组合。然而，这些标准工作也有安全隐患。政府将监测供应商市场的发展和安全问题，并酌情做出回应。

（二）要考虑的关键问题

正在进行的3GPP标准需要考虑两个方面的问题：互联网标准和特定用例标准。第一个问题是因为移动电话在互联网接入中的意义越来越大，但第二个问题在获得5G的全部效益方面同样重要。这些问题最终将取决于5G服务市场。

固定宽带传输也可以实现5G连接。互联网数据在移动通信中的重要性在一定程度上已经在当前的3GPP标准中得到反映，但是许多设备还包括基于非3GPP标准的功能，例如，移动电话中的Wi-Fi。无论是否正式成为5G的一部分，这些更广泛的ICT技术需要在5G的集成环境中工作。

5G设备不仅将纳入互联网工程任务组和W3C的互联网和网络标准，还包括与5G重叠的或添加的其他链接功能。这些复杂的互操作性要求将随着时间的推移被市场定义，但实现这些需要在标准之间进行协调。健康、运输等部门具有良好的标准和工作方式，这些标准需要与5G标准相结合。

及时制定标准有助于在5G设备上市之前解决任何安全或频谱使用问题。

有限范围的标准可以得到初步的关注。提供商将推出一组对他们具有成本效益并对用户有吸引力的功能。增强的宽带和较低的频率会实现良好的全面覆盖。诸如低延迟等特征会更难以实现，这些方面的标准优先级较低，设备供应较慢。

为了支持在新兴的5G标准中体现英国的需求和想法，政府将与适当的标准制定组织（SDO），特别是ETSI、国际电联和3GPP进行合作。将重点放在诸如频谱使用和安全等领域，支持解决更广泛、更迫切的社会需求。

（三）知识产权和标准

知识产权（IPR）尤其是专利和版权在ICT标准特别重要。电信领域的必要标准知识产权往往以固定费用获得自由许可，意味着公平、合理和不歧视（FRAND）。以软件或IT为中心的标准倾向于包含免版税（RF）

的知识产权（即免费获得知识产权），或者根本不遵循知识产权，围绕知识产权发生经济模式变化。随着 ICT 变得更加软件化，我们看到 RF 模型在电信技术中的使用越来越多。

在标准中使用知识产权对于中小企业、学术界和知识产权的发明者来说都可能是困难的。如果知识产权在 FRAND 基础上获得许可，特别是对于中小企业用户而言，条款的公平使用可能是困难的。专利池和专利组合，专利权集中在一起，在收费上有一定程度的协议，可以帮助缓解知识产权使用。因此，我们会考虑是否有一个公共机构以某种方式积极支持专利池和专利组合。

中小企业在标准制定中参与程度不同。有些人积极参与，因为他们的业务正在产生并使用创意；许多人只是想要可以轻松使用标准；其他人认为这是一个难以获得和影响的领域。政府有能力促进中小型企业参与 5G 标准发展，要与标准机构和行业合作，激发新的工作方式，如标准开源软件的实施，作为“参考模型”，可以由中小企业轻松访问，并用于尝试创意。

政府认识到知识产权有效支持技术创新的管理。免版税和付款协议将在 5G 专利授权中发挥作用。为了支持这一点，政府会考虑专利池和专利组合等措施是否可以协助市场。

E-Government Frontiers(2018)

第三部分

安全保障篇

美国联邦政府网络空间安全研发战略规划

责任编译：韩 帅
编 译：任 飞
游玉栋
赵慧敏
译 审：贾一苇

国家电子政务外网管理中心主办

编者的话

为了落实美国2014年版《网络空间安全强化法案》的相关要求，遏制恶意网络空间活动，维持互联网的社会和经济收益，打击网络攻击者，改进网络空间安全，美国科学技术政策办公室主任助理于2016年2月5日向美国国会提交了《美国联邦政府网络空间安全研发战略规划》（2016版），为美国联邦政府网络空间安全技术研发指明了方向。

该战略规划首先提出了攻击者、防御者、用户、技术四个基本概念，以及短期、中期、长期三种总体战略研发目标，接着在此基础上重点介绍了网络空间安全的四个防御要素——威慑力、防护力、检测力、适应力，细致阐述了各要素的研究挑战，并具有针对性地制定了各要素的短期、中期、长期研究目标。最后，该战略规划阐述了与网络空间安全研发相关的六个关键基础，并提出了若干战略实施建议。

在互联网时代，网络空间安全的内涵不断扩展，影响日趋增大，成为关系各国国家安全、经济发展与社会治理的核心议题。本次选编的《美国联邦政府网络空间安全研发战略规划》的相关内容，比如网络空间安全防御要素的界定、针对性的战略布局等均对我国网络安全工作具有极大的借鉴意义，可为我国网络空间安全顶层设计以及各行业、各单位信息安全发展规划提供参考。

责任编译：韩　帅　　　　编　　译：任　飞　游玉栋　赵慧敏

译　　审：贾一苇

美国联邦政府网络空间安全研发战略规划

摘要

关于 NSTC。美国国家科学技术委员会（NSTC，National Science and Technology Council）是美国联邦政府研发体系的重要构成，主要通过行政部门来组织协调多个领域科学技术政策的落实工作。其职责之一是为美国联邦政府的科学技术投资设置清晰的国家顶层目标。为了实现多样化的顶层目标，NSTC 积极储备研发资源。NSTC 下设五个委员会，包括：①环境、自然资源与可持续性委员会；②国土和国家安全委员会；③科学、技术、工程与数学（STEM，Science，Technology，Engineering，and Mathematics）教育委员会；④科学委员会；⑤技术委员会。每个委员会均管理着若干分委员会和工作小组，分别聚焦于不同的科学技术领域。更多信息详见 www. whitehouse. gov/ostp/nstc。

关于 OSTP。美国科学技术政策办公室（OSTP，Office of Science and Technology Policy）是根据 1976 年颁布的国家科学技术政策、机构要求以及优先法案设立的，其职责包括：为美国总统在科技政策和预算制定方面上的问题提供建议；明晰美国总统制定的科技政策和项目；促进联邦、州、地方政府、产业界以及学术界的密切合作关系；OSTP 主任兼任科学技术委员会主席助理，从事 NSTC 的管理工作。更多信息详见 www. whitehouse. gov/ostp。

关于 NITRD。美国网络与信息技术研发分委员会（NITRD，The Subcommittee on Networking and Information Technology Research and Development）也被称为网络与信息技术研发项目组，是 NSTC 技术委员会（CoT，Committee on Technology）的下属机构。NITRD 协调多方机构共同推进研发项目，维持美国在网络与信息技术方面的领导地位，满足联邦政府对先进网络与信息技术的需求，加快对先进网络与信息技术的开发和部署工作。更多信息详见 www. nitrd. gov。

执行纲要

计算机和计算机网络为现代社会带来巨大收益，但是针对网络空间恶意活动的开支也在日益增长，大大削减了这些收益。为了维持互联网的社会和经济收益，急需对网络攻击者进行打击，加强网络系统的公信度，改进网络空间安全。

2014 年 12 月 18 日，美国总统签发了 2014 年版《网络空间安全强化法案》。该法案要求美国国家科学技术委员会、网络与信息技术研发项目组制定并维护美国网络空间安全研发战略规划，并基于风险评估方法，对联邦政府资助的网络空间安全研发工作进行全面指导。本规划契合了该法案要求，为联邦政府网络空间安全技术研发指明了方向，维持和拓展了互联网的广泛利益。

本规划对 2011 年 12 月发布的美国联邦政府网络空间安全研发规划（可信网络空间）的内容进行了更新和扩展。2011 年版规划中设定了一系列相互关联的突破性目标，要求联邦政府部门执行或资助网络空间安全研发工作。本规划涵盖并扩展了 2011 年版规划的优先项，更加聚焦于可基于证据检验的研发工作。正规证明和实验式测量结果等证据可以体现出网络空间安全的效力和效率，驱动网络空间安全研发的进步，推动网络空间安全实践的改进。

本规划基于四个假设：**攻击者**——只要攻击者觉得网络空间攻击行动具有一定性价比和可观效果，就会开展恶意网络空间活动；**防御者**——防御者必须在资源有限且威胁技术不断发展的情况下，抵抗针对高价值关键系统的恶意网络空间行动；**用户**——合法个人和企业应杜绝不相关、无效、低效率或过于繁杂的网络空间安全实践行为；**技术**——技术连接了现实世界和网络世界，因此对这两个世界产生的收益和风险也是相互关联的。

在这些假设的基础上，本规划定义了三种研发目标，提供改进网络空间安全所需的科学、工程、数学和技术内容。其中，科学和工程发展本质上是社会学技术，基础和应用情况在时间维度上存在很大区别：

短期目标（1~3 年）：通过高效的风险管理行为，实现科技进步，降低攻击者的非对称优势。

中期目标（3~7 年）：通过持续性的安全系统开发和运行行为，实现科技进步，降低攻击者的非对称优势。

长期目标（7~15 年）：通过溯源阻遏对网络空间恶意行动进行的高效威慑，实现科技进步。

短期目标更侧重对现有科学的发展和精练，中期和长期目标既包括对现有科学的精练和改善，也包括基础研究内容，具有超越当前研究领域寻找变革新方法的潜力。

为了实现这些目标，聚焦于科技开发以支持四个防御要素：

威慑力：遏制攻击者实施恶意网络空间行动的能力，提高恶意行动成本，减少成果收益，增加恶意网络空间行动的风险和不确定性。

防护力：网络组件、信息系统、用户和关键基础设施应具有可有效抵抗网络空间恶意行动的能力，从而可保障网络空间的可信性、完整性、可用性，以及达到事后可追责的要求。

检测力：指可有效发现，甚至预测攻击者意图和行动的能力。由于并不存在无懈可击的安全，信息系统在一定程度上都是脆弱的，均可能会遭受恶意网络空间攻击。

适应力：指在遭受网络空间恶意行动时，防御者、防御手段以及关键基础设施应具备适应性动态调整的能力，包括对网络中断的有效响应、灾后重建、运行维持，可全面恢复并阻遏类似事件的再次发生。

本规划在描述了网络空间安全防御要素及相关研究挑战之后，制定了各防御要素的短期、中期、长期研究目标。研究目标虽不全面，但为规划的实施奠定了一个可量化的基础。虽然有些目标在如物联网（IoT，Internet of Things）或云计算等特定条件下更有意义，但要求防御要素的研究与发展应适用于网络空间。

本规划还确定了网络空间安全研发的六个关键基础：①科学基础；②强化风险管理；③人员因素；④研究成果的实践转化；⑤人力发展；⑥改善研究基础设施环境。

最后，提出了五条建议：一是优先落实联邦政府网络空间安全研发的基础性和长期性研究工作；二是降低门槛并加强推行激励举措，进一步扩大公私机构在网络空间安全研发中的参与程度；三是评估可能遇到的障碍，实施奖励手段，加速对可基于证据检验的高效的网络空间安全研究成果进行转化，在技术和威胁不断发展的情况下形成可应对的可用技术；四是扩展网络空间安全研究界的多样性；五是扩大网络空间安全工作环境的多样性。

实施本文规划和相关建议，将使网络空间安全研发更加有效，网络空间防御愈加高效，使互联网越来越安全。

一、前言

70 年前，世界第一台通用计算机 ENIAC 问世，标志着现代计算机时代的到来。ENIAC 全称为电子数字积分计算机，1946 年诞生时主要被用于计算炮弹弹道。1969 年，两个阿帕网（ARPANET）节点的建立标志着因特网时代的到来。1993 年，第一个被普遍使用并能显示图片的网页浏览器 Mosaic 浏览器出现，使得因特网向互联的信息网络转变。在随后的十年中，网络社交媒体的爆炸性增长将网络空间变成社会体系不可分割的一部分，并加速了智能移动设备的普及，人们可在任何地点访问互联网。计算与网络是关键基础设施的基础，也是现代军事系统的支柱。如今，信息技术正应用在现代生活的方方面面。21 世纪的新兴技术，如物联网和智慧城市，预示着随着社会发展，网络空间也将继续为社会带来可观的收益。

自计算机诞生以来只有 70 年历史，网络空间的历史则更短。早期计算机使用数据中心的大型系统，由警卫、枪支和大门保护。互联网虽然消除了许多现实世界中的物理界限，但在早期也只是将学术界和政府实验室的小规模可信人群联结在一起。由于只有小部分可信同事具有访问权限，并且互联网的资源相对有限，所以当时安全并非是一个重要的问题。

1988 年，Morris 蠕虫造成互联网停滞，网络空间安全的重要性才开始引起重视。如今的互联网比 1988 年时无疑更加发达，而网络空间威胁也有显著增加。现在，知识产权易被窃取，关键基础设施面临安全风险，商业和政府计算机系统时常遭到黑客攻击，消费者担心隐私被侵犯。就目前的情况来看，在互联网上，公私机构在与网络空间犯罪分子以及其他恶意攻击者的对抗中处于劣势。社会越是依赖于信息技术带来的收益，攻击者通过网络空间活动造成破坏、转移和毁坏的可能性就越大。

当前网络的收益与风险现状是不可持续的。近期的报告表明，2030 年网络空间安全投入就会超过网络收益。就像刹车可以使驾驶更加安全一样，网络空间安全是实现经济发展和网络空间快速创新的基础。现今，当务之急是发展网络空间安全，通过为网络空间系统和专业人士提供保障、增强力量以及建立信任，保护互联网的社会利益和经济利益。犹如联邦政府资助研发是 ENIAC、阿帕网和浏览器得以出现的关键，如今联邦政府的战略研发投资也将推动网络空间安全的发展，有助于保障基于此所创造的利益。

2014 年 12 月 18 日，美国总统签署《2014 网络空间安全强化法案》，使其正式成为法律。该法律五个章节中的第二章节要求 NSTC 和 NITRD 在风险评估的基础上，设计并维护美国的网络空间安全研发战略规划，以指导联邦政府资助研发的整体方向。OSTP 牵头制定，由来自 NITRD 和 NSTC 的跨机构各领域专家合作完成。规划编制组通过 NITRD 发布相关信息需求，向工业和学术界咨询，并参与工业方面召开的公共会议，以确保联邦政府资助的研发活动不会与私营单位的投资重叠。

呼吁将网络空间安全的重点放在证据驱动型科学技术上。效力和效率方面的证据不仅能够指导网络空间安全研发的进步，还能促进网络空间安全实践变得更好。

对 2011 年 12 月发布的《可信网络空间：美国联邦政府网络空间研发计划战略规划》的内容进行了更新和扩展。2011 年版规划文件为美国开展或资助网络空间安全研发的机构设定了一系列技术突破目标。2016 年版规划更加全面，纳入并扩展了 2011 年版规划文件的重点。两个版本的规划都证明了美国联邦政府在对高效网络空间安全需求不断增加的同时，指导网络空间安全研发的方式也在不断成熟。

网络空间安全发展是多方面机构共同的责任，私营单位、政府和学术界在网络空间安全研发中均应起到一定作用。政府为长期、高风险研究和特定任务研发提供资金支持。学术界和研究机构主要负责开展高风险研究。而私营单位则为短期研究以及将研究成果转化为商业产品提供资金支持。该文件为由联邦政府资助的，政府机构和美国研发企业实施的，同时与商界和学术界不断合作交流的研发活动提供了研究纲领。

该文件描述的研发战略由当前事件情况、近期行政令（EO）、总统顾问委员会的报告，以及其他国家政策和倡议计划组成。具体的重点内容包括提高对关键基础设施网络空间安全的重视；将可靠的隐私保护措施纳入国家安全倡议；政府与私营单位之间的信息共享；以及保护消费者免受金融诈骗。

美国总统意识到技术依赖性带来的危险，因此在2013年将国家关键基础设施的网络空间安全确立为当务之急，发布了第13636号行政令《改善关键基础设施网络空间安全》和第21号总统令《关键基础设施安全与弹性》。网络空间安全也成了国家防御目标的重点，专门在第8号总统令《关于国家防御》中予以强调。该文件针对为美国带来巨大风险的威胁和危害，确定了加强安全保障与弹性恢复的五个任务领域。

2013年，美国总统科学技术咨询委员会（PCAST，the President's Council of Advisors on Science and Technology）发布了题为《把握网络空间安全先机》的报告，报告中一项重要内容可反映出当前信息技术基础的脆弱性："在未来架构设计中，须先保证系统各部分可以在恶意环境中运行。研究的方向应是建立动态、实时防御的系统，辅助强化传统的安全手段，如防火墙和病毒扫描等。"

在NITRD的2015年总结中，PCAST建议开展广泛的基础性研究以及更多应用型任务调研，进一步表明了信息技术的脆弱性："……要实现可信系统端对端通信的方法，特别是在新兴应用领域中实现。实现预测以及防御攻击的方法，不仅仅需应用计算机科学，还要引入其他工程学科和行为与社会学科。"

另外一个主题是网络空间安全在隐私保护方面的作用。政府和公司系统中泄露的机密情报活动和个人信息引发了在国家安全和网络空间安全背景下对隐私和机密的广泛讨论。2013年1月，PCAST在NITRD发表的报告中指出，隐私与泄露保护是一个交叉性的主题："……这对所有机构和所有任务来说都非常重要，因为有关个人的各种信息都可以以电子形式被大批量获得。”

2013 年 PCAST 网络空间安全报告的另外一个重要内容与信息共享有关：“为了提高实时响应的能力，网络空间威胁数据应在私营单位之间进行更广泛的共享。此外，应在适当情况下，通过公共规范接口实现私营单位实体与政府的信息共享。”

第 21 号总统令中也强调了信息共享对于关键基础设施的重要性，政府也鼓励通过立法措施解决多个部门间的信息共享问题。

认证问题是近期政策举措中经常出现的主题。在 2011 年《网络空间可信身份认证国家战略》（*NSTIC*，*National Strategy for Trusted Identities in Cyberspace*）中强调了隐私、安全和敏感在线交易易用性认证的重要性；《美国联邦政府信息处理标准（2012）》为联邦政府雇员确立了通用的认证标准。2013 年，第 13681 号行政令《加强消费者金融交易安全》将可靠认证作为消费者保护的基础工具。在涉及网络物理系统（CPS，cyber-physical system）的政策举措中，如美国国家安全电信咨询委员会（NSTAC，National Security Telecommunications Advisory Committee）于 2014 年 11 月发布的报告《NSTAC 致总统关于物联网的报告》，体现了对安全认证力度更强的网络设备需求。

在上述事件和政策背景下产生的战略研发组合，将提升网络空间安全技术举措的应用广度和鲁棒性，并且为上文强调的政策重点提供支持。规划提出的框架和重点应随着威胁、挑战和解决方案的变化，以及新政策的实施而不断发展。

以下是核心内容，主要分为五个部分。第一部分，战略框架，包括对未来远景的展望，对所面临的种种挑战的分析，以及对试图建立的网络空间安全防御要素和一系列关键依赖项的简要介绍。第二部分，网络空间安全防御要素，详述了每个防御要素的研发挑战，以及各防御要素的短期、中期和长期目标。第三部分，新兴技术及应用，将上述要素与新兴技术领域相结合，如物联网，并提供具体技术研究重点的实例。第四部分，关键依赖项，详细介绍了六个交叉问题的挑战和目标。第五部分，规划实施，概括了联邦政府机构、私营单位、高校及其他研究机构的作用和责任，确定了政府内部以及政府与私营单位之间的合作机制。最后，根据《2014 网络空间安全强化法案》的要求，提供了一些建议。

二、战略框架

网络空间安全研发的战略框架以当前和未来风险环境分析以及网络空间安全研发机遇为基础，以便妥善处理风险问题。战略的重点是挫败恶意网络空间活动，通过发展科技，利用社会科学手段，来支撑四个网络空间安全防御要素——威慑力、防护力、检测力与适应力。该战略由基于证据的评估，以及针对网络空间安全解决方案效力与效率的量化措施所驱动。解决方案的效力体现在能否实现预期的安全成果，效率体现在每个单位的量化收益是否高于最低成本。这些基准将为在进化和变革性创新中探寻不断改善的解决方案提供指导。

本部分将以现有和新兴网络空间安全风险、基本假设以及主要科技挑战为基础，阐述分析框架，以确定本规划的愿景和目标。随后，介绍网络空间安全防御要素以及关键依赖项，关键依赖项对于实现更安全网络空间系统至关重要。

（一）风险

本规划考虑到了当前存在以及未来十年即将出现的网络空间威胁。现有信息系统和基础设施被越来越多用于重大工程中，例如控制国家关键基础设施。但众所周知，这些信息系统和基础设施存在易被挖掘且难被修补的漏洞。而实施补救措施，尤其是大规模实施耗费的价格高昂。新建的信息系统和基础设施同样经过了类似的脆弱开发流程，带有新一代的安全漏洞。与此同时，互联网和网络空间在价值、复杂性、多样性和规模方面不断发展，传统公司都在向 IT 型公司发展。固有且易被利用的人为弱点加剧了网络空间技术漏洞多发的现状，导致诸如网络钓鱼之类的在线和离线社交工程攻击行为频频发生。当前，许多可用的安全机制和流程大多不可靠，并且需要大量资源才可执行。网络空间安全人力资源在规模、多样性、能力和灵活性方面差距不断增加，人力资源发展备受限制。

网络空间攻击者包括国家组织攻击者和非国家组织攻击者。他们掌握的技巧和能力范围广泛，攻击者涉及使用简单工具的业余黑客，也包含具备高超谍报技术的专业人员。他们的动机以及攻击目标所利用的资源多种多样。由于易攻破的目标数量较多，他们势必会抓住这些机会，持续开展恶意网络空间活动，攻击脆弱的信息系统，同时，他们也会不断增加网络空间攻击的复杂程度。

基于上述风险，本规划提出四个关键假设：

攻击者：只要攻击者认为攻击潜在成果大于成本和代价，他们将会持续性地开展恶意网络空间活动。

防御者：防御者必须在资源有限以及技术与威胁形势日新月异的情况下，挫败针对高价值关键信息系统的恶意网络空间活动。

用户：用户（即合法的个人和企业）应避免无关、效力小、效率低或负担过重的网络空间安全实践行为。

技术：技术将物理和网络空间世界联系在一起，这两个世界的风险和利益也将并存。

（二）挑战

网络空间基础研究面临的挑战是如何在减轻网络空间安全繁重任务的同时实现更有效的防御。本规划力求改善现有技术和实践，鼓励安全信息系统的实现，积极发掘和应用创新型技术或产品，应具有成本、人力资本投入、部署与操作难度较低，且具有较高易用性、有效性和延展性等特点。这样用户就可受益于信息技术，提高生产力，在为个人和组织带来较少风险的同时加速创新。

本规划的实施需要网络空间安全效力与效率的证据；研发界需要建立并实现可测量的网络空间安全目标。要求效力与效率的证据并不等同于创建网络空间安全的全部量化指标。基于证据的方法要求开展大量工作，以回答各种问题，例如哪些数据是可测量的，哪些数据可以被收集，以及在网络空间安全背景下评估的特性等。基于证据的网络空间安全技术方法对于确定真正变革性的创新至关重要，也是创新实践中获取有效反馈的基础，可以应用于所有网络空间安全领域内社会技术解决方案的研发工作。

尽管隐私影响不是本规划的重点，但网络空间安全研究人员应考虑并记录网络空间安全新技术和机制带来的隐私影响，以便确定隐私风险，并在所有新网络空间机制寿命周期开始以及整个过程中降低风险。没有网络空间安全的机密、访问控制和认证机制作为基础，就没有隐私，但是草率地实施网络空间安全控制手段会对隐私产生负面影响。正在制定的隐私与机密方面的研发战略将于2016年发布。

同样，网络空间安全强化政策可能与安全关键基础信息系统的运作并不协调。安全关键基础信息系统是指必须持续运作的信息系统，例如空中交通控制系统、航班控制系统、精炼厂、电网以及医疗设施等。在许多情况下，完整性和可用性应是优先考虑的因素。对于退化降级的信息系统（例如由于任意故障导致），应优先考虑可用性。但是，注重安全的政策认为机密性应优先于完整性和可用性。系统发展框架必须处理好信息安全与持续运作之间的平衡。随着具有分布式控制能力的“网络空间-物理系统”成为流行，处理上述平衡的难度也随之增加。这也要求美国联邦IT界经验丰富的专业人士必须基于证据，以及关于攻击者战略、技术和流程的情报，持续推进评估工作，适应不断发展的网络空间安全威胁形势。

（三）远景

如果本规划能够成功，在网络空间安全研究、发展和运行等方面都将能快速设计、开发、部署和运行有效的网络空间安全新技术与服务，同时用户的网络空间安全工作任务也将减少并且易于完成。在这样的环境下，许多攻击者的恶意网络空间活动将被慑止，试图继续发起恶意活动的攻击者也将失败，无法对用户或组织的任务执行产生任何影响。

当前的一大挑战是不能将网络空间安全强加于人，凸显其有效性。如果不关注网络空间安全，攻击者就会占据一定优势。对于网络空间攻击者来说，确定漏洞和开发漏洞利用方法所需的时间要少于开发并部署漏洞补丁的寿命周期，因此攻击者总是能够在信息系统受到保护前捷足先登。目前存在的一个典型不对称优势是：如今防护网络空间信息系统所需的投入、资源和时间，远远多于攻击者实施恶意活动所需的投入、资源和时间。

网络空间安全研发战略远景包括要确保新技术和应用能够及时、高效地付诸实践，以便安全措施能够与攻击者部署的新兴战术、技术和流程保持同步。本战略规划远景还包括要为完整的研发寿命周期（研究、开发、试验、评估与转化）提供资金支持，因此，本战略规划的一个目标就是要确定在缩小关键信息系统差距方面具有较高成功可能性的技术，促进将研究成果向潜在用户快速转化，积极宣传最佳实践等。了解防御者、用户和攻击者的不同角色是网络空间安全保障工作的一个重要方面（但经常被忽视），特别是在IT密集型企业和生态系统中。此外，本战略规划展望了研究界与美国联邦政府、工业以及终端用户之间的合作关系，以便构建起研究与最终应用之间的桥梁，避免公私领域之间不必要的重复投入。

除了强调对技术解决方案的投入，本战略规划还强调了对网络空间人力资源投入的重要性。远景的实现需要多样化的网络空间专业人力资源，要求能够设计、开发并实施合适的网络空间安全措施，并且评估和管理安全风险。

（四）目标

本战略规划确定了三种研发目标，以便于根据相关的假设提供改善网络空间安全所必需的科学、工程、数学和技术支撑。所需的先进科学与工程属于社会技术学科，范围包括基础与应用学科，在时间维度上区别较大。短期目标是为独立机构提供先进的科学技术。中期目标是应用于不同机构，但不包括整个网络空间生态系统。长期目标则是可应用于整个网络空间生态系统。

短期目标（1~3年）：通过高效的风险管理行为，实现科技进步，降低攻击者的非对称优势。

为了实现这一目标，各单位需要详细了解网络空间的各种漏洞和威胁。这涉及基于证据的风险管理，包括确定风险、评估风险以及响应风险的整个流程，研发有效的且可量化的安全控制手段。各单位必须获得这些安全控制手段的效力和效率证据，并考虑与用户、开发者、运行者、防御者和攻击者相关的人力因素。实现这一目标能够加强对于对抗恶意网络空间活动有效措施的了解，从而降低恶意网络空间活动发生的可能性和整体网络空间安全风险。

中期目标（3~7 年）：通过持续性的安全系统开发和运行行为，实现科技进步，降低攻击者的非对称优势。

该目标分为两个部分：第一个是设计并部署对恶意网络空间活动具有较高抵抗能力的软件、固件和硬件（例如，软件缺陷非常普遍，并且可能造成许多安全漏洞）；第二个是研发有效、可量化的技术和非技术安全控制手段，这些控制考虑到了与网络空间有关的人类行为和经济动力（例如，许多系统入侵都是由用户的无意行为引起的）。各单位必须在不给用户造成过多负担的情况下，将其防御的效力和效率提高几个数量级，为恶意网络空间活动的实施增加难度，从而削弱攻击者实施恶意网络活动的动力。

长期目标（7~15 年）：通过溯源阻遏对网络空间恶意行动进行的高效威慑，实现科技进步。

威慑是通过提高成本、降低收益以及为攻击者增加风险等方式挫败恶意网络空间活动的能力。中期目标为增加攻击者实施恶意网络空间行动成本、降低收益奠定了基础。衡量恶意活动所需的投入和可能的后果对于理解威慑的程度至关重要。

为攻击者增加风险需要准确的溯源，这是很难实现的，因为在网络空间中很容易伪装个人行为的行踪，通常无法及时获得恶意网络空间活动的可验证型证据。高度可信的取证能力可以在可行动的时间范围内确定网络安全犯罪分子，不影响其言论自由和匿名性，提高发现网络安全犯罪分子的可能性和其应承受的负面后果，从而迫使他们自行放弃恶意网络空间活动。

（五）预期防御要素

基于上述目标，本战略规划重点发展科技，以支持下面四个防御要素：

威慑力：遏制攻击者实施恶意网络空间行动的能力，提高恶意行动成本，减少成果收益，增加恶意网络空间行动的风险和不确定性。

防护力：网络组件、信息系统、用户和关键基础设施应具有可有效抵抗网络空间恶意行动的能力，从而可保障网络空间的可信性、完整性、可用性，以及达到事后可追责的要求。

检测力：指可有效发现，甚至预测攻击者意图和行动的能力。由于并不存在无懈可击的安全，信息系统在一定程度上都是脆弱的，均可能会遭受恶意网络空间攻击。

适应力：指在遭受网络空间恶意行动时，防御者、防御手段以及关键基础设施可进行适应性动态调整的能力，包括对网络中断的有效响应、灾后重建、运行维持，可全面恢复并阻遏类似事件的再次发生。

这四个要素与美国国家标准技术研究所（NIST，National Institute of Standards and Technology）《改善关键基础设施网络空间安全框架》中的五个核心功能（确定、防护、检测、响应、恢复）相似，但也不完全相同。本战略规划旨在指导网络空间安全研发，因此覆盖范围更广。NIST 提出的五个核心功能主要用于可操作的网络空间安全风险管理，而本战略规划将风险管理作为一个关键依赖项。图 1 展示了四个防御要素如何挫败恶意网络空间活动，以及效力与效率改善持续成果的价值。

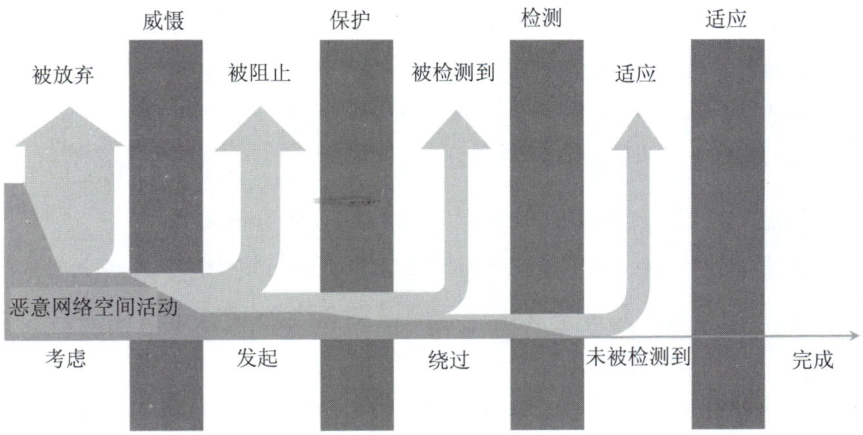

图 1　持续加强防御要素对于提高成功挫败恶意网络空间活动的可能性示意图

（六）关键依赖项

以下六个领域的进步对于发展和支持四个防御要素的科技至关重要：

科学基础：为解决未来威胁，美国联邦政府应支持建立理论、经验、计算和数据挖掘基础的研究。稳固、缜密的网络空间科学基础能够确定测量方法、可验证的模型以及正式框架，预测能够代表网络空间系统和流程基本安全动力的技术。这种基础性理解是发展有效网络空间防御技术和实践的首要基础。

风险管理：一个单位的网络空间安全决策应该基于对该单位资产、漏洞和潜在威胁的共享性评估，以便为安全投资提供风险依据。即使无法掌握资产、漏洞、曝光威胁和潜在威胁的完整信息，也必须进行风险评估。有效的风险管理手段要求能够评估恶意网络空间活动发生的可能性以及可能产生的后果，并正确量化漏洞攻击和降低风险的代价。及时共享与风险相关的威胁情报，能够提高单位评估和管理安全风险的能力。

人员因素：研究人员负责开发创新技术解决方案，保护网络空间系统，但如果他们没有意识到用户、防御者、攻击者和机构如何与技术互动，这些解决方案也不会奏效。社会科学家在网络空间安全研究中的合作参与不仅有助于解决人员与系统互动面临的挑战，还可以增加对网络空间安全社会学、行为学和经济方面，以及如何改善风险管理的了解。

实践转化：明确且高效协作的研究成果转化流程对保证美国联邦政府网络空间安全研发的高影响力至关重要。研究方面的重点是开发并验证新兴和创新技术，操作实践方面需要将解决方案整合到现有工业产品和服务中。两个领域总是无法被良好地结合起来。有效的技术转化计划应成为所有研发战略的一部分，依赖于可持续且重要的公私合作关系。

人力发展：发展一支能够满足本战略规划要求的网络空间安全人才力量是一个重大挑战。人员是网络空间系统的重要组成部分，能够对安全（或不安全）产生多种影响。本战略规划的成功与否在很大程度上来说取决于能否扩展并保留充足、多样化、高技能的网络空间安全研究人员、产品开发人员以及网络空间安全专业人士。此外，研发提供的工具可提高网络空间人力资源的生产力，因此也可以看作是生产力倍增器。

研究基础设施：网络空间安全研究中的可靠科学必须以受控的、执行良好的且具备可操作性的实验为基础。这就需要相关工具和测试环境，能够以适当的规模和保真度访问数据，确保实验流程的完好，并且支持广泛的互动、分析和验证方法。美国联邦政府应鼓励高保真研究数据的共享，对主动与研究人员对共享敏感数据的机构提供保护。在研究基础设施方面的投入不仅应该支持计算机科学家和工程师的需求，还应为其他存在网络空间安全研究挑战的领域提供支持，如能源、交通和医疗等关键基础设施领域。

（七）预期成果

计算机和网络创造的价值可能继续被不法分子破坏。应假设 IT 系统无法抵御恶意网络空间活动，不存在绝对的安全。因此，有效的威慑必须增加恶意网络空间活动的成本，降低恶意攻击收益，并使攻击者相信这种活动会被追踪到。信息系统在遭受恶意活动时的生存能力也非常关键，以便在遭到攻击的情况下继续提供关键服务。当网络空间安全解决方案和技术能够使当前手段的效力和效率实现跨数量级的提高时，就说明该战略是成功的。这将消除攻击者的现有优势，特别是其在多个系统中重复使用同一恶意方法的能力，这是因为防御者修补漏洞的速度永远不及攻击者发现并利用漏洞的速度快。此外，攻击者还会对当前的市场动态加以利用，成本和上市时机比安全意识更具市场价值。本战略规划的框架中包括威慑力、防护力、检测力和适应力四个防御要素，覆盖了网络空间安全的全部需求，为研究合作以及应聚焦的共同目标提供了框架。预期所产生的成果将使全世界的互联网网络空间和信息系统在整体上、本质上更加安全。

三、防御要素

本部分将详细介绍网络空间安全各个防御要素，总结当前技术水平，阐述潜在障碍，并为各要素确定具有前景的研究路径。

每个防御要素也有各自的短期、中期和长期研究目标。阐述的目标强调了其具有前景的研究领域。这些研究领域能够产生预期影响，并为实施本规划的整体进程提供衡量基础。但这些目标不会涉及所有需求领域，因此并不全面。上文已经指出了本规划的总体目标，短期目标的完成时间是自本规划发布起的 1~3 年；中期目标是 3~7 年；长期目标是 7~15 年。

（一）威慑力

保障信息系统、网络或企业免受网络空间威胁的最有效方式就是威慑，即提高攻击者实现目标所需的投入级别，对其行动产生潜在的负面影响。如果攻击者断定实施恶意活动的潜在成本（包括起诉和制裁风险）要大于预期成果，那么他们很可能因感到威胁而放弃实施。信息系统与网络的所有者、执法部门和政府机构都可以采取一系列行动加强威慑力。威慑首先要求部署有效且多面的防御，以增加攻击者实施攻击所需的资源。目前，实施能够造成重大影响的恶意活动需要的资金从几千至几十万美金不等。攻击者之前久经考验的技术仍然奏效，新技术也被不断置入恶意软件工具中。成功的网络空间防御包括许多方面，从合适的技术解决方案（如设计安全的软件、硬件和操作系统），到网络协议和访问控制，再到人为因素，例如指导用户使用安全的数据处理方法。准确的威胁模型有利于加强网络空间防御工作。

溯源也可以阻止潜在攻击者。然而确定网络空间恶意行为者是一项非常困难的工作，攻击者大多并不处于被入侵系统的范围里，而是通过代理或其他匿名流程操作。如果他们能够成功攻破安全防线，一定也能够删除日志，清除痕迹。

有效的威慑也依赖于其他防御要素——防护力、检测力和适应力。防护的意思是成功避免或抵御恶意网络空间活动、预防系统损坏、重要信息的丢失，甚至是国家威胁。例如，如果软件中存在的可利用漏洞很少，硬件和固件具有防篡改功能，那么恶意网络空间活动就很难实现。强大的态势感知和可靠的指示与预警能力可以限制攻击者在系统中潜伏的时间，并抑制其横向移动。网络空间取证技术能够提供大量关于攻击者利用方法和身份的详细信息，从而使他们身份暴露，接受执法和诉讼制裁。具有弹性适应力意味着恶意活动最终只能最小限度地扰乱运行，并造成最少的金融或安全损失。适应性战略包括加快与其他网络空间防御者共享有关攻击者技术的信息，以及对应的处置措施；将关键信息系统和网络隔离在加密区域；使用（包括盗用）个人信息时需要进行额外的认证步骤，以防欺诈。防护、检测和适应都有助于实现威慑，增加恶意活动的成本，降低恶意攻击收益。

1. 挑战

尽管恶意网络空间活动发生在虚拟领域，但政府强加成本却发生在现实世界。例如，金融制裁会被施加于个人、公司和国家实体，而不是电子邮箱地址或计算机账户。尽管近几年通过长期分析，针对恶意活动的溯源能力显著提高，可以逐渐迫使攻击者为其行动负责，但在实际情况中可信度高的溯源仍然是一个挑战。另外一个挑战是发展可靠的取证技术，为执行法律程序保留证据的同时，实现即时检测和网络空间分析。

威慑在这方面的关键技术挑战是量化攻击者成功入侵、躲避网络空间安全控制或检测所需的资源。威胁建模是解决该问题的一个方法。

解决这些挑战需要新的技术，衡量和验证各个单位挫败恶意网络攻击的能力，确保执法部门、政府机构以及信息系统与网络的所有者能够对恶意网络活动进行成功溯源，这些新技术包括：

衡量攻击者的投入、结果以及风险级别。衡量工作提供的反馈结果对于加强防御和评估挫败恶意网络空间活动的整体能力至关重要。攻击者的投入级别可以以金钱（有的漏洞攻击可以在黑市上买到，被外包等）、个人每小时的工作量、耗费的电力或计算资源（例如千万亿次浮点运算和兆兆字节）衡量。当投入的级别与现有能力、潜在收益或风险后果相比过高的话，攻击者很可能会考虑采取其他形式的行动。因此，要衡量攻击者投入等级必然要评估攻击者的备选行动，从而更好地预测攻击行为。

有效且及时的溯源。恶意网络空间活动的准确溯源能够为被攻击方提供非常广泛的响应选择，如制裁、起诉，在条件适当时，甚至可以采取军事行动。

可靠的调查工具。要成功起诉网络空间攻击者需要证据，有效的执法调查工具可为证据的获得提供基础支撑。这些工具必须足够可靠，能够在法庭上作为证据的支撑。另外，执法部门必须能够在不会泄露证据来源和方法的要求下，有效证明监管链。

溯源信息共享。需要能够支持高效溯源有效信息的共享机制，以便为跨国或国内执法调查提供支持。

2. 研发目标

近期：建立攻击者攻克特定网络空间安全防御所需投入级别的可量化参数，评估实现同样或相似目标备选行动方案的可行性和成本。确定若要威慑各类恶意网络空间活动和攻击者，需要何种程度的溯源、犯罪制裁或经济制裁措施。

中期：自动提取关于恶意网络空间活动的相关信息进行记录、验证，并与执法机构以及其他合作机构共享，为实现实时溯源提供支持。

长期：针对各项恶意网络空间活动，能够准确、高效地溯源到具体攻击者、公司或国家，配合强加成本或经济制裁，威慑恶意网络空间活动。

（二）防护力

第二个防御要素是防护力，防护的重点是建设对恶意网络空间活动具有高抵抗能力的信息系统和网络。这些信息系统和网络应采用基于安全保障的工程实践，能够在保护信息系统的同时为其保障提供可验证的证据。

如今，几乎所有计算机系统都无法抵挡某些形式的恶意网络空间活动。尽管信息系统安全不断得到改善，但通常只在特别需要时才会主动进行改善，并且缺少明确的测量标准。许多产品还存在大量漏洞就发货，很多安全控制都可以被绕过（例如利用社会工程学），于是攻击者利用同一等级的投入可以入侵许多信息系统和网络。

由商业软件产品组成的典型计算机或移动设备中包含数百万条代码，许多代码通过开源资源库被保留到了下一代软件中。据估计，这些产品的每一千条代码中就存在一个软件缺陷。有些缺陷会带来安全漏洞，导致网络空间生态系统很难进行防御，更难于实现强壮的安全控制和协议。微小的软件编码错误都可能破坏网页服务器和其他产品的安全，例如“心脏出血”（Heartbleed）漏洞。

硬件设计中的漏洞不像软件那样普遍，这主要是由结构化的设计技术造成的。然而，硬件设计漏洞导致的后果更加严重，能够使攻击者绕过保护措施。

硬件和固件的漏洞包括计时误差、秘密添加逻辑或信息泄露。和软件一样，有效的硬件和固件防护也需要进步的技术。如今，利用软件漏洞发起的恶意网络空间活动通常会继而攻击硬件或固件（例如攻击者获得系统或应用程序级别的访问权限后，会入侵硬件并持续驻留其中）。如果只减少软件漏洞而不相应地减少硬件和固件漏洞，只会使攻击者转移重点而已。

如果一个系统中存在的安全漏洞在可控制的范围内，那么实现对恶意网络空间活动的高抵抗能力就需要高效的安全控制和协议。例如，在正确实施的情况下，加密算法可以针对特定恶意活动提供可量化级别的抵抗能力。如果知晓抵抗能力级别，设计者就可以为特定信息系统或应用程序选择适合的算法。

目前，许多安全控制只能提供受限或是未经证明的效力，这为管理员和授权用户增加了工作量，安全控制或仅仅依赖于对环境或用户行为不合实际的假设。很多时候，安全控制在没有进行效力证明的情况下实施，客户群体被强加于一个与开发者预期完全不同的环境中。当前的最佳实践依赖于防火墙和 VPN，从而建立起一个虚拟“城堡”，但用户仍极易被钓鱼攻击引诱，存在很多其他攻击切入点。多因子认证可增加攻击复杂性，从而提高安全性，但很多用户因为嫌麻烦而拒绝使用这种有效的认证方法，特别是在不同信息系统需要不同认证令牌的情况下。

1. 挑战

加强网络空间安全防护需要减少开发和使用产品中存在的漏洞，加强安全保障，并提供高效的安全控制，强化安全策略，从而使产品对恶意网络空间活动具有高抵抗能力。

(1) 限制漏洞

限制产品中的漏洞数量是一个挑战，因为漏洞可能存在于产品寿命周期的所有阶段。生产存在较少缺陷和安全漏洞的软件、硬件以及固件需要注意五个关键方面：①在设计时要时刻谨记安全，为了安全而设计；②使用产生漏洞代码较少的工具和技术；③重视测试工作，确定存在的漏洞；④弥补已部署产品中的缺陷；⑤要确保部署的产品是正版，且不存在不必要功能。

为了安全而设计。很多时候，安全漏洞从一开始就存在。为了避免系统安全漏洞，在设计系统结构时必须依据准确的威胁模型、明确的部署环境以及对预期应用程序的详细了解。在此基础上，架构必须使用完善的安全原则（如系统权限最小化）和可靠的机制（如加密，细粒度访问控制），以确保应用程序所有组件和流程的机密性、完整性和可用性。理想情况下，结构设计不应该存在缺陷，但这是不实际的，系统结构不可能完全不存在安全漏洞。工程师必须假定系统存在错误或恶意组件，并在计算过程中将安全特性置入系统的设计之中。

为了实现这一愿景，需要以下研究进展来支持：

◇ 研究在复杂部署环境可进行精确威胁建模的结构安全保障工具，复杂部署环境包括自带办公设备（BYOD，Bring Your Own Device）、云计算以及物联网等。

◇ 研究安全政策设计工具，可基于人类可读的任务政策以及目标，推导和验证细粒度最低权限安全政策的实施情况（如每一个文件或资源的细粒度访问控制）。细粒度最低权限能够从本质上削弱攻击者成功发起漏洞攻击后可能获得的成果。

◇ 研究可基于证据评估现有机制效力和效率的广泛应用技术。当现有机制缺少效力和效率时，就需要可以支撑安全强化原则的新技术。（在下文的“安全强化原则”部分提供了这方面的实例。）

◇ 研究可信计算技术，在使用不可信组件时也能够达到安全的、认证的计算目标。目前已经有许多公开的结果，为该技术的可行性奠定了基础，但将该技术转化为实际应用还需要很多工作。

◇ 设计可有效保障网络空间清洁度的工具，改进检测，使攻击者难于隐藏和坚持。

构建安全。构建错误能够破坏设计精良的组件安全。尽管大多数开发者对一些常见漏洞，如缓冲区溢出漏洞和内存泄露非常了解，但这些漏洞很难在实际中被彻底清除。用于防止开发者创建特定安全漏洞，或是用于确定并修复漏洞的现有工具都尚不完善，工作效率较低。为了减少产品中的常见漏洞，软件和硬件开发需要新的工具和实践，以大幅降低对开发者生产力和操作系统效能的影响。

在开发阶段分析软件的正式方法有助于实施者确定不明显的漏洞，检测现有软件中存在的漏洞。正式方法包括广泛的自动推理工具，例如约束解算器和静态程序分析。这种技术的应用目前仅限于包含数十万条代码的较小程序。这些技术效力和效率的提高可有助于将其应用于具有实际复杂性的系统，并最终减少新系统中的漏洞数量。

验证安全。尽管产品在设计和构建阶段已经考虑到安全问题，但在系统开发过程中，实施错误还是会悄然而至。除了应进行功能测试外，在部署之前的整个开发流程中都应对组件进行严格的分析验证。静态分析工具将评估源代码或是可执行的计算机二进制文件，以确定安全漏洞。模糊工具能够呈现出软件中的意外输入，以确定缓冲区溢出和系统崩溃等可能导致拒止服务或系统漏洞的异常情况。攻击者也会使用这些工具寻找零日漏洞（供应商所未知的软件漏洞），因此应严格地应用这些工具，可在产品流入市场前确定并消除漏洞，阻止恶意网络空间活动。

维护安全。即使软件设计精良，开发者也具备相关知识并使用可靠的工具；产品经过了全面安全检测，但软件缺陷仍然不可避免。当发现问题时，必须对软件进行及时更新。更新软件时也可能会在无意中引入漏洞。安全的软件和固件更新机制是保障产品整个寿命周期安全的一个关键方面。

验证真实性。以上四个方面为大幅减少硬件和软件漏洞数量提供了可能，但前提是用户使用的是正版、未经篡改的产品。供应链的保障需要客观的衡量方法，以便使用单位确定产品为正版、未修改并且不包含额外的不必要功能。计算和通信软硬件的设计和生产是全球化的，供应链由供应商、集成商和服务人员等多种角色组成。供应链的复杂性为攻击者创造了机会，使其能够穿插伪造的产品，篡改产品或是引入恶意软件和硬件。恶意网络空间活动很难检测，并且与恶意软件相比，能够为攻击者提供更持久的访问权限。

目前最佳供应链管理以主观属性（例如原产国）为主，效果并不理想。因此需要研究客观的供应链安全保障衡量方法（如经过加密的标记），以便更好地确定正版、未经篡改、不包含不必要功能的产品。此外，为了确保硬件和软件的真实性，需探索新的硬件机制。硬件、固件和软件的供应链安全保障面临不同的挑战，相关技术可能无法实现跨领域应用。

（2）安全强化原则

在前文“为了安全而设计”中提到，当现有机制缺少效力和效率时，就需要可以支撑安全强化原则的新技术。以下是一些重要实例：

用户与系统的安全认证。用户认证自始至终都是安全保障政策的一部分，但部署可靠的多因子认证系统始终是一大挑战。提高多因子认证的效率以契合用户期望是一个关键研究点。物联网和自治系统的扩散加剧了对可靠高效认证设备的需要。

访问控制。访问控制建立在认证的基础上，用以支持安全政策和认证的实施。尽管存在更加可靠的机制（例如基于角色的访问控制），但信息系统仍经常使用粗粒度访问控制。为了准确地强化安全政策，系统管理员需提高管理效力。特别是用于加强完整性和隔离程度的轻量级硬件安全新机制，将为访问控制奠定实际基础。

数据的加密机制。当其他安全机制失败，攻击者获得了 IT 系统的访问权限时，或传输到网络上的数据可能被窃取时，加密方法能够阻止对明文的访问，以确保攻击者无法隐蔽地修改数据。许多应用程序中都具有有效的加密机制，但在受限环境中，这些机制便无法起作用，例如物联网使用的极轻量级系统。研究人员也可以针对合适的应用创造更有效的加密方法。攻击者将数据解密后，就可对系统进行操作，修改原有数据，因此只要攻击者足够耐心就仍然有机会。那些可以在加密数据上直接操作的有效技术，能够帮助提供更可靠的安全和隐私。普通加密算法能够提供的安全被量子计算的出现所削弱，甚至完全颠覆。尽管实际部署量子计算的时间框架还不明确，但保护高度敏感的信息需要部署高效的防量子算法。

减少漏洞。当前系统中有许多存在未知和遗留组件，这迟早会成为一个问题。遏制针对这些系统的恶意网络空间活动需要变革性技术。数据分析学是可对原始数据进行审查得出结论的学科，将为充分利用安全数据及在缺乏签名的情况下识别恶意活动提供新机会。

2. 研发目标

近期：①研究安全更新机制，要求支持各种产品版本（如开源的或具有专利的)、各类应用（如企业服务和物联网）和整个寿命周期。②开发基于证据的评估工具和技术，以确定被广泛应用的保护技术的效力和效率。③使加密工具和技术能够应用于受限环境（如轻量级加密），隐私保护应用程序（如私人数据库），以及长期机密性（如防量子加密）。

中期：①研发静态和动态分析工具，将传统开发的代码漏洞数量减少到大概平均每1万条代码中存在1个缺陷（将新代码和遗留代码中的漏洞数量减少到原数量的1/10)。②开发自动化工具和技术，基于高级别、任务型政策推导和实施细粒度安全政策。③研发可验证软件和固件真实性和来源的工具和技术，要求准确率达到98%以上。

长期：①开发工具链，以支持平均每10万条代码中存在1个缺陷的软件的开发。②强化安全控制的效力和效率，要通过基于证据的评估工具和技术来证明，应在未来十年内提高至少两个量级。③论证能应用于正确计算的可重复方法。

（三）检测力

威慑和防护机制旨在减少恶意网络空间活动的数量，削弱能产生恶劣影响活动的比例。只要IT系统存储或传输有价值的数据，或是管理具有战略价值的关键网络空间物理系统，恶意网络空间活动就不会停息，其中有些活动是无法被检测到的。

检测的目的是确保信息系统和网络的所有者以及用户具备态势感知能力，能了解正在进行（授权和恶意）的活动，发展方向是实现大规模自动化检测和预警能力。

目前大规模网络空间态势感知仍然是一个挑战。根据2015年迈迪安(Mandiant）公司的数据入侵报告，攻击者在目标网络上潜伏的时间平均值大约为6个月。但实际状况可能更糟，因为这并不包括未被检测到的入侵。各单位目前仍然很难检测到入侵事件。2014年，在向迈迪安公司回应的单位中，只有31%提到自己检测到了入侵行为，而其余都是通过外部消息了解的。

网络空间防御的最高技术手段通常以检测已知网络空间安全事件和恶意活动后续阶段中的相关附属内容为重点，安全分析通常都是事后的，对较早阶段的信息进行调查和探索新信息。随着近几年来恶意网络空间活动的增加，攻击方法的进化，已有方法（如基于签名的检测和异常检测）已经无法满足网络空间安全行业从业者要走在威胁之前的需要。

对检测的需求和当前现状之间存在的差距是惊人的。可以肯定的是，防御者不具备尽早检测恶意网络空间活动的能力。许多已经完成和正在进行的恶意网络空间活动很可能永远都不会被检测到，有些已经完成的攻击活动被攻击者成功地隐藏了痕迹，具备这种能力的恶意活动也将越来越多。

1. 挑战

企业信息系统和网络高度复杂，不同的用户扮演着不同且不断变化的角色。从理论上讲，持续监视用户并及时审查审计日志，能够使信息系统所有者或操作人员了解当前用户，明晰用户如何连接，以及用户正在做的事情。但实际上，信息系统所有者和操作人员需要提高精确度和效率才能充分利用相关工具。要求实时了解的信息量十分巨大更是加剧了挑战。建立并维持态势感知是当前的挑战，但也是检测恶意网络空间活动必不可少的第一步。

研究人员的设想是未来大部分检测工作都可以自动完成，并且是以机器对机器的速度，但目前的挑战是如何将所有组件、网络、IT 企业或网络空间生态系统的交互都呈现出来，并使负责监管这些系统的人员具备充足的态势感知能力，在必要时进行干预。

另外一个挑战是区分恶意网络空间活动和经过授权的操作。操作都是高度动态化的，操作的背景也非常重要，例如，一个新创企业在财年结束时出清存货是合法且合理的操作，但如果在首次公开募股的前两周进行同样的操作就可能是恶意活动。因此，当前的工具存在许多假阳性和假阴性结果。许多用于识别恶意网络空间活动的技术还具备版本回顾限制的特点，这些工具会寻找符合已知历史模式（即签名）的恶意活动。当攻击者进行创新时，这种工具就会失效。

恶意软件检测也存在类似的挑战。基于签名的技术具有一定价值，因为大多数恶意网络空间活动会重复利用软件，但从定义可知，这些技术无法检测未知和从未出现过的活动。此外，多态恶意软件就是专门为绕过基于签名的检测而设计的。与入侵检测类似，现有工具无法处理未预料到的技术方法。

另外一个困难是评估部署在信息系统或网络中的防护要素的局限性。与物理安全相似，确定网络空间环境的弱点也会影响检测手段的选择。对于物理安全来说，可能是在薄弱环节加锁或是加装安全摄像头。对于网络安全来说，这可能需要指明系统日志的细节级别或是安装监控系统。这种评估通常由“红队”负责，但具备资格的专业人士非常少，所以评估结果通常会有很大出入。

为了解决上述挑战，需要开发以下新技术：

实现强大的态势感知。信息系统和网络高度复杂，而设备的机动性又会增加复杂性。为了防护信息网络和系统，当设备被添加或移除时，必须确定其包含的所有关键资产以及与用户有关的属性和异常情况。实时动态的检测至关重要，因为这包括能够用于动态网络条件的灵活方案，并且可以实现与最近良好系统状态的比较。

确定系统弱点。系统配置的改变、新应用程序的引入或是新技术的使用都可能降低保护级别或导致新漏洞出现。为了实时地识别保护措施的弱点，并及时补救，需要开发新工具。

可靠地检测恶意网络空间活动。许多安全工具能够检测已知以及之前已确定的操作序列数据，而大多数破坏性恶意网络空间活动仍然依赖于这些众所周知的向量，这看似矛盾，因此研究应确定这些安全工具已经失效还是未被充分利用。不管这些技术是否有效，它们的设计决定了它们无法检测出那些创新或未预料的方法。因此，需要开展额外研究工作，以确保上述技术能够可靠检测攻击者的所有恶意网络空间活动，并缩短检测时间。特别需要开发能够检测零日恶意软件和创新操作序列，并且将假阳性和假阴性水平控制在可接受范围内的工具。行为学入侵检测和启发式工具会搜寻系统的基准行为异常，是一条颇具前景的研究路径。

数据科学家近期开发了一些数据挖掘技术，包括可延展的数学技术，能够从极大的数据集中提取有用信息。如果该技术能够成功研发，将促进更新颖、更有效、更快速的恶意网络空间活动检测技术的出现。

2. 研发目标

近期：①发掘并应用自动化工具以映射网络，包括实体、属性、角色和程序与行为之间的逻辑关系。②开发可用的展示界面，以便操作人员更好地预测事件，检测正在进行的事件，以及进行更好的事件后响应。

中期：①利用数据分析学确定恶意网络空间活动，并且以较低的假阳性和假阴性概率区分恶意活动与经过授权的用户行为。②将预测性分析技术应用于广泛的潜在网络空间威胁向量（例如通过软件或硬件），并针对每个威胁方法确定可能的行动方案。预测性分析可以为全部四个防御要素（威慑力、防护力、检测力和适应力）提供支持。

长期：开发网络空间威胁预报的自动化工具，以评估保护性措施的局限性，更好地进行网络空间安全传感器部署。

（四）适应力

弹性，即网络空间系统和依赖网络空间的任务在遭受恶意网络空间活动时的生存能力，逐渐成为网络空间防御战略的一个重要组成部分。具有弹性的系统能够在遭受恶意活动时继续正常工作，并且在活动后从负面影响中恢复。为了保持弹性，系统必须动态适应不断改变的威胁和技术，并抵抗恶意网络空间活动，不被造成严重损害。弹性应该被嵌入到组件、系统以及上层系统的系统中（还用来支持寿命周期流程执行、管理和运作），以威慑网络空间攻击者，使他们认为恶意活动的收益小于成本。

应对恶意网络空间活动的准备工作可以通过防护实现，由检测和威胁情报共享提供支持。有效的防御能够提供响应、恢复和调整的能力。网络空间防御者必须快速、有效地响应敌对活动，可执行从精确打击到全球范围内的任何行动。信息系统必须能够抵抗各种网络空间安全事件，以便关键任务和操作功能能够满足最小工作要求。当攻击者入侵系统时，响应行动包括分割隔离，发生故障时转移到备用或替换系统，将关键功能移交到完全不同的系统或手动流程等。由于网络空间生态系统具有复杂性，被破坏的功能可能需要大量工作才能恢复，具体时间取决于功能的重要程度。恢复选择包括自动自我修复，群体身份验证备份恢复，以及转移到全新的安全系统。适应涉及网络空间防御、系统工程以及组织风险评估。正在进行并且有价值的威胁情报和从以往事件中吸取的教训，有助于网络空间防御者制定未来行动方案。系统工程流程应使用弹性设计原则，并替换使用弹性强化技术，以产出更多弹性系统和任务。网络空间安全不应被视为一种追求完美并可维持完美的形态，而应是一个灵活的、持续进行的自我评估和行动流程，可随着威胁的进化而不断调整。

成熟的弹性利用从自然和非恶意事件中恢复现有手段，而新兴的弹性设计原则和方法则考虑到攻击行动。其包括应用于企业信息技术和内部工业控制系统的设计原则；提取信息和表象的取证分析方法，以便根据现有网络空间战术手册指导未来行动方案；自动化的配置和恢复机制（企业 IT 型）；用于获得威胁情报和误导攻击者的欺骗型环境；针对可信基础、故障容忍和适应性防御的研究。

1. 挑战

随着网络空间安全技术与复杂系统、上层系统的整合，响应出现了一些不可预见的依赖性以及联结的互动。开发者和用户必须意识到这些系统行为，以便分析技术和响应路径能够保持清晰、可信并且避免意外后果的发生。

现代 IT 系统的设计大多基于十年以前的原则。在当时，计算周期和内存都是昂贵资源，因此保留这些资源要牺牲一些其他代价，包括网络空间安全。如今，计算周期和内存变得不那么昂贵，因此需要新的设计原则，这些原则将考虑到正在进行的网络空间安全研究、遗留系统的持续以及爆炸性技术的应用（如物联网）。相对低廉的计算周期和存储为各防御要素提供了新机遇，特别是在适应和弹性方面的机遇。正在进行的网络空间安全研究探索新的“从零开始”式设计方法，包括全新的硬件结构，这种结构通过明确保留可执行代码和数据之间的区别，以及在应用程序实例中引入多样性的新软件，消除各种可被利用的漏洞。有些方法以生物免疫系统为启发，创建的新网络空间系统能够在遭受恶意网络空间活动时持续发挥作用，并通过从以往入侵事件中获得经验，从而对新入侵方法形成免疫。以“从零开始”式方法设计的系统将持续与遗留系统和技术互动，因此，新的设计原则必须考虑到在含有可疑组件的混杂系统中实现弹性。

另外一个挑战来源于对自治系统使用的增加。自治系统也必须能够在与网络空间防御者进行较少互动甚至不互动（或者根本不了解防御者是谁）的情况下支持响应、恢复和适应。此外，攻击者可能会利用自治功能，和以自治功能为基础的机器学习。因此，自治的影响必须作为弹性设计原则和响应技术考虑的一部分。

多等级风险管理为现有网络空间防御活动带来了技术挑战。关于提高、降低风险和风险要素转变的决策必须是多等级的。一个级别的决策可能会以复杂并且不明显的方式对另一个级别的决策产生影响。确定并了解风险依赖性和探索因此产生的决策空间需要技术手段的支持。另一个挑战是做出决策和实施决策之间的时间正在持续缩短。在这样一个不断收紧的风险管理周期，决策者之间的信息共享和合作变得越发重要。

因此，为了信息系统适应能力的整体提高，研发活动应以三种方式加强信息系统、企业和关键基础设施的响应、恢复和调整能力：

动态评估：以可信的方式评估系统组件的主要性能、属性以及潜在损害，以便响应并恢复到已知的良好状态。动态评估的意思是在威胁方法和系统要求不断进化的背景下进行评估。重点领域包括：

◇ 实时数字取证分析方法，使网络空间防御者能够了解攻击者使用的战术、技术和流程。包括用于分析数字媒体、数据、设备和网络数据的方法和工具，以及应用于新技术，如移动、嵌入式系统、物联网、分布式云服务，以及传统 IT 和工业控制系统的方法和工具。

◇ 对改变、行为和异常的实时评估，以便网络空间专业人士和其他决策者进行正确的损害评估，预测并管理操作的潜在影响，以及确定系统异常能够何时指示恶意行为。

◇ 探索并分析系统组件和相互依存关系（包括攻击者在基于供应链的恶意网络空间活动中注入的），以了解相关改变将如何在不同等级和时间框架影响任务或商业功能。

适应性响应：根据实际、即将到来和预料到的破坏提供适应方法，以便持续满足任务和组织需求，并将意外后果和攻击者的投资回报率最小化。这些方法能够支持近期混杂企业系统以及中期网络空间物理综合混杂系统中的风险权衡。长期目标是实现综合弹性结构，具备吸收冲击并快速恢复到已知安全操作状态的优化能力。重点领域包括：

◇ 资源的自主配置和移动，以引导和指导不断变化的网络空间资产，从而建立防御优势。

◇ 透明的直接补救机制和间接损害减缓措施。直接补救机制将受损或遭到破坏的组件和系统隔离起来，并且公开地将关键功能（在必要时，通过替换机制）提供给终端用户。直接补救可以逆转对资产的不可修复伤害（例如毁坏或不明确破坏）和关键操作的降级。间接损害减缓措施包括恢复、修复、重建或替换可能遭破坏的组件、信息流或系统，或是使用供应链分析和逆向工程，以确定受损组件以及等级。

◇ 将社会科学应用于安全，包括操纵攻击者对网络空间影响的认知（例如通过拒绝和欺骗技术），以影响攻击者对其网络空间行动效力的认识和信心。

多级别合作：为多级别（组件、设备、系统、上层系统的系统、企业或国际联盟）风险管理提供方法，以便对特定类型的恶意网络空间活动，如 DDoS 攻击做出全面、合作的响应。这些方法能够为近期的威胁情报收集、中期的防御活动合作，以及长期的合作防御协商和安排提供支持。重点领域包括：

◇ 全面的多源威胁情报收集、生产和信息共享，为网络空间防御者提供准确的风险评估，实现方式包括隐私保护数据分析学等。

◇ 合理安排的自治或半自治防御活动，以对抗系统，特别是网络空间物理系统的不稳定（如连锁故障）。

◇ 恢复和弹性行动方案的自动化协商和安排，以便网络空间防御者避免系统不稳定或攻击者的操纵，包括大规模敌对网络空间行动（如大规模 DDoS 行动）。

◇ 跨越机构组织界限的网络空间防御联合合作。包括技术和社会科学手段，例如分散的指挥与控制，复杂诊断学的“无故障”讨论，以及经验总结活动。

2. 研发目标

近期：发展技术，使关键资产不断调整和持续操作，不受攻击者行动的影响。

中期：建立方法，以实现在攻击者活动持续的情况下，相互依赖的系统功能及时恢复。

长期：建立有效的适应性合作防御机制，以预测性分析作为基础，预测性分析需将攻击者影响和由防御者行动造成的意外影响最小化为目标。

四、新兴技术及应用

第三部分确定了网络空间安全的四个防御要素。这些要素普遍适用，对于实现所有技术环境下的网络空间安全都是非常必要的，但这些防御要素的部署细节要视具体环境而定。

本部分将探讨新兴技术，并确定与上述具体技术环境有关的研发重点。下文中提供的实例会对国家和经济安全产生影响，但并不详尽。任何技术（新、旧技术）都可以且应该进行类似的分析。

（一）网络物理系统与物联网

网络物理系统（CPS，Cyber-Physical Systems）是智能化、网络化的系统，内部嵌有传感器、处理器和执行器，能够感应物理世界（包括人类用户）并与之互动，可保障安全关键应用的实时安全性。CPS 系统日益成为国家关键基础设施的一部分，因为 CPS 技术的新应用不断改善日常生活，甚至使社会和群体的观念发生了变革。

CPS 的最早实例是监测控制和数据采集（SCADA，Supervisory control and data acquisition）系统。该系统使用专用的通信信道，可对大型工业设施进行远程控制。这些早期系统都是专用系统，与互联网及其风险隔离开来，用于控制发电机、能量传输和运输等设施。互联网的经济优势，以及商品网络和信息技术功能的不断提高促进了 SCADA 系统的结构再造，但不幸的是同时也增加了网络空间安全方面的担忧。

如今，SCADA 系统与互联网网络、威胁以及信息技术漏洞之间不再隔离。网络空间安全风险如今也会影响关键基础设施的安全及其提供服务的可用性。

新兴的物联网产业也受到了影响。物联网是指含有能够被传感、控制和通过互联网轻松交互操作的电子和软件的物理设备。这些设备已经成为家庭自动化的主体，特别是那些通过互联网控制的家庭照明、暖气、冷却和安全系统。NSTAC（National Security Telecommunications Advisory Committee）在《2014 年度给总统的物联网报告》中预测，截至 2020 年，将有 260 亿~500 亿物联网设备被部署到制造业和家庭应用中。这个惊人的规模使网络空间安全成了一个巨大挑战，因为许多应用程序仍然使用低端网络化设备。

如果低估物联网和 CPS 系统的网络空间安全风险，将妨碍或阻碍社会对这些技术的应用，使这些技术的全部优势无法被应用于国家重点设施中。

（二）云计算

过去十年中，计算已经扩展到各种平台，随之而来的是新网络空间安全威胁的扩展。云计算就是一个新的平台。在云计算平台，服务提供商将大型计算和存储基础设施放置在一个或多个数据中心，然后将这个基础设施出租给用户，供用户通过互联网访问。

云计算平台不仅具有传统系统网络空间的安全隐患（传统系统网络空间指的是用户传统使用的完全分离的计算基础设施），还因为在云中共享计算基础设施而增加了新的隐患。

云计算平台利用虚拟化技术在同一个共享的硬件和软件基础设施上执行不同用户的计算。虚拟化技术会产生一种用户正在独自使用一台计算机的假象，但实际上是将一台计算机的时间分为几份，服务于不同用户。攻击者可以利用虚拟化漏洞的假象访问或推导其他用户的数据。虚拟化漏洞，配合一个数据中心中计算机之间的高度互联互通性，可使得一个掌握较少相关漏洞知识攻击者就可以对多个用户造成损害。

云计算可以从四个防御要素的广泛研究进步中受益，但关于访问、测量和验证虚拟技术保护的针对性研究还有待全面开展。

（三）高性能计算

高性能计算（HPC，High Performance Computing）对国家经济竞争力、科学探索以及国家安全至关重要。2015 年 7 月，美国第 13702 号行政令确立了国家战略计算倡议（*NSCI*，*National Strategic Computing Initiative*），旨在通过整个政府的力量大力发展 HPC 技术，并将 HPC 扩展至新的商业和科学领域。NSCI 预计在未来与学术界和私营单位合作，落实联邦投资，实现全国性的研究成果。

提升 HPC 网络空间安全控制的效力和效率已经被确立为 NSCI 的关键技术目标。与网络空间物理系统一样，对超级计算机和网络的访问一直以来执行严格的物理控制措施。HPC 应用程序的设计使其以串联的方式操作，因此需要实现对所有计算资源的无约束访问，以实现计算资源最小化。安全控制会消耗珍贵的计算周期，但不会直接对当前的任务提供任何帮助，因此安全控制的应用程序相对受限。HPC 网络访问已经变得很常见，由于新出现的应用程序利用有传感器或科学设备控制的大量科学数据集，新 HPC 系统应支持应用程序的平行执行。这个新复杂性也强调了 HPC 的安全要求，但效能最大化的压力仍然存在。新研究应确定传统安全机制对于 NSCI 提倡的下一代 HPC 系统是否有效，同时不会招致不必要的金融成本或效能降级。如果传统机制无效或效率低下，应研发新技术，避免不充分安全（例如机密性、完整性或可用性，或数据毁灭）带来的后果。

（四）自治系统

随着自治系统和组件的相关技术不断成熟，其安全影响也在不断增加。

自治系统的研究挑战包括操纵机器学习算法以及对弹性的相关影响。短期内可以实现半自动系统；完全的自治将在很大程度上被处于流程中的人员所削弱，因此重点应是 IT 管理（例如效能优化）和安全（例如自动化响应）。中期，半自动系统将出现在将网络空间物理系统和 IT 整合的系统中（例如无人驾驶汽车），自治程度不会被处于流程中的人员所影响，但会受到系统的安排能力影响。长期，具有多级别，以及多种自治程度的大规模自治系统将出现在将网络空间物理系统和 IT 整合的系统中，范围覆盖从微机器人蜂群到智能城市的方方面面。

（五）移动设备

传统上，用户和管理员通过终端、系统控制台和桌面工作站访问计算机。尽管笔记本电脑提供了一些移动性，但网络访问通常还是需要物理连接，如电话或以太网插口。这些限制被无线网络和无所不在的手持设备（如智能手机和平板电脑）打破。自带设备和远程办公加速了这一趋势。此外，如今安全问题涉及了更多利益相关者，包括组件和设备制造商、操作系统设计师和开发者、应用程序开发者，以及云存储提供商和网络供应商。尽管网络空间安全技术的广泛发展能够应用于这些设备，但移动性为防护（如安全更新）、检测和态势感知带来了新挑战。

五、关键依赖项

网络空间安全关键依赖项的发展是四个防御要素的发展基础。本部分重点阐述四个防御要素与依赖项的依赖关系，以及说明关键依赖项有利于实现本规划目标的发展方向。

（一）科学基础

发展科学基础是 2011 版本规划中的研究主题，对于实现本战略规划的目标也非常重要。在如今这个日益网络化、分散化和异步化的世界，网络空间安全涉及硬件、软件、网络、数据、人以及与物理世界的整合。复杂系统某一部分中的漏洞通常会被恶意攻击者用于系统的其他部分。探索性方法不足以开发需要维持预期功能，并且能够随着技术和威胁的进化而不断调整的可信系统。这种方法通常只能满足特定需求，尚不完善，还可能错过重要漏洞，因此坚持不懈的攻击者总是能够攻击使用这种保障方法设计的系统。网络空间安全基于四个防御要素，而防御要素需要可靠的数学和科学基础，从而具有明确的目标、全面的理论（如防御、系统和敌对攻击理论）、原则性强的设计方法论、不同等级的复杂和动态系统模型，以及用于评估成功或失败的参数。

就当前的技术水平来看，科学、易理解的解决方案不同程度地存在于各安全下属领域。大多数技术都需要特定领域或背景，在数学或经验上无法验证，并且很少考虑到效力和效率。因此，目前的实践包括探索性技术、非正式原则和推测的敌对行为模型以及程序型参数。建立以下领域的科学基础将直接为四个防御要素的目标提供支持：

◇ 研究四个防御要素的正式框架，其中包括威胁的定量定义、可测量的安全假设和证明，以及用于评估系统、防御和攻击者的高效正式方法。

◇ 为四个防御要素构建安全生态系统的原则性设计技术，要求能对安全性能和效率进行可证明或可测量的证明。

◇ 研究用于预测不断发展的爆炸性技术与威胁的理论框架。

（二）风险管理

与网络空间安全四个防御要素相关的技术是实现网络空间安全的关键，但要实现安全的适当级别，仅有技术还不够。技术的实施需要对机构组织的目标、能力和形态以及面临的威胁性质进行深入了解。风险管理是一个确定、评估和响应风险的持续性流程。为了管理风险，各单位应该了解安全事件发生的可能性，以及对应后果产生的影响，以便确定合理的风险容忍级别。这些信息对于利用稀有的网络空间安全资源进行明智投资至关重要。

风险管理是一个相对成熟的领域，已经具备了广泛认可的流程和各种风险模型。NIST 出台了一系列与各级别的信息安全风险管理国际标准相符的管理文件，提出的《改善关键基础设施网络空间安全框架》为各单位管理和削弱网络空间安全风险提供了灵活的框架，被广泛应用于不同规模（包括中小型商业）和成熟度（即不同的网络空间安全级别）的企业中。这些方法可被（单独或组合）应用于各种信任和管理模型。

尽管风险管理实践能够提供巨大价值，但投资的回报有史以来都会受到复杂且分散的风险管理、风险评估技术的不稳定以及不准确的成本估测所影响。信息风险管理的权威、责任和决策权力通常是分散的，因此造成延迟、不完整或是不协调的风险响应。风险评估技术的不确定性通常伴随着传统模型无效的问题，因此常常无法正确反映出这种不确定性。安全解决方案的寿命周期成本总是被低估，尤其是操作成本、管理成本以及无效解决方案造成的成本。

风险管理的发展有利于实现四个防御要素的研发目标。特别是需要将人员因素（如需要的专家和正在进行的训练）考虑在内的综合成本建模技术，以及将已知和预测漏洞都纳入其中的风险模型设计。从长期看，有必要通过整合建模、模拟和练习以实现更好的信息风险管理。

（三）人员因素

据专家估计，目前80%~90%的网络空间安全故障都是由人员或单位组织机构缺陷引起。全面的网络空间安全需要了解网络空间威胁和安全网络空间系统的人员因素。许多社会、行为学和经济学方面的研究已经开始探索网络空间安全问题的人员因素。网络空间安全经济学研究攻击者的动机，以及在真实世界中从恶意网络空间活动中获益的手段。对动机的经济学分析有助于解释为何个人或组织采取（或不采取）攻击检测，降低网络空间安全威胁。社会心理学家调查了个人特征（例如年龄、性别、个性中的素质方面）的影响，以及社会规范对促进网络空间良好实践的影响。针对动员理论的研究确定了训练、激励或鼓励用户改善其网络空间安全行为的方法。社会技术学调查扩展了对信任和保障在安全社会技术系统中的作用，以及欺骗和负面意图在恶意网络空间活动中的作用。以上都是跨学科研究活动丰硕成果的典型实例，在经济学、人文和社会研究中还存在许多机遇，有助于改善网络空间安全。应开展以下领域的研究，以支持四个防御要素：

◇ 对经济生态系统外部的经济效果进行研究，以了解信任和组织结构设计对网络空间安全决策的影响，以及微观和宏观经济学对设计、结构、软件操作、硬件和系统的影响。

◇ 推进建模，开展社会学与行为学实验，以确定激励机制的优缺点，从而采取和落实相关网络空间安全措施。

◇ 研究经过验证的人类优缺点社会学模型，用于分析系统的安全特性，以及用户、开发者、操作人员、防御者和攻击者扮演的不同角色。此外，还应确定并宣传能够加强安全的人员行为，确定鼓励 IT 系统设计和操作中更安全行为的有效方法。

◇ 针对国际规范、参与规则以及恶意网络空间活动升级向网络空间战转变的驱动力进行建模，以确定促进或破坏安全网络空间的机构性和结构性因素。

◇ 设计能够实时确定正在对单位机构实施危害的内部人士和技术系统，而不是像现有系统一样，事后才可检测，应预防并检测内部威胁。

◇ 开展可用安全方面的研究，设计能够优化效率的安全技术。

◇ 为团队组成、团队协调以及不同利益相关者之间整合的活动进行建模和实践，以大幅提高四个防御要素中合作行动的效力。

◇ 研究针对不同攻击者的动机、响应以及对威慑行动（如拒绝、溯源和报复）感受性的模型。了解并预测攻击者对防御行动的回应，发现他们在信息误导和混淆方面的弱点，进一步逆转他们的不对称优势。

（四）转化为实践

美国联邦政府研发投资始终将网络空间安全领域作为国家重点，因此确保研究转化为实践对于投资回报最大化至关重要。加速实践转化是 2011 年规划中的研究主题，也是本战略规划的重要方面。

2014 年 6 月发表的《美国联邦政府网络空间安全研发战略实施报告》中指出，研究与实践之间存在分歧，前者注重于研究和发展网络空间新技术，而后者负责采办系统原型并在操作环境中实施。为了消除这一分歧，研发和操作应该进行协作，但这意味着私营单位要承担一定风险，因为他们负责将研究成果引入商业流程。美国联邦政府研究界应继续开展 2011 年规划中概括的活动，通过技术发现、试验、鉴定与转化，还有商业化和人力培训来进一步扩大实践转化。

美国联邦政府机构应继续为实践转化活动拨款，例如系统集成者论坛、小型企业创新研究（SBIR）活动，以及联盟企业。

转化为实践也是一个社会和行为学挑战。2015 年度网络空间安全技术应用论坛报告中指出："所有利益相关者的早期参与都至关重要，技术或最佳实践需要模范；开发者需要了解用户需求和决策者的担忧；开发者、决策者和实施者都需要考虑到人员因素，如是否拒绝变革等。"这些技术的进一步研究将促进首席信息官（CIO，Chief Information Officer）、首席信息安全官（CISO，Chief Information Security Officer）、采购官员和联邦 IT 管理人员的合作，以确定、发展、部署适合的技术。

简化并加速研发成果的采办流程也是重点。各单位机构应继续评估，并有选择性地使用合同性工具。例如，"其他交易"（OT，Other Transaction）提供一种简化和加速研发资金的机制，还能使机构接触到以其他方式参与到政府资助研究的实施者。减少获得专利和商标的时间也可以加速技术的创新和发展。

在联邦机构间协调技术转化流程也能够加速将研究转化为实践。例如，私营单位为政府开发的技术颁发许可方法目前还没得到统一。简化这些流程将有利于消除某些障碍，并加速技术的转化。

（五）人力发展

发展并维持必要的网络空间安全，人才力量始终是一个关键挑战。人力资源是网络空间系统的一个关键组成部分，并且可以以多种方式影响网络空间安全（或不安全）。本战略规划的成败从很大程度上来说取决于国家人才力量的三种组成部分：网络空间安全研究人员、产品开发者以及网络空间安全专业人士。

对网络空间安全专业人士不断增加的需求已经被记录在案，并且相应工作也已经开展。2010 年出台的《网络空间安全教育国家倡议》（*NICE*，*National Initiative for Cybersecurity Education*）旨在实施《网络空间政策审查》和《全面国家网络空间安全倡议》中提出的建议。该倡议正在引导一系列联邦政府资源，以满足政府和私营单位的网络空间安全人力需求。NICE 协调了 20 多个不同联邦部门和机构，重点着手与网络空间安全教育、培训和人力发展有关的政府人力计划；与工业合作以了解网络空间安全人力需求；与 K-12 学校和学术界合作，以建立创新课程、学历计划和实验性学习规划。

为了满足国家对一支强大且有生产力人力队伍的需求，网络空间安全职业必须利用未被开发的申请途径来吸引并维持人才，改变网络空间安全领域仅创新至上的固有形象，提倡工作人员组成的多样化。应对国家网络空间安全研发挑战的创新解决方案离不开多样化角度以及美国企业家精神的培养。

安全网络空间系统的一个关键基础是要意识到网络空间安全是需要研究人员、开发者、管理员和用户共同承担的责任。网络空间安全专业人士的固有形象大多被形容为“战士”、计算机“怪才”或是“密探”，但这些词语只对一小部分拥有或希望学习网络空间技术的潜在人才具有吸引力。目前，在网络空间安全人力资源方面缺乏大量的人才储备，具有竞争力的职位总是缺少候选人，同样重要的是，由于多样化观点、解决问题技能和经验的缺失，该领域的创新能力也受到了阻碍。通过鼓励女性、非代表性族裔人群和残疾人群的参与，扩大求职者储备，对于缩小不断加大的人才能力差距至关重要。美国必须在各领域当前就业和再就业人力资源中促进网络空间安全领域的培训教育，增加职业发展机遇，以满足当前和未来的人力资源需求，提供合格的网络空间安全工作者。

本战略规划中一个反复强调的主题是要衡量网络空间安全工具和技术的效力和效率。在网络空间安全研究界发展此类研究的能力对于本战略规划的成功实施至关重要。网络空间安全研究人员应积极培养技能，将效力和效率作为所有网络空间研究和课程发展的重要组成部分。

本战略规划强调减少广泛领域 IT 漏洞的重要性。若想减少漏洞数量，开发者必须将网络空间安全作为一个关键要求，采取基于安全保障的设计、发展技术与工具链，以及纳入可靠的安全更新机制。发展软件开发力量，注重低漏洞 IT 系统和产品的重要性，并且具备实现上述目标的技能，这些均对本规划的成功实施至关重要。

越来越多的开发者和产品工程师需要了解网络空间安全，例如医疗设备设计者必须意识到其设备互联的特性，并将网络空间安全防护融入其中。随着网络空间范围和规模的扩大，新的人才力量必须做好准备将网络空间安全技术和理念融入各自的领域中。

（六）研究基础设施

研究人员面临的一大障碍是难以获得先进的网络空间安全实验平台。实验平台的重要性体现在研究人员可以利用实际可操作的数据进行建模，并基于真实世界的系统漏洞和攻击情境开展实验。这些模型和实验方法必须在研究界共享和验证，因此应为他们提供相关实验环境。然而，现有实验分析工具通常是基于特定需求的定制工具，是基于实验的工具。网络空间安全小型领域中存在许多单独的实验平台，但这些实验平台无法接收多样化的人员和技术来源，因此无法开展全面的实验。网络空间安全实验应包括捕获、建模和重建实际人类行为的能力。但当前技术无法将人类因素实际整合到实验中，也无法将这些因素精准确定为需要试验的安全变量。

尽管如今已存在数据存储库，但许多数据库无法处理大量数据扩散的问题，不支持语义丰富的数据搜索，并且数据来源信息有限。此外，静态存储库对于弹性研究来说价值不大，因此需要动态、灵活的存储库。了解数据来源对于研究至关重要，并且能够基于其他数据集重现研究结果。此外，研究人员无法获得实际的社会媒体数据和内部威胁数据，无法开展人员行为分析，因此无法改善技术解决方案和相关领域的政策。

由于各系统要求存在巨大差异，因此没有可以满足所有类型网络空间安全研究的实验平台。独立、特定领域的实验平台对于跨部门研究实验只能提供有限的支持。这类实验平台通常是专用的，只有小部分研究人员能够使用，并且大多无法通过互联网访问。因此目前需要大量多功能、非专业领域实验平台，以实现更好的方法和流程试验，并建立实验平台的互联标准，以支持复杂、大规模活动。

另外，为了支持技术系统和人员决策，网络空间安全研究需要能够模拟内部威胁、外部攻击活动以及防御行为的实际实验数据。相关数据集的完整性和可用性对于确保科学成果可靠至关重要。而数据收集需遵守所有相关的法律和法规，并在不违反道德的情况下实施。为了实现研究的可重复能力，需要大量经过审查、来源详细且公开可用的数据集，但目前这种数据集缺失严重。目前与工业伙伴之间，只能在特定情况下一次性获得其专用数据，这意味着大量研究人员无法使用上述数据，无法对研究结果进行同步审查。

基于可操作的目的，网络空间威胁数据共享对于防御恶意网络空间活动至关重要。这种数据共享具有重要战略益处，有助于研究出全新有效的方法来保护关键信息系统。但目前真实、高逼真的数据所有者大都不愿意与政府资助的研究项目来共享这些数据。数据所有者在与研究人员共享其数据时也要承担风险——披露事件可能会影响其声誉或是对商业或公众造成影响。目前也不存在数据分离识别的安全方法，因此无法实现研究过程中的隐私和机密性保护。过于激进的分离识别可能会降低数据的有用性，而如果不采取保护措施，又可能会因为疏忽造成个人信息、专利信息或其他敏感数据的泄露。因此需要制订计划，为创新网络空间安全研究提供负责任的高逼真数据共享；采用可接受的分离方法，为主动与研究人员共享数据的组织提供保护（如赔偿或责任转移）。通过对数据以及数据所有者提供适当保护措施，鼓励与政府资助的网络空间安全研究进行数据共享，将从很大程度上激励创新方法和解决方案。

美国联邦政府应在工业界的参与下，扩大在云计算、制造、电力、交通、信息与网络系统、医疗以及电信领域网络空间安全实验平台的使用范围，提高其真实度，并促进在计算机科学、工程、数学、建模、人类行为、社会学、经济学、认识论和教育等领域的跨学科实验。

六、规划实施

本部分将阐述在本战略规划实施过程中联邦政府各机构、私营单位、高校以及其他研究组织的角色和责任，描述私营和公共部门之间的现有合作和规划机制，概括推进网络空间安全研发的重点和潜在障碍。

（一）角色和责任

无论来源如何，研发资金一直是稀缺的资源。因此，必须明智地、有选择性地投资，以避免研究过剩。本部分将确定联邦政府、私人企业、学术界和研究组织各自的角色，并确定确保各部门之间合作所需的战略和工具。所有组织必须遵守适用法律和道德准则。首席隐私官员（CPO，Chief Privacy Officer）应帮助研究人员和项目经理实施生产性研究，在保护和促进公民自由方面起到独特作用。

1. 联邦政府研究机构

在支持研发方面，联邦政府扮演者双重角色。一方面，它是长期、高风险研究计划的主要资金来源，另一方面也为短期发展性工作提供资金，以满足部门或机构的特定要求，提供工业无法提供的公共产品。在这两个角色之间实现并维持恰当的平衡是一个持续性的过程，不同机构的平衡点也有所不同。

科学机构，如国家科学基金会（NSF，National Science Foundation）和国家标准和技术研究所（NIST，National Institute of Standards and Technology），在资助网络空间研发以支持本战略规划方面起到了带头作用。为了与其科学任务保持一致，各机构应注重基础和长期、高风险研究。研究可能由内部或国家实验室实施，或是通过拨款、其他交易、合作协议或合同由学术界实施，具体由单位机构决定。这些单位机构面临的挑战是如何确定并资助最具前景和重要的研发计划，并将研究成果转化为实践。科学机构应将本战略规划作为投资决策的基础，但也应该随着网络空间政策和威胁的改变而调整其决策。科学机构应提倡多学科研究，并为其提供资金，同时继续在所有资助计划中呼吁采用强有力的科学方法。科学机构应支持针对新技术、新实践的效力效率方面的研究，实现本战略规划的愿景。

任务机构主要资助短期或中期应用研究，以满足当前和未来任务要求。研发型任务呈现出递增的趋势，机构应确保私营单位（或其他联邦机构）是可以完成研究的预期功能。这些任务机构的研究部门也应该支持基础和长期研究活动，以便对其计划内的任务产生深远影响。

科学和任务机构应避免资助短期研发，除非能够直接满足任务需求，或是创造工业无法生产的公共产品。近期、广泛适用的研发最好由私人企业完成，因为他们更适合引导和满足市场需求。

美国政府科学家、国家实验室以及联邦资助的研发中心（FFRDC，Federally Funded Research and Development Center）的作用是开展长期、高风险研究。这些组织存在的原因就是实施对于私营单位来说过于敏感和风险过高的研究，并且能够开展多学科研究。

尽管研究实施者有许多，但将成果转化为商业实践的途径非常受限。技术可以转化为为政府定制的产品，满足特定任务要求。但为了将研究影响扩展至政府外部，联邦机构应该积极寻求与工业合作的机会。

2. 私营单位

商业资助的研究预算相对较少，对于大型 IT 公司来说也是如此。私营单位研发资金大多是内部的，以产品开发为重点，是基于公司需求、盈利和周转时间的。尽管公司具有开展长期、高风险研究的技术，但即使是在政府资金支付成本及时的情况下，将人才用于这些研究主题成本也会很高，长期研究成果通常会使整个产业受益而不仅仅是为其提供资金的公司受益。然而，私营和公共部门研发活动也可以是同步且互补的。运行良好的网络空间安全研究生态系统必须能够提供多种机制，使二者互相受益。

大多数拥有实验室的公司，或是积极开展研发和网络空间安全技术、工具以及方法应用的机构组织，大都来自 IT 和电信领域。但是，网络空间安全并不只是这两个领域的问题，生产医疗设备、机动系统和航空电子设备的公司也正在加紧开展重要的网络空间安全研发活动。而其他部门，如银行、制造业、电力和农业，也可以通过与长期研究机构的合作、提供真实数据和资金等方式为研究做出贡献。

网络空间安全不只是大公司，也是中小型企业（SMB，Small and Medium Busines）的问题。尽管不能期望中小型企业自行开展研究计划，但让他们参与学术或私营单位计划，将有助于研究人员利用有限的 IT 能力，把研究集中于解决机构需求上。

扩展对测量和验证网络空间安全产品和服务效力和效能的投入能够为实现有效合作提供机会。消费者和企业需要上述信息，以便有效且高效地管理其网络空间安全风险。实际上，私营单位已经逐渐意识到，基于服从的手段无法奏效：网络空间安全需要融入更广泛的 IT 环境中并着重解决重要的商业风险。私营单位产品供应商应考虑到使用网络空间安全解决办法的全面成本，包括金融成本以及为采用已知创新实践的用户增加认知负担。另外一个能够带来收益的合作关系是联合确定未来具有竞争力的研究领域，在这些领域的投资能够使私人公共合作关系最大限度地受益。

3. 学术界和研究组织

学术界是基础研究以及长期、高风险研究计划的研发带头实施者，也是网络空间安全新理念的源泉。学术界也应重视本战略规划强调的可测量和可验证的效力和效率方面的内容。如果可行，应提供公开数据集（如PREDICT）的效力参数，以比较和评估竞争技术。使用公开数据集还能够实现实验的再现性，这也是其他科学学科的一个基本原则。在制定提议和发起研究时，也鼓励学术研究人员考虑将成功研究成果转化为实践的战略。学术界还应通过升职和终身职位等流程对研究方向造成重大影响。学术机构在多学科网络空间研究方面将得到大力支持，甚至可以在非传统期刊发表有关研究成果。在严谨模型和实验设计方面的研究也将受到广泛鼓励。

研究组织和专业社团是非常合适的合作伙伴。他们制定研究战略、组织会议、出版期刊。通过对记录的效力和效率提出出版要求，这些组织将极大地帮助和改善了网络空间领域的科学严谨性（如通过发表实验方法、测量技术和失败研究的详细结果）。

4. 国际合作伙伴

目前在科学外交以及与国际伙伴合作方面的努力，为联邦政府和私营单位网络空间研发方面提供了补充。网络空间安全是一个全球议题，美国应利用其他国家的网络空间安全研发投资，反过来其他国家也应该利用美国的网络空间安全研发投资。本战略规划应指导国际技术的讨论和跨政府的会面，以便国际网络空间安全研发投资能够补充美国联邦政府的研发投资。

5. 合作与协作

跨领域的合作与协作对于避免研究计划的过剩至关重要。合作应包括几个级别：部门和机构间；政府、私营企业与学术界之间；国际伙伴之间。

美国联邦网络空间安全研发界应通过多种机制，以公私合作关系的形式与工业界接洽。例如，可信计算组织就是一个可提供硬件密码技术、关键数据库、自加密驱动和设备认证的合作对象。NSF（National Science Foundation）资助了与半导体研究公司（SRC，Semiconductor Research Corporation）的合作研究，以支持安全、可信、具有弹性的半导体开发。研究联盟能将工业领导者聚集在一起，解决共同的网络空间安全问题，并为形成具变革性的解决方案制定战略。相关机构还应通过咨询委员会扩充工业视角，例如 NIST 信息安全与隐私咨询委员会。美国国土安全部（DHS，Department of Homeland Securit）也发起了十几次关于可信网络空间未来的全国性讨论，以鼓励工业领导者的参与。DHS 和国防部（DoD，Department of Defense）在硅谷设立了办公室，以扩展与技术创新人士的对话渠道。美国联邦政府研发界与私营单位各领域建立了联系，如认知系统、大数据、社会网络、隐私、密码学、预测性分析学、搜索、云计算和软件等。此外，NIST 还出资建立了美国国家网络空间安全卓越中心（NCCoE，National Cybersecurity Center of Excellence）以加速安全技术的应用。

部门和机构间的合作由 NSTC 促成。在网络与信息技术方面的非机密联邦研发行动由 NITRD 计划协调，由国家协调办公室（NCO，National Coordination Office）提供支持。机密研究则由 NSTC 的特别网络空间行动与研究工程（SCORE，Special Cyber Operations and Research Engineering）分委员会协调。

（二）实施路线图

本规划中的协作研发活动由各联邦机构实施，他们各自任务不同，但互相补充。例如，NSF 支持学术研究，DARPA 负责用于阻止和技术突破的高风险研究，DoD 军种研究组织专注于各自的任务要求，DHS 支持国土安全和保障国家关键基础设施方面的应用研究。这种安排能确保全局的研发方法都可以被展示和约定。

相应地，各机构根据其任务和资源组织研发活动。各机构应该与管理和预算办公室（OMB，Office of Management and Budge），并在需要时与其他白宫和国会组织合作，将本战略规划目标纳入其研究规划和项目目标。

各机构负责实施的研发活动细节应列入相关文件中，例如机构特定的战略规划或实施路线图，并通过恰当的途径公布，如征求意见或广泛机构公告（BAA，Broad Agency Announcement）。

各机构应该通过当前各自制订的计划与工业和学术界接洽，例如通过DARPA和DHS的BAA，NIST的公共工作组，以及NSF计划联合工作。每年，NITRD计划都遵从总统预算（发布在https：//www.nitrd.gov），并提交相应的补充说明，说明机构在IT和网络各领域的研究活动。补充说明中的网络空间安全与信息保障（CSIA，Cyber Security and Information Assurance）部分概括了在网络空间安全领域正在进行的非机密联邦投资情况。CSIA部门提供了机构在实施本战略规划方面的信息和活动。此外，各机构应与NITRD合作，协调执行其符合本规划的活动，并与工业和学术界接洽，通过学术论坛，邀请学者和工业代表与机构代表对话等方式宣传本战略规划的相关内容。

七、建议

美国联邦政府能够为本规划提供整体支撑，并支持以下建议，以实现本战略规划设计的愿景：

建议1：优先落实联邦政府网络空间安全研发的基础性和长期性研究工作

由于互联网创造的国家利益越来越多，应当在研发方面也予以相应重视，以保障这种利益。当前在网络空间安全研发方面的投资还无法跟上风险增加的速度，也无法满足社会对于高效网络空间安全技术的需求。

网络空间安全研发界应保持活跃，不断发展。研究成果可以在多个年度的世界级研究会议上交流分享。研发资金的基础稳固，目前包括大量联邦政府研发资金以及持续的商业研发投资。应稳步推进联邦政府和私营单位网络空间安全研发，并且将基础研究和长期、高风险研究计划作为重点，使整个美国从中受益。由于私营单位投资基础研究和长期研究等领域的可能性不大，所以联邦政府投资对于这些研发领域显得相对更重要一些。

在联邦政府对于IT研发，特别是网络空间安全研发的投资中，应将基础性和长期性网络空间安全研究作为优先领域。随着基础研究成果的成熟以及长期研究计划应用于实践，应大力支持应用和近期研究，对于大幅增加使用的私有资源，也将逐渐合理化其依赖程度。

建议2：降低门槛并推行激励举措，进一步扩大公私机构在网络空间安全研发中的参与程度

随着联邦政府以及私营单位在网络空间安全研发方面投入的增加，随之带来的额外收益也将越来越多。持续的数据收集，以及对私营单位网络空间安全投资预期和已实现收益的研究，能够激励更多投资，并可以确定有效的激励措施类型，这对于网络空间安全技术措施的应用以及实现技术的有效性都非常重要。

美国联邦机构通过为通用型研究基础设施（如实验平台和数据集）提供资金，降低网络空间安全研发市场准入门槛，从而降低小企业、新创公司以及学术机构的准入成本，提高其在研发活动中的参与度。这些组织可能拥有变革性网络空间安全想法，但缺少财政资产，因此无法实现实际设计、建模或是利用相关数据开展实验。

网络空间安全相关的决策人应审查提议的法律、条款和规定，以便更好地了解这些规定如何影响网络空间安全研发，并应考虑与利益相关者一同修改不适用的法律和法规。

建议3：评估并确定那些能够加速将基于证据验证的高效网络空间安全研究成果转化为技术的相关因素，特别是新兴技术和威胁的动力因素

简化美国联邦资助研究成果的技术转化流程能够鼓励更多私营单位公司参与研发和成果转化。美国联邦政府机构应致力于出台一系列标准许可或其他知识产权协议，用于促进联邦资助计划的技术转化。

充分利用所有可能实现灵活技术转化的工具，鼓励公众参与和关心政府资助的研究工作，例如商业化研究工作。

建议4：扩展网络空间安全研究界专家的多样性

网络空间安全的实现需要跨越技术领域，应对网络空间威胁和安全网络空间系统人员因素有深入理解。为了加速进步，传统网络空间安全研究人员的技能必须由来自社会、行为学和经济学等学科的专家加以扩展。

多学科研究应由资金机构和研究机构推动。各机构应确保向多学科计划开放拨款请求和拨款审查流程。多学科研究在新兴期刊和学术会议上发表的研究成果与出版物，价值评价方法与传统标准相一致。

建议 5：扩展网络空间安全人才力量的多样性

多样性包括种族、性别、民族、年龄、个性、认知方式、教育、背景等方方面面。网络空间专业人士的形象重新定义需要更具包容性，可以有助于增加人才储备，更广泛地培养重要网络空间技能，营造更健康、文化敏感度更高的工作环境。多样化的人才力量组成能够提供更丰富的观点和更具创新性的解决方案。研究应探索相应的方法，使更多人将网络空间安全作为职业选择，应在招聘和保留人才方面引入多样性。基于群体的教育计划应使公众了解到网络空间安全的重要性，提高公众意识，鼓励年轻人将网络空间作为追求的事业。该领域现有的专业人士应积极指导并证明这一职业对社会、经济、国家安全领域，以及他们工作和生活的社区所产生的积极影响。

更具包容性的网络空间安全人才力量应在思想、经验和技能方面呈现更加多样化的特点，对这些人才加以利用能够促进创新和创造性发现。相关单位的领导应采取措施，促进更具包容性的网络空间安全工作环境的形成，吸引和招聘新人才，促进雇员参与的最大化，从而更持久地留住雇员。

美国联邦政府应与网络空间安全利益相关者合作，扩展网络空间安全职业的可见度，提高政府、工业和学术界网络空间安全专业人士的机动性。

名词术语缩写

BAA	Broad Area Announcement	广泛机构公告
CISR	Critical Infrastructure Security and Resilience	关键基础设施安全性和灵活性
CPS	Cyber-Physical System	网络空间物理系统
CSIA	Cyber Security and Information Assurance	网络空间安全和信息保障

续表

BAA	Broad Area Announcement	广泛机构公告
DDoS	Distributed Denial of Service	分布式拒绝服务攻击
DHS	Department of Homeland Security	国土安全部
DoD	Department of Defense	国防部
FFRDC	Federally Funded Research and Development Center	联邦政府资助的研究和开发中心
HPC	High Performance Computing	高性能计算
ICT	Information and Communications Technology	信息和通信技术
IoT	Internet of Things	物联网
IT	Information Technology	信息技术
NICE	National Initiative for Cybersecurity Education	网络安全教育国家倡议
NIST	National Institute of Standards and Technology	国家标准技术研究所
NITRD	Networking and Information Technology Research and Development	网络和信息技术研发
NCO	National Coordination Office	国家协调办公室
NSF	National Science Foundation	国家科学基金会
NSTAC	National Security Telecommunications Advisory Committee	国家安全电信咨询委员会
NSTC	National Science and Technology Council	国家科学与技术委员会
NSTIC	National Strategy for Trusted Identities in Cyberspace	网络空间可信身份国家战略
OT	Other Transactions	其他交易
OSTP	Office of Science and Technology Policy	科学与技术政策办公室
PPD	Presidential Policy Directive	总统政策指令
PREDICT	Protected Repository for the Defense of Infrastructure Against Cyber Threats	基础设施的防御网络威胁保护资源库
R&D	Research and Development	研究与开发
SRC	Semiconductor Research Corporation	半导体研究公司
STEM	Science, Technology, Engineering, and Mathematics	科学、技术、工程和数学
S&T	Science and Technology	科学和技术
VPN	Virtual Private Network	虚拟专用网络

美国联邦政府网络安全事件协调机制与人力资源战略规划

责任编译：韩　帅
　　　　　任　飞
编　　译：陈　梦
　　　　　胡　岸
　　　　　游玉栋
译　　审：贾一苇

国家电子政务外网管理中心主办

编者的话

网络安全成为影响全球经济安全运行、政治稳定发展的重要因素。近年来，美国公共和私人领域的网络事件频发，其规模、复杂程度及严重性均史无前例，如近期发生的雅虎公司数据泄露、希拉里邮件门、域名提供商 Dyn. com 遭受的大规模的分布式拒绝服务（DDoS）攻击等对美国政、商界带来严重影响。美国有很多政府机构在保障网络安全和应对个别攻击事件中发挥着重要作用，如联邦调查局、国土安全局、国家安全局、商务部等。然而，参与网络安全的机构过多导致一些企业无所适从，当遭受网络攻击时不知该向谁求助、由谁负责。美国拥有世界一流的网络安全人才，也依然在不断发声强调其在人才数量和质量上的缺口，美国政府和智库的网络安全人力资源分析报告充满危机。2016 年美国发布了《美国联邦政府网络安全事件协调机制》和《网络安全人力资源战略规划》，以从政府机制和人才战略上进一步推进网络空间安全保障工作，

美国第 41 号总统令（《美国联邦政府网络安全事件协调机制》）的颁布，明确涉及安全领域的各政府部门、机构间的职责，更好地协调各部门职能，提高工作效率以应对网络攻击。

《网络安全人力资源战略规划》详细介绍了美国联邦政府在培养、发展、保留关键领域人才竞争力方面的行动计划，提出了加强联邦网络安全人力资源的诸多举措，以增强美国联邦政府网络安全并显著提升网络安全人员的技术水平。

在美国等西方国家不断加强网络安全战略和法律制定的大背景下，我国在十二届全国人大常委会第二十四次会议上表决通过了《中华人民共和国网络安全法》（以下简称《网络安全法》），并于 2017 年 6 月 1 日起实施。《网络安全法》的发布和实施弥补了我国参与国际网络安全治理的短板，有效提高了我国网络安全保护水平，让我国有机会同世界各国一道参与国际网络安全规则的制定。

责任编译：韩 帅 任 飞　　编 译：陈 梦 胡 岸 游玉栋
译 审：贾一苇

美国联邦政府网络安全事件协调机制与人力资源战略规划

执行纲要

1. 美国联邦政府网络安全事件协调机制

网络技术的出现激发了创新培养，鼓励自由表达，促进了国家的经济繁荣。然而，网络技术在带来诸多好处的同时，也容易受到恶意活动、故障、人为错误和自然行为的影响，致使国家及其人民处于危险之中。网络事件是当代生活的一个不争的事实，并且重大的网络事件正在以越来越频繁的方式发生，冲击着美国国内外的公共和私人基础设施。

美国的防备工作使国家有效地应对广泛的威胁和危害。联邦执法机构和负责美国网络防御的机构时时刻刻在管理、应对和调查网络事件，以确保信息和通信基础设施的安全。私营部门和政府机构在保护国家免受恶意网络活动侵害，以及管理网络事件及其后果方面具有共同的目标。网络空间安全的本质要求个人、组织和政府在网络事件应对中都应发挥作用。此外，有效的事件响应机制将有助于支撑开放、可互操作、安全可靠的信息和通信基础设施，促进贸易和商业，加强国际安全，促进自由表达，加强公民的隐私和安全。

虽然绝大多数网络事件可以依据现有政策来处理，但某些对个体、国家安全或者国民经济有重大影响的网络事件，需要采取特殊的应对方法。这些重大的网络事件需要联邦政府内部的统一努力，特别是公共和私营部门之间的密切协调。

2. 网络安全人力资源战略规划

美国联邦政府的内部部门和所属机构每天都面临着日益复杂且高持续性的网络安全威胁，这些威胁给国家战略、经济和安全带来了挑战，它们的存在表明政府亟须有效的安全工具。此外，同样重要的是，政府急需引进网络安全技术人才，雇用具有必要知识、技术和能力的基层网络安全人员去使用网络安全工具以提高美国联邦政府电子基础设施的安全性，提高对于网络安全事件的检测和响应能力。美国联邦政府以及私营单位的高管均指出，缺乏必要的专业知识和技能是提升网络安全能力的主要障碍。然而，目前确实没有足够的网络安全人才储备，以满足美国联邦政府对于网络安全人才日益增长的需求。最近的行业报告指出，这一人才短缺将在未来几年内迅速扩大，公司和联邦政府应积极加强网络安全人力储备，满足日益增长的人才需求。

为了发展和壮大美国联邦政府网络安全专业人力资源的规模，政府必须证明政府是这些网络安全专业人士的首选雇主，可为人才提供有价值的、独特的以及充满活力的职业生涯，优越性不亚于世界上其他的工作机会。更为特别的是，美国联邦政府网络安全人员被赋予的使命是在面对最复杂网络攻击者的情况下，保护政府重要信息系统、网络以及数据；保护敏感数据；支撑国家金融系统；保护国家关键基础设施和情报。美国政府正在寻求技术水平高超和经验丰富的大学生与行业雇员，让他们承担这些具有挑战性的任务并进一步扩大现有精干的联邦政府网络安全人力队伍。此外，美国政府致力于提高网络安全专业人员在不同职业时期加入联邦政府服务的灵活性，从而为在私企、学术界和政府工作的这类专业人员创造新的职业成长、发展和创新的机会。

本战略规划详细介绍了美国联邦政府各部门为应对复杂且不断变化的网络安全威胁，在鉴定、扩大、招募、发展、保留和维持关键领域人才竞争力方面的行动计划。最重要的是，本战略规划提出了解决持续性联邦政府人力挑战的新方法。该战略规划预计，美国联邦政府的网络安全性将会因此得到增强，网络安全工作人员的知识、技术和能力将会得到显著提高。

一、引言

网络事件，即通过网络发生，正在或即将危害计算机、信息、通信系统网络，或者危害由计算机或信息系统及其驻留信息控制的物理或虚拟基础设施的完整性、机密性和可用性的事件。重大网络事件，即可能对国家安全利益、外交关系、国家经济、公众信念、公民自由、公共卫生或人民安全带来严重危害的事件。为应对网络事件危害，美国联邦政府颁布41号总统令（Presidential Policy Directive，PPD），规定了联邦政府应对网络事件的基本原则，建立了主要联邦机构和其他联邦政府机构协调应对的架构，并要求司法部和国土安全部向公众持续更新联系信息，以帮助受网络事件影响的部门及时向当局上报网络事件。

为了解决日益增长的国家网络安全挑战，美国联邦政府亟须拥有必要网络安全知识、技术和素质的网络安全人员，以应对日益复杂且不断变化的安全威胁。然而，持续招聘、雇佣和挽留人才的挑战，以及与私企单位越发激烈的人才竞争，导致联邦政府网络安全人力资源出现短缺。为此，美国行政管理预算局发布了《美国联邦政府网络安全战略和实施计划》，呼吁行政管理预算局、人事管理局制定网络安全人力资源战略，并为帮助联邦政府招募网络安全人才、发展和维护网络安全人才渠道，确定相应行动计划。

二、网络安全事件协调机制

（一）网络事件应对原则

在对网络事件实施应对行动时，美国联邦政府遵循以下原则：

（1）责任分担。个人、私营部门和政府机构在保护国家免受恶意网络活动侵害，管理网络事件及其后果方面具有共同的重要利益和责任，并承担互补的角色。

（2）风险应对。联邦政府将根据对个体、国家安全、外交关系、整体经济、公众信念、公民自由、公共卫生和人民安全造成的风险评估，确定其应对行动，并承担其带来的资源代价。

（3）影响对象保护。在法律允许的范围内，联邦政府应保护事件的细节、隐私、公民自由以及私营部门的敏感信息。通常会尊重受影响实体意愿，决定是否向其他受影响的私营部门实体和公众公开信息。如果发布某些事件的公开声明服务于联邦政府的重大利益，联邦应尽可能与受影响对象协商来调整解决方案。

（4）政府联合处置。在处理网络事件时，不同政府部门扮演着不同角色，具有不同的职责、权限和能力。必须协调各方工作，以取得最佳效果。任何一个得知网络事件发生的联邦机构，都将迅速通知其他相关联邦机构，以促进联合处置，并协调机构间合作以应对特定事件。地方各级政府也有责任、权威、能力和资源应对网络事件的发生，因此，联邦政府必须准备与地方各级政府合作共同应对网络事件。互联网和通信基础设施的跨国性，要求美国在管理网络事件方面酌情与国际伙伴进行协调。

（5）支持修复和复原。在一定程度上，联合应对行动将朝着促进受网络事件影响的实体恢复复原方向开展，以平衡调查活动、国家安全要求、公共卫生安全以及恢复正常运行的需求。

（二）处理网络事件行动路线

在处理网络事件时，联邦机构应从以下三方面着手：威胁应对、资产应对，以及情报支持和相关活动。此外，当联邦机构成为网络事件影响主体时，将采取第四条行动路线来解决网络事件对其运营、客户和员工的影响。

（1）威胁应对行动。在受影响对象的现场进行适当执法和国家安全调查活动；收集证据和情报；提供归因；链接相关事件；识别其他受影响对象；识别威胁追击和中断机会；制定和执行减轻直接威胁的行动方针；促进信息共享和资产应对的业务协调。

（2）资产应对行动。向受影响对象提供技术援助，以保护其资产，降低脆弱性并减轻网络事件的影响；识别可能处于风险中的其他对象，并评估其对相同或类似脆弱性的风险；评估对该部门或区域的潜在风险，包括潜在的级联效应，并制定减轻这些风险的行动方案；促进信息共享和与威胁应对的业务协调；就如何及时、有效地利用联邦资源和能力加速恢复提供指导。

威胁应对和资产应对者将共同承担一部分责任和行动，包括与受影响对象进行沟通，以了解网络事件的性质；依据现有联邦资源和能力向影响对象提供指导；通过适当渠道及时传播在应对过程中所获得的情报和资料；促进与其他联邦政府部门的信息共享和业务协调。

（3）情报支持行动。有助于建立情景威胁意识和情报共享；威胁趋势和事件的综合分析；识别知识缺口；降低或减轻对手威胁力的能力。

（4）受影响的联邦机构也应参与以上行动路线以处理网络事件的影响，包括维持业务或运营的连续性；解决不利的财务影响；保护隐私；管理责任风险；遵守法律和监管要求（包括披露和通知）；与员工或其他受影响个人进行沟通；处理外部事务（例如，媒体和国会调查）。

当网络事件影响私营部门时，联邦政府通常不会通过该路线发挥作用，但将继续关注受影响对象的应对工作，坚持上述原则并与受影响对象进行协调。相关专门机构（Sector-Specific Agency，SSA）通常会协调联邦政府共同处置，以了解网络事件对私营部门关键基础设施的潜在业务或运营的影响。

（三）重大网络事件协调应对架构

为了更有效地应对重大网络事件，联邦政府将从以下三个方面协调其应对措施。

1. 国家政策协调

网络应对组（Cyber Response Group，CRG）由美国国家安全委员会（National Security Council，NSC）代表和责任委员组成，并通过国土安全和反恐怖主义总统助理（Assistant to the President for Homeland Security and Counterterrorism，APHSC）向国家安全委员会主席负责。关于影响美国或在国外利益的重大网络事件，CRG 应参与协调美国政府相应政策和战略的制定与实施。

2. 国家运行协调

（1）机构增强协调程序。定期参与 CRG（包括 SSA）的每个联邦机构，在重大网络事件的影响超过其承受能力的情况下，应建立并遵循本总统令附件中定义的增强协调程序。

（2）网络统一协调小组。应对重大网络事件时，网络统一协调小组

（Cyber Unified Coordination Group，UCG）应作为联邦机构之间协调的主要机构，并酌情将私营部门合作伙伴纳入事件应对工作。UCG应按照NSC责任委员、助理委员会或CRG的指示成立，或当两个及以上作为CRG（包括相关SSA）常任成员的联邦机构要求其成立时成立。当重大的网络事件影响到由国土安全部认定的关键基础设施所有者和运营商时，或网络事件可能对地区甚至国家的公共卫生安全、经济安全或国家安全导致灾难性的影响，此时也应成立网络UCG。

网络UCG通常由联邦领导机构组成，用于威胁响应、资产响应和情报支持。如果网络事件影响或可能影响其所代表的部门，SSA也会成为网络UCG的组成成员。此外，根据特定重大网络事件的范围、性质和事实的要求，网络UCG可能包括来自其他联邦机构、地方各级政府、非政府组织、国际同行或私营部门的参与。网络UCG形成之后，应对该事件的联邦机构指派适当的高级管理人员、工作人员和资源加入网络UCG，并一同执行该机构的职责。

（3）联邦领导机构。在协调对重大网络事件的响应方面，为了确保网络UCG实现最大效力，以下机构应作为指定行动路线的联邦领导机构：

鉴于重大网络事件往往至少涉及民族国家行为者的可能性或具有其他国家安全关系的事实，司法部应作为联邦领导机构，通过联邦调查局和国家网络调查联合专案组来应对威胁。

国土安全部应作为资产应对活动的联邦领导机构，通过国家网络安全和通信一体化中心做出行动。

国家情报总监办公室应作为情报支持和相关活动的联邦领导机构，通过网络威胁综合情报中心做出行动。

（4）地区代表。联邦资产或威胁应对领导机构的地区代表，应确保其在各自的工作线范围内有效地协同，以及协调受影响对象的行动。这些代表可能与受影响对象在同一地区。

三、网络安全人力资源战略规划

（一）确定网络安全人力需求

美国联邦政府必须调整其进行网络安全人力资源规划的方法。尤其是，政府和联邦机构不应再使用“网络专业人员”这一术语作为这一人力队伍的代名词，因为该术语包括30多个具有不同技能和复杂程度的独立工作职能。美国国家网络安全教育计划（*The National Initiative for Cybersecurity Education*，*NICE*）的合作机构[1]正在通过修订美国国家网络安全人力资源框架积极解决这一问题。始于2011年的人力资源框架为我们考虑和讨论网络安全工作，以及了解人力需求和为员工组织培训和增加发展机会提供了一种组织方式的蓝图。

美国行政管理预算局在2015年10月30日发布了第M-16-04号文件《美国联邦政府网络空间安全战略和实施计划》（*Cybersecurity Strategy and Implementation Plan*，*CSIP*）作为美国联邦政府网络安全战略和实施计划评审的一部分，被联邦机构用于确定网络安全职位的数量和人力资源缺口。尽管在CSIP的规划中认为确定网络安全人力需求是首要步骤，但它并没有为机构提供优先解决哪些职位差距的方法。因此，修订后的人力资源框架将使各机构能够检查有关信息技术、网络安全和网络相关工作岗位的具体作用，并确定人员技能差距，而不仅仅是审查工作序列中岗位空缺的数量。此外，人事管理局、NICE的合作机构以及其他联邦机构正在采取以下行动来改善网络安全人力资源规划情况：

（1）给联邦机构担任人力资源管理人员和首席信息官培训人力资源框架、与框架相关的工具以及可带来的好处。

（2）扩展网络安全职位编号，要求涵盖人力资源框架中所描述的所有

---

[1] i NICE合作机构包括美国国家标准与技术研究所（NIST）、国土安全部（DHS）、国防部（DOD）、人事管理局、国家情报局局长办公室、商务部、教育部、国家科学基金会（NSF）、国家安全局（NSA）、能源部、联邦通信委员会、劳工部以及总统执行办公室。了解更多信息请登录https：//niccs. us-cert. gov/footer/about- national-initiative-cybersecurity-education。

工作角色，并将这些角色与网络安全的职位空缺相匹配。

（3）推进人力资源战略规划，并与私营单位合作，探索并预测未来人力资源需求的发展趋势。

（二）制订人力资源战略计划

美国联邦政府采取广泛行动应对不断增长的人力资源短缺问题，建立了一条高素质网络安全人才的渠道。美国行政预算管理办公室在 2015 年 6 月启动了网络空间安全冲刺计划，以加速改善整个联邦政府的网络安全状况。在网络空间安全冲刺计划对联邦政府网络安全政策、计划和规程的审查中，揭示了关于联邦政府网络安全人力资源的两个主要观点：

（1）绝大多数联邦部门认为缺乏网络安全和 IT 人才资源是影响其保护信息和资产能力的主要约束。

（2）联邦政府目前有许多方案倡议来应对人才短缺挑战，但实际执行总与最初设想不一致。

CSIP 计划呼吁行政管理预算局、人事管理局制订网络安全人力资源战略，并为帮助联邦政府招募网络安全人才、发展和维护网络安全人才渠道，确定了以下可采取的行动：

（1）确定网络安全人力需求。通过确定现有能力和关键能力需求的差距，提高政府范围内对网络安全人员队伍的了解，以加强人力资源规划。

（2）通过教育和培训扩大网络安全人力资源规模。与教育机构、专业组织、培训机构以及其他 P-12 网络安全指导专家合作，通过大学水准的教育显著扩展联邦政府及其他地方可用网络安全人才的输送渠道。

（3）招聘和雇用高技术人才。为了吸引来政府范围内和特定机构工作的高技术人才，应在符合相应法律和标准的情况下精简招聘和安全审查流程。

（4）保留和培养高技术人才。改善企业范围内保留和培养人才的方式，促进网络空间安全人力资源的不断增强。

2016 年 2 月 9 日发布的美国网络空间安全国家行动计划（*The Cybersecurity National Action Plan*，*CNAP*），在 CSIP 内容的基础上呼吁对网络安全教育和培训进行创新和投资，以达到加强人才渠道建设的目的。作为

CNAP 计划的一部分，2017 年总统预算建议投资 6200 万美元用于扩大网络人才计划：落实高等院校奖学金计划，鼓励高等院校开设网络安全专业，开展网络安全领域专项课题研究，以增加参与的学术机构数量，壮大整个国家的网络安全教育事业。这些举措将帮助联邦政府招聘和保留那些具有高技术才能、政策专业知识和必要领导能力的全方位网络安全人才，以确保未来联邦政府资产和网络的安全。

为了发展这一战略，人事管理局领导了四个分别来自政府、私企部门和学术界的代表团队，对招募、发展和保留网络安全专业人员的现有和前瞻性战略进行全面审查。这些团队专注于确定那些可以帮助联邦政府建立网络安全人力队伍，招聘、雇用、发展和留住优秀人才的方法。人事管理局、行政管理和预算局将审查结果纳入战略，并在制定战略时考虑以下原则：

（1）维护网络空间安全是政府机构领导、雇员、承包商、私营单位以及美国民众共同的责任。

（2）网络安全人力资源包括加入联邦政府网络安全服务团队，在其职业生涯不同时期具有不同专业水平的所有雇员。

（3）网络安全人力资源包括肩负各方面使命的技术和非技术专业人员。

（4）本战略规划是一个全政府范围的人力资源战略规划，需要多个机构和实体单位的所有权和行动支持。

（5）承包商在联邦政府网络安全人力资源发展中也发挥着至关重要的作用，这是本战略规划相关举措的基础。

（6）相关举措将为非网络专业人员提供相应的资源，如基础网络安全培训、发展以及职业流动机会。

（7）虽然每个机构均对网络安全风险管理负责，将雇佣网络空间安全方面的工作人员，但是大多数民用网络安全人员仍将对担负起维护机构网络安全的任务起到重要的作用。

（三）通过教育和培训扩大网络安全人力资源规模

全国各地的网络安全人才严重短缺，公共部门和私企部门对网络专业人员的需求远远超过了供应。在联邦政府内部，招聘和留住人才的挑战以及来自私企的竞争加剧了这种人员短缺现象。这导致对能够进行信息系统、网络和数据保护，以及能应对复杂和新兴网络威胁的专业网络安全人员的需求不断增加。

CNAP 确定了若干行动来应对人力资源挑战，扩充吸收人才渠道。而且，CNAP 认识到，在全国范围内对网络安全教育事业进行长期投资，对于建立可持续的网络安全人力资源是至关重要的。扩大网络安全教育需要政府通过诸如全民计算机科学等举措激发民众对网络相关领域的兴趣，全民计算机科学是一项致力于为所有学生提供严格的计算机科学教育的举措。政府还必须通过在高等教育机构发展灵活的网络安全核心课程帮助学生更好的学习成长，并在学生毕业后提供就业机会，使其能进一步发展和应用这些技能。

除了进一步实现这些计划外，联邦政府还必须采取额外措施，扩大那些能够进入联邦政府服务的网络安全人才输送渠道。这些举措包括：

（1）与学术机构合作，通过促进和采纳现有基础课程来解决技能缺口问题；

（2）向学术机构提供资源，以加速和扩大整个国家的网络安全教育的发展。

1. 与学术机构合作，通过课程教育解决技能缺口问题

网络安全是一个新兴的学科，涉及技术和非技术的学术领域，具有广泛的复杂性。美国国家安全局和美国国土安全部已经指定了近 200 个学术机构成为互联网领域内的国家优秀学术中心（National Centers of Academic Excellence in Cyber，CAE），这些机构是为了确定并涵盖网络安全核心领域学科，以特定的标准选出的。该计划中的每个机构都各自开展符合指定标准的网络安全课程。虽然这些机构都有大量才华横溢的毕业生，但这些学生在进入联邦政府服务时并不总是拥有相同的知识基础。因此，机构通常花费有限的培训资金来缩小技能差距，使新员工熟悉那些本可以在大学、学院和研究院教授的基础知识、技术和能力。

美国行政管理预算局、国家安全局、国土安全部以及 NICE 合作机构将与教育机构合作，采取下述行动，并为全国范围内的教育机构确定、编

写和发布基础性的网络安全指南，以便相关单位参照和自愿采用：

（1）与学术合作伙伴和其他主要机构一起调研当前网络安全课程的状态，以确定可使网络安全教育与特定工作角色、职业路径相契合的共性学习成果。

（2）制定网络安全课程指南，设置各具体领域内最低学术要求的知识单元，并设计与学术组织合作的学习成果形式。

（3）与高等院校，包括少数群族教育机构合作，加大招生力度，增加网络安全专业的学生人数。

2. 在全国范围内加强网络安全高等教育投资

美国政府应与学术机构合作，通过“CAE 计划”壮大全国的网络教育水平。“CAE 计划”的目的是全面提升美国网络防御方面的高等教育水平，培养和发展能够处理网络安全挑战的专业人员。美国国家安全局将与美国国土安全部、国家网络安全教育计划合作机构配合，采取下述行动来提高 CAE 学术机构中学生与教师的能力。

（1）与教育机构合作，为服务于 CAE 教学系统内的网络安全专家设置财政和专业激励政策。

（2）要求教育机构能够记录学生的能力水平，包括专业领域内的相关知识水平、技术水平以及人力资源框架中要求的各项能力，以衡量教育计划的成功程度。

（3）向目前和今后有望加入 CAE 的组织机构提供资金支持，以鼓励这些机构提高其网络安全教育质量，并通过扩招、增加课程以及提升师资力量来扩展他们的计划。

（四）招聘和雇佣高技能网络安全人才

为了争夺顶尖的网络安全人才，提高对人才就业机遇的把握，政府必须扩大招聘活动。与公共或私营单位不同的是，联邦政府机构可以为那些潜在的网络安全员工提供一个充满活力的工作环境，使其为国家服务。无论如何，联邦政府需努力从包括 CAE 机构在内的高等院校以及相关行业中吸引和保留网络安全人才。

为了应对这些挑战，联邦政府机构必须致力于战略性招聘与宣传运动，并且追求那些具有网络才干却并未在政府中工作的人。各机构应加强外联工作，以便覆盖社会各阶层，应突出强调其组织重视多样性和包容性的方式。招聘活动应包括对妇女的宣传，人事局估计妇女在当前网络人力中只占了不到25%。各机构应该继续努力吸引少数群族参与这项工作，因为人事局估计，相对于少数群族占全部劳动力的35%来说，少数群族网络劳动力仅占全部网络劳动力的32%。此外，加强招聘工作将需要政府专门聘用人力资源人员寻找方法，在符合相关法律和适用标准的前提下，简化网络安全人员的招聘和安全审查流程。这项工作还包括研究现有制度和寻求新制度，为潜在员工提供更有竞争力的薪酬，并通过周到的岗位职责描述和职称晋升方式，为其展现一条清晰明确的职业道路。

为试图改善网络安全招聘情况，CSIP 要求人事局向各机构提供有关招聘、薪水和休假灵活性的信息，以协助对网络安全岗位上的人员进行招募和保留。此外，人事局发布了一份关于岗位招聘、升迁和保留激励机制的指导意见，意见允许各机构在2010年度奖励限制名额外，批准某些员工的特殊情况。人事局还与机构首席信息官、首席人力资源管理官、人力资源管理专业人员和具有招聘或人力资源职责的经理以及主管们举行了多次论坛和峰会。这些活动有助于机构工作人员熟悉现有的招聘规程，包括信息安全专业人员的直接雇用规程，这将有利于在短期内提高政府的招聘和雇用工作效率。

美国行政管理预算局、人事管理局、国土安全部以及其他联邦政府机构应采取下述行动，加强联邦政府的外联、招聘、雇用以及保留网络安全顶尖人才的工作：

（1）根据 CNAP 中的相关要求，组建国土安全部网络安全协同团队，指派网络安全专家，使用跨项目、多技能、多学科的方法，协助各相关机构进行安全事件响应、信息系统部署、单位安全和政策项目实施方面的工作。

（2）为求职人以及单位人力资源部门的管理者制订联邦政府网络安全相关事业的宣传与沟通战略。

（3）构建网络安全方面的人力资源框架，成立政府范围内的人力资源专家组，在联邦政府机构内执行端对端的网络安全招聘模型，为求职人和招聘管理者提供定制且及时的高品质招聘体验。

（4）实施政府范围内的招聘策略，以从退伍军人、现有公务员中招募多样化的人才，鼓励开展网络安全领域培训活动，落实奖学金计划。尽可能在现有法律的框架下，为私营单位雇员提供在联邦政府机构轮岗的机会，使那些短时间内不会来政府部门工作的人员也有机会与政府工作人员分享技能，获取关于联邦政府的工作经验。

（5）检验并扩展相关机制，使得在职的网络安全人才，可以直接从事其他网络安全相关的工作，合法进行行业交流，可作为专家和顾问提供服务。

（6）建立相关规划流程，协助联邦政府机构对网络安全职位人员提供薪酬补偿，与联邦政府其他特殊资金批复流程类似，探索为网络安全职位新增或修订薪酬制度的可能。

（五）保留和提升高技能网络安全人才

为了留住网络安全人才，联邦政府机构必须营造一种适宜的环境，安排有意义的具备实操性的培训；提供有用和适当的技术；赋予雇员更多的权利；创建积极且互助支持型的职场文化；对那些联邦政府渴望的但却只能服务很短一段时间的人才，也应给予感谢和支持。这是一种关于联邦政府人力资源的不同的思维方式，需要新的计划、举措以及招聘和挽留的方式。为了留住网络安全人才，应考虑为员工提供非传统的培训和技能提升的机会。

无论雇员是入门级的菜鸟，还是已经处于职业生涯中期且经验丰富的高管，发展和培训的机会是留住员工的关键。入门级的工作人员往往把重点放在珩磨他们的技术技能，试图获得创新技术，构建支持和指导关系网络以及获得有意义的实际操作经验等方面上。职业生涯中期的专业人员往往侧重于塑造他们的职业生涯，通过轮岗进一步提升他们的技能，获得更多认证、项目管理与监管经验。经验丰富或主管级的专业人士可能会优先考虑在享有提升领导力的机遇下，为网络安全领域做出贡献，指导下一代技术人才。

由美国人事管理局牵头，来自政府、私营单位和学术界代表组成了一个联合研究小组。研究小组全面审视了美国联邦政府网络安全专业人员的现行教育情况，以及顶尖人才的发展机遇等内容，重点研究了帮助政府机构留住顶尖人才的方法。研究小组发现，虽然顶尖人才的发展机遇是存在的，但网络安全专业人员可能并不知道或并未拥有充足的机遇。基于这一分析差距，研究小组提出了一系列的调查结果和建议，以帮助相关机构弥补这些差距。

创建一种覆盖全企业范围的网络安全人员招聘和保留方法。

由美国人事管理局领导的研究小组建议，美国国家标准与技术研究院、国防部和国土安全部应召开会议，对于联邦政府员工和承包商员工的每个工作角色，确定哪些行为是与尖端能力缺口相关的，从而充分利用现有的情况留住顶尖人才，提供发展机遇。全企业范围内的人力资源规划应包括提供纳入认证和培训机会的相关内容，使网络安全专业人士时刻了解自己的责任以及职业发展的机遇，将该项工作作为留住人才的重要策略。此外，为了加强全企业范围内人才保留与发展的相关举措，美国国土安全部应为非网络安全从业人员以及支持核心网络安全工作的职业人员制订相应的安全培训计划，而且还应扩大反网络钓鱼和其他网络安全行为的培训，使所有联邦政府雇员均拥有必要的知识来保护自己日常工作免受网络安全威胁。

美国行政管理预算办公室、人事管理局、国土资源安全部以及其他联邦政府机构应采取下述行动，推进联邦政府网络安全人力资源有效的发展与管理工作。

（1）协助各单位发展职业路线规划，提升对如何留住顶级人才相关工作的关注度，充分利用现有的规划和责任要求，实现绩效管理、顶级人才管理和灵活的薪酬补偿政策。

（2）为新的网络安全专业人员制定全政府范围内的网络安全方向规划。

（3）发展促进网络安全职业路线、轮岗和辅导规划，为员工提供更多机会，帮助员工成为领域专家、进入管理角色以及承担更多责任。

（4）发展促进现有的面向员工、高级管理人员以及其他网络安全以外（如财务）职工的网络安全培训工作，使得预算规划、财务管理以及承包商均会协助改善单位的网络安全态势。

（5）发展促进现有的竞争和认证条件，改善现有员工的技能水平，基于技术能力提高他们潜在的加薪或晋升依据。应探讨关于网络安全技能、培训以及激励的相关立法建议，帮助网络安全专业人员基于他们的技能和培训情况得到额外的资金补偿。

（6）为特定类别的网络安全专业人员制订一个共性的培训计划，包括但不限于安全事件响应以及渗透性测试等内容。

四、结语

美国白宫发布的第41号总统令《美国网络事件协调》，明确了涉及安全领域的各政府部门、机构间的职责，更好地协调各自职能，以应对网络攻击。根据该总统令，若发生重大网络攻击事件，司法部将牵头响应，负责总体协调。国土安全部的职责是提供技术支持，并查找其他可能存在的威胁。当受到网络攻击的机构和企业发出请求时，国土安全部应第一时间帮助修补漏洞，阻止信息泄露。此外，国土安全部和司法部将提供“情况说明”，指导公民和企业应对黑客攻击。情报部门的职责是帮助分析所收集的信息，削弱对方的网络攻击能力。军方负责处理国防信息网络面临的威胁。美国国家情报总监负责涉及情报部门的网络攻击事件。在未来6个月内，国土安全部和司法部必须完成网络攻击快速响应小组的建立，即“网络统一协调小组”的组建和工作计划。

为应对日趋复杂的网络安全态势以及层出不穷的安全威胁，网络安全人才成为有效实施网络安全战略的关键。美国联邦政府开展实施了网络安全人力资源战略规划，该规划详细说明了可帮助加强联邦网络安全人力资源的诸多举措。然而，我们必须认识到，这些举措需要时间执行。要应对在不久的将来可能遇到的网络安全挑战，联邦政府应将投资重点放在培训和留住现有人才的举措上。同时，政府应调整针对网络安全顶尖学生人才和潜在雇员的招募方式。这一战略规划的长期落实需要统一的关注、创新和资源保障。在这一战略规划中，所讨论的举措不仅是联邦政府内外人员应迈出的第一步，更是提供必要的资源，建立、加强以及促进网络安全人才渠道更好增长的第一步。

第 41 号总统令附件

《美国网络事件协调》

本文作为美国白宫第 41 号总统令附件，提供了有关联邦政府重大网络事件协调建构的细节，并规定了某些实施任务。

1. 协调架构

（1）国家政策协调

CRG 应由总统特别助理和网络安全协调员（主席）或同等级的继任者担任主席。并且为了国土安全和反恐怖主义，要应总统助理和国家安全顾问助理的要求定期召开会议。应邀请联邦部门和机构（包括相关的网络中心）根据其各自的作用、职责、专业知识或在某一或一系列特定事件的情况下酌情参与 CRG。参与者一般应包括国务部、国库部、司法部、商务部、能源部、国土安全部及其国家保护和计划局，以及美国特勤局的高级代表、联合参谋长联席会议、国家情报主任办公室、联邦调查局、国家网络调查联合专案组、中央情报局和国家安全局。主席评估某部门的参与是必要的情况下，并且在委员会确定此类参与符合其法定权力和法律义务的范围内，应邀请联邦通信委员会参加。

CRG 应协调用以应对联邦政府重大网络事件的政策、战略和程序的制定与实施；接收联邦网络安全中心和机构关于重大网络事件的定期更新，以及为解决或应对这些事件而采取的措施；解决下属机构（如网络统一协调组）提出的问题；当需要对重大网络事件采取跨学科应对措施时，与反恐怖主义安全小组和国内恢复组合作；确定并考虑应对重大网络事件的方法，并根据 2009 年 2 月 13 日国家安全委员会系统组织发布的 PPD-1 或任何后续政令，向需要更高级别指导的副委员会提出建议；考虑应对重大网络事件对公共消息传播政策的影响，并根据需要调整关于重大网络事件的传播战略。

（2）国家运行协调

为了促进各部门应对重大网络事件的统一合作，网络 UCG 应以符合本指令第三部分所述原则的方式协调网络事件应对方法；确保包括特定部门的机构（SSA）在内的所有合适的联邦机构，参与事件应对；协调制定和执行应对及恢复任务、优先事项和规划工作，包括国际和跨部门外联活动，以便以合适的方式应对事件和加速恢复；促进网络 UCG 参与者在事件应对和恢复活动中，快速和适当地分享信息和情报；在受事件影响的各方和利益相关者（包括公众）之间进行一致、准确、适当的沟通；对于包括网络和物理影响的事件，应与联邦领导机构，或任何依据国家应对框架（PPD-8 制定）管理事件物理影响的 UCG 组成联合 UCG。

SSA 应是影响或可能影响其各自部门重大网络事件的 UCG 成员。如 PPD-21 号政令所述，关键基础设施部门的 SSA 如下：国土安全部、国防部、能源部、财政部、农业部、卫生和人类服务部、一般事务管理局、交通运输系统和环境保护局。

网络 UCG 的操作方式应符合保护情报和执法的来源、方法、操作和调查，个人隐私以及敏感的私营部门信息的需要。

当不再需要增强威胁和资产应对的协调程序，或者不再需要利用多个联邦机构的权限、能力或资源来管理网络事件的扫尾工作时，网络 UCG 将解散。

2. 协调机构

本指令遵循 2014 年联邦信息安全现代化法案（Federal Information Security Modernization Act，FISMA）管理和预算办公室（Office of Management and Budget，OMB）指南关于应对“事件”“破坏”或“重大事件”（三者由 FISMA 和 OMB 定义）的要求，并未改变相关机构的义务。

（1）民用联邦网络

OMB 主任负责监督联邦机构的信息安全政策及实施。国土安全部秘书与 OMB 主任协商，管理联邦机构信息安全政策及实施，并运作联邦信息安全事故中心。国家标准和技术研究所制定联邦信息系统的标准和指南，并强制联邦机构实施。

联邦机构应根据本指令和适用的政策及程序应对重大网络事件，包括按照美国计算机应急准备团队联邦事件通知指南要求向国土安全部（Department of Homeland Security，DHS）报告事件。

如果重大网络事件的影响仅限于个别联邦机构的业务活动，该受影响的机构应对受影响的资产保持主要权力，并负责管理恢复服务和相关网络、系统及应用程序，决定受影响系统的重新启动。DHS 和其他联邦机构应酌情提供支持。

如果重大网络事件对多个联邦机构或对公众服务的完整性、保密性和可用性有影响，则由主管联邦机构决定受影响系统的重新启动。但 OMB 和负责威胁、资产应对的联邦领导机构应提供综合及时的书面建议，并附上适当的注意事项和条件，以帮助通知主管机构的决定。

（2）国防部信息网络

国防部长应在其他联邦机构的支持下，负责管理影响国防部信息网络的网络事件的威胁和资产应对，包括恢复正常运行。

（3）情报机构网络

国家情报局局长应通过情报系统安全协调中心与情报系统任务合作伙伴和相应联邦机构的合作，负责处理威胁和系统信息环境综合防御的资产响应。

3. 实施和评估

联邦机构应采取以下行动来实施本指令：

（1）章程

在本指令下达后 90 天内，国家安全委员会工作人员应更新 CRG 章程，以说明和支持本文所述的政策，并为了国土安全与反恐事业，将此章程由总统助理提交给总统审阅。

（2）加强协调程序

每个定期参与网络响应小组的联邦机构，包括关键基础设施部门，应确保其拥有在网络事件响应中发挥其作用的常设能力。为了应对重大网络事件中要求拥有超过其常设能力的情况，每个此类机构应在本指令下达后 90 天内建立增强的协调程序，在激活时，提供专门的领导、支持人员、设施（包括物理和通信）以及内部流程，使其能够在超出正常操作条件所需协调能力的情况下，处理重大的网络事件。

在本指令下达日期后的90天内，关键基础设施部门应制定或更新符合本指令的特殊部门程序，并根据需要与各部门协商，加强协调工作，以支持对重大网络事件的响应。

加强协调程序应确定与其他联邦机构在重大网络事件发生时进行沟通的适当途径，包括建立相关机构的联络点，并通知网络响应小组加强协调程序的启动；强调内部沟通和决策过程，与有效事件协调相一致；并概述维护这些程序的过程。

此外，每个联邦机构的加强协调程序应确定机构的处理流程和现有能力，以用符合本指令的方式协调网络事件响应活动。该程序应确定一名经过培训的高级管理人员，以监督该机构参与网络统一协调小组的活动。美国总统第21号令指定的SSA部门中，每个部门都应有一名经过培训的高级管理人员。

在本指令下达后的120天内，SSA应与关键基础设施所有者和运营商协调，以根据本指令同步制订部门的计划。

（3）培训

在本指令下达后的150天内，联邦应急管理机构应做出对其现有统一协调培训的必要更新，以纳入本指令原则。

在本指令下达后的150天内，联邦机构应更新网络事件的协调培训，以纳入本指令原则。

在国家事件管理系统中，联邦机构应确定保持一些合格并训练有素的人才干部，以统一协调重大网络事件的管理和应对。这些人员将通过网络统一协调小组，为支持任务和决策提供必要的专业知识。

（4）演练

在本指令下达后的180天内，联邦机构应将本指令原则纳入网络事件响应演练中。这个演练将作为国家演练计划的一部分进行。演练应以必要的频率进行，以确保联邦机构对执行本指令要求的计划和程序有充足的准备。适当时候，演练应考虑端到端信息共享过程的有效性。

（5）网络统一协调小组事后审查

每个网络统一协调小组解散后，网络响应小组主席应负责开展对协调小组在重大网络事件中的响应表现进行审查，并在30天内，将审查结果报告提交给网络响应小组。联邦机构应根据该报告酌情或必要地修改其负责的任何计划或程序。

（6）国家网络事件响应计划

在本指令下达后的180天内，美国国土安全部和司法部应通过国土安全和反恐总统助理，以及行政管理和预算局局长，将网络统一协调小组的运作设想提交给总统。该设想应符合本指令中阐述的原则、政策和协调架构。这份运作设想应思考如何进一步发挥网络统一协调小组和联邦协调体系中各元素在应对重大网络事件中的实践作用，包括与联邦机构协调管理具有网络和物理元素事件的物理影响机制，以及在适当时将私企部门实体纳入应对活动的机制。国土安全秘书应酌情在2015年网络安全法案第205节要求的网络事件附件中纳入或引用这一运作设想。

在本指令下达后的180天内，国土安全部长应协调总检察长、国防部长和有关特别机构，通过国土安全和反恐怖主义总统助理、行政管理和预算局局长向总统提交国家网络事件响应计划，该计划在符合本指令阐述的原则、政策和协调架构基础上，旨在解决关键基础设施的网络安全风险问题。国土安全部秘书应确保该计划符合2014年网络安全保护法第7节的内容。该计划应与SLTT政府、部门协调理事会、信息共享和分析组织、关键基础设施的所有者和运营商以及其他适当实体和个人协商制定。该计划应考虑这些利益相关者如何与联邦机构协调，以缓和、响应和恢复影响关键基础设施的网络事件。

美国网络空间安全威胁信息共享指南

责任编译：韩　帅

编　　译：程紫娟

王　玄

黄溪玉

译　　审：贾一苇

国家电子政务外网管理中心主办

编者的话

为了指导美国网络空间安全相关单位建立和参与网络威胁信息共享机制，共同遏制恶意网络空间活动，维持互联网的社会和经济收益，改进网络空间安全现状，美国国家标准技术研究院于 2016 年 4 月发布了第二版《美国网络空间安全威胁信息共享指南》，为美国联邦政府网络空间安全威胁信息共享工作指明了方向。

该指南描述了信息共享的收益与挑战，阐明了信任的重要性，并且介绍了共享数据具体的处理要点。该指南的目标是基于安全有效的信息共享实践，提供能改善网络安全操作和风险管理活动的指导方针，帮助各单位计划、实施和维护信息共享工作，提出了若干战略实施建议。

在互联网时代，网络空间安全不仅是美国经济与国家安全的重要基础，对于我国同样重要。该指南可执行性极强，文中的相关内容对我国网络安全信息共享工作有极大的借鉴意义，可为我国网络空间安全顶层设计以及各行业、各单位网络空间安全威胁信息共享工作提供参考。

责任编译：韩　帅　　　　编　　译：程紫娟　王　玄　黄溪玉
译　　审：贾一苇

美国网络空间安全威胁信息共享指南

执行纲要

目前，网络攻击的频率和复杂性不断增加，各单位急需保护他们的数据和信息系统，在应对高威胁性网络攻击者（以下简称为“攻击者”）方面面临着重大挑战。这些攻击者包括自发的个体攻击者，以及运作协调且资源丰富的团体组织，这种团体组织通常来自某个犯罪企业或者某个国家。他们的行动可能是持久的、有动力的和敏捷的。他们采取各种战略、技术和过程（TTPs，Tactics，techniques，and procedures）来破坏系统、扰乱服务、进行金融欺诈以及泄露或窃取知识产权和其他敏感信息。考虑到这些威胁所带来的风险，各单位间应共享网络空间安全威胁信息，并充分利用这些信息来改善网络防御系统，这一需求目前显得越来越重要。

网络威胁信息是指有助于单位判别、评估、检测以及应对网络威胁的任何信息，具体包括安全指标（与攻击相关的可观察量或技术工件）、TTPs、安全警报、威胁情报报告以及推荐的安全工具配置等。大多数单位已经整理了多种类型的网络威胁信息，这些信息已在单位内部共享，作为他们信息技术决策和安全操作的重要依据。

通过与其他共享社区的参与者交换网络威胁信息，各单位可充分利用共享社区所共享的知识、经验和能力，更全面地了解面临的威胁。一旦拥有这些信息，一个单位就能基于网络防御能力、威胁检测技术以及风险缓解策略制定出针对性决策。通过关联和分析来自多个来源的网络威胁信息，一个单位能够丰富现有信息储备，提升可操作性。这种改进可以通过对其他社区成员观测结果的独立验证完成，也可以通过减少威胁信息歧义和错误，提升整体质量来完成。共享社区的成员在接收到威胁信息后及时对威胁进行处置，减弱了威胁传播的能力，这在一定程度上保护了其他社区成员（甚至包括那些可能不会接收到信息或者不会对这些网络威胁信息采取行动的成员）。此外，共享网络威胁信息使得参与单位能够更好地检测针对特定行业部门、商业实体或机构的网络攻击活动。

本指南旨在帮助各单位建立和参与网络威胁信息共享机制，它描述了信息共享的收益与挑战，阐明了信任的重要性，并且介绍了具体数据的处理要点。本指南的目标是基于安全有效的信息共享实践，提供能改善网络安全操作和风险管理活动的指导方针，并且帮助各单位计划、实施和维护信息共享工作。

美国国家标准技术研究所（NIST，National Institute of Standards and Technology）鼓励各单位相互共享更多的网络威胁信息，这既包括从其他单位获取的威胁信息，也包括向其他单位所提供的本单位内部生成的威胁信息。为了使各单位能有效地推进信息共享工作，本指南提供了以下实施建议。

1. 确定信息共享目标，以支持业务流程与安全政策的实施

一个单位的信息共享目标应能提升本单位的总体网络安全策略，帮助本单位更有效地进行风险管理。各单位应利用自身和外部（比如网络威胁信息共享机制的成员）共享的知识和经验，在遵循本单位安全、隐私、管理以及法规的要求下，积极共享网络空间安全威胁信息。

2. 鉴别网络威胁信息的现有内部来源

各单位要辨别当前收集、分析和储存的威胁信息，并决定如何使用这些存储信息。这种存储信息能够帮助一个单位使用网络威胁信息，优化决策过程，改进从外部来源、额外工具或探测器获取有效威胁信息的策略，识别可与外部单位共享的威胁信息。

3. 规范信息共享活动范围

一个单位的信息共享活动范围应与其资源、能力以及目标一致。信息共享努力的方向应该集中在能给单位及其共享伙伴提供最大价值的活动上，这种活动包括辨别一个单位负责人授权共享信息的类型，确定允许共享信息的情形，以及哪些人员可以或应该获得共享信息。

4. 建立信息共享规则

共享规则旨在控制威胁信息的流传和扩散，有助于阻止信息的传播。如果信息揭露不当，可能会对单位以及客户和商业伙伴产生消极的影响。信息共享规则应该考虑接受对象的可靠性、共享信息的敏感性以及共享（或不共享）特定类型信息的潜在影响。

5. 积极加入信息共享机制，参与信息共享工作

各单位应该鉴别并参与共享活动，提高现有的威胁信息处理能力。参与单位可能需要同时参与多个信息共享社区，以满足其安全运营需求。各单位还应该考虑公共和私营共享社区、政府信息库、商业网络威胁情报源，以及诸如公共网站、博客、公共数据源等开放资源。

6. 提供更多的环境条件、修正方法以及改进建议，积极扩展网络安全指标

如果可能，各单位应该制作网络安全元数据，为每个产生的安全指标提供上下文环境，描述它如何使用，如何解释，以及它与其他指标之间的关系。此外，共享机制应该包括发布指标、更新指标和其他相关元数据的机制，以及撤销不正确或可能不小心提交共享信息的流程。信息反馈对于社区共享指标的丰富、成熟和质量提升方面起着非常重要的作用。

7. 采用安全的自动化机制来发布、使用、分析和应对网络威胁信息

使用标准数据格式和传输协议来共享网络威胁信息，能使自动处理威胁信息变得更容易。自动化技术的使用使得网络威胁信息能够被快速共享、转换、丰富和分析，而不需要人工干预。

8. 积极建立网络威胁共享协议

各单位应提前计划，在事故发生前将共享协议落实到位，而不是在一个网络安全事件发生时才试图建立协议。这种提前的计划有助于帮助加入的单位了解他们扮演的角色、责任和信息处理要求。

9. 保证敏感网络威胁信息的安全性和隐私性

在处理网络威胁信息时，可能会遇到一些敏感信息，如个人身份信息（PII，Personally Identifiable Information）、知识产权以及商业机密。对这些信息的不正当揭露可能会造成经济损失，违反法律、法规和合同要求，成为法律诉讼的导火索，损坏一个单位的声誉。因此，单位应该实施必要的安全和隐私控制，建立处理程序，以保护信息免受非授权的揭露或修改。

10. 为信息共享活动提供持续支持

每个单位都应该建立一个信息共享支持计划，以提供持续的基础设施维修帮助和用户支持。计划还需要处理来自内部和外部威胁信息的收集与分析结果，在改进和部署保护措施时应用这些信息。必须要有一种可持续的计划来确保各种资源可用于网络威胁信息的持续收集、存储、分析和传播工作。

一、引言

（一）目的与范围

本指南为各单位交换网络威胁信息提供指导，这种指导既涉及从其他单位获取的威胁信息，也包括向其他单位所提供的本单位内部生成的威胁信息。本指南还阐述了参与信息共享机制的具体注意事项。

本指南还扩展了 NIST 的出版物 SP800-61《计算机安全应急处理指南》第四节“协调和信息共享”中描述的信息共享概念。

（二）文件受众

本指南适用于计算机安全事件响应团队（CSIRT，Computer Security Incident Response Team）、信息系统与网络管理员、安保人员、隐私事务人员、技术支持人员、首席信息安全官（CISO，Chief Information Security Officer）、首席信息官（CIO，Chief Information Officer）、计算机安全项目管理者，以及其他在网络威胁信息共享活动中的重要利益相关者。

虽然这份指南主要是为美国联邦政府机构撰写，但它同样广泛适用于其他政府和非政府组织。

（三）文件结构

本指南的其他部分将按以下顺序和附录编排：

第二部分介绍了网络威胁信息共享的基本概念，描述了信息共享的收益，并且讨论了各单位推进共享工作时所面临的挑战。

第三部分为与其他单位建立共享关系提供了指导。

第四部分讨论了加入共享机制时的注意事项。

附录 A 展现了共享网络威胁信息如何提高相关单位的运营效率，如何利用合作伙伴的网络安全经验和能力增强自身的网络防御能力。

附录 B 包含了本指南中用到的一系列术语以及它们的相关定义。

附录 C 列出了指南中用到的一系列缩略词。

二、基本要素

本部分介绍了网络威胁信息共享的基本概念，讨论了网络威胁信息的类型，并定义了一些常用术语。此外，还研究了共享网络威胁信息的潜在用途，并探讨了威胁信息共享的收益和挑战。

（一）威胁信息的类型

网络威胁是指“对单位正常运作（包括任务、职能、形象或是声誉）、单位资产、个人、其他组织或国家造成潜在不利影响的任何状况或事件，如未经授权访问、破坏、披露或修改信息系统，以及造成拒绝服务的异常情况等”。为简洁起见，本指南使用术语“威胁”而不是“网络威胁”，构成威胁的个人和团体被称为“威胁性网络攻击者”或简称为“攻击者”。

威胁信息是指任何与威胁有关的信息，它能帮助一个单位保护自己免受威胁或攻击者的活动影响。主要威胁信息的种类包括以下几种：

（1）安全指标是一种技术工件或可观察量，它能显示攻击是即将发生、正在进行，还是可能已经造成了危害。例如，安全指标可以是一个疑似命令和控制服务器的 IP 地址，一个可疑的 DNS 域名，一个引用了恶性内容的 URL，一个随意拼凑成的恶性可执行文件，也可以是一封恶意电子邮件的主题文本。

（2）战略、技术和过程（TTPs）描述了攻击者的具体行为。战略是对行为的高级描述，技术是在战略确定的背景下对行为的详细描述，而过程则是在技术确定的背景下更底层、更详细的描述。TTPs 能阐述攻击者使用特定的变种恶意软件、攻击实施顺序、攻击工具、输送机制（比如网络钓鱼或水坑攻击）或漏洞利用的相关内容。

（3）安全警报，也被称为报告、公告、漏洞记录，是关于目前信息系统脆弱性、可利用漏洞以及其他安全问题的简洁可读的技术报告。安全警报来源于如美国计算机应急响应小组（US-CERT，United States Computer Emergency Readiness Team）、信息共享与分析中心（ISAC，Information Sharing and Analysis Center）、美国国家漏洞库（NVD，National Vulnerability Database）、产品安全事件响应小组（PSIRT，Product Security Incident Response Team）、商业安全服务提供商以及安全研究人员。

（4）威胁情报通常是一种相对单调的文档，描述了 TTPs、攻击者、被攻击信息系统和信息的类型，以及其他给外单位提供更多与威胁相关的态势感知信息。威胁情报是已被汇总、转化、分析、解释和充实过的威胁信息，将为决策过程提供必要的依据。

（5）工具配置是对工具设置和使用机制的建议，此处的工具指的是支持自动收集、交换、处理、分析和使用威胁信息的工具。例如，工具配置信息可能包含对于如何安装和使用木马检测和删除工具，如何创建和自定义入侵检测特征、路由器访问控制列表、防火墙规则以及网络过滤配置文档的指导。

许多单位已经在内部制造和共享威胁信息。例如，一个单位的安全团队在处理某个事件时可能会在一个受攻击的信息系统上识别出恶性文件，并生成相关的安全指标（比如文件名、大小、散列值）。这些指标将与系统管理员共享，系统管理员配置了多个安全工具（例如基于主机的入侵检测系统）来检测其他信息系统中是否也存在这些安全指标。同样，安全团队可能会发起一项关于提升邮件安全意识的活动，以回应单位中钓鱼攻击事件数量的增长情况。这些都是单位内部信息共享的例子。

本指南的主要目标是跨越单位界限，促进威胁信息共享，实现既可从其他单位获取威胁信息，又向外单位提供内部生成的威胁信息。

（二）信息共享的收益

威胁信息共享可为本单位带来那些之前无法获取的威胁信息的访问权。通过使用共享资源，各单位能以积极的方式借助合作伙伴的知识、经验和能力，从而改善自身的安全形势。允许“一个单位的检测力成为另一单位的防御力”是一个强有力的范例，对于积极参与共享的单位，他们的整体网络安全可以得到强化。

各单位能够以多种方式应用共享的威胁信息。一些应用是面向操作的，比如更新企业安全控制手段，使用新的安全指标和配置进行持续性监控，以便能检测到最新的网络攻击和威胁。另一些则是面向策略的，比如在计划对本单位的安全架构进行重大改变时，应考虑将共享威胁信息作为一项参考。

社区间的威胁信息交换如果围绕产业部门（或一些其他可从事共享的典型机构）进行将会非常有益，因为成员单位经常面临使用普通 TTPs 的攻击者，而这些 TTPs 通常针对的是相同类型的信息系统和信息。当成员单位间成功合作，阻遏了有组织的高威胁性网络攻击者时，就具备了最有效的网络防御力。通过相互合作，成员单位间能够建立和维持一种信任关系，这是进行安全、负责且有效的信息共享的基础。

信息共享的收益包括：

1. 共享态势感知信息

信息共享使得各单位能在有着共同利益的社区中应用共享伙伴的知识、经验和分析能力，以加强多个单位的防御能力。即使是微小的单一贡献（如针对攻击者的新指标或可观察量）也能提高整个社区的安全意识，改善安全态势。

2. 威胁意识增强

通过产生和分享威胁信息，各单位能对威胁环境有更好的认识，并且能使用威胁信息来获知他们的网络安全情况和风险管理实践情况。单位应用共享信息，可识别受影响的平台或系统，实施保护措施，提高检测能力，在当前威胁环境下及时观察到变化，更有效地响应安全事件，从事件中及时恢复。

3. 知识成熟化

当一些看似无关的观察结果被单位共享和分析后，将可能与其他单位收集的数据相关联。这一数据丰富的过程提升了信息的价值，增加了现有的安全指标数量，改进了与特定事件、威胁或攻击活动相关的 TTPs 知识。数据相关性还能为现有安全指标间的关系分析提供有价值的参考。

4. 群体免疫

群体或社区免疫的概念来源于生物学，它指的是通过给很多人（但非所有人）接种疫苗，来保护一个社区免受疾病的感染。同样，各单位依照他们收到的威胁信息进行补救，减少了攻击者可行的攻击载体数量，因此减少了漏洞，这在一定程度上能保护那些还未受保护的成员（未收到威胁信息或未采取行动的成员）。

5. 防御灵活性增强

攻击者不断地调整他们的 TTPs 试图躲过侦察，绕过安全控制手段，并利用新的漏洞进行攻击。共享信息的单位通常更快知晓 TTPs 的改变，从而能快速检测和应对威胁，减少成功攻击的可能性。这种灵活性为网络安全防护创造了规模经济，同时增加了攻击者攻击的成本，迫使他们寻求新的 TTPs。

（三）信息共享的挑战

尽管共享威胁信息有很明显的收益，但是我们也不得不考虑所面临的一系列挑战。应用和产生威胁信息所面临的挑战包括：

1. 建立信任关系

信任关系是信息共享的基础，但是这种信任需要花费力量去建立和维持。通过定期面对面的会议、电话或社交媒体进行持续交流，有助于加快信任建立的过程。

2. 实现互操作性

标准数据格式和传输协议是实现互操作性的重要基础，有助于在存储库和工具间实现安全且自动的结构化威胁信息的交换。然而，采用特定的格式和协议可能需要耗费大量的时间和资源。如果共享机制成员采用不同的格式和协议，那么这些投资的价值就会大大降低。

3. 保护敏感但非涉密的信息

揭露敏感信息，例如个人身份信息（PII，Personally Identifiable Information）、知识产权、商业机密，或其他可能违反共享协议，造成经济损失、法律诉讼以及声誉受损的专有信息。共享信息可能会暴露单位的防护和检测能力，并导致攻击者的威胁转移。这种未授权的信息揭露可能会妨碍或破坏正在进行的调查，危及未来法律诉讼所需信息，或破坏诸如僵尸网站取缔之类的威胁处置行动。各单位应该为共享信息添加管理标志，实施相应的政策、程序和技术控制，积极降低敏感但非涉密信息公开的风险。

4. 保护涉密信息

从政府获取的信息可能会被标记为涉密信息，这使得单位很难利用此类信息。对单位来说，请求和维护持续访问涉密信息来源所需的许可也是非常昂贵和耗时的。此外，许多单位都雇用没有资格获得安全许可的非美国公民，他们往往不被允许接触涉密信息。

只应用外单位共享的威胁信息时，面临的挑战有：

1. 访问外部信息

各单位需要依赖基础设施来访问外部资源，并将从外部来源获取的信息整合到本地决策过程中。只有当单位准备应用这些信息时，它们才有价值。

2. 评估接收信息的质量

在一个单位使用从信息共享社区收到的信息，采取安全相关的行动（如重新设置防护措施）时，需要确认接收信息的来源（必须），并清楚应用这些信息可能带来的成本和风险。

只提供给外单位自身信息时，面临的挑战包括：

1. 遵守法律和单位要求

一个单位的执行团队和法律团队可能会限制其提供给外单位信息的类型，这些限制可能包括对信息类型的限制，还有技术细节提供的级别。这些安全措施在处理合法业务、法律或隐私问题时是合适的，但是强制或任意的限制可能会降低信息共享的功效、可用性、质量和时效性。

2. 限制信息归属

各单位可以公开地加入信息共享社区，但是仍然要求他们贡献信息时是匿名的。信息不署名可能使单位愿意共享更多的信息，同时降低单位声誉受损的风险。然而，这种不署名的设置可能会限制信息的有用性，因为用户对不明来源的信息缺乏信心。如果信息的原始来源不能被确定，单位可能也无法证实收到的来自多个独立来源的信息，因此会降低他们对收到信息的信任。

3. 信息制作支持

单位如果想产生信息，应当具备必要的基础设施、工具和培训条件，这些要与将产生的信息类型相符。基本的威胁信息（如安全指标）相对容易收集和发布，而其他信息如攻击者的动机和使用的TTPs，往往需要更多的分析工作。

三、构建共享关系

在推进网络空间安全威胁信息共享工作时，建议采取下述计划和准备活动：

（1）确定信息共享目标；

（2）鉴别网络威胁信息的内部来源；

（3）规范信息共享活动范围；

（4）建立信息共享规则；

（5）参与信息共享社区；

（6）制定能为共享信息活动提供持续性支持的计划。

在此过程中，各单位应积极与单位内外的相关领域专家交换意见，这些专家包括：

（1）经验丰富的网络安全工作人员；

（2）参与网络安全威胁信息共享的各个单位的成员及经营者；

（3）可信的商业合伙人、供应链合作伙伴、产业同行；

（4）具备法律相关问题、内部商业活动及系统相关知识的人员。

各单位应充分借助这些专家的知识和经验，协助形成网络安全威胁信息共享能力，支持单位的业务正常运作，并与单位的安全性、隐私性、监管性和合法性要求相一致。由于挑战、需求、优先级、技术以及条例是不断变化的，信息共享的工作需要反复推进。各单位应根据不断变化的现状，及时再评估和调整共享信息能力。这一工作应始终贯穿于上述部分乃至全部的计划和准备工作中。

（一）确定信息共享目标

首先，一个单位应制定业务流程和安全政策方面的目标，对共享网络空间安全威胁信息的预期结果进行描述。这些目标可以指引单位推进信息共享工作，不断审视自身的信息共享能力，寻找并加入信息共享社区。由于技术和资源的限制，必须区分这些目标的优先级，确保最重要的部分得以实现。

（二）鉴别网络威胁信息的内部来源

落实信息共享工作的一个关键步骤是确定一个单位的潜在威胁信息来源。这些来源包括：探测器、工具、数据源和信息库。相关具体步骤如下：

（1）确定可提供网络空间安全共享信息的探测器、工具、数据源和信息库，并确保其提供信息的频率、精确度和准确度，以支持网络安全决策。

（2）确保将安全威胁信息的采集与分析作为持续安全监控策略的组成部分。

（3）定位已收集和存储的安全威胁信息，但不要求必须在已有基础上

（如操作系统默认的审计文件）进行分析或评估。

（4）确保向外部单位提供合适的安全威胁信息，帮助他们更有效地应对网络安全威胁。

上述步骤还应包括对网络空间安全威胁信息来源的单位内负责人和操作员的识别。理想情况下，相关人员应深入了解自己使用的探测器、工具、数据源和信息库的知识，认真落实数据导出、传播以及集成工作，以支持信息共享的举措。在培养相关能力时，有必要了解以下内容：信息存储的原理是什么、数据导出可用格式有哪些，可用于与数据源交互的查询语言、协议和服务有哪些。一些数据源存储和发布是结构化的且机器可读的，而其他一些则可能没有确定的格式和结构（如自由文本或图片）。结构化数据基于开放、机器可读的且具有一定标准的格式，更容易获取、搜索，解析时可选的工具范围也更广。因此，这种数据在信息的使用、解析和交换方面非常重要。

在落实上述清单所列事项的过程中，各单位也应注意任何可能妨碍其目标实现的信息差距。通过确定这些差距，单位能更好地为投资排列优先顺序，获取来自备用来源（可能是外部来源）或额外工具、传感器的安全威胁信息，从而找到填补这些差距的办法。

表 1 列举了一些常见的网络安全相关信息的单位内部来源，并提供了这些数据元素示例。这对安全工作人员可能会有所帮助。

表 1　内部信息源节选

来源	示例
网络数据源	
路由器、防火墙、远程服务（如远程登录或远程命令执行）和动态主机配置协议（DHCP）服务器日志	时间戳 源和目标 IP 地址 TCP/UDP 端口号 MAC 地址 主机名 采取的行为（拒绝/允许） 状态码 其他协议信息

续表

来源	示例
诊断和监测工具（网络入侵检测、防御系统、数据包捕获和协议分析）	时间戳 IP 地址、端口和其他协议信息 数据包有效载荷 具体应用信息 攻击方式（如 SQL 注入、缓冲区溢出） 针对性脆弱项 攻击状态（成功/失败/被阻断）
主机数据源	
操作系统和应用配置设置、状态和日志	绑定和建立的网络连接和端口 进程和线程 注册表设置 配置文件明细 软件版本和补丁信息 硬件信息 用户和用户组 文件属性（如文件名、哈希值、权限、时间戳、大小） 文件访问 系统事件（如启动、关闭、错误） 命令执行历史
防病毒产品	主机名 IP 地址 MAC 地址 恶意软件名称 恶意软件类型（如病毒、黑客工具、间谍软件、远程访问） 文件名 文件位置（即路径） 文件哈希值 采取的行为（如隔离、清除、重命名、删除）
网页浏览器	浏览器历史记录和缓存包括： 网站访问历史记录 下载内容 上传内容 已安装或已启用的扩展 Cookies

续表

来源	示例
其他数据来源	
安全信息和事件管理（SIEM）	大量数据源（如操作系统、应用程序、网络日志）的汇总报告
电子邮件地址	邮件信息： 邮件标题内容： • 发件人/收件人的邮件地址 • 标题 • 路由信息 附件 网址 嵌入的图形
电子标签自助系统、事件管理与跟踪系统、单位内人员	相关的分析报告和观察结果： • TTPs • 活动 • 从属关系 • 目的 • 开发代码和工具 • 应对和缓解措施 • 推荐行动方针 用户屏幕截图（如错误信息或对话框）
取证工具包、动态和虚拟执行环境	恶意软件样本 系统工件（网络、文件系统、内存）

如果部署了新的探测器、信息库或具备新能力，单位的相关清单也应随之更新。此外，应记录设备配置、所有权或行政联络点的重大变动情况。

（三）规范信息共享活动范围

各单位应通过确定以下几点来详细说明信息共享活动的范围：可用于共享的信息类型、允许信息共享的情形以及核实的共享对象。各单位在界定信息共享活动范围时应不断回顾信息共享的目标，确保优先事项得到解决。在确定这些活动时，需要确保每项活动可获得其所需的信息源和能力。单位也应考虑推行那些可减小信息差距的信息共享活动。例如，虽然某单位不能自己进行内部恶意软件分析，但可通过与信息共享成员合作，从而得到相关恶意软件指标。

一个单位所拥有的资源和能力决定了信息共享活动的广度。小范围而言，资源有限的单位可以选择小范围来进行数量较少的共享活动，来为自身及共享伙伴发挥其最大价值。等获得了更多的资源和能力后，单位就能扩大其范围。这样一个渐进式的方法能确保在各单位进行信息共享活动时，在支持自身目标的同时又能与现有资源相适应。对那些拥有更多资源且能力更强的单位而言，支持其目标的活动更为广泛，因此它们可以选择更大的初始范围。

在确定网络空间安全威胁信息共享活动的范围时，可用于支持信息共享和收集的自动化程度是需要考虑的因素之一。自动化程度较低的方法或人力方式，可能会增加人力资源的耗费并且限制了信息处理的数量和广度。使用自动化操作能减少人力资源的耗费，从而使单位扩大共享活动的范围。

（四）建立信息共享规则

在进行网络空间安全威胁信息共享之前，需要注意下列事项：

（1）列出可能用于共享的信息类型；

（2）描述允许共享的条件和情况；

（3）核实已批准的安全威胁信息接受者；

（4）设定关于共享信息编辑或消密的各种要求；

（5）明确规定是否允许追踪溯源；

（6）应用信息处理指定接收者有义务保护信息。

这些步骤阐述了网络空间安全威胁信息的出版和传播的控制性规则，能防止遭到失误泄露信息的进一步传播，这种传播可能会给单位及其客户和商业伙伴带来不良后果。信息共享需要考虑接受者的可信度、被共享信息的敏感度以及共享（或不共享）行为的潜在影响。例如，一个单位可能发布这些规则：限制个人或团体对高敏感度信息的共享，允许与特定的可信伙伴分享中等敏感度的信息，允许低敏感度的信息在封闭的共享社区内发布，允许在公共信息共享社区内自由交换非敏感信息。

在建立和审查信息共享规则时，各单位应向他们的法律和隐私事务人员、信息所有者、管理层以及其他利益相关者征求意见，确保这些共享规则与单位已写入文件的政策和规程相契合。一个单位可能选择通过谅解备忘录（MOU，Memorandum of Understanding）、不公开协议（NDA，Non-Disclosure Agreement）、框架协议或其他协议制定共享规则。各单位应主动建立网络空间安全威胁信息共享协议，将其作为自身网络安全运营的一部分，而不是发生网络安全事件时才试图将协议付诸实践。

一个单位的信息共享规则应定期进行评估。可以触发再评估的事项包括：

（1）管理或法规要求的变动；

（2）单位政策的更新；

（3）新信息源的引入；

（4）风险容限的改变；

（5）信息所有权的改变；

（6）操作与威胁环境的改变；

（7）单位间的合并与收购。

1. 信息敏感度和私密度

许多单位基于管理办法、法律要求或合同条款来处理需要保护的信息，这包括 PII 和其他敏感信息。保护这些信息的有《萨班斯-奥克斯利法案》（*SOA*，*Sarbanes-Oxley Act*）、《支付卡行业数据安全标准》（*PCIDSS*，*Payment Card Industry Data Security Standard*）、《健康信息移植与责任法案》（*HIPAA*，*Health Information Portability and Accountability Act*）、《2014 年联邦信息安全现代化法案》（*FISMA*，*Federal Information Security Modernization Act*）和《格莱姆-莱克-布莱利法案》（*GLBA*，*Gramm-Leach-Bliley Act*）。单位识别并妥善保护敏感信息是十分重要的。在识别和保护敏感信息时，应咨询单位的法律团队、隐私事务人员、审计员和熟悉各种监管框架的专家。

从隐私权角度来说，网络安全威胁信息共享的一大挑战是存在 PII 泄露的潜在可能。推进安全教育和宣传活动是必需的，应确保负责处理安全威胁信息的人员知道在 PII 泄露时如何识别和处理这些信息。互联网信息共享可能导致 PII 泄露给那些本无权限获取信息的人。比如说，当一个法律事务分析员或事件响应者搜索恶意软件所在的硬盘驱动器、复查涉嫌网络钓鱼攻击的邮件或检查捕获的数据包时，他们也许就会偶然得到 PII。该人员为了调查漏洞、改善检测策略和防御措施而需要调阅这种信息的行为是合法的。如果这种分析结果需要与其他人共享，则需要采取行动来保护 PII 的机密性。

一个单位应出台指导处理 PII 信息的共享信息政策和规程。这些规章政策应包括针对可能包含 PII 的事件数据类型的识别步骤，以及合适的保护性措施来管控信息共享带来的隐私风险。常用的一个共享方式是交换安全指标获得最大的信息量。一些安全指标在很大程度上是和 PII 无关的，比如文件哈希值、网络端口号、注册表值和其他基础数据。然而，在已确认存在 PII 信息的情况下，单位应在共享前修改与调查网络威胁无关的 PII 内容。应根据信息使用计划、信息敏感度以及预计接收者情况来确定保护 PII 的形式和程度。

在实际应用环境中，各单位应利用自动化、非人力的方法来识别和保护 PII。PII 的手动识别、提取和模糊过程可能是低速、容易出错且密集的。自动化的方法可包括：根据允许值列表来检查数据区域内的内容、利用图像匹配技术（如正则表达式）搜索 PII、对包含 PII 的数据进行去标志、掩饰和匿名化操作。决定可实现自动化程度的要素包括：数据的结构和复杂度、信息的敏感度和使用工具的能力等。

各单位也应采取一系列措施对知识产权、商业机密和其他的一些专有资料进行保护，防止信息非法泄露。信息泄露可能导致经济损失、违反保密协议或其他共享协议，导致法律诉讼或单位的名誉受损。

表 2 节选了几种安全威胁信息类别，提供可能存在于这几种威胁信息中的敏感数据的示例，并提供了处理这些数据的一般性建议。

表 2 敏感信息处理建议（节选）

安全威胁信息类型	敏感数据元素示例	建议
网络指标	任何单一的网络指标可以是敏感的，多重维度网络指标敏感度更高。这是因为它们可以揭示网络实体间的关系。通过研究这些关联，可能推断出用户身份，收集关于设备的信息，进行网络侦查，以及获得单位采用的安全防护措施和工具的特征	聚焦于网络指标的交换，如与攻击者的指令和控制的基础设施、恶意的 URL、域、分段服务器相关的目标 IP 地址。 在信息共享前，对包含目标系统或地址的 IP 或硬件地址在内的网络指标进行匿名化处理和审查。当然也应匿名化和审查那些可能揭示互联网结构、端口或协议的网络指标，防止暴露特殊的信息产品
数据包捕获（PCAP 包）	除了上文探讨的网络指标外，未加密或解密的数据或许包含身份认证信息和单位的敏感信息，如 PII 和知识产权等	数据包的包头可能包含网络指标，有效载荷也可能包含网络指标，因此针对数据包的处理将是极有挑战性的。例如，PCAP 文件可能有协议信息（如 DHCP、地址解析协议 ARP、文件传输协议 FTP、DNS 等）和在网络七层结构中多层运行的应用程序。这些技术人员可从 PCAP 文件取得的与协议和应用程序相关的网络信息，需匿名化处理和审查，防止敏感信息泄漏。 当 PCAP 文件与下列特殊事件情形调查相关时，在共享前，应对 PCAP 文件进行信息过滤： • 与特定网络会话有关（即与特定 IP 地址之间的信息交互）； • 在某特定时间范围内发生的事件； • 指向或来自某特定端口； • 采用某个特别的网络协议。 改写有效载荷区所包含的 PII、其他敏感内容以及与事件特征描述无关的信息。 在匿名化或改写网络信息时，需要采用合适的策略，保全足够的信息，使得针对 PCAP 文件的分析结果更有意义

续表

安全威胁信息类型	敏感数据元素示例	建议
网络流数据	网络流数据包括： • IP 源地址（即发送人）； • IP 目的地址（即收件人）； • 端口和协议信息； • 比特数； • 时间戳。 如果不能有效匿名化，网络流信息可能会被用于特定用户的识别，泄露用户行为（如网页浏览记录），公开应用和服务使用模式，或暴露路由信息和数据量	在进行网络流数据共享前，各单位应考虑改写部分会话历史，充分利用基密码学技术、前缀保留以及 IP 匿名化手段，对会话跟踪中特定字段的隐藏（如时间戳、端口、协议或比特数），防止网络识别。为了充分利用这些信息，需要使用工具，在不破坏参考完整性的前提下转换网络流数据。网络流分析以及其他相关操作通常要在多个文件内进行 IP 地址的替换和转换。若匿名化操作采用不一致的替换策略，就可能降低或消除共享此类信息的价值
钓鱼邮件样本	邮件头可能包含如下信息： • 邮件代理的 IP 地址； • 主机名或域名； • 多个邮件地址。 一封邮件的主体部分也可能包含 PII 或其他敏感信息	各单位应将邮件样本匿名化处理，删除与事件描述无关的不必要的敏感信息
系统、网络以及应用程序的日志	日志文件可能包含 PII 或其他敏感信息。日志数据可能泄露 IP 地址、端口、协议、服务和 URL。URL 参数中可能含有连接字符、登录凭据、部分财务交易记录等内容，这些内容也可能被别人获取	各单位应匿名化 IP 地址、时间戳、端口号和协议，删除与事件描述无关的不必要的敏感信息。在共享日志数据前，也应审查可能包含会话和用户 ID 一类信息的 URL。在应用程序日志方面，应对特殊应用程序的日志格式进行重新编辑或匿名化处理
恶意软件的指标和样本	虽然单位不大可能在恶意软件的指标和样本中得到 PII，但根据锁定的恶意软件位置和采集样本的方法，可能会找到 PII 或其他敏感信息	各单位应删除与事件描述无关的不必要的敏感信息

2. 共享标志

共享威胁信息的标签化处理存在多种方法。这些方法用于标志某些不适于公之于众，且需要特殊处理的非涉密信息。对安全威胁信息的标签化处理可以传达特定的处理要求，并标志那些需在共享前先进行改写的敏感信息数据元。各单位应为共享的安全威胁信息提供明确的处理指南。同样，安全威胁信息的接受者应遵守单位处理指导中关于信息处理、归属、传播和存储的各项要求。

如表 3 所示，《交通信号灯协议》（*TLP*，*Traffic Light Protocol*）提供了一个关于共享标志的框架。

表 3 《交通信号灯协议》

颜色	适用情况	共享方式
红色	如果信息不能被外部有效使用，并可能因滥用信息而导致某方的隐私、名誉或运营受影响，则可使用 TLP 红色标志（TLP：RED）	对于 TLP：RED 标志的信息，接收方不可与任何单位共享
琥珀色	如果信息的有效利用需要支持，并且在单位外共享会对隐私、名声或运营带来风险，那么可以使用 TLP 琥珀色标志（TLP：AMBER）	对于 TLP：AMBER 标志的信息，接收方只能与需要获取该信息和基于该信息采取行动的己方成员分享
绿色	如果所有参与单位和更广泛范围内的社区或同行都需要了解该信息，那么可以使用 TLP 绿色标志（TLP：GREEN）	对于 TLP：GREEN 标志的信息，接收方可与同行或合作单位所在的社区分享 TLP：GREEN 的信息，但不可公开发布
白色	如果根据公共规则和程序可以判断信息滥用的风险为最低，没有预知的风险发生时，那么可以使用 TLP 白色标志（TLP：WHITE）	TLP：WHITE 标志的信息分享无限制，但受版权控制

TLP 提供了一种基于颜色编码的限制规则，每一种颜色标志对应于一类限制级别。在 TLP 中，红色代表限制性最高的规则，表示信息甚至不能在某成员自身的单位内共享，而只能在特定的交互或会议中共享。琥珀色、绿色、白色代码的限制性按序降低。

反网络钓鱼工作组也发布过关于共享标志的文件要求纲要。该纲要介绍了一种可用于共享信息分配限制的可扩展分层的标签系统。标签可被用于标志信息共享的对象（如仅限收件方、仅限受影响的各方、无限制），并且提供了其他注意事项（如允许隐藏来源等）。

对于某些威胁信息而言，收集方法被认为是机密的或专有的，但实际被观察的安全指标则是可共享的。在这种情况下，单位可能会考虑用“分割型报告”，即对敏感度不同的信息分别组织，杜绝混合情况（如指标信息与收集方法被独立放在文件的不同部分）。这种组织报告的方式便于单位给被授权的特定接收方发送报告。

各单位应认真选择和规划标志共享信息的方式。无论单位如何标志共享信息，都应确保标志流程经过文件记录和批核，负责标志的人员也应经过适当培训。

3. 信息共享与跟踪规程

随着时间的推移，单位的网络空间安全活动可能造成大量来自内部或外部各种来源的安全威胁信息的堆积。追踪数据来源虽然极具挑战性，但对保护信息所有者以及确保单位能承担数据保护的法律义务都十分重要。此外，为了能了解信息提供者是谁以及信息是如何收集、转换和处理的，保留数据来源信息是十分重要的。这种数据来源信息对总结共享信息是十分重要的。

单位应在制定快速共享安全威胁信息规程的同时，履行其保护潜在敏感信息的义务。这些规程应尽可能地平衡可能共享无效的风险和降低保护不足的风险。各单位制定的信息共享与跟踪规程应包括：

（1）识别容易与可信方共享的安全威胁信息；

（2）建立规程，指导审查、消密、保护可能包含敏感信息的安全威胁信息流程；

（3）尽可能地自动处理和交换安全威胁信息；

（4）描述信息处理标志是如何被应用、监控和执行的；

（5）跟踪安全威胁信息的内部与外部来源。

这些规程应列出利益相关人员的任务、责任和权限（包括适用范围和时长）。规程应允许权限的有效变化，以及共享信息在关键决策者之间的流动。在有需要时，允许单位与通过批准的外部团体进行合作。

（五）参与信息共享社区

在评估潜在的共享合作伙伴时，各单位应寻求那些可以补充的现有的安全威胁信息的资源，以及可提供弥补单位态势感知差距的来源。由于共享团体可能注重某个特定类型的网络安全威胁信息的交换，单位需要参与多种信息共享社区以满足信息共享目的。可获取安全威胁信息的来源有：公共和私营共享社区、政府信息库、商业网络威胁情报源以及开放资源。共享社区通常基于共同特征或兴趣而建立，其组成可能与地理位置、政党、产业部门、商业利益或安全威胁空间（如聚焦于网络钓鱼攻击）有关。许多这样的社区都是全球性的，具有跨国赞助者。潜在共享伙伴包括ISAC、CSIRT、威胁与漏洞库、法律执行代理、产品供应商、安全管理服务商、因特网服务供应商、供应链合作伙伴、产业同行、商业合作伙伴以及客户。

一些社区是非正规的、开放的和自组织的团体，很大程度上是依靠志愿者合作来维持运转的。这些社区的成员资格通常不固定（即没有确定的成员资格要求），有时甚至是匿名的，而且成员间协调中心最小化，保持个体充分的自主权。这些社区通常依靠基本的行为规则运转，而不是基于正式的协议。在这样的社区中，成员为社区发布安全威胁信息是出自自愿的，自己为提供给社区的共享信息内容是否合适负全责。想要获取信息的单位需要通过社区提供的传送机制，如网络服务、邮件或文字提醒以及RSS供稿。这种共享社区通常不能确定其成员提供数据的质量和精确度，信息的可信度取决于提供者的信誉（如果可获知的话）。

与之相反，正规的共享社区通常会制定特定的成员单位资格规则，如：

（1）单位资格要求（例如：必须在某个特定的产业中运营）；

（2）个人资格要求（例如：必须承担一定企业范围的安全责任）；

（3）提名或赞助要求；

（4）成员试用期要求；

（5）社区提供与接收的安全威胁信息类型；

（6）社区支持的标准传送机制、规格和协议；

（7）单位的网络安全能力要求。

正规的共享社区通过邀请或赞助招募成员，成员受到相应的审查。相对于非正规社区，正规社区的成员组成相对稳定。正规社区中的信息交换常基于对成员及合作单位的各项协议要求来进行管理，包括服务等级协定

（Service Level Agreement，SLAs）、NDAs 以及其他协议。一些社区通过收取会员年费来保证社区的服务质量和行政管理运作。不同的单位收费不同，有时也会根据不同的会员等级和服务来收费。

在加入共享信息协定前，需要获得下述机构的认可：

（1）负责监管信息共享活动，支持单位信息共享目标，控制必要资源的领导团队；

（2）法律团队或可信担保人；

（3）隐私事务负责人和其他参与安全威胁信息采集、提取、存储、分析、发布或保护的主要利益相关者。

在选择共享社区时，应考虑社区共享信息的类型、社区的结构和动态，以及加入和支持社区的花费。在评估社区内如何进行信息共享时，单位应考虑下述问题：

（1）社区内共享的安全威胁信息是否相关？是否根据单位安全威胁环境的情况提供了有意义的见解，从而补充了现有的安全威胁信息？

（2）单位内的安全威胁信息交换是否可行？

（3）社区是否有机制接受无属性的网络安全威胁信息提交，对提交者身份提供保护？

（4）发送的安全威胁信息是否及时、可靠，是否可保证质量？

（5）社区信息交换的规格是否与单位的基础设施和使用的工具兼容？

（6）如果获知社区提供的数据量和提供频率，单位是否有能力提取、分析、存储这些信息？

除社区内共享的信息外，还应考虑社区的动态情况和参与者情况，包括：

（1）社区的规模多大，组成部分是什么？（如参与者数量、信息提供者数量和客户数量）

（2）社区活跃度有多高？（如每日提交量或需求量）

（3）社区成员是否经过招募和审核？如果有，是怎样进行的？

（4）社区成员的专业技能和专长是什么？

（5）社区管理模式是什么？

（6）初始会费和入会后的日常会费是多少？

（7）社区使用的共享协议类型是什么？

（8）共享协议与单位的目标、目的及商业规则是否一致？

在进行共享社区调查时，各单位应向现在或从前的社区成员咨询成员体验。这种交流能为组织提供更多的角度去思考问题，能帮助单位评估社区的可信度。

（六）制定能为共享信息活动提供持续性支持的计划

为了确保信息共享活动能获得持续的支持，各单位应制订计划来总结如何维持信息共享基础设施的正常运作，以及为这些设施的使用者提供支持。该计划应确定所需的支持人员、基础设施和流程，实施以下内容：

（1）收集并分析来自内外部数据源的信息

（2）获取并部署保护性措施

（3）获取并部署监控和安全威胁检测设施

为了给数据的收集、存储、分析和传播提供持续的支持，满足数据更新的需求，以及匹配社区所收取的会员服务费，需要确保设置有足够的资金可提供给相关人员、基础设施和培训。虽然参与共享信息活动要求持续的资金注入，但网络空间安全威胁信息的有效利用能使单位避免遭受成功攻击所带来的更大损失。

四、参与共享机制

本部分将详细介绍参与信息共享社区的单位需要采取的措施。具体措施如下，通常包括以下内容的部分或全部：

（1）持续性的沟通交流；

（2）安全警报的接收与响应；

（3）安全指标的接收与使用；

（4）安全指标的分类和存储；

（5）安全指标的制作和发布。

各单位在初次参与威胁信息共享时，应选择一点到两点作为行动重点，并考虑将其他措施作为附加项加入，积极完善共享能力。对于单位而言，信息共享是为了对自身已有的基础网络安全系统进行加强，而不是取代。

（一）持续性的沟通交流

信息共享社区与单位共享威胁信息的沟通交流方式有许多种。大多数机构接收威胁信息都是通过电子邮件列表、文本警报和网络门户，这些方式都不需要设计特殊的架构，从而节约了建设信息共享基础架构的投资成本。不过，通过这种方式收到的威胁信息可能需要手动处理（例如“剪切和粘贴”到相关工具中）。对于拥有支持标准数据格式的安全工具的收件人，可以使用基于标准格式的数据源来实现威胁信息的半自动化采集、处理和使用。其他信息共享方式，如会议和研讨会等，都需要额外派遣人员参与。沟通交流具有事件驱动性（例如，对一个动作或一个人员的行为的响应）或周期性（例如，每两周一次的评价、电话会议和年会）。如果单位过于关注威胁信息，可能会浪费许多不必要的沟通成本。

在信息共享社区中，可读格式的信息多种多样，细节、数量和频率上差异很大。有些社区在更新威胁信息时追求信息的及时性。相比之下，有些单位对威胁信息进行趋势预测和分析。这类成员可能更喜欢汇总数据，所以对信息提供的及时性需求不大。为了减少所产生信息的数量，共享社区有时会提供摘要（如定时更新的消息汇总）以供选择订阅，而不是把每条信息都发送给各个单位。

各单位在刚加入信息共享社区时，需要一段时间将新的威胁信息来源应用到现有的网络安全措施和配置安全工具中，单位的决策者也需要参与培训，学习在接收到威胁信息时如何理解信息内容，以及如何采取行动。共享社区会为参与单位提供咨询和指导帮助，新成员可以通过咨询沟通来完善自身的网络安全实践，也可以将共享社区中其他经验丰富的单位作为学习借鉴目标。除此之外，共享社区还有其他资源（例如，社区知识库、常见问题解答和博客等）供咨询和参考。共享社区为新成员提供了员工培训，由专业人员提供技术指导。所以，参与过培训的人员应该在这个技术职位定岗，减少技术流失和培训成本的浪费。人员的稳定也有利于各单位和共享社区在技术层面的稳定交流。

共享社区的参与需要持续性。持续地进行共享可以促进共享社区中单位关系的发展，使单位间的联系更加紧密，这种持续也利于单位自身网络安全实践的改善。为了进一步促进共享社区中的相互合作，建立一个彼此信任的环境，各单位应当积极参与共享社区召开的电话会议和现场会议。

（二）安全警报的接收与响应

共享社区会发布安全警报，通知单位出现的新漏洞和其他安全问题。通常，安全警报中会出现诸如 US-CERT 警报、NVD 漏洞警报和供应商安全公告等警报，包括以下内容：

（1）安全指标的内容概述、执行摘要以及详细说明；

（2）受影响的平台（例如操作系统、应用程序和硬件等）；

（3）影响预测（例如系统崩溃、数据泄露和应用程序劫持等）；

（4）等级评定［例如常见漏洞评分系统（CVSS）］；

（5）缓解措施，包括完全修复措施或暂时修复措施；

（6）更多参考信息；

（7）警报元数据（例如警报创建和修改的日期）。

收到安全警报时，单位应先确定警报来源是否可靠。若来源不明或不受信任，则需要在处理警报前对其再次进行审查和重新确认。如果警报来源确认可靠，单位应立即检查该警报中提到的系统、应用程序或硬件，确认是否受到影响。如果受到影响，单位应该立即采取适当的措施。

采取措施前，单位需要根据警报内容做出影响程度评估。评估可依据如下因素：①受影响系统的数量；②关键性功能在被攻击中受影响的程度；③会造成安全控制力度减弱等。这些因素决定了整体的警戒状态等级。评估结果应包括采取措施的优先级和响应方法。而响应措施包括：①从警报中识别和提取指标；②使用安全指标来开发和部署检测特征；③更改配置；④安装应用补丁；⑤将威胁信息通知相关人员；⑥实施或加强安全控制等。安全指标的提取和处理大多需要手动操作，但也可以实现自动化的操作。手动操作会存在耗时多、错误率高和效率低下等问题，而自动化的操作更利于分析人员集中处理安全指标信息，而不是耗费在简单而烦琐的提取工作上。

（三）安全指标的接收与使用

从共享社区接收并使用指标需要多个步骤，一般包括以下步骤的部分或全部：

（1）验证：根据数字签名、散列密码等方式来验证安全指标内容的完整性和来源。

（2）解密：将加密的文件或数据流转换为原始格式。

（3）解压缩：将压缩文件、归档文件（例如 zip、tar）或数据流解压。

（4）优先级：根据相对重要性、数据源的感知价值、数据的可信度、特定的数据源处理顺序以及数据处理的工作量等来设定指标处理的优先级。

（5）内容提取：解析安全指标文件并提取需要的指标信息。

（6）分类：通过安全指标元数据来确定安全等级和处理方式。敏感信息可能需要加密存储，加强访问限制。包含恶意软件等的内容可能需要特殊的防护措施，防止恶意代码意外入侵。

一般步骤如上述顺序执行，但是实际操作会根据具体情况和安全要求来决定。如果条件允许，建议采取操作自动化，尽量减少人工干预。当接受共享安全指标的方式是非常规方式（例如通过电子邮件）时，接受者仍应按照安全指标的优先级和分类执行。

理想安全指标具有以下几个特征：

（1）及时性。由于安全指标传递延迟小，接受者必须迅速做出回应。安全指标传递延迟的大小主要取决于威胁信息的特征，包括其严重性、速度和传染性，基础设施是否被攻击，是否使用 TTPs，以及单个攻击者（或多个攻击者）的攻击能力。为了应对快速变化的攻击，有些安全指标应用可能在数秒钟或数分钟之内；如果需要将其他类型的威胁完全清理，安全指标传递可能需要保存使用几个小时、几天甚至几个月。

（2）相关性。威胁信息的安全指标在适用于接收者的操作环境时，更利于接收者有效地分析特定威胁风险。

（3）准确性。安全指标必须正确、完整以及明确。信息的不准确或缺失会造成不确定性的增加，从而造成关键行动可能无法及时展开，采取了不必要的处理措施，得到了无效的反应结果，或者错误定义了安全等级。

（4）确定性。安全指标应该确切地描述出观察到的事件，使接收者可以在信息变化程度最小的情况下检测到威胁。

（5）可执行性。安全指标应包含足够的信息和内容，以便接收者制定合适的响应措施。

在实际情况中，安全指标可能只包含部分上述特征。例如，安全指标可能因为接收者无法检测、信息丢失或威胁变化而不具备可执行性。然而，这并不意味着这样的安全指标对接收者没有价值。这些安全指标可以用来进一步分析，或与其他威胁信息融合和相关。随着安全指标相关技术的成熟，组织应该对此提出各自的看法，这样可以使整个信息共享社区共同进步。

各单位存在很多使用外部和内部安全指标的方式，例如：

（1）通过重新配置防火墙、入侵检测系统、数据丢失防护系统等其他安全控制策略，以阻止或警告与安全指标相匹配的活动（例如，阻断与黑名单上 IP 地址的连接）；

（2）通过配置安全信息与事件管理解决方案，或其他与日志管理相关系统，来帮助分析安全日志数据；

（3）通过使用安全指标作为搜索关键词扫描安全日志、系统或其他信息来源，识别可能已遭破坏的系统；

（4）在调查已发生事件或潜在事件时查找匹配的记录，帮助了解更多威胁信息，加快采取反应和恢复措施；

（5）向外界发布安全分析结果；

（6）向员工发布威胁特征；

（7）确定威胁趋势，判断是否需要长期安全控制。

通常情况下，外部安全指标在社区内的信任度会对单位对该外部安全指标的信任度有很大的影响。从可信任来源收到的安全指标可能会被立即用于检测和应对威胁。相比之下，来自不信任来源的安全指标在使用前可能需要独立验证、附加研究或测试。安全指标的使用也可能受到其他因素的影响，如服务中断的容忍度。对于一些单位来说，安全是第一位的，所以偶尔造成服务停止的良性活动是可接受的。而对于其他组织而言，服务可用性非常重要，以致潜在的恶意活动只能触发监控措施。单位应全面地使用接收到的安全指标特征，为了最有效地利用安全指标，可以采取基于风险的方法。单位可能会发现一个特定安全指标只在某些情况下有用，但在其他情况下却是无用的。总之，单位应当自行决定如何最好地利用安全指标。

（四）安全指标的分类和存储

单位接收安全指标的来源可以有很多，包括开源库、威胁信息供应商和外部合作机构。根据安全指标的使用情况，可能需要在知识库中对其进行分类。形式自由的方法（如维基）对于记录工作笔记和安全指标元数据而言是十分灵活和适用的。结构化的数据库也可用于存储、规划、跟踪、查询和分析安全指标集合。

一般记录在数据库中的信息应包括：

（1）安全指标来源；

（2）安全指标使用或共享的说明；

（3）接收安全指标的日期或时间；

（4）安全指标的有效期；

（5）安全指标中标明的攻击是否有特定的攻击者；

（6）任何与安全指标相关的公共漏洞信息库（CVE，Common Vulnerability Enumeration）、通用配置表（CCE，Common Configuration Enumeration）或公共脆弱性信息库（CWE，Common Weakness Enumeration）的记录；

（7）与安全指标相关的攻击组织或攻击者；

（8）任何相关攻击者的别名；

（9）攻击者一般使用的 TTPs；

（10）相关攻击者的动机或目的；

（11）攻击的相关目标或目标类型；

（12）被攻击的系统信息。

安全指标数据库易被入侵，也容易成为攻击目标。因此，需要采取措施确保知识库的使用遵循合适的安全模式。例如，访问的授权与限制，定期备份数据库，保证数据库系统的操作系统和应用程序使用的均为最新补丁和安全配置，任何用于数据库的内部软件的开发均需为最佳方案。

单位应该制定处理安全指标（以及一般威胁信息）的政策和程序。政策和程序需要根据安全指标信息使用期限的短期（在线）和长期（离线）来定义数据保留期限。一旦威胁信息的内容得到证实，信息的处理和保留要求可能会更改。例如，对于任何在事件调查过程中获得的证据，都应用数据存储的最佳方案来收集和存储，这个方案参照了监管链的要求和其他与证据提交有关的规定。监管链的取证技术和保护信息完整性的处理方法详见 NIST SP 800-86［12］和 NIST SP 800-61 修订版 2［1］第 3. 3. 2 节。

对于无用的安全指标，单位应活用保留政策。虽然威胁信息的保留需要成本，但这些信息具有历史价值，可以帮助新单位和合作者了解不同攻击者和攻击类型的持续性和演变方式。其他因素（例如，财务、法律、合同或监管问题等）也会导致数据只能保留数月份或数年。一旦保留计划确定，单位应根据政策归档或销毁安全指标数据。

（五）安全指标的制作和发布

大多单位只接收安全指标。然而，一些单位（通常是具有更高级安全功能的组织）制作和发布自己的安全指标。单位可以通过威胁信息的制作获益。例如，单位可以借此获得更多的专业知识，帮助其他单位更有效地处理其环境中的威胁，并与其他单位建立起良好的信任关系。这些影响对建立和维持威胁信息共享关系而言十分重要，最终获益的仍是制作信息的单位。共享威胁信息的制作者必须决定采用何种元数据记录共享信息，应使用什么数据格式，应如何处理敏感数据以及如何随时间维护信息共享规则。

1. 安全指标扩充

在制作和发布安全指标时，安全指标的元数据十分重要。安全指标元数据包含了安全指标的全部内容，描述了如何使用和理解安全指标，以及该安全指标与其他安全指标的联系。元数据可能还包含了敏感度和来源信息（例如，用于获取数据的工具、数据的处理方式和收集数据的人员等）。随着安全指标的创建、融合或扩充，应重新评估其敏感度和类别。融合、关联或扩充过程能重新识别安全指标（例如，使用数据挖掘技术），提高灵敏度，有必要添加数据处理的附加限制。

应建立一种安全指标制作机制，用于发布安全指标、更新安全指标和相关元数据，以及撤回错误或无意中提交的数据。任何自动化机制都应该进行强化和测试，以确保它们不会成为威胁入侵者的攻击媒介。提供共享安全指标的单位同时应提供一个反馈机制，用于共享合作伙伴提交错误报告、建议改进或请求安全指标的其他相关信息。这种反馈机制有利于社区内共享安全指标的扩充、技术的成熟和质量的提高。

社区内分享的一些信息可能被标记为“正在调查”，该标记可能要求成员在社区分享信息范围内活动；这些标记也可能禁止成员进行信息收集（例如，从可疑网站检索恶意软件样本，或对可疑主机名进行 DNS 查找），这可能会导致隐藏攻击者阻碍调查活动。在某些情况下，为了便于某个机制改变标志或添加修订标志，需要将一些信息的分布和调查限制降级（例如，到 2010 年 12 月 12 日为止等级降至绿色等级）。

2. 标准数据格式

使用标准数据格式进行安全指标交换可增强互通性，并增快信息的交换速度。非结构化格式（例如文本文档、电子邮件）适用于高级威胁报告和指定信息，供安全人员阅读，而不是机器的信息交互。然而，以时间为度量的安全指标交换（例如，自动配置防火墙来阻止指定的通信）鼓励使用标准数据格式，因为它们最大限度地减少了人力的消耗。选择用于数据交换的标准格式时，格式需要满足应用广泛、易于扩展的要求，要能够提供必要的数据安全防护功能。

3. 保护敏感数据

单位发布的安全指标可能很敏感，因此需要严格防止未经授权的泄露行为或修改行为发生。保护安全指标数据的方法很多，包括对网络通信加密、认证和授权机制，以及对存储数据库进行加固。如果使用存储数据库，单位应该编写一个书面 SLA，以标明预期可用性、安全状态要求和许可使用策略。当安全指标可能包含敏感信息时，应遵循相应的共享规则，并且信息应仅与同意并遵守共享规则的成员共享。

附录 A　网络威胁信息共享的实例

本附录介绍了几个关于威胁信息共享的实例。这些例子旨在说明通过共享和合作是如何提高组织的网络安全能力效率的。这些例子只是信息共享协作例子中的一部分。

实例 1：针对某个特定行业的全国性攻击

某国的某个行业经常会在某几个月内成为特定的攻击目标。这些攻击以电子邮件的形式出现，邮件携带了恶意附件，附件包含了软件漏洞利用程序。该软件漏洞利用程序被打开时会在受害者的系统上启动恶意软件。恶意软件会破坏系统，然后重新配置系统，以连接被入侵者控制的命令与控制服务器以及其他基础设施，接收指令，下载其他恶意软件以及对外泄露数据。

该行业内的大多数公司都参加了一个正式的威胁信息共享组织，该组织的中心论坛发布了有关已观测到的威胁的信息。这些帖子详述了如何检测和防御这些威胁（例如，网络钓鱼电子邮件的发件人地址、恶意软件样本集、对漏洞代码的分析、与入侵者的命令和控制服务器相关联的 IP 和 URL，以及攻击中涉及的其他基础设施）。

只要有一家公司的安全系统识别出了新的威胁，该威胁信息将在论坛内与同行共享。参与论坛的公司之一（A）具有高级恶意软件分析功能，它能够通过论坛获得和另一家公司（B）共享的攻击者及其指挥和控制基础设施的预测特征。然后，A 公司通过自己的恶意软件分析功能来分析获得的预测特征信息。B 公司分享了恶意软件样本，A 公司对样本进行分析，社区各成员均可以从中受益，能够快速高效地帮助社区中其他公司检测和预防类似的攻击。在这种情况下，一家公司受到的攻击有助于他人预防同样的攻击。

实例 2：行为分析

过去几年来，各公司的网络安全分析人员已经在网络上共享了各种安全指标和恶意软件样本。每个公司通常对一组具有多种共同点（例如，所使用的恶意软件的类型、命令和控制通道的 DNS 域等）的威胁攻击事件进行独立分析，并长期观察其统一模式。这些观察结果使分析人员怀疑这些攻击并不是完全随机的，而是有规律的行动。

成员单位通过参加技术交流会分享对不同攻击的数据、见解和分析。通过数据融合和联合分析，成员能够识别出同一攻击者的行动或攻击者之间的联系。这种方案展示了数据融合和分析可能有助于发现攻击者的行为模式，以及具体攻击者使用的 TTPs。

实例 3：对行业进行分布式拒绝服务攻击

黑客组织会选择一类公司进行大规模分布式拒绝服务攻击。该组织采用了松散协调形式，控制分布式僵尸网络。通过分析僵尸网络产生的流量，能够确定攻击使用的 DDoS 工具类型。

被攻击公司是 ISAC 的成员，它使用 ISAC 的讨论门户建立了一个工作组来协助阻断攻击。工作组会联络 ISAC 的执法联络人，该联络人与联邦和国际当局协助调查，并取得关闭攻击者系统的法院许可。

工作组与各大互联网服务提供商联系，并提供信息来帮助识别流量异常的网络地址。ISP 会通过确认上传和下载流量来源、路由更改以及对这些来源实施数据速率限制来帮助被攻击公司和执法人员。通过 ISP 提供的网络流量信息，执法机构能够识别出命令和控制服务器，冻结资产，并确定黑客组织中的部分成员。

被攻击公司参加技术交流会后，有几家公司决定找内容分发供应商分发他们的网络，以助其业务系统在未来受到 DDoS 攻击后更易恢复。

实例 4：金融会议钓鱼攻击

有的网络犯罪集团会利用一个公开的会议参加者名单，通过网络钓鱼电子邮件来对个人进行攻击。该犯罪集团能够识别出作为被攻击公司的会计团队成员（例如，可能有权付款或转移资金的人）。该犯罪集团会通过网络钓鱼邮件分发恶意软件来破解系统和账户，完成未经授权的电子支付，将资金转移到海外。

有家公司能够识别其公司会计团队内的人员受到的网络钓鱼攻击，调查发现，所有被攻击者均在六个月前参加了同一次会议。该公司的 CSIRT 联系了会议组织者以及出席会议的其他公司代表。受影响的公司安排了一次电话会议以共享此次攻击信息（例如，电子邮件额标题、附件、嵌入的URL）。其他与会者通过共享的安全指标审查其邮件和网络流量日志，来识别潜在受影响的主机。这些公司最终决定继续合作，在将来通过电子邮件列表的形式进行威胁信息的共享。

实例5：业务合作方之间的安全协调处置

公司A和公司B是业务合作伙伴关系，并通过网络连接进行信息交换。网络犯罪组织入侵公司B的服务器，并通过这种合作关系对公司A的内部服务器发起攻击。公司A的运营人员注意到这种异常并通知了公司的安全小组。安全小组确定了异常来源来自公司B的系统。根据业务合作伙伴连接协议的规定，公司A通知了公司B流量异常，两家公司根据已有的规定对事故进行联合处理。公司A的事故应变小组报告了观测到的异常活动，以供公司B的小组隔离受损的服务器并进行调查，以确定异常活动的来源和其他可能的异常。调查显示，攻击者利用了面向Web的应用程序中的软件缺陷，使用它来进行对服务器的未经授权的访问。公司B的应用程序开发团队更改了代码以修补安全漏洞，安全小组更新了日志记录和入侵检测标志来识别和预防类似的攻击。

由于两家公司的安全小组按规定完成了共同的协议和程序，并且重建了联系和信任关系，基于对互相网络和业务的了解，他们能够快速处理和恢复事故。

方案6：US-CERT提供安全指标和接收反馈

US-CERT从许多独立的来源接收信息，许多美国的服务器被用于对其他美国公司进行网络攻击。一个已知的具体外部攻击者控制这些被入侵的服务器。US-CERT确定了受攻击的公司，并注意到他们大多数为航空业。US-CERT联系这些公司的安全小组，并分享攻击者使用的初始威胁信息，包括URL、恶意软件和漏洞。

通过这些安全指标，一些受影响的公司能够检测到其基础设施受到的攻击，并采取必要行动防止此次攻击成功。在调查期间，受影响的公司还能够发现新的安全指标或对US-CERT提供有关这次攻击的其他信息。US-CERT会对提供信息者进行匿名处理，然后与其他公司共享这些新安全指标，从而对威胁进行更全面的处理。

实例 7：某零售商未共享威胁信息

一家大型零售商受到犯罪组织的网络攻击。数百万的信用卡号码和账户信息被盗，这次信息盗取持续了数周且未被发现。零售商没有参与威胁信息共享，所以只依赖于自己的安全检测功能。这次事件证明，其内部功能不足以应对复杂的恶意软件和有针对性的威胁入侵。

信用卡公司调查信用卡欺诈行为时发现了这次网络攻击。这次信用卡诈骗的共同点是都从该零售商处进行了消费。信用卡公司通知执法部门和零售商，并开始了调查。

这次造成的损失十分巨大。该公司通知了客户个人信息被窃取了，但没有发布这次攻击的详细信息。因此，在最初窃取成功后的几周内，其他几家零售商都被相同的手法成功地攻击了。其实，如果这些公司积极分享了威胁信息，零售商、客户和信用卡发行商受到的经济损失可以少一些。

附录 B 词汇表

攻击者	见“威胁性网络攻击者”
警告	通常是对当前的威胁、漏洞和其他安全问题的简短的可读的技术通知。也称为公报、公告或漏洞报告
网络威胁	见“威胁”
安全指标	一种可观察量或技术工件，它能显示攻击迫在眉睫或是正在进行，或者可能已经造成了危害
可观察量	发生在网络或信息系统上的事件（良性或恶意）
战略、技术和过程（TTPs）	描述了攻击者的具体行为。战略是对行为的高级描述，技术是在战略确定的背景下对行为的详细描述，而过程则是在技术确定的背景下更底层、更详细的描述
威胁	任何通过拒绝服务方式和/或对信息进行未经授权的访问、销毁、暴露或修改，对运营机构（包括任务、功能、形象或声誉）、组织资产、个人、其他机构或国家信息系统造成不利影响的情况或事件
威胁性网络攻击者	构成网络安全威胁的个人或组织

续表

威胁信息	任何可能有助于机构保护自己免受威胁或监测攻击者活动的有关信息。威胁信息的主要类型包括安全指标、TTPs、安全警报、威胁情报报告和工具配置
威胁情报	对威胁信息进行融合、转换、分析、理解或扩充为决策过程提供的必要信息
威胁情报报告	威胁情报报告描述TTPs、攻击者、系统类型和目标信息，以及其他与威胁有关的信息
威胁转移	攻击者察觉网络防护措施或反措施（如安全控制措施）的反应。攻击者通常会改变目标，调整意图特征，以躲避或攻破这些防护措施
工具配置	一种对设置、使用工具（机制）的建议。这些工具支持自动收集、交换、处理、分析和使用威胁信息

附录C　缩略语

ACL	Access Control List	访问控制列表
ARP	Address Resolution Protocol	地址解析协议
CCE	Common Configuration Enumeration	通用配置表
CIO	Chief Information Officer	首席信息官
CISO	Chief Information Security Officer	首席信息安全官
CSIRT	Computer Security Incident Response Team	计算机安全事件响应小组
CVE	Common Vulnerability Enumeration	公共漏洞信息库
CVSS	Common Vulnerability Scoring System	通用漏洞评分系统
CWE	Common Weakness Enumeration	公共脆弱性信息库
DDoS	Distributed Denial of Service	分布式拒绝服务
DHCP	Dynamic Host Configuration Protocol	动态主机配置协议
DIB	Defense Industrial Base	国防工业基地
DNS	Domain Name System	域名系统
FISMA	Federal Information Security Modernization Act	联邦信息安全管理法案
FTP	File Transfer Protocol	文件传输协议
GLBA	Gramm-Leach-Bliley Act	格雷姆-里奇-比利雷法案
HIPAA	Health Information Portability and Accountability Act	医疗电子交换法案
IP	Internet Protocol	互联网协议

续表

IR	Interagency Report or Internal Report	跨部门报告或内部报告
ISAC	Information Sharing and Analysis Center	信息共享与分析中心
ISP	Internet Service Provider	互联网服务提供商
IT	Information Technology	信息技术
ITL	Information Technology Laboratory	信息技术实验室
MAC	Media Access Control	物理地址
MOU	Memorandum of Understanding	谅解备忘录
NDA	Non-Disclosure Agreement	保密协议
NIST	National Institute of Standards and Technology	美国国家标准技术研究院
NVD	National Vulnerability Database	美国国家漏洞资料库
OMB	Office of Management and Budget	美国行政预算管理局
PCAP	Packet Capture	抓包
PCI DSS	Payment Card Industry Data Security Standard	支付卡行业数据安全标准
PII	Personally Identifiable Information	个人身份信息
PSIRT	Product Security Incident Response Team	产品安全事件响应小组
RSS	Rich Site Summary or Really Simple Syndication	简易信息聚合
SIEM	Security Information and Event Management	安全信息和事件管理
SLA	Service Level Agreement	服务等级协议
SOX	Sarbanes-Oxley Act	萨班斯法案
SP	Special Publication	特殊出版物
SQL	Structured Query Language	结构化查询语言
TCP	Transmission Control Protocol	传输控制协议
TLP	Traffic Light Protocol	交通灯协议
TTPs	Tactics, Techniques, and Procedures	战略、技术和过程
UDP	User Datagram Protocol	用户数据报协议
URL	Uniform Resource Locator	统一资源定位符
US-CERT	United States Computer Emergency Readiness Team	美国计算机应急响应小组